KB022912

분석 철학 대 대륙 철학

Analytic versus Continental

Arguments on the Methods and Value of Philosophy

authored/edited by James Chase & Jack Reynolds

분석 철학 대 대륙 철학

— 철학의 방법과 가치에 관한 논변들

제임스 체이스 · 잭 레이놀즈

이윤일 옮김

도서출판 b

| 일러두기 |

1. 이 책은 *Analytic versus Continental: Arguments on the Methods and Value of Philosophy*, by James Chase and Jack Reynolds, Taylor & Francis Group, 2011을 옮긴 것이다.
2. 외국 인명, 지명 등은 현행 외래어 표기법을 기준으로 표기하는 것을 원칙으로 하였으나, 표기 원칙이 정해지지 않은 것은 일반적으로 통용되고 있거나 굳어진 표현을 사용하였다.
3. 원서의 이탤릭체는 고딕체로 표기하였다.
4. 기호의 쓰임은 다음과 같다.
　「 」: 논문 제목
　『 』: 책 제목 및 잡지명
　〈 〉: 그림, 영화, 시, 노래, 일간지 등의 제목
5. 인명, 중요한 용어나 어구 중 일부는 원어를 병기하였다.

| 차 례 |

5

감사의 글

아마도 신뢰는 우정을 위한 필요조건이지만 충분조건은 아닐 것이고, 또 신뢰는 대화다운 대화를 위한 필요조건이지만 충분조건은 역시 아닐 것이다(그러나 우리는 일부 회의적인 태도 및 '트러스트 해체trust-busting'와 더불어, 각자의 철학적 방향성 때문에 이것을 공짜로 얻는다!). 오랜 세월 분석 철학자들과 대륙 철학자들이 서로에게 보인 반감의 역사에도 불구하고, 다른 외면과 관심을 가진 두 철학자 간의 이 대화를 성사시키게 해준 것이 바로 신뢰이다. 물론, 이 기획을 가능하게 해준 신뢰도 얼마쯤 위험을 수반한다. 특히 성패가 달려 있는 문제의 복잡성을 속이고, 우리가 보편주의적인 정신에서 하나의 조화를 이루어냈다고 하는 위험이 그것이다. 만일 우리가 이런 있을 수 있는 문제를 피하는 데 성공했다면, 그리고 그 판정이 독자에게 달려 있다면, 그것은 우리가 그동안 내내 이 기획에 다른 철학자들을 참여시켰기 때문일 것이다. 그런 면에서 우리는 우리와 이 대화에 가담해왔던 모든 분들께 감사드린다. 그분들을 최소한도로 줄여서 말씀드리겠다. 우리의 대학원 학생들(세라 블로어와 리키 세볼드, 이들의 매우 다른 프로젝트는 철학적으로 그 자체가 계발적이었다). 이 책의 한 부분을 허가해주고, 마지막 두 번째 초안에 귀중한 의견을 보내주신 오스트레일리아 연구 재단의 공동 연구자들(조지 듀크, 에드윈 마레스와 제임스 윌리엄스). 우리와 수많은 토론을 벌였고, 또 몇몇 분이 이 책의 일부에 대해 응답해주시기도 했던 우리 각자의 대학 동료들(라트로베대학교: 앤드류 브렌난, 브라이언 엘리스, 존 폿그, 프랭크 잭슨, 노르바 로, 투라 니콜라코푸로스, 팀 오아클리, 필리파 로트필드, 자나 톰슨, 조지 바실라코푸로스, 로버트 영과 에도라도 자무너. 타스마니아대학교: 데이비드 코아디, 리처드 코리, 인고 파린, 제프 말파스와 그래햄 우드). 더 넓은 철학계 측에서 이 기획에 대해 중요하고 유익한 논평을 해주셨던 앤드류 벤자민, 크리스 콜드너, 앤드류 쿠트로펠로, 재이 로페, 휴 실버맨, 로버트 신너브링크, 마리온 태퍼, 닉 트라카키스, 제임스 와트, 애슬리 우드와드와 쇠렌 오버가드, 그리고 (액큐맨 수고를 논평했던) C. G. 프라도, 그뿐만 아니라 이 주제를 놓고 2008년과 2009년에 있었던 연구 집회 및 회의에 참가하고 발표하셨던 모든 분들. 이 연구 기획에 기금을 대준 오스트레일리아 연구 재단과, 통상 매우 다른 형식임에도 불구하고 이 자료를 재출판하게 해준 학술지들인 『국제 철학 연구지』, 『철학 나침반』, 『철학 광장』, 『이론과 사건』, 『파레시아』와 그 편집자들께도 감사드린다. 우리의 공동 편집(윌리엄스와 마레와 더불어) 저서 『후기 분석 철학과 메타 대륙 철학: 철학적 분열을 가로질러』에서 「현대 철학에서 선험적 추리의 운명」이라는 장을 재사용하게 해준 컨티뉴엄에도 감사드린다. 애큐맨, 트리스탄 팔머에서 우리의 편집자는 평상시대로 이 기획을 수립하고 완성하는 것을 도우면서, 케이트 윌리엄스와 그 밖의 에큐맨 팀이 그랬던 것처럼, 큰 힘이 되어 주었다. 끝으로 우리는 가족에게 가장 크게 신세를 지고 있다. 에밀리, 아다와 막스. 조, 로사와 페넬로프. 기다려줘서 고맙다.

분석 철학 대 대륙 철학

― 철학의 방법과 가치에 관한 논변들

강단 철학에서 활동하는 사람들은 분석 철학 또는 영미 철학과 그 상대자인 소위 대륙 철학 또는 유럽 철학 간의 (통상 주장되는) 구분에 친숙한 편이다. 일반적인 관점에서 볼 때, 적어도 19세기 말이나 20세기 초 이래로 공통적인 철학적 유산에 대한 다른 관심, 다른 전문화, 다른 태도가 강조되다 보니 이런 분화가 지속되게 되었다. 실제로 많은 이들은 "마치 우리가 다른 주제 안에서 작업하고 있는 듯한 지점에 도달하였다."(1993: 193)고 한 마이클 더밋의 평가에 동의할 것 같다.

하지만 이 구분은 실제로 어떤 것이라고 볼 수 있을까? 임의로 지리학적인 차양을 치기도 하지만(영어권 국가의 산물로서의 분석 철학, 프랑스, 독일, 이탈리아 및 다른 비영어권 국가의 산물로서의 대륙 철학), 이는 적어도 우스꽝스러울 만큼 과도한 단순화일 것이다. 일찍이 분석 철학에 영향을 준 몇 가지 것들을 오스트리아와 독일에서 찾아볼 수 있다. 예컨대 에른스트 마흐의 실증주의, 1905년 특수 상대성 이론에서 의미의 문제에 대한 아인슈타인의 호소invocation, 베르나르트 볼차노『인식론』의 철학적 논리학, 쿠르트 바이어스트라우스, 게오르크 칸토어 및 리하르트 데데킨트의 수학적 작업 그리고 프란츠 브렌타노의 지향성 개념 등이 그것이다. 초기 분석 철학의 영웅 중 많은 이들이 오스트리아인 또는 독일인이었다. (무엇보다도 특히 고틀로프 프레게, 루드비히 비트겐슈타인, 모리츠 슐릭과 루돌프 카르납도 있다) 이들의 연관성은 아주 잘 알려져 있다. 그러나 이것은 관련된 많은 철학자가 영어권 세계로 잇따라 이주했다고 하는 여과기를 거친 결과, 그리고/또는 그들 저작이 영어로 먼저 번역되었다고 하는 여과기를 거친 결과로 보여지는 경향이 있다. 더밋은 다음과 같이 주장하기까지 한다.

> 분석 철학의 원천은 주로 또는 전적으로 독일어로 썼던 철학자들의 저술들이었다. 그리고 이것은 그처럼 많은 독일어권 철학자들을 어쩔 수 없이 대서양을 건너게 만든 나치즘이라는 재앙이 있지 않았더라도, 누구에게나 여전히 명백한 일일 것이다. (Ibid.: ix)

우리는 기원에 관한 더밋의 주장에 다른 것을 더 추가할 수 있다. 20세기 초의 분석 철학은 폴란드의 논리학, 수학 그리고 그와 연관된 철학적 작업에도 영향을 받았고(스타니슬라프 레스니예프스키, 알프레드 타르스키와 얀 우카시에비치를 생각해보라), 독일어권 세계에서의 논리학과 수학 철학의 지속적인 발전에도 (무엇보다도 다비드 힐베르트, 쿠르트 괴델 그리고 다시 타르스키를 포함하는 광대한 그룹) 영향을 받았다. 또한 20세기 중반에는 스칸디나비아 분석 철학자들도 영향을 주었다(에이노 칼리아, 게오르그 헨릭 폰 라이트와 야코 힌티카를 생각해보라). 다른 방향에서 볼 때, 분석적 운동 밖에 있었던 미국과 영국에서의 20세기 초 영어권 철학은 공공연히 분석적 운동에 적대적이었으며, 정신상 솔직히 칸트적이거나 헤겔적이었다. 제2차 세계대전 이후 영국과 미국에서의 분석적 우세는, 20세기 초의 잡지, 법령, 논문들에서 우리가 관심을 두는 것을 여과하면서, 너무나도 쉽게 당시 양 국가의 철학사로 다시 돌아가 해석된다.

우리를 도와줄 지리학이 없을 경우, 이 구분은 그저 가짜 교차 분류 사례에 지나지 않는 것일까? 확실히 '분석–대륙' 구분이 방법을 지리학적 위치 설정과 명백하게 대비시키는 것에는 좀 불안한 면이 있다. 버나드 윌리엄스가 말하듯이, 그것은 "마치 우리가 하나의 차를 전륜 구동과 일본인으로 나누는"(1996: 25) 것과 같다. 그러나 이는 조금 성급한 말이다. '신성 로마 제국'과 같이, 겉보기에 공허한 기술들이 실재물real entity을 가려내는 데 완전히 성공할 수도 있을 것이다. 마찬가지로 여기서 채택된 어휘에 너무 지나친 중요성을 두어서는 안 된다.[1] 우리는 의미 있는 철학적 차이가 두 전통 사이에서 발견될 수 있다고 생각한다. 따라서 우리는 철학해야 할 (또는 하지 말아야 할) 방식들에 대해 그것들이 불가피하게 지닌 규범적인 함의는 제쳐놓고서, 편의상 관례적인 이름을 사용한다. 하지만 여기에는 또 다른 많은 잠재적인 함정이 있다. 이런 식으로 통상 용법을 따른다는 것은 마술적으로 그 구분을 중요한 구분으로 만들지는 않는다. 적어도 여기서 철학적인 차이는 더 큰 이야기의 일부일 가능성으로 있는데, 이때 어느 한 '전통' 또는 양 '전통'은 이질적인 존재물로 보여진다. 예컨대 '대륙' 전통은 뭔가 하나의 소설과 같은 것일지도 모른다. 즉, 존재하지도 않는 적대적인 적opposing straw man이 분석 철학자들에 의해 날조되었던 것이다. 어쨌든 사이먼 글렌디닝이(2007) 지적하듯이, 비–분석적인 많은 방법이 있다. 프래그머티즘, 다양한 형태의 아시아 철학, (전통의 역사에 대한 광범위한 주석적 관심을 가지는) 전통 철학, 페미니즘 등등을 생각해보라. 다시 말해, 여기에는 기준 문제가 있을 수 있었다. 비록 분석

· ·
1. 물론, 용어들과 구분을 이런 식으로 기술하려는 자들로부터 많은 것이 수집될 수 있을지라도 말이다. 특히 '대륙적'이라는 말은 경멸을 함축하고 있는 것으로 (그리고 확실히 무언가 경멸적인 기원을 가지고 있다) 여겨진다. '분석적'이라는 말은 자화자찬하는 것으로 생각되었다. 우리는 여기에 아무런 중립적인 근거가 없다는 것을 인정한다. 그러나 '두 전통'이론이 잘못된 것이 아니고 특별한 방법론적 의의를 가진다는 것이 우리의 견해라는 점을 고려할 때, 우리는 여기서 이런 용어들을 계속 쓰기로 했다.

철학과 대륙 철학이 어떤 의미에서 순수한 전통이라 할지라도, 우리가 종species을 류genus 또는 족family과 비교하고 있다기보다는 종과 종을 비교하고 있는 것인지는 즉각 분명하지는 않다.

분열divide을 다루는 문헌에서는 꽤 자주 등장하는 두 대립적 입장이 있다. 한편으로는 두 전통 간의 차이에 관한 본질주의essentialism와 같은 것이 있는데, 이 경우에는 암암리에 의미 있는 화해의 가능성이 부정된다. 다른 한편으로는 이 구분과 이런 용어들이 가질 것 같은 가치에 의문을 품는 수축인 반응deflationary response이 있다. 우리에게는 본질주의적 반응도 수축적 반응도, 모두 오해를 일으키고 도움이 안 되는 것처럼 보인다.

무수히 많은 본질주의적 설명이, 종종 전체로서의 철학의 일반 개념이나 계획적 개념에 대해서는 손을 떼고 있는 분석 철학자와 대륙 철학자들에 의해 제시되었다(우리는 1부에서 이것이 예시되고 있다는 것을 볼 것이다). 만일 철학이 근대성 비판에 종사해야 하거나 그것의 역사성을 수용해야 한다면, 그런 철학은 분석 철학을 중립을 가장한faux-neutral 무역사적인 게임으로 거부하기 쉬울 것이다. 만일 철학이 형식 논리학이나 확률론에 한정된 논증 담론의 규범을 채택한다든지, 철학이 자연 과학과 연속적이어야 한다면, 그런 철학은 똑같이 대륙 철학을 무의미한 것으로 보고, 신비주의 또는 문학으로 보고 거부하기 쉬울 것이다. 그런 주장들은 여기서 관련된 종족적인 충성을 고려할 경우 상당히 자연스럽지만, 그러나 분명히 면밀한 조사를 필요로 하며, 또 잘 봐주더라도 다툼의 소지가 있는 것이다. 게다가 그런 메타 철학들도 본질주의자가 판치고 있는 진영 내에서 저마다 논쟁이 되고 있다. 예컨대 분석 철학자들은 논리학의 역할, 철학과 과학의 관계, 기본적인 분석적 기술의 가치 등을 놓고 자기들끼리 격렬하게 논쟁을 벌인다. 그리고 이런 논쟁들은 모든 참여자에게 명백하듯이, 무명의 철학자들이 2류급 저널에서 벌이는 주변적인 논쟁이 아니라, 분석 철학 내에서 심각한 분열을 초래하는 중대한 논쟁이다. 우리가 본질주의적 벽을 계속 유지하기를 선호한다고 할지라도,

본질주의자가 원하는 대로 그 벽이 그대로 기능하지는 않는다. 그리고 물론 어떤 경우에는 실제의 철학적 실천이 벽들을 손상시킬 수 있다는 증거가 있다. 두 전통이 더 가까워지고 심지어는 어쩌면 때때로 포개지기도 하는 곳(윤리학과 여성주의 철학 그리고 아마도 정신 철학의 일부분과 같은)이 있으며, 의미 있는 화해와 도움을 주는 대화가 성취되었던 국소적 영역들도 있다. 따라서 본질주의는 각 전통의 내적인 다양성을 무시하고 오히려 너무 빠르게 전통 간의 모든 조우 가능성을 배제해 버리며, 접촉이 이미 진행 중인 곳에 대해 모른 체한다. 끝으로 본질주의는 다소 위험하다. 철학의 '분열된 집'을 본질주의적인 양식으로 기술함으로써 사람들은 수행에 있어서 그것을 있는 그대로보다 또는 그럴 필요가 있는 것보다 더 실제적이고 압제적이게 만들 위험이 있다. 이런 의미에서 '분열' 개념에 호소하는 것은, 그것을 그냥 중립적으로 기술하기보다는, 글랜디닝이 '엉망인 현대의 현장'(ibid.; 7)이라고 기술한 것에 참여하는 것이라고 말해볼 수 있겠다.

수축적인 반응들은 우리가 그저 얼마간 부단한 관행인 철학을 하고 있는 것이며, 소위 분석과 대륙의 구분을 무시해야 한다고 주장한다. 스타일이 전통 간의 주요 차이라고 주장하는 사람들은, 양식상의 차이가 일으키는 난점들 이외에는 한 집단과 관계하는 쟁점들과 문제들을 다른 집단의 언어로 번역하는 데 전혀 큰 문제가 없다고 생각한다는 점에서, 수축적인 경향이 있다. 버나드 윌리엄스는(2002: 4) '분열' 개념에 호소하는 것이 차이가 없는 구분을 가정하는 것을 뜻한다고 말한다. 그리고 그는 그것이 결국 대체로 스타일과 관련한 문제들에 이르게 된다고 말한다. 힐러리 퍼트남은 "왜 우리는 형용사 없이 그냥 철학자가 될 수 없는가?"라고 묻는다.(1997: 203)[2] 이것은 특수한 상황에 있는 전통들을 놓고 비교 철학을 하는 효과적인 방법일 수도 있을 것이지만(실제로 우리는 수축주의

---

2. 이런 노선에 따른 또 다른 논평에 대해서는, 프라도(2003: 9), 프리스트(2003b: 237) 그리고 우라탈(1999: 306)을 보라.

적 정신이 여기서 대단히 유용할 수 있다고 생각한다), 그러나 무언가 놓치는 면도 있다. 엄격한 수축론은 많은 분석 철학자들이 대륙 철학에 대해서 느끼는, 그리고 많은 대륙 철학자들이 분석 철학에 대해서 느끼는 실질적인 멸시를 (관련된 것이 무엇이든 간에 그것을 철학적 요소로 가지는) 설명해주지 못한다.

분열은 서양의 많은 또는 대부분의 현대 철학자들의 삶에서 즉각적으로 분명한 특징이다. 강단 철학자들, 잡지, 회합, 출판 총서, 심지어 모든 출판사가 빈번히 전적으로 이런저런 다른 전통 내에서 살아간다. 결과적으로 어떤 경우에 대륙 철학자들(또는 리처드 로티처럼 대륙 철학자 방향으로 발을 디딘 사람들)이 비교 문학과 같은 다른 분과에 할당되거나 그쪽으로 넘겨진다. 가끔 분석 철학자들도 똑같은 취급을 받아서, (프랑스에서 일어나던 일로서) 전통적인 철학적 근거지와는 떨어져 있는 전문적인 학문에 배당되었던 것이다. 보다 일반적으로 철학자들은 실제로 다른 전통에 주의하지 않고 그저 자신들의 전통에 거주하고 있다. 아마도 동료에 대한 존중이나 개인적인 의리에서 다른 편 쪽의 잡다한 논문들을 보거나 주의하면서 (그리고 종종 그런 일을 하는 것을 후회하면서) 말이다. 분열의 각 측면에 있는 많은 사람이 그냥 서로 말할 거리를 전혀 가지지 않는다는 온갖 증거들이 있다. 분열은 또한 악명 높게도 사회 과학과 인문학 구석구석까지 세분화된다. 그것은 푸코 저작의 의의에 관한 무수한 논쟁들에서, 또는 법칙 설명이 걸치는 범위에 관한 논쟁들에서, 확증 이론가가 구성주의자를 만나거나 후기 구조주의자가 실증주의자를 만나는 곳에서는 어디든지 간에 (또는 사실 그런 만남을 조심스럽게 회피하면서) 흔하게 일어난다. 거의 틀림없이 분석-대륙 분열은 사회학, 역사, 인류학, 문학 이론, 고고학 그리고 많은 다른 분야에서 다른 진영 간의 방법론적인 몰이해와 거부를 승낙해왔다.

분열이라는 사회적 사실은 우리에게는 이론의 여지가 없는 것처럼 보인다. 그러나 우리는 그것에 대한 철학적 차원도 있다고 주장할 것이다.

이것은 우리가 울타리의 분석 영역 쪽에 집중한다면, 가장 쉽게 드러날 것이다. 철학적인 국외자(대륙 전통에 속한다고 여겨지는 사람들을 포함하여)들로까지 확장되지 않는, 분석 철학자들 간에 벌어지는 소통이 있다. 분석 철학을 세력influence과 의사소통의 패턴을 통해서 규정짓는 것은, 좀 더 충실한 설명의 부분으로서만이라면, 문학에서 전혀 드문 일이 아니다.[3] 이런 식으로 형성된 세력과 의사소통에 관한 주장들은 통상 인과적causal이지만, 그러나 우리는 그런 연결성에도 규범적인 측면이 있다고 믿는다. 일전에 우리 중의 한 사람(체이즈, 2010)은, 현대 분석 철학이 일정 정도 내적인 상호 작용과 반응성을 특징으로 하는 공통적인 대화적 기획으로 보여질 수 있다고 주장하였다. 이것은 과학에서 발견되는 구조 장치들을 사용하지 않고도(순수하게 전문 지식이나 명백한 탐구 의제 영역에 입각한 아주 계층적인 권력관계들과 같은), 모종의 '추론상의 연관성inferential connection'을 고취하려고 한다는 것이다. 만일 이것이 옳다면, 분석 철학자들은 전통의 과거 구성원들에 의해 영향을 받고 있는 것이 아니라, 그리고 그들 시대의 다른 분석 철학자들과 의사소통하고 있는 것이 아니라, 오히려 그들의 의사소통은 부분적으로 여러 다른 철학자들에 의해 생산된 철학적 작업 간의 추론상의 연관을 끌어내려는 것일 것이다. 따라서 예를 들어 분석 철학 내에는 다음과 같은 공통적인 참조 장치들이 도처에 존재한다. 상투적인 예stock example들과 사고 실험들, 규격적인 논증 패턴들, 신중하게 추출된 모델들이나 '평범한' 베이즈주의와 같은 모형 관점들toy views, 가주어placeholder 개념들 등등. 공통 참조common reference에 대한 사정상 달리 다룰 것 없는ceteris paribus 관심은 분석적 전통의 연관 형성 관행을 좀 더 우려내게 해준다. 국지적 문제들에 대한 실질적인

• • •

3. 예컨대 『이성의 대화』에서 조나단 코헨은 분석 철학의 특징이 일종의 연관성(connectivity)과 합리성에 대한 공통적인 관심에 있다고 주장한다.(코헨, 1986: 49~50 참조) 『분석 철학이란 무엇인가?』에서 한스-요한 글록은 가족 유사성 주장과 더불어, 이런 식의 연관성을 분석 철학의 특징으로 선택한다.(글록 2008: 222~223 참조)

논쟁이, 나중에 파기할 수도 있는, 출발점에 대한 동의에 의해 진행되고, 그것들로부터 추가적인 추론을 끌어내기 위해서 다른 작업과 '연결^{join}'될 수 있는 것이다.

그렇게 하라고 호소하는 이면의 목적은 이런 식의 분석 철학적 작업이 대체로 다른 분석적 저술을 참조문으로 인용하게 하는 데 있다. 전형적으로 대륙적이라고 생각되는 인물(에드문트 후설, 마르틴 하이데거, 자크 데리다 등)들은 분석적 저술에서 (분석 철학이 아닌 것으로 언급함으로써 분석 철학의 정체성을 확인하는 데 도움을 준다는 뜻에서가 아니고는) 거의 언급되지 않으며, 그 전통 내에서 거의 영향을 주지 못했던 것으로 보인다. 그리고 분석 철학자들은 일반적으로 그들 저술과 추론상의 연관을 드러내 보이려고 하지 않는다. 대륙 전통과 교섭하는 데 관심이 있는 분석 철학 내의 인물들이 있기는 하지만, 그러나 그들의 특수한 대륙적 관심에 대한 저술은 분석적 저술에서 거의 언급되지 않고 있고, 그 전통에서 거의 영향력을 갖지 못했던 것으로 보이며, 또 일반적으로 분석적 토론들과 추론상으로 통합되지 않는다.[4] 직설적으로 말해서, 초기 도널드 데이비슨은 분석적 전통 내에 있는 주요 인물이지만, 최근의 데이비슨은 그렇지 않다. 이 패턴은 세부적으로 갈린다. 만일 우리가 최근의 데이비슨에 어떤 분석적 문헌이 있는지를 수집해서 그것을 같은 저작에 있는 비분석적 문헌과 비교한다면, 이 둘은 많은 상호 연관이나 중복 없이 평행을 달리는 것처럼 보일 것이다. 여기서 전통들을 이어주는 다리는 거의 없다. 분석 철학 전통 자체의 관점에서, 세력의 결여, 소통의 결여 그리고 이 책에서 하고 있는 것과 같은 공동 작업의 결여는 그 자체로 분열이라는 철학적 국면이 있다는 것을 입증하기에 충분하다.

· · ·

4. 이런 부류의 인물이라고 여겨지는 4명 ─ 비트겐슈타인, 데이비슨, 로티와 맥도웰 ─ 과 관련한 분석적 인용 패턴의 연구에 대해서는 듀크(2010) 등을 보라.

중도적 길로서의 방법: '분열'에 대한 본질주의와 수축주의 사이에서

더밋은 분열의 뿌리로 되돌아감으로써만 우리가 두 전통 간 소통의 수립을 기대할 수 있다고 제안한다. 비록 이것이 분명히 그 자체로 흥미 있는 기획일지라도, 우리는 이것이 그런 기대를 가지고 분열에 접근하는 자들을 위한 유일한 길이라고 생각할 아무 이유도 보지 못한다. 우리가 선호하는 것은 각 전통에서 사용된 방법의 한계와 가능성에 대한 기지의 이해를 추구하는 것이고, 그것이 여기서 우리가 시도하려는 것이다. 분열에 관한 사실들, 서로 상대편에 대한 일반적인 신뢰의 결여, 그리고 그것을 가로지를 수 있다고 여겨지는 다양한 다리의 실재나 비실재 여부가 위의 관점에서 논의될 수 있기는 하지만, 각 전통 간의 가능한 화해를 고심하는 것, 이런 상황의 바람직함에 관한 판단을 내리는 것은, 이를테면 좀 더 내재적인 태도를 취할 것을 우리에게 요구한다.

1부는 몇몇 필수적인 배경을 제공하는데, 이쪽 편이나 저쪽 편에서 널리 알려졌던 전통 간의 대화를 짤막한 역사short history의 형태로 보여줄 것이다. 2부에서 우리는 각 전통 간의 핵심적인 방법론적 차이들뿐만 아니라, 그것들과 밀접하게 관계되어 있는 메타-철학적 정당화들도 고찰한다. 3부에서는 이런 방법론적 선호가 주제에 미친 결과들을 잘 다듬음으로써, 우리는 분열의 현 상태의 윤곽을 보여주고 있는 본질주의와 수축주의 간의 중도의 길로 향할 수 있다고 생각한다. 이 책의 전반적인 주제는 각 전통이 채택했던 방법론적 규범 면에서 각 전통을 (심지어 대륙 철학이라는 '각양각색의 무리motley crew'까지도) 단단히 묶어주는 의사-통일성quasi-unity이 있다는 것이다. 이는 각 전통 내의 사람들이 상대편에서 수행된 작업을 진지하게 받아들이는 것을 어렵게 만든다. 그런 견고한 방법론적 차이에 직면해서, 각 전통이 상대편을 무시하는 통상적인 비상호적 관행을 그냥 받아들이고, 내부로부터의 비판에만 관계하고 싶은 유혹에 빠질 수 있다. 확실히 이것은 전혀 타당해 보이지 않는 상호 정합성을 찾는 것보다 더 현실주의적인 것처럼 보인다. 그런 정합성을 찾는 경우 철학의 역할과 가치의 이해에 대한 다툼은 왠지 사라져 버리고, 또 비판적 토론은 아무래도 방법론적 일치로 이어지고 만다. 그러나 여기에는 타협안middle ground도 있다. 그것은 각 전통의 대표자들이 (그 전통에 비추어서) 합법적으로 상대편의 방법론적 비판에 응수할 수 있는 길들을 바라보도록 깨우쳐줄 수 있다. 그런 응수들은 다른 전통의 사람들을 만족시킬 수 있을 것 같지는 않지만, 그러나 그것이 우리가 여기서 가질 수 있는 유일한 목표는 아니다.[5]

사실 우리는 방법을 고찰함으로써 부분적으로 분열을 설명하려고 하고 있기 때문에, 우리는 이쪽이나 저쪽 전통의 방법론적 설명이 문제시되는 최근의 많은 메타–철학적 작업을 문제 삼는 것처럼 보일 것이다.[6] 그러나 우리는 순전히 방법론적인 용어로 각 전통의 '필요충분조건' 규정을 제안하는 게임에 종사하고 있는 것이 아니다. 분석 철학자가 모두 명시적 논증(과학도 존경하지 않는 것 등)에 높은 가치를 두는 것은 아니며, 비–분석 철학자라고 해서 다 그런 요건들을 무시하고 있는 것도 아니다. 이 책에서는 좀 더 이를 보여주는 전형적인 예들에 다가간다. 그리고 양 전통 모두에 서 있는 인물들의 가능성을, 또는 전통이 얼마간 겹치는

• •

5. 상황은 규범적 자기 적용의 경우와 관련된 것과 약간 닮았다. 말하자면 일부 규범 체계들은 자기 자체에 용납되고 다른 체계들은 그렇지 않다. 그리고 이것은 내적 정합성의 지표로서 알 만한 가치가 있다. 예컨대, 데이비드 흄 자신의 지식 표준에 의해 그의 지식론이 명백히 불가지적이라는 것은 깨우쳐주는 바가 많다.

6. 예컨대, 글랜디닝(2007: 115), 글록(2008: 151~178) 그리고 물라키(2006)를 보라. 하지만 어떤 면에서 네일 레비의 논문 「분석적 대 대륙적: 차이 설명하기」(2003)는, 그가 (그들 각각의 방법론에 대한 어떤 반성과 더불어) 토마스 쿤의 과학적 방법론 설명을 통해 그들의 다른 (divergent) 탐구 관행들을 살펴본다는 점에서, 여기서 제공된 분석들을 후원하고 있다. 레비에 게 분석 철학은 패러다임적이고, 정상 과학(탐구 집단, 방법론적 규범, 기술적 훈련 등) 식으로 기능하는 반면, 대륙 철학은 소위 쿤의 '전–과학(pre-science)'(방법상의 일치 결여, 통일된 작업의 부재 등)의 특징들을 보여주고 있다. 대륙 철학이 분석 철학 식으로 패러다임적 이 아니라는 데 우리가 동의할 수 있을지라도, '전 과학'이라는 표시는 우리에게 공동 규범과 그 전통에 진짜로 있는 공통적인 철학적이고 방법론적인 특징들을 덜 중요한 것으로 보이게 만든다.

철학의 영역이 있다는 것을 허용한다. 분석 철학과 대륙 철학은 흔히 다른 방법을 사용하며, 또 그 방법의 가치와 고유한 적용 영역에 관해서도 불일치한다. 각 전통은 크게 다른 양식상의 호불호, 약속과 토론의 규범을 드러내며, 좀 더 중요한 철학적 쟁점 및 문제가 무엇인지에 관해 매우 다른 태도를 품고 있다. 여기서 우리는 특히 한 전통에서는 우세하고, 다른 전통에서는 드문 몇몇 방법들을 살펴봄으로써, 그런 후 이런 방법론적 선호가 양 전통이 종사해왔던 특수한 주제topic의 토론을 어느 한쪽으로 기울게 하는 방식을 고찰함으로써, 각 전통 저마다의 (분석 철학이든, 대륙 철학이든) 철학적 '타자'와 관계하고자 한다.

사실, 우리의 접근법은 철학적 전통들을 가족 유사성family resemblance 개념으로 설명하는 것과 아주 가까운 것처럼 보인다. 그 설명에서 철학적 전통들은 중첩적이나 불연속적인 모습의 그물망에 의해 통일되어 있는 것으로 보여진다. 이것의 탁월한 예는 한스 요한 글록의 『분석 철학이란 무엇인가?』(2008: 212~218)이다. 이 책에서는 분석적 전통이 시간을 관통하는 일련의 인과 관계적인 세력(분석 철학자들은 러셀, 카르납, 콰인 등을 읽는다)에 의해, 그뿐만 아니라 가지각색이지만 겹치기도 하는 언어적 전환의 수용commitment, 형이상학의 거부, 철학이 과학과 연속적이라는 주장, 환원적 분석 방법, 형식 논리학의 사용, 논증 중심 그리고 명료성에 대한 관심에 의해 통일된다. 이런 많은 지표는 또한 방법론적으로 시사하는 바가 많다. 실제로 현대 분석 철학의 특징을 묘사하면서, 사람들은 곧 쉽사리 사고 실험thought experiment의 사용, 직접적으로 직관에 호소하기the direct appeal to intuition, 반성적 평형reflective equilibrium에 의존하기, 일련의 자연화하는 장치naturalizing device를 기꺼이 사용하는 것 등을 찾아낼 수도 있을 것이다. 이런 것들은 모두 분명히 방법론적인 수용들이며, 또 아주 분명히 현대 분석 철학의 표지들이다. 게다가 같은 정신에서 우리는 글록 자신의 목록에, 경험주의적 태도에서 벗어나는 것을 최소화하라는 명령 또는 상식의 구출에 중점을 둠과 같은, 역시 방법론적이기도 한, 초기 전통에서의 분석성의 다른 분명한 지표들을 첨가할 수 있었다. 가족 유사성 전략은 대륙 철학의 토론에서는 그리 흔하게 있지 않았다. 아마도 그렇게 겹치는 징표를 제시하기가 더 어렵다고 느껴지기 때문일 것이다. 우리는 이것이 류에 있어서의 차이라기보다는 정도에 있어서의 차이라고 생각한다. 이 책의 부담 중 일부는 실존주의자, 구조주의자, 포스트 구조주의자, 비판 이론가, 현상학자 등 간의 차이에도 불구하고, 또 '대륙 철학'이라는 말이 영어의 '콘티넨탈 블랙퍼스트' 개념과 같은 양식으로 외부에서 부여되었다는 사실에도 불구하고, 대륙 철학에 느슨한 철학적 통일이 있다는 것을 보여주는 데 있을 것이다. 실제로 대륙 철학의 지표들은 다음과 같은 문제들을 포함하고 있는 것으로 보인다. 상식과 철학적 방법을 제휴하는 데에 대한 경계심. 존재론적 문제와, 개념 및 이론적 체계의 역사적 전제에 대한 강조를 모두 망라하는 '시간적 전환temporal turn'. 상호 주관성intersubjectivity 을 논의하려는 관심. 정신에 관한 반표상주의anti-representationalism. 선험적 논증transcendental argument에 대한 열의. 그리고 좀 더 일반적으로 선험적 추론. 스타일과 내용 간의 관계에 대한 관심. 과학에 대한 비판적이고 공손치 못한(또는 변형시키는) 태도. 윤리-정치적 문제들에 대한 '반이론적' 태도. 이것 중 일부는 긍정적 특징들이라기보다는 오히려 부정적 특징들이다. 그러나 그것들은 그럼에도 불구하고 전통의 특징들이며, 이 특징 중 많은 것 또는 대부분의 것이 그들 작업에서 발견될 수 없는 소수의 철학자도 있다. 물론 그 외에도 대륙 철학의 전통은 분석 철학의 전통처럼 시간을 뛰어넘는 세력의 패턴을 보여준다.(이 경우에는 누구보다도 칸트, 니체, 후설과 하이데거가 핵심 인물이다) 이런 이유들 때문에, 대륙 철학의 뚜렷한 전통이 있다는 주장이 우리에게는 분석 철학에서 그에 상당하는 주장 못지않게 상당히 그럴듯한 것처럼 보인다.

그러나 이 책에서 우리의 주요 목표는 분석 철학이나 대륙 철학의 기존 정체성을 주장하는 데 있지 않다. 차라리 각 전통의 방법론적 선호물을 검토하는 것은, 이 분열에서 성패가 달려 있는 것을, 그리고 각 전통에서 사용된 방법의 한계와 가능성을 이해시키도록 도우려는 데 있다. 티모시 윌리엄슨은 그의 책 『철학의 철학』 서문에서, '현대 [분석] 철학이 실물대로의 자기 이미지를 결여한다는 느낌에서'(2008: ix) 자기의 책이 생겨났다는 점을 언급하고, 분석적 관행이 분석적 방법의 적법한 범위에 대한 농익은 이해에 의해 뒷받침되지 않는 곳들을 지적한다. 다른 한편, 많은 대륙 철학자들은 뚜렷하게 정당화하기 어려운 철학적 방법이라는 개념에 대해 선험적인ª priori 관심을 가진다. 비록 그것이 활기찬 메타−철학적 대화에 도움이 된다 할지라도, 분석 철학의 특징적인 장치에 대한 대륙 철학의 만연한 의심과 거부가 훨씬 더 계발적인지, 또는 대륙적 관행이 대체로 분석적 우려를 회피하는데 형편이 더 나은지는 아주 분명하지 않다. 양측은 회의론적인 눈을 통해 자기 자신의 전제들을 보게 됨으로써 온건한 다원론적인 이득을 얻을 수 있다. 물론 이것은 임시적인 주장이다. 20세기 철학사는 전통 간의 대화가 도리어 적대감을 (그리고 개인적인 차원에서 우리는 이 계획이 일부 우리 동료들을 괴롭힌다는 사실을 알게 되었다) 초래할 수 있다는 사실을 증언한다. 우리는 분석 철학이나 대륙 철학이 각자의 '타자'를 가지지 않고서는, 우리가 어느 한쪽의 철학을 이해할 수 없다고까지 주장하지는 않을 것이다. 그러나 우리는 자기들 고유의 전통을 이해하는 데 메타−철학적인 관심을 가지는 사람들에게 '타자'의 눈은 주의를 기울일 만한 가치가 있다고 말하고 싶다.

제1부

형성기의 만남들
— '분열'의 짤막한 역사

분열의 기원과 초기 역사는 여러 각도에서 탐구되어 왔다(예를 들어, 안셀-피어슨, 2002; 비니, 2007; 콥-스티븐스, 1990; 더밋, 프리드먼, 2000). 여기서 우리의 관심은 그냥 분석 철학과 대륙 철학의 (현재 그렇다고 생각되고 있는) 권위 있는 대표자들 사이에서 이루어진 일부 주요 만남을 개관하는 데 있다. 이것은 또한 현재에도 상당한 역사적인 의의를 지니고 있다. 대략 연대기적인 순서를 좇아서, 우리는 여기서 다음과 같은 사람들 간의 만남에 초점을 맞출 것이다. 후설과 프레게, 앙리 베르그손과 버트런드 러셀, 하이데거와 카르납, 논리 실증주의에 반대하는 막스 호르크하이머, (1960년대 '실증주의 논쟁'과 관련하여) 칼 포퍼와 그의 사상의 여러 주요 표적 ─ 지그문트 프로이트, 칼 맑스와 테오도르 아도르노, 1958년에 모리스 메를로-퐁티, A. J. 에이어, W. V. 콰인 및 길버트 라일이 함께 한 루아요몽 토론, 그리고 1970년대 데리다와 존 썰 간의 독설적인 논쟁.

이 선정이 분명히 모든 것을 다 포용하는 것은 아니지만, 이 만남들은 분석-대륙 구별을 위한 토대를 놓는다는 점에서 (그리고 강화한다는 점에서) 역사적으로 중요했다. 우리가 여기서 검토하는 시대 내내, 분석적 운동의 구성원들이 경쟁 진영의 철학자들과 토론하거나 논쟁하는 일은 점차적으로 드물어진다. 그나마 직접적으로 분석 철학자들하고만 이야기하는 것이 더 쉽기 때문이다. 1933년 말에, 잡지 『분석』이 출간을 시작하였다. 편집자는 A. E. 던컨-존스였고, 특히 (당시에 언어적 전환의 확고한 지지자였던) 라일과 (비엔나 학단과 캠브리지 간의 다른 분석 방법에 분명한 관심을 보였던) 수잔 스테빙이 편집에 도움을 주었다. 창간호는 '정책 성명서'로 시작했는데, "대부분의 철학적 관심이 또는 모든 철학적 관심이 특수한 사실들이나 특정 유형의 사실들의 정확한 구조를 발견하는 데 있다고 보는 상당히 많은 철학자들이 있다."(던컨-존스, 1933: 1)는 것에 주목하였다. 사실상 이것은 그 잡지가 다름 아닌 분석 철학으로 이루어져 있다는 것을 공공연히 자신 있게 밝힐 수 있었던 첫 번째 영어권 잡지였다. 아마도 '분석 철학'이라는 표현 자체가 이맘때부터 시작된다는 것은 우연이 아닐 것이다.[1] 1950년경, 미국으로 망명해온 실증주의자들의 단체가 이 방향으로 한 걸음 더 나아갔으며, 허버트 파이글과 윌프리드 셀라스는 1949년에 영향력 있는 철학적 분석 논문 모음집을 출판하였다. 이 책은 미국과 영국에서 90명의 '철학 교사들'의 조사에 기초하고 있었다 (파이글 & 셀라스, 1949: 85~102). 이어서 이들은 1950년에 기수 격인standard-bearing 『철학적 탐구』(부제목이 '분석 전통의 철학을 위한 국제 잡지'이다)를 발간하고 편집하였다. 여기에는 정책 성명서와 같은 것은 없다. 1권 첫 논문이 "현대의 많은 분석적 동향은 서양 철학에서 오랫동안 수립되어온 분석적 전통의 진정한 연속이다."(와이츠, 1950: 2)라는 주장을 입증하는 데 관심을 두고 있음에도 불구하고 말이다. 여기에는 전통에서 확고한 흔적을 찾는 일과 같은 것이 벌어지고 있는 것처럼 보인다. 적어도

. .

1. 1935년경에 현대적인 의미에서의 그런 어렴풋한 용법이 있다. 예컨대, 그 용어가 A. C. 스테빙의 「두 종류의 분석」(1935)과 존 위즈덤의 『정신과 물질의 문제』(1934)에서 내내 사용된다. 해커(1998)는 그 용어가 실제로는 아더 팝의 『분석 철학 요강』(1949) 이후 유행했다고 주장한다.

파이글과 셀라스의 모음집은 다른 분야에서의 영향력 있는 선집과 마찬가지로 교육 목적을 위한 정전canon을 확인하는 일에 쓰였다. 반면에 영어권 대륙 철학은 약간 더 보편주의적이었던 것처럼 보인다. 『철학과 현상학적 탐구』는 1940년에 출간을 시작하였고, 첫 편집자인 말빈 파버는 후설에 대한 평가를 첫 논문으로 기고하였다. 그 논문에서 그는 "후설 철학을 이해하고 발전시키는 데 있어서 전 세계 학자들의 정연하게 조직화된 관심이 보여주는 바와 같이, 후설이 국제적 영향력을 발휘하는 시대가 이제 대규모로 시작되었다."(1940: 20)라고 예견하였다. 이런 말들에도 불구하고 파버는 잡지에 모든 전통에서 온 글들을 실었으며, 또 그는 로데릭 치좀, 카르납, 셀라스 그리고 러셀을 포함하여, 양 전통의 철학자들과 철학적 서신을 주고받았다.

이어서 어떤 일이 벌어지는가? 우선, 양 전통의 철학자들이 서로 만날 기회가 (파버의 태도에도 불구하고) 상당히 적었던 환경에서, 전통의 탁월한 구성원들 간의 유명한 접촉은, 의사소통이 흔했더라면 갖지 않았을 하나의 의의를 지닐 수 있었다. 후설의 심리주의와 주관주의에 대한 프레게의 비판은, 현상학을 대하는 분석 철학의 태도 안에서 20세기 내내 메아리쳤다. 마찬가지로 그 존재의 철학이 언어적 혼란에 불과한 것에 의존했던, 나쁜 형이상학자로서의 하이데거에 대한 카르납의 일축은, 이후에도 에이어와 콰인의 영향력 있는 책들에서 반복되었으며, 존재론적 논증에 대한 칸트의 반론과 같은 것처럼 보이는 (형이상학적 논증에서 존재에 관한 문법적 혼동을 지적하는 분석처럼) 지위를 갖는 것이었다. 베르그손의 저작을 러셀이 공격한 다음부터, 베르그손은 20세기 초에 세계에서 가장 유명한 생철학자 중의 한 사람이었던 데서 20세기 대부분 영미권 국가에서는 거의 전적으로 무시된 철학자가 되고 말았다(베르그손은, 1960년대 중반 들뢰즈가 그에 대한 관심을 다시 일깨워주기 전까지는 프랑스에서도 다른 이유 때문에 이와 상당하는 명성의 실추를 겪었다). 그리고 20세기 대륙 철학이 소위 리쾨르가 말하는 '의심의 대가masters of suspicion' — 맑스,

니체 그리고 프로이트 — 에 크게 신세 지고 있다는 점을 고려할 경우, 좀 더 일반적으로는 정신 분석과 맑스주의에 대한 비판과 더불어, 이 삼총사 중 두 사람에 대한 포퍼의 비판도 의미심장했다. 우리가 포퍼 자신의 분석적 자격을 뭐라고 생각하든지 간에, 포퍼는 프로이트와 맑스를 영어권 국가들에서 전문 철학의 경계 밖으로 몰아내는 데 주된 역할을 했다. 그런데 일반적으로 이런 역사에 대한 우리의 재구성과 해체는 이런 핵심적인 만남에 의해서 배제되었던 철학적 선택지들을 해명해줄 것으로 기대하며, 또 이후 장에서 이어지는 몇몇 방법론적 토론들과 주제별 토론들의 틀을 잡아줄 것을 기대할 뿐만 아니라, 이성, 명료성, '제1 철학'의 가치와 역할, 그리고 보다 일반적으로 선험적 논증 작업transcendental argumentation과 관련해 오늘날 살아남아 있는 몇몇 중요한 논쟁들을 갱신해줄 것으로 기대한다.

　여기서 분석 '대' 대륙이라는 적대적인 구조framework가 (전적으로는 아니더라도 주로) 분석 철학자들에 의해 공표되어왔다는 것을 부정하기 어렵다. 우리가 조사할 열띤 논쟁들은, 많은 경우에 분석의 방법들이 오류를 폭로하는 치유 작용을 한다는 것을 입증해 보이기 위해 의도된 것이었다. 거의 틀림없이 철학사 전체에서 볼 때 이에 대해 각별히 독특한 것은 없을 것이다. 실제로 대륙 철학에서 각 세대는 유사하게 전투적인 태도로 이전의 영향으로부터 그 자신을 구별하려고 한다. 그러나 물론 대륙 철학에는 종종 그런 에피소드들을 부채질했던 분석에 대한 묵시적이거나 명시적인 비판이 들어 있었다. 헤겔과 맑스의 변증법적 철학에는 태아기부터 반분석적인anti-analytic 많은 소재가 들어 있다. 예컨대 전체로서의 통일을 생각하면서 종합적 접근법만이 진정한 철학적 진리에 도달할 수 있었다는 논지가 그런 것 중의 하나이다. 개정된 제1 철학과 관련된 대륙의 기획들은 종종 다른 철학 전통이나 사상에 대한, 아마도 가장 눈에 띄는 것으로는 형식 논리학을 중심으로 삼는 철학들에 대한 대대적인 거부와 함께 토지를 정지한다clear the ground. 그 초기 작업이 철학적 논리학을 따르는 구심성에도 불구하고, 현상학만이 '무전제presuppositionless'의 철학을 제공한다는 후설의 선언을 생각해보라. 베르그손의 진화론적 철학도 형이상학에서 분석에 반대한다. 좀 더 분명한 것으로, 호르크하이머와 아도르노와 같은 비판 이론가들은 일찌감치 논리 실증주의에 대한 유력한 비판을 제시하였고, 논리학에 대한 고도로 비판적인 태도는 그 전통에 들어 있는 공통적인 수사법trope이다. 그것은 하이데거의 저작에서, 그리고 『철학이란 무엇인가?』에서 논리학에 관한 들뢰즈와 가타리의 멸시적인 글쓰기에서도 명백히 드러난다. 이 책에는 논리학이란 것이 그들에게는 철학과 과학의 융합으로 인해 도입된 혼동임을 다루는 한 온전한 장chapter이 있다.

분석 철학과 대륙 철학의 대표자(라고 일컬어져 왔던 분들) 간의 대화식 논쟁의 측면에 초점을 맞추는 우리의 전략은, 물론 분열의 예화에 중요했던 이전의 역사적 영향들을 우리가 묵살한다는 것을 의미하지 않는다. 그런 선행하는 분립pre-schism이 많이 있다. 그중 하나는 영국 경험론과 대륙 합리론 간의 간단한 대조이다. 하지만 이렇게 닳아빠진 대조조차도 그 자체가 어느 정도, 데카르트, 스피노자, 라이프니츠, 로크, 버클리, 흄의 저작에서 발견되는 것이라기보다는, 분석-대륙 분열의 눈을 가진 자들에 의해 철학사에 부과되어 있다. 에이어는 — 조금은 과장일 뿐인데 — 영국 분석 철학자들이 데카르트 이후의 프랑스 철학자들을 읽지 않았고, 그가 아는 (상당수의) 프랑스 철학자들은 모두 영국 경험론이 지독한 실패라고 생각했다는 점을 언급한다.(1986: 24) 그러나 이것은 18세기와 19세기 프랑스 철학이나 영국 철학에서 (독일 철학과 오스트레일리아 철학은 차치하고) 전혀 지배적인 태도가 아니었다. 때때로 지적되고 있는 두 번째 선행 분립은 낭만주의와 계몽주의의 과학적 유산 간의 구분인데, 철학의 경우에서는 칸트에 대한 다른 역사적 수용과 밀접한 관련이 있는 것이다. 한편으로는 칸트의 넓은 철학적이고 미학적인 기획과 주관성에 대한 관심이 강조된다. 다른 한편으로 칸트는 반회의적 인식론자이자 독단적인 형이상학적 주장의 정체를 폭로한 자로서의 지위를 지닌다.[2] 동류의 선행 분립은 단순히 헤겔의 관념론과 모종의 실재론 간의 구분이다. 확실히 초기 분석 철학에 대한 관행적인 설명은 영국 관념론자들(F. H. 브래들리, T. H. 그린, J. M. E. 맥타겟 등)에 좀 반기를 드는 것으로 묘사된다. 끝으로 위의 모든 분립을 주제 속에 끌어들이면서, 우리는 한편으로는 19세기 후반 경험론(마흐, 칼 페어슨, 피에르 뒤앙 등)에서 물려받은 실증주의적 유산을 지적할 수도 있을 것이고, 또 다른 한편으로는 (명백한 관념론적 유산인) 『자연 철학』 전통에서의 과학적 기획에 대한 항의, 생명의 약동$^{élan vital}$과 같은 설명상 가정된 존재물들, 이해^{Verstehen}(또는 해석학적 이해 등) 방법의 사용을 지적할 수도 있을 것이다.

다시 한번 철학적 교전에 초점을 맞출 때, 분석적 운동의 탄생 이래 일어났던 더 폭넓은 역사적 패턴들을 무시하는 것은 어리석은 일일 것이다. 나치즘의 발흥과 제2차 세계대전은 틀림없이 분열에 영향을 미쳤다. 거의 모든 탁월한 영국 분석 철학자들이 전쟁 지원에 연루되었고, 그들은 그렇게 하기 위해서 자기들의 철학적 활동을 포기하였다. 따라서 이 시기에 대륙 철학에 대한 많은 비판이 뚜렷한 정치적인 표명이었다는 것은 놀랍지 않다. 예컨대, 19세기에서부터 (특히 낭만주의와 독일 관념론) 대륙 철학의 어떤 경향성에서 비롯된 논리적 산물로서의 파시즘을 보면서 말이다. 포퍼는 『열린 사회와 그 적들』에서 헤겔과 맑스를 전체주의 사상의 선구자로 지목하였다. 러셀은 이런 견해를 『서양 철학사』에서 반복한다. 러셀도 도처에서 피히테와 니체의 저작이 결국 히틀러가 된다는 점을 암시한다. (애크허스트 2008: 550) 그 시대의 다른 저명한 영국 분석 철학자들—아이지어 벌린, 앤터니 퀸턴, 스듀어트 햄프셔, R. M. 해어, 에이어와 라일 —도 덜 단호하기는 했지만 유사한 의견을 피력하였다. 예를 들어 에이어는 나치즘이 잘못된 낭만주의이고, 니체의 철학은 물론 나치스에 의해 잘못 평가되었긴 하지만 "내게는 나치즘을 가능하게 해주었던 일종의

---

2. 이 점을 더 알기 위해서는 쿠트로펠로(2000: 1장)를 보라.

흐릿한 낭만적 사고를 재현하고 있는 것처럼 보인다"라고 말한다.(ibid.: 551) 전쟁 기간과 그 이후에 프랑스 실존주의는, 물론 실존주의와 관련된 대부분의 철학자들이 프랑스 레지스탕스의 회원이었을지라도, 이 낭만주의-겸-파시즘 궤적의 연속선인 것처럼 보여졌다. 따라서 토마스 애크허스트가, 이것은 결코 그저 철학적 언쟁quarrel이 아니라 어느 정도 정치적이고 이데올로기적인 언쟁이었다고 말하는 것은 옳다.(ibid.: 557)

우리는 각 전통의 상속 기준의 중요한 부분(심지어 어떤 이들에게는 '창시자들')이자, 현대 분석 철학자와 대륙 철학자의 자아 개념 및 정체성에 필수적인 두 철학자, 즉 프레게와 후설과 함께 출발할 것이다.

제1장

프레게와 후설

분석 철학자와 대륙 철학자 간 현대의 의사소통이 후설과 프레게 저작을 재론할 것을 요구한다는 더밋의 제안을 상기해보라. 후설과 프레게는 둘 다 현재에도 그들 각 전통에서 상당한 영향력을 행사한다. 그러나 더밋의 발언 이면의 요점은 대략 1884년부터 1896년까지의 기간에(즉, 프레게의 『산수의 기초』의 출간과 후설의 「순수 논리학 서론」 제1판 사이에), 이 두 사람이 어느 정도 같은 철학적 시대page에 있다는 것이다. 이들은 사적으로도 공적으로도 소통한다. 이들은 그렇게 소통할 때 항상 불일치하지는 않는다. 그리고 이들이 불일치할 때, 그럼에도 불구하고 이들은 이의와 반론에 직면해서 입장의 변화를 허용하기 위한 충분히 공통적인 논쟁 기준을 유지한다. 우리는 이들 철학에서 몇몇 중요한 유사점을 볼 수 있다. 하지만 그럼에도 불구하고 이들 간의 차이에는 우리가 분석 철학 및 대륙 철학과 연관 짓게 될 것이 많이 갖춰져 있다.

처음부터 분석 철학이라는 만신전 안에서 프레게의 특이한 위치를 깃발로 장식할 만한 가치가 있다. 프레게가 분석 철학의 창시자로 간주되든 않든 간에, 러셀은 종종 19세기와 20세기 전환기에 분석적 운동의 가장 열렬한 주창자로 여겨진다. 그 이야기가 러셀 자신의 자서전과 이후 러셀 및 알프레드 노르트 화이트헤드의 전기에 상세하게 실려 있다. 러셀이 분석 방법을 수용한 것은, 그가 초기에 철학에서 (헤겔적인) 종합과 변증법의 방법들에 몰두한 이후에 이루어진 일이었다(러셀은 이 시기에 철학적 방법의 문제에 유별나게 민감했었던 것처럼 보인다).[1] 러셀이 변증법적인 단계와 분석적인 단계에 둘 다 머물러 있었을 때, 그를 이끌어간 관심은 수학 철학에서 왔다. 분석보다 변증법적 종합을 그가 선호했던 것은 연속성과 무한의 성격과 관련된 수학적 난점들이 근본적인 철학적 이율배반들의 표현이었다는 확신에서 비롯된 것이었고, 1898년에 와서 그의 마음의 변화는 화이트헤드의 『보편 대수학 논고』의 2권에서 기호 논리학을 접하면서 일어났다.(거기에서 그런 문제들을 길들이는 데데킨트의 업적을 알아보면서; 로웨 1985: 230~231) 무어의 1899년 논문 「판단의 성격」은 '명제'가 그 중심 역할을 했던 형이상학의 개념을 러셀에게 주었는데, 이 명제는 '분명히 요소들로 분산되어야 할 필요가 있는' 존재물이다.(몽크, 1996: 117) 이것은 논리적 분석이라는 도구가 완전히 안성맞춤인 문제 분야이고, 따라서 무어와 수학자들을 하나로 합치면서, 러셀은 분석 철학을 그 궤도에 올려놓는다.

현대의 철학적 관중에게 여기서 프레게가 등장하고 있지 않은 것은 상당히 인상적이다. 러셀에게 논리-수학적 영향력을 행사한 프레게의 역할을 화이트헤드가 완전히 찬탈했던 것처럼 보인다. 하지만 위의 설명들이 전혀 참이 아닌 것도 아니다. 러셀은 『수학의 원리』(1903) 서문에서, 그 해에 프레게의 『산수의 근본 법칙』 제1권의 내용들을 그가 받아들였을 때, 프레게가 많은 면에서 자기를 앞질렀다는 것을 그제에서야 알게 되었다는 점을 인정한다. 1925년에 프레게가 죽을 때까지, 러셀과 비트겐슈타인 이외의 분석 철학자들에 대한 프레게의 유일한 직접적인 영향력은

● ●

1. 몽크(1996: 116)를 보라. 러셀의 1890년대 후반의 헤겔주의는 맥타겟의 『헤겔 변증법 연구』(1896)에서 강하게 영향을 받은 것이었다.

논리학과 수학적 개념들을 분석하는 데 그가 공헌한 점에 있었다(그리고 심지어 여기서도 그는 종종 러셀을 통해 간접적으로 독해된다). 프레게가 의미를 뜻–지시체sense-reference로 설명하게끔 결정적으로 이동한 것은 —러셀이 부지불식간에 그를 따랐던 특징 중의 하나가 아닌— 프레게의 1891~92년 논문들(통상 영어로 「함수와 개념」, 「개념과 대상에 관하여」 그리고 「뜻과 지시체에 관하여」로 번역된 논문들)에서 가장 분명하게 제시되어 있다. 그러나 그 견해를 접했던 초기 분석 철학자들은 극히 일부 사람들만 이해하는 그의 『근본 법칙Grundgesetze』이라는 환경에서 그것을 접했다. 결과적으로 그리고 러셀의 「지칭함에 관하여On Denoting」에 끼친 거대한 영향에도 불구하고, 우리가 프레게로부터 물려받은 분석적 유산이라고 생각하는 많은 것은 2차 대전 이전의 문헌에서는 거의 나타나지 않는다. 프레게의 구체적인 철학적 저작은 1940년대 후반에 처음 영어로 번역되었다. 부분적으로 영어권 언어 철학에서의 그의 초기 영향력의 결여를 설명하면서, 그리고 그 결여에 의해 설명되면서 말이다.[2] 그러나 독일어권 분석 철학자들도 똑같은 유형의 홀대를 일삼는다. 예컨대 카르납의 1934년 작 『언어의 논리적 통사론』은, 가장 분명하게 철학적 논리학을 언어에 적용하는 데 관계했던 저작인데, 프레게의 수학적이고 논리적인 작업을 사용하지만, 그러나 언어 철학에서의 그의 작업을 전혀 언급하지 않는다.

여기서 일어났던 일은 일종의 뒤늦은 영사projection인데, 이것은 또한 불가피하게 우리가 프레게-후설 논쟁을 보는 방식에 영향을 미친다. 2차 대전 이후에, 프레게의 뜻–지시체 구분은 아주 빠르게 언어 분석 철학의 중심적인 특징이 되었고, 특히 더밋의 해석적 작업 이후부터 프레게는 탁월한 분석 철학자로 생각되었다. 하지만 프레게의 뒤늦은 영향력에

2. 아마도 이후의 분석 철학에서 프레게의 가장 영향력 있는 논문인 「뜻과 지시체에 관하여(Über Sinn und Bedeutung)」는, 1948년(막스 블랙에 의해; 프레게, 1948 참조)과 1949년(허버트 파이글에 의해; 프레게, 1949 참조)에 처음 영어로 번역되었다.

관한 이 숨김없는 사실은 어느 정도, 당시에 프레게가 산발적으로만 관계했던 한 전통 속에 그가 소급적으로 입회되었다는 것을 보기 어렵게 만든다. 확실히 20세기 초기에, 프레게–후설 논쟁은 분석적 전통에서 대부분 어떤 특별한 의의를 지니지 못했다. 그러니 현상학이 심리학화되어 있다는 비난을 이런 사항 탓으로 돌려서는 안 된다. 실제로 후설에 대한 프레게의 1894년 논평은 그의 저작의 기치–블랙 표준 번역에서 부분적으로만 발췌되었고, 번역자들은 논평의 가장 논쟁적인 부분들 대부분을 피해버렸다.[3] 좀 더 최근의 분석적 전통에서 프레게–후설 대화의 상징적 의의는 다그핀 푈레스달(1958)에게 크게 신세 지고 있는데, 푈레스달은 후설의 『산수의 철학』에 대한 프레게의 1894년 논평이, 후설이 심리주의를 포기하는 데 있어서 뿐만 아니라 많은 점에서 프레게의 것과 유사한 의미에 대한 설명을 개발하는 데 영향을 주었을 것이라고 주장한다. 이후 푈레스달의 주장은 공격을 받았고, 후설이 아주 독립적으로 관련된 논제에 도달했다는 증거가 제시되었다. 이런 측면의 반발은 이 시기에서의 후설의 작업을 미숙하고 선–현상학적인 것으로서 간주하는 대륙 전통의 경향에 반하여, 어느 정도 초기 후설을 옹호하는 새로운 사태였다.[4] 분석적 문헌 내에서 이런 두 새 사태들은 모두 초기 후설을 끌어오는 일을 한다.

사건episode은 프레게와 더불어, 그리고 1879년에 그가 현대 논리학의 개발을 계속해 가면서 산수가 논리학의 부분 집합임을 증명함으로써 수학적 증명을 가급적 건전한 발판 위에 올려놓으려는 그의 야심과 더불어 시작된다. 『산수의 토대』에서 프레게는 산수의 진술들을 분석적이라고 간주하기 위한 사례를 입증함으로써 어느 정도 이런 결론을 향해 나아간다. 칸트의 분석성 개념(논리학과 정의들에 의해서만 참이 되는 개념)을 상당히 유력하게 개조하는 것으로부터 시작해서, 프레게는 수학적 존재물들에 대한 주관주의적이거나 심리주의적인 설명들을 공격하러 나서며, 그보다

● ●

3. 완전한 논평은 E. W. 클루게의 영어 번역에서 처음으로 보여졌다.(프레게, 1972)
4. 이런 견해의 활발한 제시에 대해서는 힐 & 하드독(2000)을 보라.

도 수 진술을 객관적 개념들에 관한 진술들임을 밝힌다.

하나이자 같은 외면적인 현상을 보고 있는 동안, 나는 "그것은 하나의 잡목림이다"와 "그것은 5그루의 나무이다"가 모두, 또는 "여기에 4개의 중대가 있다"와 "여기에 500명의 남자가 있다"가 모두 똑같이 참이라고 말할 수 있다. 이제 여기서 한 판단으로부터 다른 판단으로 넘어가면서 달라진 것은 어떤 개별적인 대상도 아니고, 그것들의 집합체인 전체도 아니고, 나의 용어이다. 그러나 그 용어 자체는 한 개념이 다른 개념으로 대체되었다는 하나의 표시^{sign}일 뿐이다. 이것은 하나의 수 진술의 내용이 하나의 개념에 관한 주장이라는 것을 (…) 시사한다. 이것은 아마도 수 0에서 가장 분명할 것이다. 만일 내가 "금성에는 0개의 달이 있다"라고 말한다면, 주장되어야 할 그 무엇으로서 어떤 달이나 달들의 합계가 그저 존재하지 않을 것이다. 그러나 하나의 속성이 '금성의 달'이라는 개념에 할당되는 일이, 즉 그 개념 밑에 아무것도 포함되고 있지 않다는 사태가 벌어지고 있는 것이다. 만일 내가 "4마리의 말이 왕의 마차를 끈다"라고 말한다면, 나는 수 4를 '왕의 마차를 끄는 말'이라는 개념에 할당할 것이다. (프레게, 1953: §46 at 59e)

이런 관점에서 프레게의 전반적인 논리주의 기획에 대해 『토대』가 하는 주된 공헌은 프레게가 제시하는 수의 정의에 있다. 프레게는 대략 한 개념 F에 속하는 수를 다음과 같은 식으로 정의한다. 만일 한 집합 속에 있는 대상들의 집합이 F가 적용되는 대상들의 집합과 1 대 1 대응이 될 수 있다면, 사물들의 한 집합을 'F와 같은 수^{equinumerous}'라고 부른다.(ibid., §68 at 79e; §72 at 85c) (예컨대, 플라톤의 몸에 있는 팔들의 집합은 그의 얼굴에 있는 눈들의 집합과 같은 수이다.) 그러면 F에 속하는 수는 개념 'F와 같은 수'의 외연이라고 정의된다. (즉, 그것은 각각이 F와 같은 수인 집합들의 집합이다 — 앞의 예에서 플라톤의 눈의 수는 플라톤의 팔의 집합, 플라톤의 다리의 집합, 소크라테스의 다리의 집합 등으로 이루어진 집합이다.) 그런 후 (우리가 막 정의했던 식으로 개념 '그 자체와 동일하지 않은'에 속하는 수로서) 0에 대한 정의들과 후속수 관계ᵉsuccessor relation(하나의 정수와 다음 정수 간에 성립하는 관계)가 제시되고, 프레게는 자연수의 일상 속성들이 이런 정의들로부터 획득된다는 것을 증명한다.[5] 이 기획 전체가 (개념들과 외연들에 관한 프레게의 형이상학을 고려할 때) 심리적인 존재물들에 기대지 않고 수행되었다는 점을 주목하라.

후설의 1891년의 『산수의 철학』은 이 모든 것에 이의를 제기한다. 이 저작에서 그의 일반적인 입장은 수를 가지고 하는 우리의 많은 작업은 수들의 기호들symbols에만 관계한다는 것이다. 즉, 우리는 수들 자체는 부재하는 형식적인 규칙 속박rule-bound 활동에 종사한다. 수들은 심리적인 성취가 가능할 때 우리에게 주어질 뿐인데, 그 안에서 우리는 대상들을 수집하고 다수성의 측면에서 대상들을 전체whole나 합aggregate으로서 고찰한다. 아주 명백하게 이것은 심리주의적인 설명이다. 따라서 후설은 프레게의 반-심리주의를 거부한다. 특히 후설은 분석적 기획 내에서의 비-약정적 정의 non-stipulative definition에 대한, 즉 즉시 정보적이면서도 왠지 인지적일 뿐인 정의에 대한 프레게의 개념에 반대한다. 더밋이 지적하듯이(1996: 24~28), 여기서 후설은 통상 G. E. 무어의 것이라고 보는 수수께끼인, '분석의 역설paradox of analysis'의 한 이형을 생각해낸 것으로 보인다.

분석의 역설은 분석 방법 전반에 관한 의문을 제기한다. 만일 하나의 개념 분석이 (예컨대) 성공적이라면, 그것은 분석적 진리에 이르렀어야 했을 것이다 ― 그것은 정의항과 피정의항 간의 의미 동치를 찾아내야

5. 프레게의 활동 당시에는 산수를 위한 만족스러운 공준들이 전혀 확인되지 않았다. 지금 우리가 페아노 공준이라고 부르는 것의 첫 번째 판본은 1888년에 데데킨트에 의해 언명되었다.(데데킨트, 1963: 31~115 참조) 프레게의 『토대』는 그의 정의와 논리로부터 이런 공리들이, 모든 개념은 외연을 가진다는 가정 위에서 증명될 수 있다는 것을 보여주기 위해 필요한 작업을 포함한다. 결국 이것을 입증하는 것은 논리주의 프로그램의 다음 목표가 되었다. 이 논의에 대해서는 조지 & 벨레만(2002: 2장)을 보라.

했을 것이다. 그러나 만일 이렇게 되었다면, 그것은 우리에게 진정으로 새로운 정보를 주지 못하는 것으로 보이기도 하고, 또 아마도 그 올바름^{cor-}rectness이 의심될 수 있는 것이 되지 않을 것으로 보일 것이다. 따라서 분석의 전 목적이 의문시된다. 이것은 분석 철학 내에서 하나의 주요 쟁점이다. 마이클 비니Michael Beaney는 분석 철학에서 독특한 것은, 모든 철학자들이 모종의 분석을 해왔고 또 계속 수행하고 있기 때문에, 그저 분석의 사용이 아니라 소위 '변형적인 분석transformational analysis'의 사용일 것이라고 말한다. 이 변형적 분석에서 일상 언어는, 통상 분해와 같은 어떤 다른 종류의 분석에 우리가 착수하기에 앞서, (종종 논리학의 도움을 받아) 이상 언어로 번역된다. 이와 같은 일은 대륙 언어 철학 내에서는 전혀 일어나지 않는다. 예컨대 메를로–퐁티나 하이데거에게서 (『메논』의 학습 역설과 같은) 유사한 문제들이 논의될 때, 그런 문제들은 분석 개념의 개량에 의해서가 아니라, 일반적으로 배경적 전제들과 어떤 해석학적 순환의 불가피성에 주의를 기울임으로써 해결된다.

후설의 관심은 심리주의적 용어들로 표현되며, 따라서 그는 말하자면 프레게의 용어로 프레게의 기획에 직접적으로 접근하지 않는다. 그러나 더밋은 이것을 방법들의 작별 비슷한 것으로 간주한다.

> 후설은 분명히 분석의 역설에 직면했었고, 그것은 해결될 수 없다는 결론에, 따라서 분석은 불가능하다는 결론에 도달하였다. 프레게는 그의 논평에서 역설을 거부하며, 그와 더불어 한 명사term의 정의가 그의 1914년 강의들의 의미[즉, 뜻들의 동치]에서 분석적이어야 한다는 요구를 거부한다. (ibid.: 24~25)

물론 이것은 기껏해야 일방적인 작별에 지나지 않는다. 분석의 역설에 대한 후설의 태도가 대륙 전통을 통해 얼마간 복제되고 있다고 할지라도, 프레게의 답변은 결코 역설에 대한 분석적 반응의 주요 노선이 아니라는 점에서 말이다.

후설은 프레게의 기획에 또 다른 반대를 표명하였다. 예컨대, 그는 사실상 심리주의적인 근거에서 같은 수임equinumerosity이라는 관념(그리고 프레게와는 다른 수학자들의 동류의 접근법들)에 대한 확장된 비판을 제시한다. 즉, 우리가 1 대 1 상관관계라는 심리적 행위를 수행할 수 있을 때, 같은 수임이라는 개념은 그것이 보이는 논리적 효과를 가질 뿐이라는 생각에서다. 후설은 또한 프레게가 동등성equality과 동일성identity 을 혼동했다고 주장하면서, 프레게의 동일성 논의에 이의를 제기한다. 끝으로 후설은 자기의 기획에 이론적 난점을 일으키는 프레게의 수 진술들에 응수한다. 예컨대 후설 자신의 설명에서 수들은 모두 다수성 개념의 잠재적 결정potential determinations of the notion of plurality이다. 다수성은 전 합계 내에서의 하나 이상의 대상을 요구하기 때문에, 0도 1도 하나의 수가 될 수 없다. 후설은 이 결론을 받아들인다.

1891년 말에, 후설은 프레게에게 자기 작업의 복사본과 몇 가지 관계된 다른 논문들을 보냈다. 뒤이은 서신의 어조는 대체로 공손하다. 모한티 (1977)가 지적하는 바처럼, 후설이 프레게에게 보낸 논문 중 하나는,(a review of E. Schröder's *Algebra of Logic*) 그 시기에 후설이 (1891년에도 나타났던) 해당 주제에 관한 프레게 자신의 작업과 독립적으로, 프레게의 뜻-지시체 구분과 유사한 것을 이미 표명했던 것으로 보이는 분명한 징후를 담고 있다. 더구나 후설의 논고는 한 이름의 (객관적) 뜻과 행위자 agent에 대한 그것의 (주관적) 제시presentation 간의 구분을 끌어낸다. 이것이 논란거리가 된다. 그러나 어쨌든 프레게의 나중 논평이 후설을 반-심리주 의로 이동시킨 유일한 원인이었다는 주장을, 또는 현상학이 그 토대를 프레게에게 신세 지고 있다는 주장을 유지하기란 쉽지 않다.

후설의 『산수의 철학』에 대한 프레게의 논평은, 비록 타인들에 대한 프레게의 비판이 일반적으로 가차 없이 신랄하고 공격적이기 때문에 그런 면이 있기는 하지만, 유쾌한 읽을거리가 아니다. 논평 내내 프레게는 후설 비판을 일삼는다. 그중 일부는 후설 쪽이 저지른 오류(프레게가 동등성과 동일성을 혼동했다는 주장에서처럼)에 대한 직접적인 징계이다. 그리고 프레게는 0과 1이 수가 아니라는 후설의 주장을 인정할 때 따르게 될 결과를 예리하게 추적한다. 그러나 논평의 주요 취지는 후설의 심리주의 자체가 (예컨대 하나의 수가 한 합계의 속성이라는 견해를 강요하면서) 파멸적이라는 것이고, 또 결과적으로 후설은 수에 대한 심리적인 연구법과 비-심리적인 연구법 사이를 온통 흐려놓고 만다는 것이다. 자기의 주장을 펼친 후에 프레게는 다음과 같이 논평한다.

> 이 저작을 읽어가면서, 나는 심리학이 논리학에 유입됨으로써 일어난 참상을 판단할 수 있었다. 그리고 여기서 나는 이 폐해를 분명하게 보여주는 것을 내 과제로 삼았다. 보여주는 것이 내 의무라고 생각했던 그의 실수들은, 그것들이 광범위한 철학적 질병의 결과라는 것 못지않게 저자의 체면을 손상시킨다. 근본적으로 다른 나 자신의 입장은, 심리학의 영역에 있다고 여겨지는 후설의 업적을 정당하게 평가하기 어렵게 만든다. (프레게, 1972: 337)

곧바로 공표된 후설의 반응은, 아주 적기는 하지만 솔직하다. 후설은 『논리적 탐구』의 「순수 논리학 서론」(2001: 318)에 있는 주석에서, 이전 책에서 피력했던 프레게의 반-심리주의에 대한 비판들에 더 이상 찬성하지 않는다는 것을 인정한다. 그리고 그는 자신을 『산수의 토대』 및 『근본 법칙』 1권 서문에서의 심리주의에 대한 프레게의 언급들과 결부시킨다. 이전 저작에 포함된 비판들 모두를 철회한 것은 아니어서, 여기서 후설의 '내탓이오mea culpa'가 부분적이라는 것이 종종 언급되고 있기는 하지만, 이 양보는 심리주의를 다룬 6개 장 후미에 나타나는데, 그 과정에서 그 견해에 대한 일련의 비판들이 진전을 이룬다. 후설의 철회는 프레게 고유의 논리주의 프로그램을 승인하는 데까지 이르지는 못했다. 그리고 후설은 나중에 '자기 자체를 이해하지' 못했던 논리학의 철학적 사용을 비판할 것이다. 하지만 '서론' 자체는 『산수의 철학』처럼, 심리주의 비판에 있어서나 뜻에 관한 프레게의 생각들을 상기시키는 현상학의 토대들의 측면들에서나, 적어도 분석적 전통과 일부 일치하는 지점이다. 그러나 초기 분석적 세계에서 『논리적 탐구』가 드문드문하게 흡수된 것을 고려할 때, 이 잠재적인 일치가 실제로 당시에 어느 정도까지 계속되었는지는 전혀 분명하지 않다. 모한티는(1982), 초기 현상학적 전통과 분석적 전통 간의 직접적인 소통이 부족했을지라도, 논리학에 대한 프레게, 후설 그리고 러셀의 공통적인 성찰로 인해 산출된 문제들과 기회들은, 적어도 몇몇 독립적으로 수행된 작업이 시사적인 개념적 연관성을 가졌을 것임을 보증했을 것이라고 말한다. 아마도 프레게와 후설(또는 실제로 11장에서 논의되는 실재론적 현상학)에 대한 좀 더 최근의 분석적 문헌은, 어떤 면에서 그랬을 수도 있었다는 것의 한 모델 역할을 할 것이다. 만일 그렇다면, 전통 간의 이 첫 번째 접촉은 분열의 심화 못지않게 놓친 기회일 것이다.

제2장

러셀 대 베르그손

우리가 언급했듯이, 러셀은 초기 분석 철학을 알리는 데 핵심적인 역할을 한 인물이다. 그의 「지칭함에 관하여On Denoting」와 『외부 세계에 대한 우리의 지식』은 새로운 방법들이 공적으로 그 기량을 시험받는 상품 진열장들이다. 또한 러셀은 프레게, 무어 또는 비트겐슈타인과는 달리 다른 학파의 철학자들과 기꺼이 논쟁을 벌였고, 특히 그 자신이 포기했었던 (헤겔주의와 마이농적 실재론과 같은) 철학들을 적극적으로 공격하였다. 그래서 아마도 불가피하게 그는 프랑스, 독일 그리고 영국에서 수행된 동시대의 많은 철학적 작업을 '타자화othering'하는 데 상당히 중요한 역할을 하기도 했다. 사실, 한 사람의 철학자로서 그의 고유한 장점에도 불구하고, 러셀은 다른 철학자들, 아마도 특히 초기 대륙 철학자들(헤겔, 니체 등)의 골칫거리 독자일 수 있다. 생애 내내 후설과 하이데거에 관해서는 거의 아무것도 말하지 않긴 했지만 말이다.

러셀-베르그손 만남은, 분열의 진전에 아마도 똑같이 중요함에도 불구하고, 최근 문헌에서 프레게-후설의 만남 또는 카르납-하이데거의 만남보다 상당히 덜 논의되어왔다. 러셀과 베르그손은 둘 다, 프레게, 후설,

카르납 그리고 하이데거와는 (이들의 관련된 논쟁 시) 달리, 논쟁 당시에 대중적으로 유명한 지성인이었다. 약 1903년부터 제1차 세계대전 직후까지, 한동안 러셀은 실제로 거의 틀림없이 세계에서 가장 유명한 철학자였다. 베르그손의 가장 유명한 저작인 『창조적 진화』(1907)는 1911년 영어 번역의 출판과 더불어서, 그래서 같은 해 영국 방문 시 그를 열렬하게 환영하게 할 만큼, 아주 빠르게 그에게 공적인 명성을 가져다주었다.(Monk, 1996: 232~233) 이 만남은 그 저작과 함께 시작된다.

베르그손의 철학은 허버트 스펜서와 (윌리엄 제임스와 같은) 몇몇 실용주의자들을 포함하는 넓은 진화론적 전통 안에 자리 잡고 있다. 그 전통 내에서 베르그손은 특히 과정 철학process philosophy의 초기 개업자로서 유명하다. 변화와 생성이 궁극적인 실재이다. 고정적인 것fixity은 본능 대신 지성intelligence에 의존하다 보니 야기된 하나의 환상이다.(베르그손, 1944: 1~6) 물론 베르그손은 그것이 분해하는 분석(과학, 의학 등이 그것에 입각해 있다)과 같은 지성적 행위를 수행하는 데 도구적으로 유용하다는 것을 인정한다. 그런 분석에서 우리는 개념들을 나누고 요소적인 속성들로 분류한 후, 종합을 거쳐 사물의 일반적인 개념으로 돌아온다. 그러나 이런 능력들은 불가피하게 도구적이고 진화론적인 필요의 안내를 받는다. 따라서 그런 능력들은 공리적인 계산이나 분류에 방향이 맞춰져 있다. 만일 우리가 이런 식으로 형이상학을 처리한다면, 우리는 불가피하게 그것들과는 상관없는 구별을 하나의 실재에 떠맡기게 될 것이라고 베르그손은 주장한다. 지성은 핵심에 있어서 "공간의 한 점을 다른 점과, 한 물질적 대상을 다른 대상과 관계시키는 능력이다. 지성은 만물에 적용되지만 사물들 밖에 머물러 있다. 그리고 근본적인 이유에서, 그것은 옆쪽으로 퍼져나가는 효과들만을 지각한다."(ibid.: 185) 게다가 자연이 마디에서 갈라지는 방식의 선택은 본질적으로 관점적이기 때문에, 분석은 우리에게 사물에 대한 상대적인 지식만을 줄 수 있을 뿐이다.(ibid.: 160~161)

이 곤경에 대한 베르그손의 해결책은 "사심 없고, 자기 의식적이고,

자기의 대상을 반성할 수 있고, 그것을 무한정적으로 확대시킬 수 있는" (ibid.: 176) 본능의 한 형태인 우리의 직관에 호소하는 데 있다. 직관에서 우리는 밖에서부터 사물을 조망하기보다는 그 사물로 들어간다. 이것은 즉시 지성으로 하여금 자신의 한계(특히 생명의 이해에 수반되는 한계)를 깨닫게 해주며, 우리에게 사물에 대한 절대적 지식의 가능성을 내어준다. 베그르손에게 있어, 후설의 현상학과는 반대로, 하나의 통일된 의식이 직관과 더불어 주어진 다양성을 처리한다는 것이 아니다. 오히려 직관은 우리 자신이 존재하는 다양성을 우리에게 보여주며, 이것은 사유의 고유한 매체라고도 하는 측정 불가능한 체험된 시간(지속^{durée})과 관계되어 있다. 공간적인 것(지성)과 시간적인 것(본능)의 대립이 강조된다.

러셀과 베르그손과의 만남은 1911년 베르그손의 방문과 더불어 시작된다. 이때 이 두 사람은 러셀이 아리스토텔레안 소사이어티에 게재했던 한 논문을 놓고 토론에서 격돌하였다.[1] 1912년에 상당히 많은 주석이 붙어 있는 러셀의 「베르그손의 철학」이 『모니스트』지(러셀, 1912a)에 게재되었다. 베르그손은 또한 러셀의 1914년 저작 『외부 세계에 대한 우리의 지식』에서 길게 논의된다. 그리고 이 두 사람은 1922년에 콜레주 드 프랑스에서 열린, (각자의 관점에서 일부 경멸을 표현하고 있는) 아인슈타인 주제 학회의 참가자였다. 철학으로 간주되는 베르그손 저작에 대한 특별한 반대가 분명히 러셀의 저술들에서 제시되고 있을지라도, 러셀의 일반적인 결론은 어떤 의미에서 그런 세세한 비평은 핵심에서 벗어나 있다는 것이다. 베르그손의 작업은 철학이라기보다는 문학으로 이해될 수 있을 뿐이다. (러셀 2007: 790을 보라) 이것은 그 이래 대륙 철학에서의 많은 그런 활동에 부여되었던 하나의 논평이며, 또 이는 그들 작업을 보는 현대적인 독자들에게도 즉시 명백한 스타일상의 차이를 암시한다. 그러나 스타일상의 문제들을 넘어서, 러셀이 분석 철학의 많은 다른 관행적인 표지들에 문제를

* * *

1. 분명히 베르그손은 자기 저작에 대한 러셀의 이후 논평이 이 사건을 두고 '복수'한 것이라고 주장하였다.(몽크, 1996: 238을 보라)

제기한다는 것을 보는 것도 재미있다.

첫째, 러셀은 베르그손이, 전제들로부터 연역적으로 결론을 짜 맞추는 문제로서 이해되는 논증을, 또는 주의 깊은 분석의 문제로서 이해되는 논증을, 추구하거나 가치 있게 생각하지 않는다는 점에 우려를 표명한다.[2] 물론 베르그손이 이것을 그냥 간과하고 있는 것은 아니다. 베르그손은 사변적 사유에 기초한 형이상학에로의 귀환의 일환으로서, 그리고 생명의 가치와 복잡성을 망각하지 않기 위해서, 사유 도구로서의 분석에 대한 방법론적 비판을 제공하려고 한다. 베르그손의 직관 가치화valorization of intuition가 러셀의 우려를 사게 되는 분명한 하나의 근거가 있다. 러셀은 한때 "직관은 박쥐, 벌 그리고 베르그손에게서 만발하고 있다"라고 말하기도 한다.(1912a: 331) 러셀은 베르그손의 직관을 그저 본능과 같은 것이라고 이해하는데, 이는 전혀 참이 아니다. 직관은 본능에서 생긴 것이지만 본능으로 환원될 수 없는 것이다. 분명히 베르그손은 박쥐와 벌의 본능적 능력이, 박쥐와 벌로 하여금 형이상학을 하게끔 해준다고 생각하지 않는다. 그럼에도 불구하고, 베르그손(그리고 그 이후 20세기 대륙 사상 편으로 식별되는 사람)의 작업에는 분석 철학자와 러셀의 기획과는 공유되지 않는 강한 반지성주의적 정신이 있다고 말하는 것이 타당할 것 같다. 반지성주의적인 것처럼 보이는 입장을 취하는 것이 철학자들에게는 역설적이겠지만, 대륙 전통에 속한 많은 철학자에게 이것은 서양 철학사의 많은 부분을 지배했던 철학적 지성주의philosophical intellectualism에 없어서는 안 될 상관물이며, 니체를 들먹이자면, 철학하는 자들의 특수한 심리와 성향의 한 결과이다.

여기서 공명을 얻는 두 번째 주제는, 베르그손의 직관 철학이 "과학과

2. 베르그손의 결론 뿐만 아니라 방법에 대해서도 우려를 나타낸 것은, 러셀이 베르그손의 형이상학적 결론의 무근거성(gratuitousness)에 대한 우려를 표명했을 때 보여질 수 있다. 미출판 논문인 1913년 「지식론」에서 시간-계열을 구성하는 베르그손의 방법에 대한 러셀의 논평 참조. "[베르그손의] 절차에는 아무 논리적인 오류도 없지만, 우리 목적에 적합한 것보다 훨씬 더 큰 의심스러운 형이상학의 퇴적물이 있다."(러셀, 1984: 75)

상식에서 비롯된 온갖 가짜 지식에 대한 전적인 비난"에 의존한다는 러셀의 공표에서 나온다.(1917a: 14) 베르그손의 작업에 과학과 상식에 대한 비난이 들어 있는지는 전혀 분명하지 않다. 그것들이 분명히 변형되어 있기는 하지만 말이다. 물론 과학과 상식은 20세기 역사 내내 분석 철학을 위한 중요한 방법론적 초석들로 남아 있다. 처음부터 무어와, 그리고 정도는 덜하지만 러셀이, 상식을 조사하고 그래서 상식을 재긍정하는 목표를 가지고, 부상하는 분석적 운동에 연합하였다. 그리고 많은 분석 철학자가 그 견해를 받아들였다. 정확히 상식(또는 일상 심리학, 선–이론적 /직관적 판단에 대한 신뢰와 같은 동류의 자료 등)의 어떤 역할이 우리 철학적 방법들의 있을 수 있는 무절제를 억제해야 하는지의 문제가 있을 때, 이 문제에 대한 대륙 철학 쪽의 답은 대부분의 철학자에게 있어서 '가급적 적게'라고 하는 것이 될 것처럼 보인다. 수사학적인 차원에서도 메타 철학의 차원에서도 이 차이가 각 전통의 대표 철학자들의 실제 철학적 관행에 의해 때때로 문제화되고 있지만, 그럼에도 불구하고 이 기준(그리고 기준의 부재)은 거의 틀림없이 우리가 2부에서 논의하듯이 각 전통의 방법론적 선호에서 중요한 역할을 담당한다.

끝으로, 시간을 놓고 보이는 분석 철학과 대륙 철학의 다른 태도도 또한 이 언쟁에서 드러난다. 우리의 시간 경험(지속)은 시간 그 자체, 실재적이거나 객관적인 시간에 대해 우리에게 무엇을 말하는가? 라고 러셀은 묻는다. 시간에 대한 철학적인 (또는 대부분의 분석 철학자에게는 심리학적인) 설명과 물리학자와 수학자들에 의해 제안된 설명 간의 관계와 관련한 문제가 끈질기게 지속된다. 시간에 대한 이 두 설명을 화해시키기 위해서 다양한 시도들이 있었음에도 불구하고, 아마도 칸트적인 경험적 시간 개념을 과학적 시간 상과 화해시키려고 평생 노력했던 셀라스가 가장 유명한 예일 텐데, 이 분리는 일반적으로 지금까지 지속되어왔다. 예컨대 에이어의 영향력 있는 책 『20세기 철학』에는 메를로–퐁티를 다룬, 그리고 하이데거에 대한 약간은 성급한 듯한 묵살이 담긴 아주 면밀한

장이 들어 있다. 에이어는 양자를 두고 명백하게 심리주의라는 비난을 하고 있고, 또 메를로-퐁티의 시간 이해에 대해서 다음과 같이 말하고 있다.

시간 자체는 "배경 속의 한 위치를 점유함으로써만 우리가 접근할 수 있고 이해할 수 있는 하나의 배경"이라고 하고 있다. (…) 만일 시간을 한 사건이 다른 사건보다 일찍 일어날 때 사건들 사이에서 유지되는 관계의 영역이라고 생각할 수 있다면, 이것은 참이 될 필요가 없을 것이다. 반면에, 만일 과거, 현재, 미래의 개념들이 근본적인 것으로 간주된다면, 현재는 이 도식에서 지시사 '지금'의 사용에 의해서만 포착되기 때문에, 시간 속 사건의 인용은 모두 적어도 화자의 시간적 위치의 묵시적인 지시를 포함할 것이다. 메를로-퐁티는 두 번째 방향을 잡지만, 관념론이라는 덤불로 들어서는 식으로 그 방향을 따라간다. (1982: 224)

에이어는 이렇게 부언한다. 만일 우리가 메를로-퐁티의 길을 간다면, "우리는 잘 정착된 과학적 가설과 모순되어 보이는 듯한 어색한 입장에 빠질 것이다." 시간에 관한 하이데거의 영향력 있는 연구들과 관련하여, 에이어는 이렇게 말한다. "우리는 메를로-퐁티에게서 이런 논의가 반복되는 것을 보았었다. 그러나 시간 술어를 심리학적이거나 형이상학적 술어로부터 끄집어내려는 그런 시도는 잘해봤자 순환적일 수밖에 없음이 분명하다."(ibid.: 228)

제3장

카르납 대 하이데거

1920년대 내내, 분석 철학과 대륙 철학 간의 분열은 점점 더 견고해졌을 뿐만 아니라 더욱 복잡해졌다. 철학이 '불화하는 가정divided house'이라는 생각을 영속시키는 데 핵심적이었던 눈에 띄는 사건은 현상학자/존재론자인 하이데거의 『존재와 시간』(1927)과, 그의 1929년 프라이부르크대학교 총장 취임 강연 원고 「형이상학이란 무엇인가?」에 대한 분석 철학 쪽의 반발이다.(하이데거, 1996a를 보라) 이 작품들을 쓰면서 하이데거는 (「무the Nothing」와 같은 명확한 논문으로 제시된) 실체적인 무를 개발하고 그것이 작용하는 것으로 이해한다("아님이다it 'noths'" 또는 "무화한다it 'nihilates'"). 아니나 다를까, 이것은 언어의 오용이 형이상학적 혼동으로 빠져드는 길이라고 보는 분석 철학자들에게는 어쩌면 당연한 공격 목표가 되는 것이다. 그리고 하이데거의 저작은 카르납의 1932년 실증주의 선언문이라 할 수 있는 「언어의 논리적 분석을 통한 형이상학의 제거」에서 하나의 예로서 사용된다. 서론의 발언은 하이데거가 여기서 한 전통의 대역을 하고 있다는 점을 분명히 한다.

이제 역사적–문법적 구문과는 일치할지라도, 논리적 구문의 위반이 특히 분명한 형이상학적인 사이비 진술들의 몇몇 예들을 살펴보기로 하자. (⋯) 우리는 현재 독일에서 가장 강력한 영향을 행사하고 있는 형이상학 학파로부터 몇 문장을 고르겠다. (카르납, 1996: 19)

그러면서 카르납은, 같은 표면 문법을 가진 허용 가능한 일상 문장을, 다른 심층 문법을 가진 허용 가능한 준–논리적인semi–logical 문장과 비교하여 하이데거의 '무'의 용법을 열거하면서, 하이데거가 다른 문법적 구성을 사용하고 있음을 보여주는 표를 제시한다. 시종일관, 요점은 하이데거가 '무'를 포함하는 문장들의 양화 구조에 주의하지 못했다는 것이다('어떠한 것도 F가 아니다Nothing is F.'라는 형태의 문장들에 대한 프레게 이후의 통상적인 분석은, 그 문장들이 눈에 보이는 것처럼 주어–술어 형태의 문장이라기보다는 'F가 존재한다는 것은 성립하지 않는다It is not the case that there exists an F'라는 것을 보여준다). 이것은 논리적 문법의 기본적인 사항이다. 그러므로 무의미성에 대한 카르납의 비난은 그의 검증주의적 의미 기준에 **직접적으로** 의존하지 않는다. 비록 이 비판이 형이상학적 무의미성에 대한 더 넓은 검사의 일부로 여겨질지라도, 그리고 이 검사가 이따금 그 기준을 사용하고 있을지라도 말이다. 게다가 앞으로 보겠지만, 검증주의는 이 사건의 설명에서 하나의 역할을 담당한다. 카르납은 니체가 근본적으로 예술가로 남아 있기 때문에 니체를 찬양하면서 논문을 끝맺는다. 그러나 자기의 형이상학이 진지한 철학인 체하는 하이데거에 대해서는 매우 비판적이다.

카르납에 대한 하이데거 자신의 답변은 『숲길』에서 찾아낼 수 있다. 거기에서 하이데거는 본질적으로 철저함rigour과 정확성exactitude은 같은 것이 아니라는 후설의 주장을 되풀이한다.(cf. 하이데거, 1998b: 83, 96, 235, 263) 이것은 얼마간 금언적gnomic이기는 하지만, 그러나 카르납이 여기서 용납할 수 있을 만큼 사정이 분명하지 않다는 반대에 빠질 수 있다. 『존재와 시간』에서 하이데거는 때때로 존재적-존재론적ontico-ontological 차이로 언급되기도 하는 존재자들beings과 존재Being 간의 유명한 구별을 끌어낸다. 하이데거의 입장에서, 세계의 대상들과 존재물entity들과 같은 존재적인ontic 존재자들은 (존재물들을 있게 해주는 것, 그것들의 가능 조건) 공통적으로 존재를 가진다. 그러나 이런 모든 다양한 존재자들과 존재 사이에는 존재론적 차이ontological difference가 있다. 존재자들이 존재에 참여하고 있음에도 불구하고 그것들은 같은 것이 아니다. 존재물들의 존재 자체는 하나의 존재물이 아니다. 따라서 하이데거는 「형이상학이란 무엇인가?」에서, 존재는 존재자들이 세계 속에 배치될 수 있는 것처럼 세계 속에 배치될 수 없다는 점에서 필연적으로 비-존재non-being라고 주장한다. 그는 서양 철학의 전통이 이 결여lack, 존재인 이 '무nothingness'를 무시해왔고, 그 이래 그 영향implication에서 자유로워지려고 발버둥쳐 왔다고 주장한다. 이런 관점에서 카르납은 비트겐슈타인이 그의 『논리철학논고』에서 씨름한 표현의 문제들처럼, 표현의 문제에는 얼마간 음치인 사람이다. 무를 논의하는 데 사용되는 언어는 존재와 대면하는vis-à-vis Being 하이데거의 표현 문제와 결부되어 있다. 하이데거 자신은 존재가 무엇인지를 말할 수 없거나 존재를 정의할 수 없다. 왜냐하면 그것은 존재를 하나의 존재자인 것처럼 취급하는 것이 될 것이기 때문이다. 그 자신은 존재론적 차이를 망각하고 있을 것이다. 한때 하이데거는 삭제 표시Being를 쓰려고 한다. 마찬가지로 그는 「형이상학이란 무엇인가?」에서, 유명하게도 (악명 높게도) "무는 아님이다nothing noths" 또는 "무 자체는 무화한다the nothing itself nihilates"라고 진술할 때처럼, 경계를 넘어선 언어를 사용한다. 그런 진술들에 대해서 곧 나오게 될 몇몇 반론들을 분명히 예측하면서, 하이데거는 또한 논리학과 모순율에 부여된 수위성primacy도 존재 문제의 망각과 연루되어 있다는 점을 주목하였다. "공통적으로 언급되는 모든 사고의 근거, 모순은 회피되어야 한다는 명제, 보편 '논리' 그 자체는 이 문제를 매장해 버린다."(1996a: 99) 결국 하이데거는 철학이 성공적으로 그런 간접적인 표현을 수행할 수 없다는 입장에 이르게 되었고, 그 후 하이데거는 진정한 사유를 철학보다는 시와 제휴시켰다.

　카르납 쪽에서 사정은 얼핏 보기보다 조금 더 미묘한 차이를 보인다. 우선 카르납은, 철학이 때로는 직접적인 표현과는 다른 소통 방법을 찾아야 한다는 것을, 의미 체계framework of meaning가 필히 수반한다는 주장들을 잘 의식하고 있다. 물론 이것은 『논고』에서의 비트겐슈타인 자신의 입장이다. 게다가 비트겐슈타인 자신도 하이데거가 요구했던 것과 같은 사정을 잘 봐줄 준비가 되어 있었다.

　　확실히 나는 하이데거가 존재자와 불안으로 의미하는 것을 상상할 수 있다. 사람들은 언어의 한계와 맞닥뜨리고 싶은 충동을 느낀다. 예컨대 도대체 무언가가 존재한다는 놀라움을 생각해보라. 이 경이는 하나의 물음의 형태로 표현될 수 없으며, 그 무슨 답변도 있을 수 없다. 우리가 말할 수도 있는 어떤 것은 아프리오리하게 그냥 무의미할 수밖에 없다. 그럼에도 불구하고 우리는 정말로 언어의 한계에 부딪힌다.[1]

　많은 다른 분석 철학자들은 오히려 그런 주장에 더 회의적이었다. (비트겐슈타인의 이런 주장에 대한 반응으로 램지는 이렇게 말한다. "우리가 말할 수 없는 것을 우리는 말할 수 없다. 그리고 우리는 그것을 휘파람으로도 불 수 없다."[1990: 146]) 카르납-하이데거 사건은 분석 철학 내에서의 이 분열이 (대륙 철학자들에 의해서건 분석 철학자들에 의해서건) 간과될 때만 특별한 공명을 얻는다. 따라서 카르납은 보기보다 더 대륙 전통과 대결하고 있는 것으로 보인다. 카르납은 자기가 하이데거와도 이어지는carry over 것으로 간주될 것이라는 근거에서, 비트겐슈타인 자신의 이런 식의

• •

1. 이런 것들은 바이스만(1979: 68)이 기록한 것으로, 1929년 12월 30일 모리츠 슐릭의 집에서 비엔나 학단에 대해 비트겐슈타인이 했던 논평들이다.

주장을 명백하게 거부하였다.(카르납, 1934: 282~284) 그리고 카르납은 그와 같은 '표현의 한계'에 대한 관심은 적합한 언어 선택에 관한 '외적ex-ternal' 문제로서 더 잘 보여진다는 입장으로 이동하였다.(카르납, [1947], 1988을 보라) 게다가 카르납은 많은 다른 논리 실증주의자들과 더불어 그 자신의 검증 불가능성 기준에 근거하여 결과적으로 완전히 검증 가능성 기준을 포기했을 때, 표현의 한계에 대한 은밀한 호소에 편승하는 것을 거부하였다.

얼핏 보기에, 이것은 실제로 결코 시작하지 못했을 한 논쟁의 분명한 사례인 것처럼 보인다. 그러나 그런 외양은 어느 정도 기만적일 수도 있다. 하이데거와 카르납은 통약 불가능한 것처럼 보이는 외관에도 불구하고 어떤 공통적인 철학적 확신을 공유하였다. 두 사람은 형이상학에 반대했던 신-칸트적 성향에서 유래했으며, 생철학(낭만주의)과 합리주의 경향의 신칸트주의 간의 긴장에 다른 식으로 반응하고 있었다. 실제로 『갈림길』에서 마이클 프리드먼은 말부르크학파와 서남 독일학파 간의 신-칸트학파의 분열에서부터 나온 분석 철학과 대륙 철학의 역사적 출현을 추적하며, 따라서 이 만남의 사건이 훨씬 더 의의를 띠는 전후 사정을 제공한다. 제임스 루체James Luchte가 이 입장을 요약하는 것처럼,

> 코헨, 카시러 그리고 카르납은 일차적 자료로서 '과학의 사실'에서
> 출발하는 칸트에 대한 인식론적 해석을 피력하고, 철학의 과제가 이
> 사실의 토대를 추적하는 것으로 보았다. (…) 리케르트와 하이데거를
> 포함하는 후자의 학파는, 자연 과학의 이론적 표현을 인간 실존의
> 생활 세계라는 더 넓은 관심에 재통합하고자 했던 인문 과학에 뚜렷한
> 초점을 맞추고 칸트의 저작을 전용하였다. (2007: 243)

생활-세계의 우선성은 우리가 앞으로 되돌아갈 하나의 후렴구이다. 왜냐하면 그것은 독일 철학에 있어서 뿐만 아니라, 프랑스 실존주의를

포함하여 대륙 철학에서의 다른 중요한 궤적에 있어서도 거의 틀림없이 하나의 중요한 주제이기 때문이다. 더 나아가 프리드먼은 에른스트 카시러를 나치즘으로 인해 차단된 일종의 중도 노선으로, 독일어권 세계에서 갈라지는 분석적 전통과 대륙 전통을 잠재적으로 좀 더 밀접한 관계로 맺어주었을 하나의 잃어버린 기회라고 본다.

제4장

프랑크푸르트학파, 논리실증주의자들과 포퍼

물론, 분열 출현 형성기가 자기들의 대륙 철학적 '타자들'에 어떤 경멸적인 특징을 투사하는 분석 철학자들에 의해 일방적으로만 묘사되지는 않았다. 베르그손과 하이데거도 (그들 이전에 헤겔이 그랬던 것처럼) 다른 식으로 계산적 사고와 논리주의를 표적으로 삼았으며, 종종 신흥 분석적 운동에 고개를 끄덕거리는 일만 하지는 않았다. 『존재와 시간』 이후 곧, 호르크하이머는 프랑크푸르트 사회 연구소Institute for Social Research의 장으로 임명되었고, 1930년대 초반에 생철학과 초기 실존주의를 공격하면서도, 논리 실증주의에 대한 그 자신의 비판을 제시한다. 호르크하이머가 못마땅해한 것은 실증주의적인 사실 숭배뿐만 아니라 형식 논리학에 대한 의존이었다. 『비판 이론』에 수집된 논문들에서 호르크하이머는, 논리학과 수학을 특권적인 진리 개시자discloser로 보는 것은, 이 둘을 역사 세계에서 아무 실질적인 의미를 가지지 못하는 일련의 항진명제tautology로 축소시키는 것이라고 말한다. 게다가 호르크하이머는 논리 실증주의가 형이상학에서 떠나려고 함에도 불구하고 여전히 형이상학에 속박되어 있다고 주장한다. 왜냐하면 사실들의 절대화 또한 현존하는 질서의 사물화

reification를 필히 수반했기 때문이다.(1975: 140) 실제로 논리 실증주의는 전체주의 국가의 현존과 연결되어 있다는 대담한 주장이 펼쳐진다. 실증주의적인 과학 존중과 관련하여, 호르크하이머는 보수주의라는 비난을 퍼붓기도 한다.

> 미래와 관련해서 볼 때, 과학 특유의 활동은 구성construction이 아니라 귀납이다. 과거에 어떤 일이 더욱 자주 일어났을수록, 더욱더 확실하게 그것은 미래에도 일어날 것이다. 지식은 있는 것과 그것의 반복과만 관계한다. 새로운 형태의 존재, 특히 인간의 역사적 활동으로부터 일어나는 것들은 경험주의 이론을 넘어서 있다. (ibid.: 144)

그런 비판들은 나중에 허버트 마르쿠제의 『일차원적 인간』에서 되풀이된다.(마르쿠제, 1991: 7장을 보라) 호르크하이머 그리고 이후의 마르쿠제에게 변증법적 사유는 이런 경험주의적 지식 개념과 좋은 대조를 이룬다. 변증법적 사유는 이성적 사유를, 호르크하이머가 추정상 '현재 모습의 경제에 의해 야기된 개인의 단자론적인 고립을 고착화시킨다'(ibid.: 180)라고 단언하는 계산적 사유 또는 도구적 이성과 혼동하지 않는다. 끝으로, 사실과 가치에 대한 실증주의적 구분— 대략 흄의 존재-당위 차이 — 도 프랑크푸르트학파의 특별한 표적이다. 이런 관점에서 우리는 그들의 입장을 다음과 같이 요약해볼 수도 있을 것이다. 의미 구성 행위들이 지식이나 진리의 문제에서 불필요한 것이 될 때, 그리고 지식과 진리가 그것들의 추구나 생산 조건과 유리되는 식으로 이해될 때, 우리는 예측 불가능하지 않은 자본가 계급의 반응을 얻는다. 따라서 이성과 철학도 이런 입장에서는 극단적으로 축소된다.

이런 집중 포격 속에서, 대륙 전통에서 가장 끈질기게 존속시켜왔던 주제는 분석 철학의 정치적 보수주의라는 주제이다. 이것은 그 후에 『도랑에 빠진 시대』(2001)에서 존 맥컴버John McCumber가 분명하게 논의하고 있는 중요한 문제이다. 그의 주장은 1940년대 후반에서 1950년대 후반까지 공산주의자들에 대한 마녀사냥을 일삼았던 매카시 시대와, 정치적으로 뚜렷하게 중립적인 분석 철학의 점증하는 지배 간에는 일종의 공모가 있다는 것이다. (위르겐 하버마스와 로티를 포함하여) 많은 이들에 의해 출판된, 이와 관계된 고발은 언어 분석과 개념 분석에 너무 많은 주의를 기울인 나머지, 분석 철학은 현실로부터 도피하게 되고 말았고, 따라서 우리 시대의 핵심 문제들에 관해서는 무심해져 버리게 된다는 것이다. 전체적으로 보아 분석 철학자들은 일반적으로 (메타 철학적인 작업에서 일부 답변들을 제쳐놓고) 윤리학에서 그런 관심사들을 다루었을 뿐이다.[1]

1930년대 초반도 실증주의 운동의 내부 적쯤이라 할 수 있는 포퍼의 철학적 출현을 목도하였다. 포퍼는 실증주의자가 아니다. 그는 의미 검증 가능성 논제를 전적으로 거부한다. 그 논제에 따르면 문장에 대한 검증이나 논박 절차가 존재하지 않는 한 그 문장들은 무의미하다. 대신 포퍼는 실증주의자들이 채택했던 경험주의와는 반대되는 논증들을 제시한다. 전반적으로 포퍼는 실증주의자들이 받아들였던 특유의 언어적 전환에 대해 지극히 회의적이기도 하다. 그리고 그는 — 가장 유명한 것인데 — 귀납이 합리적인 과학적 이론 선택에서 하나의 역할을 담당한다는 실증주의적인 생각을 완전히 거부한다. 그러나 아주 소수의 분석 철학자들이 실제로 포퍼주의자였기는 했지만, 많은 이들은 반증 가능성 개념과 가까운 유사물이 합리적 토의에서 모종의 역할을 할 수 있다고 생각한다. 예컨대 과학에 대한 콰인의 완전히 다른 '이론적 덕목theoretical virtues' 설명에서, 반증 가능성(또는 하여간 포퍼 고유의 규약주의를 박탈당한 동류 개념)은 많은 다른 이론들과 견주어볼 때, 이론들이 가질 수 있는 하나의 덕목이다. 결과적으로 반증 불가능하다는 것에 근거해서 이루어진 맑스와 프로이트

---

1. 글록과 코헨은 둘 다 무관하다는 비난에 맞서 분석 철학을 옹호하는 작업을 한다. 그리고 글록도 정치적 보수주의라는 더 넓은 비난을 감안한다. 코헨(1986: 57~63)과 글록(2008: 182~195) 참조.

에 대한 포퍼의 비판은, '의심의 대가들'을 열외시키는 데 박차를 가하면서, 말하자면 올바른 근거에서 분석적 전통에서는 영향력이 있는 것이었다.[2]

맑스에 대한 포퍼의 첫 번째 공격은 『열린 사회와 그 적들』(1945)에서 나타난다. 이 책은 맑스주의와 헤겔주의를 꾸짖고, 또 변증법적 사유와 전체론적holistic 사유에 강력히 반대한다. 포퍼에게 변증법적 사유는 진부한 진리(사물은 대립하는 힘과 운동과 상호 작용하여 변화한다)를 수반하거나 모순율을 위배하거나이다. 따라서 묵살되어야 한다. 이런 것들은 대륙 철학의 반발을 일으켰던 비난들이었다. 예컨대 아도르노는 다음과 같이 주장한다. 변증법 없이 논쟁argumentation은 "오늘날 소위 분석 철학에서 학적으로 만연해 있는 것처럼, 개념에 매몰된 개념 없는 전문가들의 기술로 악화된다. 이는 로봇들이 배우고 모방할 수 있는 것이다."(2000: 76) 그러나 이것은 분석 철학 내에서 특별히 반향을 일으켰던 포퍼 저작의 한 측면이 아니다. 프로이트와 맑스에 대한 가장 유명한 공격은 그의 논문 「과학: 추측과 논박」에 있다. 이 논문은 처음에 1953년에 한 연설에서 유래하지만, 그러나 1920년대와 1930년대에 본래 수행했던 작업에 의지하고 있다.

『추측과 논박』에서 포퍼는 그의 주도적인 문제를 과학과 사이비 과학을 구별하는 문제로 표현한다.(2002b: 33-41) 그는 사이비 과학이 과학적으로 존중할 만한 과거를 가졌을 수도 있지만, 그러나 사이비 과학은 사건들을 반증하는 것을 회피하기 위해서 가끔 미봉적인 보조 이론들을 도입함으로써, 또는 결코 분명하게 시험될 수 없는 불분명하고 부정확한 주장을 하고 있어서 애당초 전혀 반증의 위험을 무릅쓰지 않음으로써, 잘못되고 말 것이라고 주장한다. 이런 상황 어느 쪽에서든 관련된 이론가들은 포퍼가 과학의 기본 규범이라고 생각하는 것, 즉 반증 가능성에 기초해서 이론들의 선호를 결정하라는 규범을 위반하고 있다. 사이비 과학의 지지자들이

• •

2. 예컨대, 찰스 테일러는 이런 많은 중요한 대륙 철학자들에 관한 포퍼의 논평들이 대체로 근거가 없는 것이었을지라도, 인식론자로서의 포퍼의 명성 때문에 그것들이 주의 깊게 수용되고 존중받았다고 주장한다. 테일러(1995a: 1)을 보라.

그들 주장을 위한 방대한 결정적인 증명을 제공할 수 있거나, 또는 외견상 큰 힘과 범위를 가진 설명을 제공한다는 점에서, 어느 모로 보나 사이비 과학이 최상의 건강한 확증 상태에 있다 할지라도, 그 규범은 위반되어 있을 것이다. 이 모든 것들은 부적절한 것이다. 즉, 그들은 본래적으로 비판적인 과업인 실제 과학의 반증주의적 정신을 포기해왔다. 포퍼는 맑스의 원래 역사 이론이 반증 가능한 예측(혁명이 임박했다. 혁명은 영국에서 처음 일어날 것이다)을 포함했고, 따라서 후보 과학 이론으로 존중될 수 있었다는 점을 지적한다. 그러나 그 예측이 반증되었을 때, 맑스주의자들은 그 실패를 설명하기 위해서 그 이론을 거부하고 다른 이론을 찾기보다는, 여러 가지 **미봉적인** 보조 이론들을 첨가하였다. 포퍼는 20세기 중반까지는 (프랑크푸르트학파와 같이 맑스주의자의 수중에 있는) 맑스주의가 모든 것에 대한 답을 가졌다고 생각하였다. 그것은 완전히 반증 불가능하게 되었고, 따라서 과학과의 연관을 모두 잃어버렸다. 프로이트의 정신 분석학은 이런 관점에서 볼 때 결코 후보 과학 이론이 되지 못했을 것으로 보인다는 점에서, 더 가혹한 비판을 받는다. 한 개인이 아무렇게나 행동한다 해도, 무슨 꿈을 꾸든지 간에, 정신 분석학은 무의식을 가지고 이것을 설명할 수 있다. 포퍼는 정신 분석학을 진정한 과학이 되지 못하게 만드는 것이 바로 이 정신 분석학의 모든 것을 포괄적으로 설명해내는 힘이라고 생각한다. 정신 분석학에 불리할 것으로 여겨지는 가능한 증거는 하나도 없다. 따라서 이것은 정신 분석학이 거짓이라고 증명될 수 없는 한, 그것이 경험적으로 참이라고 주장하는 것도 의미가 없다는 것을 의미한다.

이런 포퍼 식 비판은 반증주의적 기준 자체가 일으키는 것으로 보여졌던 난점들을 고려해볼 때, 대단히 탄탄한 생명력을 지녀왔다. 결국 포퍼주의에 대한 많은 분석 철학적 반론들은, 완전히 좋은 과학적 작업이 반증 가능성의 시험에 실패한다는 점을 지적한다.(예컨대 퍼트남, 1974를 보라) 예를 들어 다른 사정이 같다면이라는 절을 포함하는 뉴턴 역학과 같은 과학 이론은 반증 불가능하다. '모든-어떤' 양화 구조(어떤 F에 대해서, …인 G가 있다)를 가지는 이론이 반증 불가능하고, 가정된 대상의 위치를 찾아내는 절차를 명시하지 않은 채 존재 주장을 하는 (파울리의 중성미자 가정과 같은) 이론이 반증 불가능하고, 한 사건이 비-극성 확률$^{non-extremal}$ ^{probability}을 가지고 일어난다고 주장하는 통계 이론이 반증 불가능한 것처럼 말이다. 이런 반론들에 직면해서, 반증 불가능성이 맑스나 프로이트에 대해서만 하나의 특별한 문제가 된다고 생각되는 이유를 보기란 어렵다. 아마도 포퍼의 비판을, 분석적 과학 철학자들이 맑스주의와 정신 분석학을 구변 좋은 수상쩍은 말이라고 하는 것을 표현하려 했던 여러 방식 중의 하나로서, 더 넓은 관점에서 보는 것이 최선일 것이다. 같은 시기에 나온 이와 관련된 (그리고 매우 영향력 있기도 한) 반론은, 두 이론이 좋은 과학적 설명을 위해서 요구된 기준들을 달성하지 못한다는 헴펠의 주장이다.(헴펠, 1965를 보라) 이런 관점에서, 맑스와 프로이트에 대한 포퍼 식 비판은 과학의 경계에 대한 실증주의적인 감시라는 더 넓은 패턴과 부합한다.

이런 쟁점 중 일부는 (다양한 독일 사회학자와 철학자들이 그 과정에서 합류했던) 아도르노와 포퍼 간의 논쟁에서 다시 시작되었다. 논쟁은 1961년부터 1969년까지 이어졌으며, 가장 중요한 논고들 일부가 『독일 사회학에서의 실증주의 논쟁』이라는 제목의 책에 수록된다.(아도르노 외, 1976) 실증주의 운동에 큰 소리로 반대했던 포퍼의 긴 경력에서 볼 때, 이 제목은 분석 철학자들에게 도발적 — 그리고 이런 논쟁의 양상도 기이하다 — 이다. 최초의 언쟁은 아도르노가 답변할 것이라는 예상하에, 1961년에 포퍼가 독일 사회학회 강연에 초대되었을 때 일어났다. 아도르노는 그가 동의했던 곳과 부인했던 곳을 정확히 말하면서도 포퍼의 발표에 대해 자세히 응수하지 않았다. 스티브 풀러가 언급하듯이, "포퍼와 아도르노 간의 결렬 지점은 그들의 표현 방식에서 그 윤곽을 드러냈다."(2006: 190) 논쟁에서 토론의 주제는 전처럼 아도르노 이론들의 합리적 지위였다.

분명히 그 이론들은 검증 가능하지도 않았고 반증 가능하지도 않았다. 논쟁의 마지막 라운드에서는 한스 알베르트와 하버마스가 좀 더 참여하게 되었다. 하버마스는 포퍼의 직설적인 접근법이 정치적으로도 지성적으로도 순진하다고 역설했고, 프랑크푸르트의 변증법적 비판이 포퍼의 비판적 합리주의보다 더 우수하다고 주장했다. 반면에 포퍼와 그의 동료들은 프랑크푸르트학파의 회원들이 비합리주의자들이라고 결론지었던 것처럼 보인다.(아도르노 외, 1976: 297을 보라)

제5장

루아요몽:
라일과 해어 대 프랑스와 독일 철학

『대륙 철학이라는 개념』(2007)에서 사이먼 글렌디닝은 1950년대를 분열이 진정으로 실질적이 되었던 시대라고 강하게 주장한다. 1958년에[1] 영국-프랑스의 철학적 대화를 마련하려고 하면서, 에이어, 라일, 콰인, J. L. 오스틴, 해어, 피터 스트로슨, 버나드 윌리엄스 그리고 J. O. 엄슨이 루아요몽 합동 회의에 초대받았다. 여기에는 장 발, 모리스 메를로-퐁티 그리고 (후설주의자인) H. L. 반 브레다와 같은 프랑스 철학자들이 청중으로 참가하였다. 이 회합은 관련된 모든 이들에 의해 하나의 실패, 상투적이고 무용한 사건이라고 묘사되었다. 따라서 그 회합은 전통 간에 벌어진, 순전히 요령부득인 논쟁의 한 상징으로서의 의의를 지니게 되었다. 현상학자들과 일상 언어 철학자들 간의 근본적인 차이의 모습은 오해의 소지가 있고, 실제로 궁극적으로도 그렇지 않다고 일부 사람들이 시사했을지라도

· · ·

1. 놀랍게도 루아요몽 회합이 실제로 언제 있었는지에 대해서는 논평자들 간에 일치가 없다. 다른 자료를 가지고 1958년과 1962년 사이 어딘가라고 주장하기도 하고, 심지어 (참가자인!) 피터 스트로슨은 1950년대 초반이라고 말하기도 한다. 우리는 1958년이 가장 개연성 있는 날짜라고 생각한다. 이 문제에 대한 논의를 위해서는 S. 오버가드(2010)를 보라.

말이다.[2]

아마도 루아요몽에서 발표된 논문 중에서 가장 논쟁적인 것은 이후에
「현상학 대 『정신의 개념』」으로 출판된 라일의 논문이었을 것이다. 라일은
이전에 후설을 가르쳤고 또 하이데거의 『존재와 시간』 논평을 출판하였다.
라일의 참여는, 비판적이었을지라도 전쟁 전 영국의 분석 철학 학단에서는
대단히 드문 일이었다. 그러나 글록이 말하는 바와 같이, 루와요몽에서
"라일은 분석 철학과 '대륙' 철학 사이에 큰 간격이 있음을 확실하게
하는 데 관심을 가지는 것만큼 그 간격이 있었는지를 입증하는 데에는
관심이 덜 한 것처럼 보였다."(2008: 63) 라일 논문의 요점은 현상학과
분석 철학 사이에 깊은 틈이 있다는 것이다. 이는 한편으로는 (비형식적
문제들을 포함하는 그리고 아마도 일반적인 의미 이론을 포함하는) 논리적
이론의 발전에 기인하고, 다른 한편으로는 그것을 소홀히 한 데에서 기인하
는 것이다. 후설은 놀랍도록 노골적인 고정 관념crude stereotyping의 대상이
된다. "식후의 농담이 시작될 때 지도력Fuehership에 대한 주장은 없어진다.
후설은 마치 그가 과학자― 또는 놀림감a joke― 를 전혀 만나지 못했던
것처럼 글을 썼다. (…) 우리[영국인]는 어떤 철학자가 지도자Fuehrer가 되어
야 하는가?라는 질문에 골머리를 앓지 않았다."(라일, 1971: 181~182)

같은 시기쯤에 R. M. 해어의 독일 방문은 똑같이 무시하는 글을 낳았다.
어떤 특정한 독일 철학자의 이름을 들먹이는 것을 피하면서, 해어는 그들이
'진지한 형이상학적 탐구를 가장하는 장광설'을 늘어놓고, '기괴한 철학적
건물을 세우고', 철학을 '신비주의'로 바꾼다는 점을 언급하고, 또 그들의
작업은 '기예를 배우지 못했던 철학자의 표시인 모호성, 얼버무림, 그리고
수사학…'을 그 특징으로 한다는 점을 언급한다.(1960: 110~115) 이 두
철학자는 사전에 아마도 무의식적으로 전혀 진지한 의사소통이 가능하지
않았다고, 그리고 그들의 새롭지도 않은 엄격성의 결여는 병적 증상인

• •

2. 스탠리 케이블의 작업에 크게 의지하고 있는 앞글을 보라.

것으로 해석될 수도 있다고 결정했던 것처럼 보인다. 글랜디닝에 따르면, 따라서 모든 철학에 본질적인 위험(태만, 장황함 그리고 무의미성)이 해협의 다른 쪽에 위치한 '타자'에게 투사되며, 그 위험은 분석 철학의 방법론적 엄격성에 의해 안전해질 것이라고 주장된다. "외부의 (그리고 문자 그대로) 이물질보다도 내부 가능성의 구현이, 분석 철학이 원리적으로 건강한 철학이었다는 거짓된 확신을 분석 철학에 주었다."(2007: 83) 아마도 이 시기가 지난 후 얼마 안 가서 분석-대륙 분열이 제 본명을 얻은 것은 우연의 일치가 아닐 것이다. 우리가 확인할 수 있는 한, 모리스 만델바움은 미국 철학연합회 회장 연설에서 분석-대륙 구별을 명시적으로 사용한 최초의 사람이다.(만델바움, 1962를 보라) 이와 비슷한 시기에 프랑스의 실존주의 철학자이자 신학자인 가브리엘 마르셀도, 하버드대학교와 아베르덴대학교 방문 교수 경험을 쌓았던 분인데, 두 길의 주요한 작별이 있었음을 주목하였다.

경험은 틀림없이, 대부분의 앵글로-색슨 세계에서 '철학'이라는 말이, 후설과 셸러에서부터 생겨난 현상학이 점차적으로 그 영향력을 발휘했던 곳에서 받아들여지는 것과는 전적으로 다른 의미로 받아들여진다는 것을 우리에게 보여준다. (…) 1951년에 나는 '반성 철학philosophy of reflection'에 관해 A. J. 에이어와 이야기를 나누었다. 프랑스에서는 이론의 여지 없이 유서 깊은 전통을 가리켰던 이 말은, 에이어에게는 무의미한 것이었다. 좀 더 최근에 하버드 대학생들과 이야기하면서, 나는 그들의 많은 철학 교수들이, 그들이 훈련받았던 거의 배타적인 분석적 사유와 삶 간의 관계를 찾는 일 — 삶이 우리들 각자에게 제기하는 문제들이지만, 교수들의 눈에는 한낱 개인적인 판단의 자유인 것처럼 보였던 문제들— 을 막고 있었다는 것을 알았다. (1973: 17~18)

이런 면에서 우리는 데리다가 자기 작업에 대한 어떤 해석과는 반대로,

"윤리적–실존적 열정pathos 없는 철학자는 나에게 크게 관심을 두지 않는 다."(2001: 40)고 말하는 것을 주목해볼 수도 있을 것이다. 분석 철학자들은 통상 이런 실존적인 열정에 그리 관심을 두지 않는다. 마르셀이 죽음에 관한 이야기를 꺼냈더니, (당시에 암으로 죽어가고 있는) J. L. 오스틴이 날카롭게 "우리는 모두 죽어야 한다는 것을 알고 있습니다. 하지만 왜 그걸 가지고 노래를 불러야 한단 말입니까?"라고 물었을 때, 마르셀이 분명히 알았던 것처럼 말이다.(스카레, 2007: 65)

제6장

데리다 대 썰 그리고 그 이후

'기호 사건 문맥Signature Event Context'에서 데리다와 오스틴과의 교전에 자극받아 벌어진, 1970년대와 1980년대 데리다와 썰 간의 논쟁은, 때로는 데리다와 썰이 둘 다 취했던 공격적이고 격론적인 자세에도 불구하고, 아마도 유명한 분석 철학자와 대륙 철학자 사이에서 진행되고 있는 사상 교환에서 전통이 경험하는 가장 최근의 것으로 생각된다. 양 철학자는 자기들의 대화interaction가 '분열' 각 편의 대표자 간 충돌로 이해되어서는 안 된다고 주장했다. 실제로 데리다는 의미와 지향성intentionality과 관련하여 썰이 후설주의자라고 (사실, 자연주의 문제들을 제쳐놓고 나면, 지향적인 것을 두고 썰과 후설 사이에는 아주 밀접한 관계가 있다) 비난하며, 썰은 하나의 개념이 엄격한 구별을 수반하지 않는 한, 그것은 전혀 사용하기에 적절한 철학적 개념이 아니라고 주장한다는 점에서, 데리다가 프레게주의 자라고 비난(데리다가 받아들이는 비난)한다. 심지어 데리다는 자기의 작업이 실제로 썰의 것보다 오스틴의 것과 더 가깝다고 말한다(썰은 공인된 후계자이고 크게 신임받는 언어 행위 이론가이다). 그럼에도 불구하고, 분열을 넘어서는 유용한 논쟁이 가능한지에 관한 호기심에서일 뿐일지라도, 사람들이 그 논쟁을 이런 식으로 보는 것을 피하기 어렵다는 것이 판명되었다. 분석 철학자들은 썰이 승리자라고 널리 선포해왔고,(필레스달, 1996: 204; 글룩, 2008: 257) 데리다의 기고를 대부분 인신공격이라고 간주하였다. 흔히 썰은 명료성을 그리고 헤아릴 수 있는 답변과 해답을 요구했던 반면, 데리다는 뚜렷한 것이 모호해지고, 모호한 것이 뚜렷해지며, 또 썰의 이름을 가지고 놀기(SARL)까지 하는 식으로, 문제를 문제와 뒤섞었다고 전해지고 있다. 물론 대륙 철학자들은 (부분적으로 썰이 데리다의 저작에 대한 서투른 설명에 기대고 있기 때문에) 썰이 설득력 있게 논박당했던 것으로 본다. 이 접촉의 악명 높음과 의의는 부분적으로 얼마간 우리를 추억에 잠기게 하기도 한다. 데리다가 1993년에 케임브리지대학교에서 명예박사 학위를 받았을 때, 많은 분석 철학자들의 (특히 배리 스미스와 루드 발칸 마커스) 항변과 조롱과 더불어 큰 논란이 일어났다. 몇몇 분석 철학자들은 다음과 같이 쓰인 문서에 서명하였다. "우리들에게는 이성과 진리 그리고 학문의 가치를 지적으로 어설프게semi-intelligible 공격하는 것에 불과한 듯 보이는 것에 기초한 학적 지위는, 저명한 대학에서 명예박사 학위를 수여하기 위한 충분한 근거가 되지 못하므로, 이에 우리의 의견을 밝힌다."(데리다, 1995b: 420~421) 이 문제는 케임브리지 교수단의 표결에 붙여졌고, 데리다는 결국 학위를 받았지만, 양편의 반감은 매우 깊었다.

'기호 사건 문맥'에서 데리다는 분명히 분석 철학자들이 종종 자기들 고유의 것이라고 생각하려는 영역에 관심을 둔다. 언어와 의미, 특히 오스틴의 작업이 그것이다. 오스틴의 발화 행위speech act 이론은 일정 정도 언어에 대한 프레게와 비트겐슈타인의 접근법을 받아들인다. 대략적인 생각은 하나의 의미 있는 발언이 다른 수준에서 3개의 다른 행위를 수행한다는 것이다. 하나의 발언은 발화locutionary 행위, 발언된 문장의 내용을 말하고 전달하는 행위(여기서 이 내용은 대략 프레게의 뜻과 같은 것이다)이다. 하나의 발언은 또한 발화 수반illocutionary 행위, 말하면서 하는 행위(약속하기, 경고하기, 판단하기, 주장하기 등)이다. 한 발언의 발화 수반적 효과는 그것이 수행하거나 수행하려고 하는 발화 행위이다. 그런 효과는 문법적으로 표시될 수도 있지만 통상은 그렇지 않다. 앞서와 같이 각각의 발화 행위에 대해서 규약상 구조적이고 규제적인 규칙들이 있다. 끝으로 그리고 임의로 한 발언은 **발화 효과적**perlocutionary **행위**, 말함으로써 수행된 행위일 수도 있다. 이것들은 우리가 통상 화자의 의도 면에서가 아니라, 청자에 대한 그것들의 효과 면에서 기술하는 행위들이다(예컨대 놀라게 함, 설득 시킴, 기쁘게 함). 발화 수반 행위들과 마찬가지로 그것들은 발화 내용을 넘어서지만, 그러나 발화 수반 행위와는 달리 그것들은 규약의 존재에 의존하지 않으며, 그래서 그것들은 언어적이고 사회적인 규약이 의미 이론의 영역에 들어 있는 것과는 달리 의미 이론의 영역에 들어 있지 않다.

이런 연구는 대륙 철학의 흥미를 끌 수 있다. 예컨대 하버마스는 비록 선험적일지라도, 언어적 의사소통의 일상적 관행이 진리의 본성에 대한 문맥 초월적 이해를 위한 기반을, 그리고 타당성 주장의 논증적 정당화를 위한 기반을 제공한다는 점을 규명하려고 함으로써, 프레게의 (진리-조건적) 의미 설명과 비트겐슈타인의 (사용-기반) 의미 설명 간의 구분에 다리를 놓으려고 하였다. 하버마스는 3개의 얼빠진 오류(언어적 의미를 문장에 한정하는 것, 의미를 주장적 발언의 명제 내용으로 소급하는 것, 의미를 사회적으로 매개된 진리-조건들이라기보다는 객관적 진리-조건 으로 정의하는 것)를 범하는 의미론적 전통을 비난한다. 이런 비판은 오스틴 고유의 관심을 연상시킨다.(cf. 쿡, 2002: 6)

다른 한편, 데리다와 오스틴 간의 잠재적인 근접성은 해체deconstruction가 몇몇 다른 형태의 대륙 철학보다 더 직접적인 위협인 것으로 보일 수도 있다는 것을 의미한다. 실제로 데리다는 자기가 하나의 개념 분석자이면서도 하나의 분석 철학자라고 생각한다고 진술할 때, 이 반-직관적인 근접성에 우리의 주의를 환기시킨다.(글렌디닝, 2001: 83에서 인용) 물론 극소수의 철학자들이 이 후자의 주장을 받아들일 것이다. 그리고 데리다가 자기는 '매우 진지하다'고 말하기도 하고, 또 사람들은 그의 그라마톨로지가 언어 분석 비슷한 것쯤을 포함한다는 것을 쉽게 받아들일 수 있지만, 데리다는 자기가 크립키의 『이름과 필연성』을 도저히 이해할 수 없었다는 것(S. 휠러, 2000: 2를 보라)을 인정하며, 또 2차 문헌에서 잘 인증되고 있는 그의 저작과 필적하는 중요한 위상을 가지고 있음에도 불구하고, 비트겐슈타인과 같은 '후기-분석' 철학자조차도 결코 읽고 다룰 수 없었다는 것을 인정한다. 프레게와 분석 철학의 형식 의미론적 전통 또한, 데리다의 길고도 대단히 다양한 전 작품 내내, 결코 진지한 주목을 받지 못한다(후설이 프레게와 접촉했다는 것을 우리가 보았다는 점에서, 후설의 저작이 프레게와 데리다를 중재한다 할지라도 말이다). 데리다가 분명히 분석 철학과의 동질감identity을 주장하면서 분열의 주요 메타 철학적인 이유 중의 하나를 문제시하려고 하기는 하지만, 또 그가 올바르게 너무 성급한 대립의 가정을 '선봉'에 서서 경계하고는 있지만, 왜 데리다가 1980년대와 1990년대 내내 분석 철학의 '혐오 인물bête noire'이었을 것인지에 대해서는 의문이 남는다.

결국 데리다, 데이비슨, 콰인 그리고 비트겐슈타인이 모두 상당히 다른 방법론들을 사용하고 또 매우 다른 철학적 문화들을 물려받았기는 하지만, 그들은 실제로 언어와 의미에 대한 그들 각각의 철학에서 마음속에 밀접하게 관계된 목표를 가졌었다고 주장해볼 수 있다. 사무엘 휠러는 위 네 사람이 모두 그 안에서 "우리가 의미하는 것을 우리가 아는, 우리의 사고를 생각하는, 의도들을 형성하는"(ibid.: 3) 그런 언어의 이념을 비판한다는 점을 지적한다. 심지어 데리다도 "한 낱말이나 발언의 의미가 이상적으로 이런 식으로 정확하거나 명확해야 한다는 생각은 특히 철학에 있는 하나의 편견이나 불법injustice이 아니다. 오히려 그것은 전형적인the 철학적 편견, 전형적인 철학적 불법이다."라고 주장한다.(글렌디닝, 2001: 19) 데리다의 유명한 말-글speech-writing 위계의 해체를 상세히 설명하지 않고, 데리다로서는 언어가 그저 좀 더 일반적으로 이미 형성되어 있는pre-formed 사고를 표현하게 해준다는 환상을 일으키는 것은 구어spoken language라고 말하는 것으로 충분하다. 이는 "개념 표현에 관한 그 어떠한 것도 그 개념에 아무것도 추가하지 않는다."라는 것을 필히 수반한다.(휠러, 2000: 218) 만일 감정적 느낌과 국지적 특수성 없는 순수한 의미란 없다는 것에서 데리다가 옳다면, 휠러가 지적하는 것처럼,

> "존은 사생아이다John is illegitimate"와 "존은 서출이다John is a bastard"
> 간의 차이는, 중립적인, 순수한 인식적 의미에 하나의 평가가 '실려 있다loaded'는 식으로 분석될 수 없다. 좀 더 일반적으로 말해서, 한 문장의 순수한 의미와 잡다한 부수적인 것accident 사이에 원칙적인 구분 이 전혀 없다면, 진술들의 논리적 결과와 수사적 연결 간의 어떠한 원칙적인 구분도 이루어질 수 없을 것이다. (Ibid.: 219)[1]

휠러도, 콰인의 "믿음의 그물망은 실제로는 의식적으로도 무의식적으로도 욕구와 믿음의 그물망이어야 한다."(ibid.: 225)라고 말할 때, 데리다 철학(그리고 아마도 좀 더 일반적으로는 포스트 구조주의)의 주요 결과 중의 하나를 간단명료하게 포착한다(ibid.: 225). 만일 그러하다면, 미학적 이고 정신 분석적인 문제가 해체와 관련되기 시작할 것이고, 또 우리는 심지어 미셸 르 되프Michele Le Doeuff 및 다른 페미니스트 이론가들이 수행했던 것처럼, 분석적 상상계analytic imaginary의 해체와 같은 것쯤을 수행할 수도

· ·

1. 휠러는 추가적인 결론을 끌어낸다. "로고스/옷(logos/clothing) 구분을 포기하면서 약화되는 구분들 중에는 사용/언급 구분, 사례/유형(token/type) 구분이 있다. (···) 만일 원칙적인 구분들 이 사실과 의미를, 사실과 가치를, 수사학과 논리를, 또는 문장들과 다른 의미 있는 품목들을 분리시키지 않는다면(즉, 이런 것들이 자연적인 이분법들이 아니라면), 비판은 하나의 담론이 나 구체적인 텍스트에 대한 비판이 되어야 할 것이다. 그리고 (···) 일반적인 철학적 토론에서 '논증과 무관'할 것 같은 고찰들이, 한 담론이 비정합적임을 보여주는 데 적절할 수도 있을 것이다."(휠러, 2000: 221, 224)

있을 것이다. 확실히 은유는 다른 편의 대륙 철학에서도 중심적이다. 그리고 우리는 데리다의 논문 「백색 신화학」(데리다, 1982b를 보라)을 생각해볼 수도 있을 것이다. 거기에서는 어쩔 수 없는 은유성irreducible metaphoricity이 한 뜻만 가진univocal 의미를 괴롭히는 것이 논의되고 있고, (은유에 대한 데리다의 설명을 비판하는) 리쾨르의 『은유의 규칙』도 논의되고 있다. 이런 입장들 간의 차이가 무엇이든지 간에, 은유는 철학적 담론에서 주변적이거나 비본질적인 것으로 무시될 수 없으며, 또 (해체적이고 페미니스트적인 관점에서) 분석 철학자들이 공통적으로 사용하는 예들이, 개념과 관련해서든 발화 행위와 관련해서든 간에, 종종 그들의 이론 분석의 기질grain과 충돌하는 것처럼 보인다는 점도 주목할 만하다. 로빈 페렐Robyn Ferrell(1993)이 언급하듯이, "샐리는 얼음장이다Sally is a block of ice"는 썰이 (『발화 행위』의 후속편인) 『표현과 의미』에서 관계하는 골칫거리의 예이다. 데리다에게 있어 문장, 낱말이나 구에 대한 우리의 이해에는 가치 판단이 스며들어 있다. 한 이상적인 내용을 보존하기 위해서 이로부터 추출하려고 하는 어떤 형태의 분석을 역설적으로 만들면서 말이다. 게다가 논리학을 통해서든 다른 수단을 통해서든 간에, 언어의 약정적(정의적) 정화 작업은 언어를 이상화하려는 열망에 주의해야 할 것이다. 결국, 언어에 관한 데리다의 기본 요점은 어떤 것이 언어가 되기 위해서(또는 도대체 의사소통이 가능해지기 위해서) 어떤 구나 문장이, 어떤 특수한 화자와 청자가 없을 때도 다른 문맥에서 반복될 수 있어야 한다는 것이다. 만일 그렇다면, 약정과 정의적 분석들은 어떤 목적을 고려해볼 때 합당한 실용적 결정일 수도 있을 것이다. 하지만 그것들은 철학자로 하여금 사고와 언어의 본질을 수립하게 해주는 기법들이 아니다.

썰과의 격한 논쟁(이 논쟁에서의 데리다의 기고문은 『유한회사Limited Inc.』에 수록된다. 그러나 썰은 발행인에게 자기 기고문을 포함시키는 것을 허락하지 않았다)에서의 무수한 주장과 반대 주장을 이야기하지 않으면서, 초기 논문 「기호 사건 문맥」에서 데리다는, 오스틴의 발화 행위 이론이 적어도 잠정적으로, 성공적이거나 적절한 것으로서의 자격을 얻을 수 없는, 그리고 다소 '공허하고 비어 있다'고들 하는 어떤 발언들을 그의 탐구에서 배제하는 방식에 관심을 둔다. 이것은 무심코 내뱉었던 발언들을 (예컨대, 행위의 수행이 전혀 이루어지지 않았거나 자유롭게 이루어지지 않았던) 포함하며, 또 그것은 기생적인 사용을 (예컨대, 우리가 무대에서 또는 농담으로 진지한 발언을 하는 경우) 수반한다. 데리다가 정신 분석학에서 받은 은혜는, 오스틴과 썰이 용납했을 것처럼 진지한 것의 영역이, 의도하고 믿고 욕구하는 한 통합된 주체가 의식적 정신 상태에서 말할 때 있는 것^{presence}으로 정의될 수 있다는 생각을 문제 삼게 만든다. 그런 견해에 반대해서, 데리다는 의미의 변형력^{trasnsformability}(소위 데리다의 반복 가능성)이 언어의 가능 조건이라고 주장한다. 처음부터 이것을 배제하는 것은 또는 그것을 하찮고 우연적이라고 생각하는 것은, 언어와 의사소통 이 둘에 대한 빈약한 개념을 가지는 것이다. 데리다는 여기서 자기의 논증을 의사-선험적 논증이라고 부른다. 그것은 가능 조건이면서 불능 조건이기 때문에 '의사적^{quasi}'이다. 왜냐하면 그것은 의미가 결코 단순할 수 없고, 결코 명석 판명할 수 없지만, 그러나 필연적으로 변형을 면할 수 없는 하나의 관계망 속에 있다는 것도 의미하기 때문이다. 이와 관련된 이유 때문에 데리다는 정상-기생 구별 또한 문제가 되어버린다고 주장한다. "내가 친구에게 하는 약속은 연극에서 하는 약속보다 더 원본적이지 않다. 왜냐하면 모든 언어 사용은 인용이고 반복적이기 때문이다. 예를 들어 나는 다른 사람이 약속하는 것을 보았던 것처럼 약속한다."(케난, 2002: 123) 모든 정상적인 발화 행위는 그것의 가능 조건으로 인용의 가망성, 이해되지 않음의 가망성, 변화되는 진술 맥락의 가망성 등등을 가진다. 만일 반복 가능성이 언어의 가능성의 구성 요소라면, 정상적인 것과 기생적인 것 (그리고 사용과 언급) 간의 구별은 유지될 수 없게 될 것이다. 왜냐하면 정상적이라고 여겨지는 발언들은 항상 그것들을 기생적으로 만드는 문맥들에서 해석될 수 있어야 하기 때문이다. 데리다는 의사소통의 실패라는 위험이 한 사람과 다른 사람과의 본래적인 의사소통적 관계에 대한 우연적인 중단이 아니라, 바로 언어의 가능 조건임을 보여주려고 한다.

데리다는 또한 의사소통 이론이 본질적으로 설명해야 하는 것은 성공적인 의사소통이라는 입장에도 이의를 제기할 것이다.(ibid.: 117) 부분적으로 그런 입장을 수용하기 때문에, 발화 행위 이론가들도, 명시적으로 선언하는 것은 아닐지라도, "일상 대화 게임에서의 모두어the opening gambit는 결국 '네', '아니오'로 반응하는, 화자에 의한 주장문의 사용"이라는 것을 전제하려고 한다.(코브-스티븐스, 1990: 102) 이 점에서 데리다의 요점은 다음과 같을 것이다. 만일 말하기의 궁극 목적telos이 성공적인 의사소통이라면, "말하기 현상들은 불가피하게 환원적인 이원론적 구조 속으로 빠져들고 말 것이다. 의사소통의 사례들로서 그것들은 성공할 수 있거나 성공할 수 없다. (…) 말하기에 열려 있는 이 두 가능성은 반정립的antithetical일 뿐만 아니라, 위계적으로 정렬된다."(케난, 2002: 124) 데리다에게 이것은, 의도의 사전 재현을 포함하고 있는 것으로서 적절하게 재구성될 수 없는 상황들에 우리가 지능적으로 응답하려고 하는 방식과 함께, 화자 의도의 모호성을 포함하여 표현의 모호성을 막는다. 케난이 주시하는 것처럼,

> 비-성공을 실패와 동일시하는 것은, 실제 언어생활이 벌어지는 — 성공과 실패 사이에 놓여 있는 복잡한 현상학적 전망인 — 넓은 중간 영역을 은폐한다. (…) 말하기의 철학적 연구 지평들이 "고양이가 깔개 위에 있다." (…) "공이 링을 빗나갔다."와 같은 예들에 의해 설정되는 한, 오해가 이해 안에 거주하는 보다 뒤얽히고 복잡한 방식들 — 그러나 역시 공통적인 — 을 고찰할 여지는 전혀 없게 될 것이다. (Ibid.: 125~126)

요약하자면, 데리다의 작업이 유용하게 밝혀 보여주는, 발화 행위 이론에 관한 두 주요 걱정거리가 있는 것처럼 보인다. 첫째, 언어의 근본적인

목표로서 (한 사람의 마음으로부터 다른 사람의 마음으로 내용을 옮긴다고 하는 아주 좁은 영역 내에서) 성공적인 의사소통을 이해하려는 그 이론의 편파성. 둘째, 그리고 이것으로부터 따라 나오는 것으로, (성공 조건의 제시로 정의된) 정상적인 것과 (그런 성공 조건의 부재로 정의된) 기생적인 것 간의 핵심 구분.

첫 번째 점과 관련하여, 썰은 의사소통이 본래적으로 목적적이거나 목표 지향적이라는 것을 상식이 우리에게 말해준다고 응수한다. 의사소통의 목적은 한 사람의 마음으로부터 다른 사람의 마음으로 의미를 성공적으로 나르는 데 있다. 만일 그렇다면, 썰은 정상적인 발화 행위와 주변적인/기생적인 말하기 사이를 구별할 수 있을 것이다. 썰은 또한 성공 사례들과 함께 시작하자는 오스틴의 방법론적 결정이 간단한 상식이라고 생각한다. 오컴의 면도날이 우리에게 말하는 것처럼, 우리는 간단한 경우들로부터 시작할 필요가 있다. 그리고 이것은 더 깊은 형이상학적 의의를 전혀 가지지 않는 탐구 전략의 문제이다. 실제로 썰과 오스틴은 비표준적인 발화 행위가 논리적으로 표준적인 사례들에 의존하며, 따라서 정상–기생 구별은 형이상학적인 구별이라기보다는 논리적인 구별인 것으로 여겨져야 한다고 주장한다.

그러나 데리다는 이 입장을 역전시킨다. 데리다는 소위 표준적인 사례들이 비표준적인 사례들에 의존하며, 그것들 없이는 생각될 수 없는 것이라고 주장한다. 썰이 먼저 단순한 것들을 다루라는 원리를 옹호하는 것이 표준적인 사례들과 함께 시작하기 위한 실용적 이유를 제공하는 것처럼 보이는 반면에, 데리다에게 표준적인 사례들은 그 자체가 처음부터 비표준적인 사례들로 오염되어 있다. 어떤 의사소통이 가능하기 위해서 언어는 사람들이 의도했던 것과는 다른 맥락들에서 기능할 수 있어야 한다. 만일 이 '의사–선험적인' 조건이 충족되지 않는다면, 언어는 존재하지 못할 것이다. 게다가 데리다에게 여기에 본래적인 자기 지시성self-referentiality — 우리는 언어로 언어에 관해 말하고 있고, 의미 내에서 의미에 관해 말하고 있다 등등 — 이 있다는 사실은, 과학에 특징적인 원리인 오컴의 면도날이 이 맥락에서 쉽게 적용될 수 없다는 것을 의미하기도 한다.[2] 대신에 그것은 형이상학적 편견의 한 징표이다. 데리다에게 오스틴의 일상 언어 철학은 이 배제에 의해 특징지어지는데, 이는 거의 틀림없이 일상적인 것과는 거리가 멀다. 비록 데리다가 오스틴의 근본적으로 경험적인 방법에 찬탄하고 있을지라도, 데리다는 다음과 같이 말한다.

> 오스틴의 진행 방법은 상당히 놀라우며, 그가 관계하고 싶어 하지 않는 철학적 전통에 전형적인 것이다. 그것은 부정성(여기서는 부적절한 표현들)의 가능성이 확실히 하나의 구조적 가능성이라는 것을, 실패는 고찰 중인 작업에서 필수적인 모험이라는 것을 인식하는 데 있다. 그런 다음, 이런 이념적인 규제의 이름으로 이루어진 거의 즉각적으로 동시적인 몸짓으로, 고찰 중인 언어 현상에 관해 우리에게 아무것도 가르쳐주지 않는 우연적인, 외부적인 것으로서 이 모험의 배제. (데리다, 1982a: 323)

물론, 의미와 관련하여 이런 정화purifying 조치는 분석 철학자들의 특별한 전유물이 아니다. 후설의 『논리적 탐구』는 이와 같은 식으로 소위 그의 표현expression과 암시indication를 구분 짓는다. 그리고 이것은 나중에 메를로-퐁티에 의해 그리고 『말하기와 현상』에서 데리다에 의해 쟁론된다. 그러나 그것은 데리다가 동류의 정화 조치를 포함하는 언어 분석 철학의 의미론적-변형적 측면에도 관심을 두었을 것이라는 점을 시사하며, 또 그 관심은 오스틴과 썰과 같은 발화 행위 이론가들의 더 실용적인 분석이 가진 어떤 잠재적인 문제들도 드러내 보인다. 비록 이 신-비트겐슈타인적인 전통이 리오타르, 하버마스와 데리다 자신만큼 다양한 철학자들에게

---

2. 이런 의견을 내준 리키 세볼드에게 감사한다.

영향을 미쳤을지라도 말이다. 이와 관계된 이유들 때문에 J. J. 르써클Lecercle 은 언어 철학 비교 논문에서 다음과 같이 논평했다. "내가 성취했다고 생각하는 것은 모두 여러분에게 영불 해협이 있다는 것을 상기시키는 것이다. 한쪽 해안에서의 '의미meaning'와 다른 쪽 해안에서의 '의미sens'는 상당히 다른 개념이다."(1987: 38)[3]

1980년대 말과 1990년대 초에 분열은 전보다 더 극심하고 걱정스럽게 되었다. 여러 가지 다양한 철학적이고 정치적인 분쟁들이 일어났다. 찰스 셰로버Charles Sherover와 조셉 코켈만스Joseph Kockelmans는 1987년에 여러 신문 1면에서 미국철학회의 분석적 지배에 공개적으로 항변하는 '다원주의자 들'이었다. 심지어 그들은 잠시 쿠데타를 조직하기도 했다. 『무의미의 유행Fashionable Nonsense』에서 앨런 소칼과 잔 브릭몬트Jean Bricmont는 프랑스 철학자들의 이론을 공격하였고, 그들의 '거짓말질hoax'을 상세히 알렸는데, 이런 일의 일환으로 인문학 잡지에 과학과 포스트 구조주의에 관한 헛소리 같은 논문들을 제출하고 출판했던 일도 포함되어 있었다. 오스트레일리아 에서 시드니대학교는 적어도 부분적으로 분석-대륙 분열과 관계된 소란 으로 인해 완고하게 두 진영으로 '쪼개져' 있었다.

그럼에도 불구하고, 이 시기 동안 아마도 가정이 더 이상 그렇게 분열되 어 있지 않다는 것을 (또는 적어도 그 이전의 거주자들이 건물 잔해를 뚫고 분열을 완화시키는 것을) 보여주는 다른 조짐들도 있었다. 첫째, 분석 철학과 대륙 철학 간의 주제적인 차이, 방법론적인 차이 그리고 양식적인 차이들을 다룬 논문들이 급증하기 시작했다.[4] 각 전통의 구체적 인 대표 저자들을 비교하는 책들이 많이 있으며, 또 중심적인 대륙 철학자들 과 분석 철학과의 관계 및 차이를 연구하는 최근의 책들이 있다. 예컨대 리처드 콥-스티븐스의 『후설과 분석 철학』(1990), 로버트 한스의 『칸트와

---

3. 이런 면에 대해서는 데콩브(1982)도 보라.
4. 최근에 프라도(2003) 뿐만 아니라 『국제 철학 연구지』(2001), 『메타 철학』(2003), 『모니스 트』(1999)를 포함해서, 이 주제를 두고 논의했던 몇몇 다른 학술지들이 있었다.

분석 철학의 토대』(2001), 사무엘 휠러의 『분석 철학과 같은 해체』(2000) 그리고 폴 레딩의 『분석 철학과 헤겔 사유의 귀환』(2007) 등이 그것이다. 아이언 해킹이 푸코를 이용했던 것처럼, 하이데거와 메를로-퐁티에 관한 허버트 드레이퍼스의 해석적 작업도 의미심장한 것이었다. 그 외에도 분석적 전통에서 훈련받은 많은 저명한 철학자가 그 전통 내에서 담장을 뛰어넘었던 것으로 여겨졌다. 예를 들어 로버트 브랜덤, 찰스 테일러, 도널드 데이비슨 그리고 존 맥도웰은 모두 '후기-분석 철학post-analytic philosophy'과 관련지어 생각되는데, 이 '후기-분석 철학'이라는 용어는 그 자체로 아마도 로티의 『철학 그리고 자연의 거울』이 고무했던, 1980년대와 1990년대 동안의 철학적 풍경의 일부가 된다. 존 멀라키의 『후기 대륙 철학』(2006)은, 알랭 바디우, 질 들뢰즈, 프랑수아 라뤼엘 그리고 미셸 앙리의 내재성의 철학들이 (우리는 이런 기술하에 퀑탱 메이야수의 '사변적' 실재론을 포함시킬 수도 있을 것이다) 하이데거, 장-폴 사르트르, 메를로-퐁티, 데리다에게서 그리고 현상학에서 떠나서, 대륙 철학의 급진적인 변화를 만들어낸다고 주장한다. 멀라키는 그 변화가 1988년경 프랑스에서 일어났으며, 영미권 나라에서 활동하는 대륙 철학자들이 서서히 그것을 흡수해왔다고 주장한다. 지난 수년간, 각 전통에서 리 브레이버의 『이 세계의 사물』(2007), 글록의 『분석 철학이란 무엇인가?』(2008) 그리고 글랜디닝의 『대륙 철학이라는 개념』(2007)을 포함해서, 진지한 메타-철학적 책들이 출판되었다(스코트 소아메스의 두 권짜리 저작 『20세기에 있어서의 철학적 분석』[2003a, b]과 같은, 각 전통을 재검토하는 '내부적인' 저작들도 있었다). 지난 20년 동안에 분열에 다리를 놓는 일을 그 임무로 삼은 여러 잡지들이 출현하였다(『국제 철학 연구 저널』, 『철학 광장』, 『유럽 철학 저널』, 『현상학과 인지 과학』 등).[5]

아마도 그런 메타-철학은, 20세기 내내 지배적이었던 철학의 방법과

. .

5. 이것은 완전히 새로운 현상이 아니다. 『남부 철학지』는 1963년 발간된 이래, 그리고 『탐구』는 1958년도에 창간된 이래 그 출판 경향이 다원주의적이었다.

철학의 가치 개념을 양 전통이 더 이상 당연한 것으로 간주하지 않으면서, 변화의 시기에 들어서 있다는 것을 보여줄 것이다. 아마도. 그런 많은 만남이 화해보다는 적의로 끝난다는 사실과는 별도로, 우리는 이 다양성이 실제로는 주변부에서만 일어나고, 대부분의 철학자는 그것을 무시하거나 회피한다고 생각할 수도 있을 것이다. 정말로 부상하는 후기–분석적이고 메타–대륙적인 지평을 위해서, 우리는 각 전통의 전형적인 관행과 관심에 더 주의를 기울이는 것이 필요하다는 것을 느낀다. 이것은 2부와 3부에서 우리의 주제가 될 것이다.

제2부

방법

제7장

철학적 방법 개관

가장 넓은 수준에서 볼 때, 철학적 방법들은 다르다. 사람들이 다른 식으로 철학을 하기 때문이다.(투겐트하트, 1976: 3~4) 그들이 또한 불가피하게 서로 영향을 준다는 점을 고려해볼 때, 결과적으로 철학자 집단이나 가계는 비슷한 식으로 철학을 하며, 그런 일반적인 방법들은 적어도 일정 정도 유형화될 수 있을 것이다. 철학적 방법이라는 개념을 좀 더 명확히 하는 일 — 예컨대 방법의 문제들로서 논증 형식, 발견적 학습heuristics, 위양 받은 출발점(제1철학; 상식) 등등을 고찰하는 것 — 은 상당히 더 많은 헌신을 요하지만, 그러나 적어도 철학적 방법론에 대한 몇몇 일반적인 문제는 다음과 같은 수준에서 표현될 수 있다. 철학의 방법들은 분명하게 철학적인가? 만일 그렇다면, 그 방법들은 그것들이 처리하는 과제들과는 관계없이 적합한 것인가? 만일 그렇지 않다면, 철학적 작업은 무엇 덕분에 다른 지적인 생산과 다른 것인가? 다시 한번, 분석 철학자와 대륙 철학자가 철학하는 방법에서 다르다는 점은 분명하다. 그 방법이 아주 넓게 분간되는 경우에서조차도 말이다. 각 전통에서 활동하는 철학자들은 다른 작업에 의해 영향을 받고, 다른 집단과 의사소통하고, 권위와 신뢰 등도 다르게 분배한다. 실제로 철학적 방법론의 문제들은 크게 갈라진 각 전통의 발전과 밀접하게 관련되어 있다.

　분석 철학은 우리가 1부에서 간략하게 개관했던 것처럼, 얼마간 하나의 방법론적 혁명에서 시작되었고, 그것은 논리적 분석이라는 방법이었다. 1914년 옥스퍼드에서의 강의에서 러셀은 (분석) 철학의 특징을 '가능한 것의 과학the science of the possible'이라고 표현하며, 이어서 이것을 전적으로 한 특수한 선험적a priori 방법의 공표와, 즉 명제의 논리적 형식을 드러내는 것을 목표로 하는 분석과 동일시한다.

> 　논리적 형식의 탐구에 주의를 집중함으로써, 마침내 철학이 자기의 문제들을 조금씩 다루는 것이 가능해지고, 또 과학이 하는 것처럼 이후의 탐구가 결과들을 보충하고 개선할 수 있게끔 그 탐구가 이용할 수 있을 그런, 아마도 전적으로는 아닐지라도 올바른 부분적 결과들을 얻는 것이 가능해진다. (…) 이렇게 진리에 지속적으로 접근해 가는 가능성은 무엇보다도 과학의 승리의 원천이며, 이 가능성을 철학에 이전하는 것은, 그 중요성을 과장하기란 거의 불가능한, 방법상의 진보를 보증하는 것이다. (1917b: 112~113)

　'논리적 분석'의 방법은, 형이상학적 목표와 동반된 것이든, (또는 가끔 러셀 자신에 의해서처럼) 환원적 목표와 동반된 것이든, 또는 덜 구속적인 양식으로 '동급same-level' 분석의 한 형태로 취급되었던 간에, 실제로 초기 분석 철학 일반에 많은 힘이 되어 주었다. 비록 그 방법이 하나의 중요한 그리고 특권적인 위치를 점하고 있었을지라도, 분석 철학 전통 전체의 특징을 방법론적으로 오로지 분석만으로 규정하는 것은 완전히 잘못일 것이다. 초기 논리 실증주의의 시대에 분석의 이념은 이미 변화하고 있었고, 또 일상 언어 운동 때부터 대부분의 분석적 작업이 그냥 이런 기술에 들어맞지 않는다는 것은 아주 분명하다.

우리가 여기서 골라낼 수도 있는 두 번째 통일적인 특징은 언어, 그리고 분석 철학이 받아들였던 언어적 전환을 포함한다. 이런 설명에서 분석 철학은 주로 언어 의미의 본성과 관계하며, 전통적인 문제들에 대한 분석적 접근법은 일종의 '의미론적 상승semantic ascent'에 의한 것이다. 여기에서 우리는 지식 자체라기보다는 '지식'이라는 말에, 진리 자체라기보다는 '진리'라는 말에 초점을 맞춘다. 그때 논리적 분석은 이 과제를 수행하는 과정에서 우리가 종사할 수도 있는 여러 가능한 활동 중의 하나로 자리를 잡는다. 이 활동은 의미와 지시에 관한 프레게와 러셀의 고전적 작업, 실증주의자들의 많은 관심사들(『언어의 논리적 구문론』에서 카르납의 형식적 양식과 내용적 양식 간의 구분, 또는 후기 카르납의 내적 물음과 외적 물음 간의 구분), 명사나 문장을 진리 조건적으로 또는 검증주의적으로 설명하는 과제, 많은 일상 언어 철학, 비트겐슈타인의 철학 개념, 진리에 대한 타르스키 작업이 철학에 준 충격, 데이비슨의 프로그램, 철학과 언어학 간의 다양한 교섭 등을 말끔하게 포괄한다. 확실히 한때 저명한 분석 철학자들은, 의미에 집중하는 것이 더 말할 나위 없는tout court 철학자의 책무라고 주장하였다. 초기의 대표적인 실례는 '구조로 인해 오해를 불러 일으키는 표현들Systematically Misleading Expressions'에 실린 라일의 실례이다.

그런데 나는 결국 우리가 적절하게 조사할 수 있는, 그리고 심지어 "그것이 실제로는 이러이러한 것을 말하려는 것"이라고 말할 수 있는 의미가 있다고 결론짓는다. 왜냐하면 우리는 기록된 사실의 실제 형태가 가려져 있거나 가장되어 있어서 해당 표현에 의해 적절하게 제시되지 않을 때, 그 실제 형태가 무엇인지를 물을 수 있기 때문이다. 그리고 우리는 종종, 다른 형태의 말이 드러내지 못했던 것을 드러내 주는 새로운 형태의 말로, 이 사실을 진술하는 데 성공할 수 있다. 그리고 지금 나는 철학적 분석이란 이런 것이라고 믿고 싶으며, 또 이것이 철학의 유일하면서도 전체적인 기능이라고 믿고 싶다. (1952: 36)

좀 더 최근에 그리고 역사적인 양식으로, 더밋이 분석적 전통 자체에 대해 상당히 같은 주장을 하기도 하였다.

> 오직 프레게와 더불어 철학의 고유한 목적이 최종적으로 확립되었다. 말하자면, 첫째 철학의 목표는 사고 구조의 분석이라는 것, 둘째, 사고의 연구는 사고 과정^{thinking}이라는 심리적 과정의 연구와는 분명하게 구별되어야 한다는 것, 그리고 끝으로, 사고를 분석하기 위한 유일의 고유한 방법은 언어 분석에 있다는 것 (…) 이 세 신조의 수용이 전체 분석 철학 학파에 공통적이다. (1978: 458)

좀 더 최근에 더밋 자신은 이 개념이 어떤 개인들(더밋은 상투적으로 게라트 에반스를 그 예로 든다)에게는 잘 맞지 않는다는 점을 인정한다. 더밋은 이들을 그냥 분석 철학자들의 문화에 적응한^{enculturation} 덕분에 억지로 분석적이라고 간주한다. 그러나 그의 주장을 가로막는 다른 더 곤란한 장애물들이 있다. 그것은 예를 들어, 규범적 문제들(윤리학, 정치 철학, 미학, 인식론, 과학 철학)을 다루는 철학 분야들이 언어적 방법들에 의존하는 만큼이나 적어도 '의미론적 하강^{semantic descent}' 전략에 상당히 의존한다는 사실이다.(코헨, 1986: §2) 또는 자신들을 분석적이라고 간주하는, 자연화하는^{naturalizing} 많은 철학자가 의미론적 상승 절차를 크게 이용하지 않고도, 또 의미의 문제를 걸고넘어지지 않고도, 실체의 문제와 명백히 철학적으로 그와 관련 있는 문제들을 논의한다는 사실이다. 여기서는 일종의 '반례 무시^{no true Scotsman}' 전략이 있을 수 있는데, 이 전략에서 규범적 분야와 자연화하는 자^{naturalizer}들은 부차적인 존재로 간주되며, 따라서 분석 철학에서는 지엽적인 존재로 간주된다. 그러나 그런 전략은 언어와 의미에 관한 문제들이 분석 철학 전통에서 아주 크게 중요했다 하더라도, 우리에게는 매우 설득력이 없는 것처럼 보인다.

이제 이른바 분석적 방법론의 통일적인 특징이라 여겨지는 것이 그들 작업에는 맞지 않을 것 같다는 점은 아마도 분명할 것이다. 그럼에도 불구하고 모든 분석 철학자들이 인정하는 것은 아닐지라도, 적어도 분석 철학 내에서 중요한 것으로 기치를 올릴 만한 두 개의 주요한 방법론적인 단편들이 있다.

첫째, 우리는 철학적 문제를 탐구하는 데 있어 형식 논리학의 사용을 철학 자체의 방법론적 책무로 생각할 수 있다. 놀랄 필요도 없이, 수학 철학에서 프레게와 러셀의 논리주의 프로그램 작업은 대부분 프레게의 『개념 표기법』의 논리적 발견을 직접 적용한 것이며, 프레게의 『토대』 그리고 러셀의 「지칭함에 관하여」 및 『외부 세계에 대한 우리의 지식』은 현대 논리학의 자원 없이는 수행될 수 없었던 초기 작업의 전형들이다. 이 추세는 비트겐슈타인의 『논리-철학 논고』와 러셀의 논리적 원자론의 시기 작품을 통해 계속되는데, 이 두 사람은 고전 논리학의 모습으로부터 형이상학적 결론들을 끌어내며, 많은 논리 실증주의자들 ― 무엇보다도 특히 『구조』와 『언어의 논리적 구문론』에서의 초기 카르납 ― 은 아주 강력하게 형식 논리학을 활용한 작업을 수행한다.

물론, 이 모든 것은 또한 논리적 분석의 신뢰성을 확보할 수 있었다. 그러나 논리학에 초점을 맞추는 것 자체가 또 다른 패턴을 부각시킨다. 1930년대 논리학에서의 의미론적 혁명 이전, 이 추세에 속도가 붙었던 초기 시대에서조차도, 논리학과 철학 간의 상호 협조가 이미 시작되었다는 점은 분명하다. 논리 체계들이 철학적 논리학 내에서 그 자신을 설명해 달라는 의제들을 내놓는다. 그리고 이것들은 참, 추론 등과 같은 문제에 대한 좀 더 일반적인 철학적 토론들에 영향을 미칠 수 있다. 예컨대, 직관주의 논리학의 발전이 참의 성격과 반실재론의 전망에 관한 더밋의 논증에서 그에 의해 사용되었던 방식을 생각해보라.[1] 형이상학적인 (또는

---

1. 더밋(1978), 특히 「진리」(1~24)와 「직관주의 논리학의 철학적 기초」(215~247)를 보라.

실증주의적인) 체계-구축이나 이론 생산도, 논리적 체계와의 생산적인 동형성이 가능한 정도에 따라 영향을 받을 수 있다. 비순서 집합을 존재론적으로 일차적인 것으로 취급하기 위한 이유로서 (비순서 집합으로부터 순서쌍을 정의하는 형식적 방법인) 바이너-쿠라토우스키 장치에 대한 데이비드 암스트롱의 논의를 생각해보라. 또는 다양한 논리학(예컨대, 시제 논리학, 의무 논리학, 인식적 논리학)이 표준적인 양상 진리적 논리학alethic modal logic에 의해 고취되었던 방식들을 생각해보라. 다른 한편, 조건문, 모호성, 허구적 대상에 관한 추리 등에 보인 철학적 관심은 새로운 논리 체계의 개발을 촉진하였다. 가장 유명한 것으로, 정규 양상 진리 논리학에 대한 C. I. 루이스의 개발은 실질적 조건문the material conditional '만일 …라면 …이다if ... then'의 분석('만일 A라면, B이다'는 A가 참이고 B가 거짓이 아닌 한, 참이라는 진리 함수적 분석; 루이스 & 랭포트, 1932를 보라)에 대한 불만족에서 촉발되었다. 표본은 고전 논리학에서만 유지되는 것이 아니다. 확률 이론과 같은 추론적 의미inferential implication를 가진 다른 형식적 체계들, 그리고 양상 논리학과 같은 다른 형식적 체계도 상당히 같은 과정을 겪는다. 모든 분석 철학적 작업에 이런 논리학의 관심을 부과하려는 것이 그럴듯하지 않음에도 불구하고, 이 공생symbiosis — 형식적 함축suggestiveness을 뒤따르는 철학적 이론화 작업과의 공생, 그리고 형식적 발전을 촉진시키는 철학적 요구와의 공생 — 은 논리적 분석 자체나 언어적 전환과는 매우 구별되는 많은 분석적 작업의 실제 특징이다.

둘째, 최근의 분석적 작업은 강하게 자연화하는 태도에서 수행된다. 철학은 과학과 연속적이라는 구호를, 제1 철학은 없다는 구호를, 또는 다음과 같은 강렬한 호소clarion calls를 생각해보라.

철학이 과학과 연속적이라는 것을 인정한다고 해서, 우리는 철학이 과학에 '먹힐eclipsed' 것이라고 두려워할 필요는 없다. 과학이 철학적인 이론화를 위해 참석해야 한다는 조건은 환영받아야 한다. 왜냐하면 경험적 사실로 속박되지 않은 철학적 이론화는 철학자들로서 우리가 이해하고자 하는 바로 그 현상과의 연관을 잃어버리기 때문이다. 철학은 일군의 특색 있는 질문과 관심들을 다룬다는 의미에서 하나의 자율적인 분과이다. 그리고 이런 관점에서 철학은 물리학이나 화학 또는 생물학보다 더한 것도 아니고 덜한 것도 아니다. 이것은 확실히 우리가 바라지 않을 수 없는 자율성이다. (코른브리트, 2002: 27)

가끔 자연화하는 철학자들이 자기들의 작업을 전통 철학을 대체하는 것으로 또는 전통 철학과 직접 경합하는 것으로 간주해왔을지라도, 좀 더 통상적인 추세는 자연화하는 자들이 그 기획을 하나의 속박constraint이라고 간주하는 데 있다. 예컨대 콰인이 그의 「자연화된 인식론」(1977)에서 착수한 자연화된 인식론 기획은, 전통 인식론이 유관한 사회 과학, 심리학, 생물학이 드러내고 있는 방식에 관심을 보여야 한다고 거리낌 없이 주장한다. 예를 들어 그런 자연화하는 자들은, 인식론자들이 그것으로부터 출발하는(사람들은 전반적으로 철학자들과 같은 직관을 실제로 가지고 있는가?[골드만, 1992]) 초기 자료물에 대한 경험적 탐구를 진지하게 생각하거나, 또는 기술적 작업을 배경으로 인식론자들이 가정한 개념이나 구조들을 시험하거나,[2] 또는 과학적이거나 경험적인 주장들에 명백하게 조건 지어진 철학적 작업을 수행하거나,[3] 또는 심지어 (환원적인 기분에서) 인식적 개념들에 대한 철학적 분석이 전적으로 비인식적인 (또는 비규범적인) 용어들로 수행될 것을 요구할 수도 있다. 이것은 결코 자연화하는 속박의 활동 범위를 샅샅이 다 규명하는 것을 의미하지 않는다. 예를 들어, 정신 철학에서 사용하는 물과 H_2O의 유비를 보면, 경험적 기능주의자들은,

· ·
2. 골드만은 그의 고전적인 저작 『인식론과 인지』(1986)에서 우리가 실제로 이런 식으로 따르는 숙고 과정 설명을 참조함으로써, 그의 과정 신뢰주의적 정당화 설명(process reliabilist account of justification)을 개발한다.
3. 대체로 이 방법론적인 수칙은 전반적인 개정 가능성에 대한 콰인의 수용으로 변한다.

우리가 일상 심리학적인 용어로 심적 상태들을 어느 정도 가려낼 수 있지만, 그것들이 실제로 무엇인가를 알아내기 위해서 우리가 과학에 주의해야 한다고 믿는다. 사실상 이것은 또 다른 자연화하는 속박, 우리의 일상적인 정신주의적 개념들이 지시 고정적 역할만 하는 것으로 보는 속박이다. 그리고 대부분의 그런 기획의 이면에는 여전히 관련 과학과의 통합이라고 하는, 또 다른 방법론적인 수용이 있다. 예를 들어, 일상 심리학의 일부 측면(그중에서도 특히 명제 태도들— 욕구, 믿음 등)에 대한 폴 처칠랜드의 (1981) 유명한 공격은, 일상의 심리적 태도들이 그냥 자연 과학이 내놓은 신생 정신 그림에 맞지 않는다는 비난에 기초하고 있다.

분석 철학의 방법을 통일적으로 설명하려는 작업은 아주 빈곤한 실적을 쌓은 것처럼 보인다. 그러나 일부분의 분석 철학은 아주 상당한 그리고 잘 개발된 방법론적인 수용을 과시할 수 있다(그리고 과시한다). 게다가 분석 철학의 전통 내에서 특별하게 명시적으로 명명되고 논의된 철학적 방법들에 대한 의식적인 사용이 매우 활발하다. 결과적으로 현대 분석 철학은 일종의 의식적인 **방법론적 다양성**을 보여주는데, 개념 분석("정의, 질문 할당, 구별하기, 타당성 조건 기법, 필함 관계 파악하기, 가능성 증명 제시, 추론 패턴 도해"[소렌슨, 1992: 15])과 마주치거나, 언어적 분석 (의미론적 상승, 진리 조건적 분석)과 접하거나, 형식적 방법(논증을 형식 이라는 옷으로 바꾸기, 한 상황에 대한 논리적이거나 확률적인 모형화)과 접하거나, 직관이나 의견에 다양한 형태로 호소하는 것(가장 분명한 것으 로는, 사고 실험)이거나, 다양한 자연화하는 속박들(특수 과학과의 통합 요구, 과학적 결과 존중, 철학적 작업을 '지시체-고정'으로 취급함 등)과 접하거나, 정합성 구축 방법(반성적 평형, 최선의 설명 추론)과 접하거나, 또는 그냥 적어도 일정 정도 문헌에서 철저히 논의되어왔던 논증 패턴들 (존재론적 논증, '누락된 설명' 논증 등)을 사용하는 작업과 접하는 일이 흔히 일어난다.

물론 이런 방법들은 '철학하는' 일반적인 '방법들'보다 상당히 더 좁게 명시되어 있다. 하지만 각기 다른 철학자의 철학적 관행들은 마구잡이로 구축되는 것이 아니라, 대체로 그런 기본 원자들로부터 구축된다. 예를 들어, 자연화 속박을 진지하게 고려하는 철학자들은, 최선 설명 추론을 사용하려 하거나 논증에 대한 어떤 다른 정합성 구축 접근법을 사용하려 한다. 우리는 각기 다른 형태의 철학적 관행에서 형성된 방법론적 수용을, 좋은 철학을 한다는 것은 무엇인가에 대한 다른 개념들을 반영하는 것으로 볼 수 있었으며, 또 따라서 개념 분석의 목적, 과학과의 올바른 관계 등에 관한 분석 철학 내의 격렬한 논쟁들과 연결되고 있는 것으로 볼 수 있었다. 그러나 그 논쟁으로 직행하는 것은 의무가 아니며, 사실상 우리를 전통에 대한, 아직은 훨씬 더 적절치 못한 통일적인 설명에 직면하게 만들 것이다. 티모시 윌리엄슨은 편리하게 철학의 좀 더 일반적인 관행들을, 그 관행이 수용을 요구하는 신조나 철학적 논제들이라기보다는 그 관행이 요구하는 **규율**discipline을 통해 구별한다. 그래서 그는 『철학의 철학』에서 하나 이상의 관행들이 동시에 활동할 수 있다(또는 활동되어야 한다)고 주장한다.

철학이 의미론으로 규율되지 않을 때, 철학은 다른 것 — 구문론, 논리학, 상식, 상상적 예, 다른 학문(수학, 물리학, 생물학, 심리학, 역사…)의 결과 또는 이론들에 대한 미학적 평가(우아함, 단순성…) — 으로 규율되어야 한다. 실제로 이런 학문 중 오직 하나에만 예속된 철학은 심하게 왜곡되기 쉽다. 여러 가지 것이 동시적으로 요구된다. (…) 물론 각 형태의 철학적 규율 자체는 어떤 철학자들에 의해 이의가 제기된다. 그러나 그것은 무언가에 의해 적절하게 규율되지 않는 작업을 낳을 아무 이유가 되지 않는다. 그것이 철학에서 방법론적 다양성을 환영하는 하나의 이유일 것이다. 만일 철학의 각기 다른 집단이 규율의 다양한 원천에 다른 상대적인 중요성을 부여한다면, 우리는 경합하는 작업 방법의 장기적인 결과들을 비교할 수 있을 것이다. 엄격하게 제한된 작업은, 제한을 거부하는 사람들조차도 그 작업이 그 결과를 보여준다는 것에 동의할 수 있는 장점을 가진다. (2008: 285~286)

마찬가지로, 비니는 분석적 전통의 힘이 프레게와 러셀의 논리적 분석에서 떠난 분석 개념의 개방성과 같은 것에 있다고 본다. 즉, 그 힘은 "[분석의]환원적이고, 연결적이고, 개정적이고, 기술적이고, 언어적이고, 심리적이고, 형식적이고 경험적인 요소들이 모두 창조적인 긴장 속에서 공존한다"는 사실에 있다.(2009) 거의 틀림없이 이 방법론적 다양성과 사실상의de facto 분석적 다원주의는 현대 분석 철학의 규범norm이다.

윌리엄슨과 비니가 지적하는 전통의 긍정적인 방법론적 규범들과 더불어, 우리는 분석 철학이 또한 역사적으로 일군의 **부정적인** 방법론적 규범 — 어떤 의미에서 모호한 것으로 낙인찍힌 방법들과 크게 논란이 되는 규율들— 도 갖추고 있었다고 생각한다. 초기 분석 철학자들의 반관념론적이고 반심리주의적인 열정을 고려해볼 때, 이것은 전혀 놀라운 일이 아니다. 대륙 철학의 일부 특징적인 수사trope가 이 거부되어야 할 범주에 들어간다. 특히 그중에는 '주제넘은immodest' 선험적 추리transcendental reasoning 가 있다. 반심리주의가 '가능 조건conditions of possibility' 논증의 거부와 동일시될 수 없다는 것이 논증될 수 있을지라도 말이다. 우리는 이 책 도처에서 이 문제로 다시 돌아올 것이다. 그러나 여기서 분석적 태도에는 불변적인 것이 하나 있었는데, 그것은 분석 철학 자체 내에서 방법론적 문제에 관한 주요 변화가 있었음에도 불구하고, 초기 분석 철학자들이 현대 논리학을 분석의 도구로 받아들이면서 떠맡았던 수용에 근거하고 있다. 선험적 추리에 대한 분석 철학자의 태도는, 부분적으로 추론의 형식 논리적이고 확률론적인 형식들과 비교해서 볼 때, 그 추리 형식의 무정형적인 상태에서 비롯된 불신이다. 선험적 추리의 논리적 구조를 보여주려는 가장 자연스러운 시도는 시시해서 (그것은 바로 긍정식이다) 실패하거나, 부당성 (그냥 결론이 따라 나오지 않는다) 때문에 실패한다. 선험적 추리를 좀 더 적절하게 보여주기 위해서 우리는 심리적인 문제consideration와 논리적인 문제를 하나로 융합해야 한다. 그러나 한 철학자의 융합은 다른 철학자의 혼란이며, 분석 철학의 전통은 논리학과 수학에 철저하게 반심리주의적으로 접근하는 것에 기초해 있다. 더밋은 정신과 인식론을 다루는 많은 분석 철학이 심리주의에 빠져 있다고 생각하지만, 우리는 프레게의 『산수의 토대』 1부가 심리주의를 강하게 공격하고 있고, 산수의 분석성을 옹호한다는 것을 알고 있다. 그리고 러셀의 『수학의 원리』는 어느 정도 독립적으로 똑같은 견해를 표명한다.

> 철학님Philosophy께서 수학님Mathematics께 묻는다. 그것은 무엇을 의미하는가? 과거의 수학님은 대답할 수 없었다. 그리고 철학님은 전체적으로 엉뚱한 정신 개념을 끌어들여 답했다. 그러나 이제 수학님은 적어도 그 명제 전체를 어떤 근본적인 논리학의 개념으로 환원하는 한에서, 대답할 수 있다. 이 지점에서 토론은 철학님에 의해 재개되어야 한다. (2005: §3)

그러므로 전체적인 그림은 금지 목록veto list 비슷한 것으로 제한된, 방법들에 대한 하나의 다원론적인 관용이라고 우리는 생각한다. 물론 이것은 분석 철학자들이 주제넘은 선험적 추리와 같은 방법들에 관여하지 않는다는 것을 말하는 것이 아니다. 그것은 그저 그들이 관여한다 해도, 그 결과물은 분석적 대화에 영향을 미치지 않는 편이라는 것을 의미하며, 또 선험적 추리가 어느 정도 '비-분석적' 신분을 보여주는 하나의 한 표지로 쓰일 수 있다는 것을 의미한다.

따라서 적어도 방법 면에서 분석적 전통의 몇 가지 특징을 묘사해 줄 수 있다. 그러나 이것이 실제로 분석적 전통의 자기 이해에 접근하는 올바른 방법인가? 서론에서 우리가 제안했던 '내용-중립적' 묘사character-ization를 상기해보라. 그 묘사에 따르면 분석 전통은, 세대 전체에 걸친 세력 관계와 그들 내부에서의 소통을 그 특징으로 하는, 특수한 종류의 대화로 보여질 수 있다. 그 소통에서는 추론에 의한 접속 가능성이 소중한 것이다. 현재의 제안은, 말하자면 분석 철학을 그 내부로부터 적절하게 이해하는 것이, 우리가 대화 계정dialogic account을 일군의 넓은 다원론적인 방법론적 수칙precept들로 보충했을 경우에 도달될 것이라는 점이다. 세력의 (그리고 실제로 전 세대에 걸친 '추론에 의한 접속 가능성'의) 자동성in-transitivity을 고려해 볼 때, 내용—중립적 설명은 자연히 분석적 전통이 일종의 방법론적 이동drift을 드러낼 수도 있는 가능성을 열어놓는다. 그런 이동에서는 어느 한 시기stage에서 금지되거나 심각하게 문제시되는 관행들이 다른 시기에서 중심적이거나 정상적이 된다. 만일 그렇다면, 그리고 우리가 분석적 전통에서의 특수한 변화의 패턴이나 불변의 패턴을 설명하려는 것이었다면, 우리 자료는 (물론 어쩌면 반드시 이성을 통한 영향은 아닐지라도) 그야말로 전 철학자에 걸쳐 특수한 영향들을 미치게 될 것이다. 만일 사람들이 화해 운동rapprochement exercise에 참여하려 했으면서도 분석적 세계와의 대화적 연결을 유지했다면, 이 설명에서 우리는 그들이 특별히 '연대에서 축출drummed out of the regiment'될 것으로 예상하지 않을 것이다.[4] 반면에 만일 분석 철학에 대한 내부적인 이해가 모종의 방법론적 벽이 있다는 것을 의미한다면, 변화나 불변의 패턴들은 이제 그냥 그런 내부 이해의 존재와 규제policing에 의해 더 많이 설명될 수 있을 것이고, 화해 운동에 참여하는 사람들은, 비록 그들이 다른 분석 철학자들과 그들 고유의 대화적 연결을 유지한다 할지라도, 적어도 잠정적으로 전통과는 떨어져 있는 것으로 생각되기 쉬울 것이다. 그런데 문제는 이 추가적인 설명적 자원이 분석적 공동체의 실제 관행을 더 적절하게 다루는지 하는 것이다.

이것은 해결하기 어려운 문제이다. 가끔 적어도 분석적으로 훈련받은

4. 맥도웰의 『정신과 세계』에 대한 크리스핀 라이트의 비판적 논평을 두고, 맥도웰이 묘사한 것이다. 이 문구는 분명히 리처드 로티가 자신의 경력을 두고 아주 빈번히 표현한 기술이다. 맥도웰(2002: 291, 304)을 보라.

몇몇 현대 철학자들이 비분석적인 철학과의 접촉이나 관심의 결과로, 분석적 세력이 감소했던 것으로 보인다는 것은 사실이다. 고 데이비슨과 후기 『정신과 세계』의 맥도웰은, 계속 분석적 저술을 읽고 그들 자신의 저술에 대한 분석적 토론에 대응하고, (다른) 분석적 동료들과의 회합에 참여하는 등, 그런 의미에서 단도직입적으로 분석적 대화의 일원이다. 반면에 이 두 사람은 가끔 어떤 작업에서 분석적 규범들을 어기고 있기 때문에 분석적 전통에서 떠났던 것으로 간주되어왔다.(듀크, 2010 등을 보라) 분석 철학자들이 하여간 연대에서 축출되지 않고도 대륙적 작업에 종사했던 사례들이 있다. 후설과 하이데거를 다루었던 전쟁 이전pre-war의 라일, 초기 후설을 다루었던 더밋, 헤겔과 하이데거를 다루었던 브랜덤이 그 예들이다. 그러나 물론 대부분의 그런 참여는 본질적으로 비판적이거나 역사적(또는 둘 다)이다. 라일도 더밋도, 실제로 그들 자신의 작업에서 현상학의 방법들을 사용하지 않는다.

적어도 부분적으로 이 문제는 또한, 분석적 전통이 변화해감에 따라 전통 밖의 과거 철학자들에 대한 자기들의 이해를 수정하는 바람에 복잡해진다. 20세기 초기에 (맥타겟과 같은) 영국 형이상학자들이나 (존 듀이와 같은) 미국 실용주의자들이 했던 철학적 작업은 어떤 면에서 분석적 전통 밖에 있었다. 유의미한 대화적 연결을 보여주는 (추론적 연결성을 극대화하는 공통 기획의 부분으로서) 영향과 의사소통은 없었으며, 맥타겟도 듀이도 20세기 초기의 분석적인 방법론적 법전canon에 동의하지 않았다. 그러나 물론 분석적인 방법론적 법전은 시간이 지나면서 변화했고, 결과적으로 영향 연결망 또한 바뀌었다. 형이상학의 부활과 더불어, 20세기 초기 영국 형이상학 전통에서의 많은 (당시의) 비분석적 작업이 중대한 역할을 하게 되었다. 또 콰인과 셀라스의 영향 아래 많은 20세기 초기 실용주의에서의 (당시의) 비분석적 작업도 중대한 역할을 하게 되었다(정반대의 사례들은 보이지 않는다. 즉, 당시에 단도직입적으로 분석적이라고 생각되었던 작업이 그 이래 전통에서 벗어난 것으로 간주되었던 사례:

사후의 연대 축출은 일어나지 않은 것처럼 보인다). 그런 예들과 마주칠 때, 분석적 전통이 현재의 방법론적 법전과는 상관없이, 현 철학적 작업에 대한 차후의 재평가와 새로운 흡수co-option를 허용한다는 의미에서, 여기에 는 잠재적인 (폭넓은) 개정 가능성이 정말로 계속되고 있는in play 것처럼 보인다(이런 태도는 실제로 분석적 토론에서 옛 역사적 인물들을 두고 하고 있는 일과 상당히 유사하다. 흄, 아리스토텔레스를 맥락 밖에서, 그리고 그들을 현대 철학과의 관계 속에 끌어들이는 데 중점을 두고 읽는다는 흔한 비난을 생각해보라). 그러나 어떤 점에서 부분적인 개정 가능성은 타자에 대한 불요 불굴성inflexibility on others과 전혀 모순되지 않으며, 전통 형이상학이나 실용주의적 작업의 흡수는 그 자체로 분석 전통이 선험적 추리, 계보학적 기획 등에 좀 더 관용적이 될 것 같다는 큰 증거를 제공하지 않는다.

대륙 전통이 후설의 현상학적 분석의 발전과 더불어 시작되고 있는 것으로 보여지는 한, 분명히 대륙 전통도 방법론적인 혁명에서 시작된다. 그러나 물론 20세기 대륙 철학에 대한 초기 영향, 특히 비판 철학 전통에서 의 영향 또한 대부분, 방법 — 딜타이의 해석학, 칸트의 선험적 방법 수용, 헤겔의 변증법과 내재적 비판immanent critique 방법 등 — 의 영향들이었다. 다시 한번, 시간이 지나면서 그 추세는 방법론적 다양성이 되었다. 즉, 현상학과 선험적 추리가 무수히 많은 형태로 개발되었던 것이다. 여기에도 방법론적인 통일성이 있는가? 확실히 대륙 철학은, 철학적 방법(바로 이 개념에 대한 일부 회의적인)에 대한 매우 다른 메타 반성적인 모습을 보여주는 바와 같이, 그리고 실제로 사용되는 다양한 다른 — 현상학적, 변증법적, 해석학적, 구조주의적, 정신 분석적, 선험적 — 방법들과 더불어, 분석적 전통보다는 덜 통일된 모습으로 나타난다. 그럼에도 불구하고 여기에는 어떤 공통성이 있다. 이런 방법들은 모두 우리의 시간-내장성 time-embeddedness이라고 기술될 듯한 것을 해명하기 위해 고안된 것이며, 또 동시에 명석 판명하지 않은 것을 드러내기 위해서 고안된 것이다.

따라서 많은 사람들은 명석성과 판명성clarity and distinctness이 사실은 상호 배타적이라고 하는,[5] 데카르트에 대한 라이프니츠의 (그리고 베르그손과 들뢰즈의) 반격riposte에 서로 다른 각도에서 공감하는데, 이는 분석 철학과 대륙 철학 간의 넓게 관찰된 스타일상의 몇몇 차이를 설명해주기 시작하는 하나의 철학적 이의이다. 다시 말해 대륙 전통은 일반적으로 철학적 방법과, 상식(또는 일상 심리학과 같은 대용물)이나 과학 중 어느 하나 간의 밀접한 연결에 철저하게 경계심을 드러낸다. 이것은 이런 연결 중 적어도 어느 하나를 유지하는 분석적 경향과 대조를 이룬다. 그런 관심은 부분적으로 (어떤 의미에서는 칸트의 선험 철학이 모든 것을 있는 그대로 놔두면서도 확실히 상식과 양립 불가능하지 않다는 것에 주목하면서) 칸트의 비판 철학에서 그 전조가 보인다. 그러나 칸트의 선험 철학은 19세기 말경에 새로운 활력을 얻는다. '의심의 대가들masters of suspicion'은 이런 태도의 한 명백한 원천이지만, 그러나 베르그손의 지성intellect 비판이나, 심지어 우리가 '외부 세계'를 지각적으로 경험한다는 상식적 확신까지도 포함하여, '자연적 태도'의 가정들을 유보하는 방법에 대한 후설의 탐구도 생각해보라. 현상학과 상식과의 관계는 그저 대립적이기만 한 것은 아니다. 늘 그렇듯이 현상학적 기술이 잊혀졌으면서도 전제되어왔던 경험의 선-반성적 차원을 우리에게 상기시킨다는 점에서 말이다. 그러나 이때의 목표는 특수한 주관들의 상식적 판단 밑에 '묻혀 있는beneath' 경험의 차원을 기술하는 데 있다. 그 경험은 그런 의견과 판단을 위한 가능 조건이라고 주장되는 것이다. 끝으로 들뢰즈와 데리다 같은 후기 구조주의 사상가들에게서, 철학과 상식 간의 어떤 밀접한 방법론적인 관계에 관한 이런 회의주의가 고조된다.

· ·

5. 제임스 윌리엄스는 『질 들뢰즈의 횡단적 사유』(2005)에서 이에 대한 들뢰즈의 이야기를 잘 설명한다. 들뢰즈에게, 분석은 가능성들의 이산적 성격을 전제하며, 모든 문제가 서로에 대해 가지는 유대성(connectedness)과 관계성(relationality)뿐만 아니라, 맥락/배경을 부정한다. 특히, 명석성과 판명성의 연합은, 발생 과정과 그것을 중단시키면서 항상 현재 작동하는 미래 진화(future evolution)들로부터 거짓되게 추상해낸 것이다.

우리는 현대 분석 철학자와 대륙 철학자가, 그저 제 일을 하기 위해 다른 도구를 선택하고 있음을 표시하는 전통 간의 분열과 더불어, 공통 사안과 마주하고 있는 것으로 볼 수 있는가? 글쎄 잘 모르겠다. 그러나 분열이 우선 **결코** 철학적 방법에 관한 의견의 차이에, 그리고 사안의 차이에 이르지 않았다고 하는 것은 아니다. 실제로 프레게와 후설은 상당히 유사한 관심을 가지고 시작한다. 논리학을 두고 보인 그들의 다른 태도는 매우 다른 방법론적인 수용을 유발하며, 또 이어서 이것들은 다른 문제 풍경을 만들어낸다.[6] 그 때문에 다른 철학적 관심들이 다른 방법론적 수용에 맞춰 형성된다. 각 전통이 진지하게 고려하는 사안이 부분적으로 그 전통이 사용하는 방법들의 가능성과 문제들에 대한 반성의 역사의 결과일 뿐이라면 말이다. 방법론적인 차이가 분열의 심화 뒤에 있었다는 것이 판명된다고 할지라도, 오늘날 방법론적인 차이가 다른 문헌들에 의해서, 의의의 평가에 의해서, 신뢰와 권위의 인정에 의해서 강화되어 있기 때문에, 철학적 방법에 관한 솔직한 토론이 분열을 건너 지속될 수 있는지는 분명하지 않다(이 주장은 네일 레비[2003]가 그의 분석 철학 개념에서 전형적인 것으로 이해하는 쿤 식의 주장과 아주 유사하다. 즉, 방법론적인 차이는 다른 부류의 차이보다 훨씬 더 다루기 어려울 수 있다. 왜냐하면 방법상의 양보는 우리가 종사하는 전 기획을 포기하는 일이 될 수 있기 때문이다). 그럼에도 불구하고 우리가 위에서 보였던 이유 때문에, 적어도 이것을 우연적인 문제라고 간주할 몇 가지 이유가 있다. 분석 전통과 대륙 전통은 둘 다, 그 방법론적 기준이 변해왔고, 또 결과적으로 정말 다른 세력 망을 발생시켰다는 의미에서, 시간이 흐르면서 방법론적 유연성을 보였던 것이다. 그렇다면 한 전통에서 활동하는 철학자들이, 다른 전통의 비판에 입각해서 자기들의 방법론적 관행에 대한 비판이나 토론으로부터 무언가를 얻을 수도 있다는 생각은 처음부터

---

6. 프리스트(2003b)는 유사한 주장을 한다.

배제될 수 없을 것이다.

제8장

분석 철학과 직관 펌프
— 사고 실험의 사용과 오용

아마도 최근 분석 철학에서 가장 유명한 (또는 악명 높은) 과학 소설 작품일 하나의 예와 함께 시작해 가기로 하자. 퍼트남은 우리에게 은하계 어딘가에 존재하는 쌍둥이 지구 행성을 상상해보라고 한다. 이 쌍둥이 지구 행성은 물— 비로 내리고 대양을 채우는 등 무색투명의 액체 —의 역할을 H_2O 대신 ('XYZ'으로 불리는) 다른 화학물이 하는 것 말고는 지구와 정확히 똑같은 행성이다. 그 주요 부분business end은 다음과 같다.

시간을 1750년경으로 되돌려보기로 하자. 그때 화학은 지구에서나 쌍둥이 지구에서 발달되지 않았다. 지구의 통상적인 우리 말 화자는 물이 수소와 산소로 이루어져 있다는 것을 알지 못했고, 쌍둥이 지구의 통상적인 우리 말 화자는 '물'이 XYZ으로 이루어져 있다는 것을 알지 못했다. 오스카1이 지구의 통상적인 우리 말 화자라고 하고, 오스카2가 쌍둥이 지구에서의 오스카1의 대역이라고 하자. 여러분은 오스카1과 오스카2가 '물'에 관해 같은 믿음을 가졌다고 가정해볼 수도 있을 것이다. 여러분이 원한다면, 여러분은 심지어 오스카1과 오스카2가 외모,

감정, 사고, 내부 독백 등에서도 정확한 복제자였다고 가정해볼 수도 있을 것이다. 하지만 '물'이라는 말의 외연은 1950년에서와 마찬가지로 1750년의 지구에도 H_2O이다. 그리고 '물'이라는 말의 외연은 1950년에서와 마찬가지로 1750년의 쌍둥이 지구에서도 XYZ이다. 오스카1과 오스카2는 1750년에 '물'이라는 말을 다르게 이해하였다. 그들이 같은 심리적 상태에 있었음에도 불구하고, 그리고 당시의 과학 상황을 고려할 때 그들이 '물'이라는 말을 다르게 이해했다는 것을 발견하기 위해서 약 50년간 그 심리 상태가 그들의 과학 사회를 장악하고 있었음에도 불구하고 말이다. 따라서 '물'이라는 말의 외연(그리고 사실상 그 말의 직관적인 선분석적 용법에서 그것의 '의미')은 화자 자신의 심리적 상태에 의해 결정되지 않는다. (퍼트남, 1975: 224)

마지막 문장은 쌍둥이 지구의 존재, 두 화자의 특징 그리고 그 뒤에 유도된 직관들에 관한 퍼트남의 가정이 하나의 결론을 입증하려고 한다는 점을 보여준다. 이것은 하나의 사고 실험이다. 그것은 (통상 가정적으로 또는 반사실적으로) 하나의 상황을 명시한 후 그것에 대한 우리의 반응에 주의를 기울임으로써 결론들을 끌어내는, 하나의 통제된 사변speculation이다. 이런 반응들은 관례적으로 '직관들intuitions'이라고 불리고, 틀릴 수도 있는, 지적으로 그럴싸한 것seeming이라고 생각될 수 있다. (외관상) 만들기 어렵지 않고, (적절한 상황 이해를 바탕으로) 직접적으로 제시되고, 가끔 상당히 견실하고 또 자주 양상적으로 변화시켜 제시될 수 있는 것으로 (우리는 p가 가능하다는 것을, 또는 p가 필연적이라는 것을, 또는 p가 불가능하다는 것 등을 직관할 수 있다) 말이다.[1] 전부는 아닐지라도 그 대부분의 동류처럼, 쌍둥이 지구 사고 실험은, 우리의 직관이 옳을 경우 그것이 필요한 관계(여기서는 기능적인 주장)에 대한 반례로서 쓰일 한

● ●

1. 이것은 문헌에서 보이는, 직관에 대한 일반적인 묘사이다. 직관에 대한 이런 접근법에 대한 반론들에 대해서는 와인버그(2007)를 보라.

가능한 상황을 위한 증거를 제공한다는 점에서, 요청된 필연성을 거부한다. 더구나 그것은 현대 분석 철학의 (과학에서의 대부분의 장치 사용과는 아주 다른 것으로서) 책략 사용의 한 전형적인 예이다. 퍼트남이 현실 세계에서 존재할 것 같은 상황을, 또는 우리가 마음만 먹으면 현실 세계에 가져올 수 있었을 상황을 구체적으로 밝히는 일에 관심이 없다는 점에서, 또는 심지어 특정한 상황이 물리적으로 가능하다는 것을 보증하는 데 관심이 없다는 점에서 말이다. 대신에 퍼트남은 태연하게 과학 소설에 호소함으로써 기꺼이 자기의 논쟁점을 선명하게 한다. 그리고 많은 분석적 사고 실험이 정말로 일상적인 것에 한정되어 있음에도 불구하고, 좀 더 유명한 사고 실험들은 바로 이런 면에서 특이한 경향이 있다.

현대 분석 철학은 사고 실험에 상당히 많은 노력을 투자하였다. (쌍둥이 지구나 썰의 중국어 방과 같은) 일부 사고 실험은 유명세를 탔으며, 그에 딸린 고유의 문헌들을 가지지만, 그 관행의 분석적 수용 또한 그 수만으로도 잘 보여진다. 사고 실험 작업thought experimentation은 윤리학(그리고 규범 이론 일반), 인식론 및 언어 철학에서 아주 흔하며, 정신 철학, 형이상학, 종교 철학, 과학 철학에서 매우 흔하고 또 논리학, 수학 및 확률 철학에서도 드물지 않다. 끝으로 주제topic에 대한 분석적 관심도 사고 실험의 성격과 속성에 관한 점증하는 현대적 문헌에 의해서 반영되어 있다. 그 문헌들에서 사고 실험 책략은 통례적으로 상투적인 철학적 방법으로 취급된다.[2]

그것들의 정확한 성격을 두고 논란이 많음에도 불구하고, 로이 소렌슨이 철학적 사고 실험을 적어도 필연성 논박자necessity refuters 또는 (좀 드물게) 가능성 논박자possibility refuters로 분류한 데에서 옳다는 점에는 폭넓은 동의가 있는 것으로 보인다.(소렌슨, 1992: 153~157) 철학적 작업 안에는 숨은 필연성들hidden necessities이 무수히 많다. 그것들은 개념적, 논리적, 기능적, 추론적 또는 구성적 관계connection가 주장되는 곳에서는 어디에서든지

- -

2. 이런 문헌들 중에서 젠들러(2000), 소렌슨(1992) 및 드폴 & 램지(2002)에 들어 있는 많은 논문들이 특히 중요했다.

(예컨대 지식이 정당화된 참된 믿음과 동치라고 보여질 때) 나타나며, 또는 하나의 가능성이나 사태가 배제되는 곳에서는 어디에서든지(예컨대 참 제조원 없이 참은 있을 수 없다고 선언될 때처럼) 나타난다. 그러므로 대부분의 사고 실험은 행위자agent에게 하나의 상황이 가능하다는 것을 판단하게끔 하면서, 단도직입적으로 철학적 탐구의 증거로 쓰인다. 그중 일부는 덜 직접적으로, 다른 사고 실험의 직관적인 공언deliverance을 손상시키기 위한 일종의 귀류법으로 사용된다. 대표적인 예는 유명한 인격 동일성 사고 실험에 대한 버나드 윌리엄스(1973)의 재-제시re-presentation이다. 본래 로크의 것인 사고 실험에서는, '정신 교체mindswap' 기계가 발명되었다고 상상해보자고 한다. 만일 그 기계를 A와 B에게 작동시킨다면, A의 신체는 B의 인생의 기억을 가질 것이고, B의 것과 동일한 심리 상태는 B인 것으로 주장될 것이고, B의 신체도 A와 관련된 같은 속성들을 드러낼 것이다. 나아가 이런 수술 후에 A의 신체가 고문받게 될지 B의 신체가 고문받게 될지를 A가 미리 선택하지 않을 수 없었다고 상상해보라. 만일 A가 고문받기 위해서 A의 신체를 선택했다면, B의 신체는 그 뒤에 올바른 선택을 한 것에 대해 크게 안도할 것이고, 인격 동일성의 심리학적 이론의 지지자들에 의해 주장되었던 것으로 이 모든 것에 대한 관습적인 직관은 A가 지금 B의 신체 속에 있고, B는 지금 A의 신체 속에 있다는 것이다. 윌리엄스는 표면상 다른 경우를 가지고 시작한다. A가 갇혀 있고 그가 내일 고문당하게 된다고 하는 경우이다. 윌리엄스는 올바르게 이것이 A에게 완전히 일리 있는 공포를 유발할 것이라고 언급한다. 그런 후 그 사례가 변경된다. A는 고문 이전에 기억이 지워질 것이라는 말을 듣는다. 다시 공포를 느끼는 것이 온당할 것 같다. 그런데 A는 기억이 지워진 후 그의 기억이 허구적인 인물의 기억으로 대체될 것이라는 말을 듣는다. 이번에도 공포를 느끼는 것이 일리 있을 것 같다. 나아가 그런 수정이 결국 로크의 각본으로까지 이어진다. 그러나 이제는 A의 신체에서 일어날 것에 A가 공포를 느껴야 할 것이라는 직감이 강하게

생긴다. 다시 말해서, 사례가 처음에 심리학적 이론에 보냈던 직관적인 지원이 이제는 그 설명과 충돌한다. 다시 말해서, 어떤 사고 실험은 이전에 주목하지 못했던 이론적 난점에 주의하게 하면서 그냥 문젯거리로 화한다problematize.[3]

사고 실험은 철학적 논쟁을 끝내려고 하기보다는 오히려 개방시키려고 한다. 부분적으로 이것은 사고 실험이 일반적으로 명료화 과정이나 탐구 과정의 일부이기 때문일 뿐만 아니라, 책략이 가진 것으로 보이는 제한에서 벗어나는 아주 친숙한 메타–논쟁을 유발할 수 있기 때문이다. 이때 공통적인 수사trope들은, 사고 실험을 세부적인 면에서 너무 빈약한 것으로 또는 그렇지 않으면 너무 현실과 거리가 먼 것으로 일축하기 위해서, 또는 사고 실험이 우리 직관에 대한 모종의 비합법적인 '암시cuing'에 의존한다고 제의하기 위해서,[4] 또는 경쟁 개념에 관한 역사적 정보를 들여오기 위해서,[5] 사고 실험을 제안하는 사람의 반대자를 위해서 있다. 물론 좀 더 단순하게 말해서, 반대자는 자기 고유의 다른 사고 실험들을 제안할 수도 있을 것이다. 이것은 두 사람이 놀 수 있는 하나의 게임이다. 이런 면에서 볼 때, 분석적 사고 실험은 직접적 논증, 가능성 모형화modelling, 형식적 분석 및 다른 방법들을 포함하는 더 넓은 그림에서, 하나의 유용하지만 제한된 증거 역할을 하는 것으로 여겨질 수 있다.

- - -

3. 다른 분명한 예들은 존 해리스의 「생존 운(The Survival Lottery)」(1975)에서의 살해/수동적 안락사(killing/letting die)에 대한 그의 혼화(complication), 그리고 체이즈–샌본 사고 실험을 통해 감각질(qualia) 이론들에 대해 불만족을 표명하는 다니엘 데넷(그의 「콰인적인 감각질(Quining Qualia)」[1988] 참조)의 반복적인 공격일 것이다.
4. 피터 운거는 그의 『호화 생활과 방관사』(1996)에서 윤리적 사고 실험의 경우에 인상적인 편향 행위자 무리를 보여준다.
5. 앨빈 플랜틴가가 정당화에 대한 덕 신뢰주의적 설명을 개발하기 위한 일환으로서 이 일을 한다. 이는 우리에게 있다고 여겨지는 정당화에 대한 의무론적 직관들이, 상대적으로 최근의 사태이며 이론적으로 편향된 사태라는 것을 증명하려는 것이다. 플랜틴가(1992)를 보라.

분석적 전통

사고 실험에 대한 철학적 관심은 분석적 운동보다 훨씬 먼저 생겼다. 사고 실험의 **사용** 예들은 물론 소크라테스 이전 시대 이래 철학사 전체에 걸쳐 발견될 수 있다. 하나의 방법으로서의 사고 실험에 명시적으로 철학적인 **호소**를 한 것은 좀 더 최근 발전의 소산이었다. 처음에 철학하기 위한 하나의 방법으로서 사고 실험을 인정한 것은 과학 방법의 인정과 아주 가깝게 연결되어 있었다. 덴마크의 화학자/물리학자인 한스 크리스찬 외르스테드는 1811년 그의 저작 (그 자체가 칸트 이후의 **자연** 철학에 크게 영향을 받았던) 『일반 자연론 서론』[6]에서 '사고 실험^{gedankenexperiment}'이라는 말을 주조했던 것으로 보이며, 전자기학에 관한 그의 후기 저작에서 신중하게 그 기법을 사용하였다. 19세기를 지나면서, '사고 실험'이라는 전문 용어를 사용하지는 않았어도, 가설적 가정$^{hypothetical\ supposition}$을 증거에 입각해 사용하기 위한 철학적 관심이 가끔 출현한다. 비슷한 신조어로 보이는 한 예가 1883년에 저술된 브래들리의 『논리학의 원리들』 한 구절에서 나타난다.

> 가정^{supposition}은 특수한 목적을 위해 그리고 특별한 방식으로 사고하는 것을 의미한다. 그것은 그 요소들의 어떤 의미나 분석에 그저 주의하는 것이 아니다. 그것은 실제 세계를 언급하고, 또 벌어지는 일을 보려는 욕망을 수반한다. 아마도 우리는 다른 어법으로 이를 설명할 수도 있을 것이다. "논증을 위해 이것이 이러하다고 하자.", "그것을 이와 같이 간주하라. 그러면 여러분은 볼 것이다."는 "그것을 이런 것이라고

---

6. 자세한 내용을 위해서는 휘트-한센(2003)을 보라. (휘트-한센에 따르면) 크리스티안 쉴드크네트는 분명히 리히텐버그의 비망록에서 관련 용어가 일찍 사용되었다는 것을 지적하였다. (쉴드크네트, 1990 참조.)

가정하라."와 상당히 같은 것이다. 간단히 말해서 가정은 하나의 관념적인 실험이다. 그것은 결과가 무엇인지를 보기 위한 하나의 관점을 가지고, 또 실제 판단이 전혀 일어나지 않았다는 묵시적인 유보와 함께, 의식 내용을 실재the real에 적용하는 것이다. 가정은 실재가 특정한 방식으로 그렇게 한정되었을 때 어떻게 작용하는가를 보기 위해 마치 그것이 실제적이었던 것처럼 취급된다. (브래들리, 1922: 86~87, 강조 첨부는 인용자)[7]

외르스테드도 브래들리도 사고 실험의 분석적 전통에 영향을 끼쳤을 것 같지는 않다. 이에 반해 에른스트 마흐는 분명히 그럴 수 있을 만한 사람이다. 이 주제에 관한 마흐의 1897년 논문(Mach, 1976)은 최초로 과학에서의 사고 실험의 인식적 가치를 상세히 옹호해주었다. 그는 그 책략이, 정상적으로는 인식적으로 접근할 수 없었겠지만, 상상의 사례에서 사용됨으로써 의식에 오게 될 감각적 지식을 허용해 주었다고 주장한다. 마흐는 또한 몇 가지 멋진 기법의 예들을 만들어낸 장본인이다. 그리고 물론 마흐는 철학 안에서 ― 그리고 특히 몇몇 초기의 분석 철학자들에게 영향을 끼친 ― 완고한 유형의 실증주의 때문에 유명했었다. 러셀과 논리 실증주의자들과 같은 초기 분석 철학자들이 과학주의적인 성향을 띠었기 때문에, 그 책략에 대한 최근의 분석적 수용을 알고 있지만 20세기 전체에 걸친 분석 철학의 세부 사항을 모르는 사람은, 사고 실험이 이런 식으로 ― 마흐의 영향을 통해 의식적으로 ― 그리고 조기에 분석적 전통에 들어왔다고 생각할 수도 있을 것이다.

하지만 이런 일은 일어나지 않았던 것처럼 보인다. 20세기 초의 영어권 철학에서 사고 실험에 대한 명시적인 ― 이 시점에서 우리가 가질 수도 있는 마흐 영향의 가장 분명한 증거에 관한 ― 언급은 초기 분석 철학자들

7. 이후의 논의(브래들리, 1922: 86~87)는, 브래들리의 가정이 우리가 세계라기보다는 우리의 개념들에 관한 지식을 획득하는 사고 실험의 한 형태로서 가장 잘 보여진다는 것을 암시한다.

이라기보다는 다른 전통으로 건너갈 때 불쑥 나타난다. 대표적인 실례는 새로운 프레게 이후 논리학new post–Fregean logic에 반대해서 실용주의자 페르디낭드 실러가 한 다음과 같은 제안이다. "삼단논법을, 그것이 실제 사고에서 일어나는 것처럼, 그리고 오로지 그 안에서 일어날 수 있는 것처럼, 과거 경험에 의지해 예상되는 사건 방향을 예측하는 현실적인 사고 실험인 것처럼 생각하는 것이 완전히 가능하다."(1921: 16) 더구나 초기 분석 전통의 과학 경도적인 목적에서는 사고 실험의 사용조차도 찾아보기 힘들다. 대부분의 경우에, 초기 분석적 사고 실험은 간단한 실례illustration로서, 또는 다른 식으로(생긴 지 5분 된 지구를 러셀이 환기시키는 경우에서처럼[8]) 확보된 하나의 주장에 대한 일시적인 증명으로서 취급되었던 것으로 보인다. 사실 러셀은 철학적 문제들에 상상력을 발휘하는 것에 호의적이지만,[9] 그러나 그 상상력은 형상들의 세계 속을 돌아다니는 것이지 가설적인 경험적 상황 속을 돌아다니는 것이 아니다. 프레게의 수 분석과 러셀의 한정 기술 분석에 의해 제공된 모델들은 분석을 통해 표면 형식의 전횡으로부터 분석하는 자를 해방시키려고 하며, 러셀의 추상의 원리principle of abstraction와 집합에 대한 설명은 형이상학적으로 의심스러운 존재물의 수용을 피하게 해주는 강력한 도구를 제공한다. 그러나 철학의 일을 하는 것은 여전히 분석이며, 분석은 사고 실험 작업에 의해 수행되고 있지 않다.[10]

• •

8. 러셀의 사고 실험은 좀 더 최근의 여러 논쟁에서, 특히 지시 인과론에 반대하는 운거에 의해 수명이 새롭게 연장되었다. 이런 경우들에서, 그것은 좀 더 분명히 한 특수한 결론에 이르고자 하는 직관들을 끌어낸다는 의미에서, 그것은 좀 더 사고 실험의 성질을 띤다.

9. "현대 논리학에는 (…) 우리의 추상적인 상상력을 확장시키는, 그리고 어떤 복잡한 사실의 분석에 사용되기 위해서 무한히 많은 가능한 가설들을 제공하는 효능이 있다."(러셀, 1914: 68)

10. 러셀의 다음과 같은 유명한 말을 생각해보라. "논리학에 관해 생각하면서 가급적 많은 수수께끼들로 마음을 채우는 것은 하나의 유익한 계획이다. 왜냐하면 이런 것들은 물리학의 실험이 기여하는 것과 같은 목적에 많이 쓰이기 때문이다."(1905: 484-485) 러셀이 논의하는 수수께끼들은 거짓 결론에 의한 논증들이며, 그것 중 두 개가 그것들이 뜻하는 것(조지 4세, 현재의 프랑스 왕)을 알기 위해서 세계에 대한 어떤 경험적 지식을 요구하는 표출 문장들을 사용하고 있을지라도, 그 어느 쪽의 경우에도 사고 실험의 특징적인 모습은

이 입장이 분석에 대한 좀 더 최근의—그리고 더 오래된—접근법과 얼마나 다른가를 주목해보라. 이런 최근의 분석은 사고 실험 작업에 도움이 되는 관행인 명사나 개념의 적용을 위한 필요충분조건의 확인을 포함하고 있다.

분석 전통의 초기 인물 중에서—어떤 의미에서 마흐주의자가 아닌—무어만이 일관되게 사고 실험을 사용했으며, 또 특별한 경우에서만 사용하였다. 무어는 어떤 사물이 본래적 가치intrinsic value를 가지는지에 관한 명제들이 논증될 수 없다고 믿는다. 즉, 그런 명제들은 다만 인식될 수 있을 뿐이다. 그러므로 『윤리학 원리』에서 그는 본래적 가치에 관한 문제들이 '완전한 격리의 방법method of absolute isolation'에 의해 해결되어야 한다고 권고한다. 이 방법에서 우리는 관련 사물이 존재만 하는 상황을 상상한 후 그런 존재가 그럼에도 불구하고 좋을 것인지에 주목한다.(1989: §§55, 57, 112~113) 무어가 적어도 윤리학 분야 내에서 기꺼이 사고 실험 방법을 과감하게 받아들일 것이라는 몇 가지 전조가 있다. 예컨대 그는 다음과 같이 말한다.

형이상학자들이 실재에 관해 해왔던 주장들은 터무니없고 과장되어 있다. 오직 진리만을 말하는 것이 자기들의 과제였다는 생각에서, 그들이 주장들을 여전히 더 터무니없이 만드는 짓을 부분적으로 단념했다고 생각해서는 안 된다. 그러나 주장들이 더 터무니없을수록, 형이상학을 위해서는 그만큼 덜 유용하고, 윤리학을 위해서는 더 유용할 것이다. 왜냐하면, 우리의 이상ideal을 기술하는 데 조금도 소홀하지 않았다는 것을 확신하기 위해서, 우리는 제안된 좋은 것들의 영역을 가급적 넓게 우리 앞에 가졌어야 하기 때문이다. (Ibid.: §71)

• •

나타나지 않는다. 지나가는 말로, 이는 적어도 분석을 상상력과 대립시키는 끊임없는 전통을 보여주고 있다. G. J. 와르낙(1956) 참조.

그러나 사고 실험을 그렇게 사용하겠다는 무어의 각오는 발생기의 분석적 운동에 그가 가담한 것과는 거의 관련이 없다. 오히려 그것은 윤리학 자체의 주제와, 그리고 그 논의가 전개되는 방식과 관계가 있다. 직관에 대한 호소는 기술되는 사례 때문에 일어나는데, 이는 초기 윤리적 논증(예컨대, 칸트나 헨리 시즈위크)에서 자주 나타난다. 그리고 무어의 논의들은 아마도 H. A. 프리처드와 W. D. 로스의 후기 윤리적 직각주의ethical intuitionism에 영향을 미쳤을 것이다.[11] 여기에도 사고 실험을 분명히 성찰하는 구절들이 있다. 예컨대 도덕적 행위자들이 자기들의 의무에 관한 의심으로 시달릴 때 어떻게 추리해야 하는가에 관한 프리처드의 판단에서, "유일한 치유책은 의무를 일으키는 상황에 실제로 뛰어들어가 보는 데 있거나, 또는 그런 상황에 있는 우리 자신들을 상상하는데 우리의 상상력이 충분히 강하다면, 우리의 도덕적 사고 능력으로 하여금 제 일을 하게 하는 데 있다."(프리처드, 1968: 16~17)

그러나 무어에게서처럼 프리처드와 로스에게 있어서도, 사고 실험은 부분적으로 하나의 기법technique으로 수용되었다. 왜냐하면 상황의 인식론 epistemology of situation은 상당히 이례적인 것으로 — 윤리적 지식은 사태의 도덕적 속성에 대한 일종의 직접적인 지식인, 어떤 의미에서 오류를 범할 수 없었던 직관에 의해 전달되는 것이었다 — 생각되었기 때문이다.[12] 여기에는 사고 실험을 하라는 일반적인 허락이 전혀 없다. 실제로 여기서 작용하고 있는 직관 개념은, 그것의 (제한된) 무오류성과 기묘한 직접지 인식론에서 볼 때, 어떤 면에서는 믿음이나 믿으려는 성향으로서의 후기

11. 하지만 이런 견해는 하나의 오판일지도 모른다. 메어리 와르낙이 지적하는 것처럼, 프리처드 와 로스는 일반적으로 그들 견해와 『윤리학 원리』 마지막 두 장의 견해 간의 유사성에 대해 알지 못하고 있는 것처럼 보인다. M. 와르낙(1960: 58~59) 참조.
12. 로스는 정말로 우리의 도덕적 확신이 환상에 불과할 수 있다고 믿는다. 그러나 직관 행위가 성공적으로 수행될 때, 그것은 우리가 세계 속의 진정한 속성을 추적하는 것을 보증해준다. 로스(1930: 39~40)를 보라. 도덕적 확신들을 고려하는 데 요구되는 갈등 조정 (balancing act)에 대한 로스의 견해들은 우리가 9장에서 고찰하는 또 다른 요소 — 상식에 대한 분석 철학적 태도라는 요소 — 를 이용한다.

분석적인 직관 이해와 유사하기보다는 베르그손이 사용한 (우리가 비상대적인 지식을 얻는 수단이라는) 직관 개념과 더 유사하다. 이런 이유 때문에, 여기서 보여지는 사고 실험에 대한 관용은 거의 틀림없이 이 방법에 대한 나중의 분석적 관용에 거의 영향을 미치지 않았다. 실제로 우리는 로스의 작업을 "30년대와 40년대의 많은 중요한 분석 철학자들의 태도들을 대표했던 철학에서, 규범 윤리학 및 다른 평가적 문제들의 지위에 관한 광범위한 의심을 무의식적으로 함양한 것으로" 볼 수 있다는 스코트 소아메스의 의심을 공유한다.(2003a: 342)

완전한 격리의 방법the method of absolute isolation은 사실상 다른 상황들에 응용될 수 있는, 따라서 철학사 내내 사고 실험 작업을 유도하는 일단의 '사변 방안recipes for speculation' 중의 하나이다. 분명한 이유 때문에 그것은 속성의 내재적이거나 외재적인 성격에 관한 문제들과 특별한 관련을 맺는다. 이런 종류의 또 다른 책략device이 소위 시몬 블랙번의 '가능 세계 잣기spinning possible worlds'이다.(1984: 312) 즉, 한 행위자의 불변적인 본래적 속성 고정하기와 (가정상으로) 환경 변경하기이다. 퍼트남의 쌍둥이 지구는 이것을 실행에 옮긴 사고 실험의 한 예이며, 유사한 논증 수법argumentative machinery이 지시사demonstratives, 색인사indexicals 등에 관한 최근의 많은 작업 뒤에 숨어 있다. 비록 그런 책략이 초기 분석 철학 문헌에서 사고 실험 형태로 직접적으로 보이지 않을지라도, 그것은 거의 틀림없이 검증 가능성과 같은 양상화된 개념들이 해명되어야 할 때 일종의 표준처럼 제시된다. 어떤 사람이 한 명제를 원리상 검증할 수 있을 때에 관한 슐릭의 예들은 이런 노선에 따른 아주 온건한 형태의 세계-잣기이다. 즉, 사실상 행위자는 다른 경우에는 현실 세계와 동일할 세계에서 관련 증거를 획득하기 위해서 올바른 시공 위치에 자리 잡고 있어야 한다. 그런 표준은 검증 가능성 기준을 실행해야 하는 자들에게 일종의 사고 실험을 허용한다. 즉, 검증 가능하다고 여겨지는 문장을 평가하기 위해서, 나는 상상적인 사변 행위를 수행해야 하며, 그런 후 나의 각본에서의 행위자가 사건을 검증할 수 있는 것으로 간주하는 데 정당화될지를 주목한다.

이제 다른 친숙한 철학적 사변 방법도 초기 20세기 문헌에서 가끔 얼굴을 비친다. 예컨대 (여러 모습으로 변장한) 라플라스의 악마는 주로 비분석적인 철학자들에 의해 종종 철학적으로 동원되었다.[13] 그리고 그런 경우에 무어와 직관주의자들에게 그랬던 것처럼, 기법의 사용을 제한하는 방벽이 항상 있었던 것은 아니었다. 그러나 여기서 과거와 현재의 분석적 관행 간의 일반적인 차이는 여전히 분명하다. 지금 분석적 사고 실험이 도처에 있다는 점을 고려할 때, 이런 것들은 사실 아주 변변찮은 시작이다. 사고 실험을 두고 초기와 후기에 보이는 관용의 차이는, 분석 개념의 변화, 직관에 대한 태도 수정과 관련 있는, 그리고 아마도 정당화를 정합성으로 설명하는 더 넓은 이동과 관련 있는, 분석 전통 내에서의 주요 방법론적 변화의 한 표지이다.

일상 언어 철학으로의 전환과 더불어, 그리고 그와 관련해 체계적인 의미 설명에 저항하게 되면서, 분석적 풍조가 1930년대부터 확실하게 변화했던 것처럼 보인다.[14] 만일 우리가 철학에서 '우리가 말했으면 하는 것what we would say'에 주의를 기울여야 한다면, 우리는 상상적인 상황의 약도를 그리는 것을 허용해야 하며, 또 그것에 대한 우리의 (분류상의, 언어적인) 반응을 증거로 취급하는 것을 허용해야 한다. 이것은 언어적 양식의 사고 실험과 아주 가까운 것이며, 관심이 언어 분석에서 개념 분석으로 바뀐다 해도, 그것은 분명히 적응하게 될 것이다. 일상-언어

• •

13. 다니엘 스톨자와 유진 나가사와(2004)는 '지식 직관(knowledge intuition)'(프랭크 잭슨의 메어리 예에 의해 도출된 예, 여기에서 색깔 지각에 관한 모든 물리적 사실들을 아는 어떤 사람은 처음에 붉은색을 지각한다)의 초기 예들을 러셀, J. W. 둔 그리고 C. D. 브로드에게서 발견한다. 그리고 후자의 두 (비분석적인) 경우에, 직관은 명백히 라플라스 악마 전통에서의 전능한 존재를 사용하는 사고 실험에 의해 도출된다.

14. 1930년대도 주로 칼 포퍼의 영향 아래, 과학 철학 분야에서 과학적 사고 실험에 좀 더 긍정적인 태도를 보이는 변화가 눈에 띈다. 비록 포퍼가 분석 철학 내에서의 사고 실험의 성장에 영향을 끼쳤던 증거가 전혀 없다는 것을 우리가 알 수 있음에도 불구하고 말이다. 포퍼(1959: 부록 XI)를 보라.

운동의 많은 고전들이 전통적인 논증이나 그 외의 분석적 논증 또는 용어에 대한 비판에서 일상 언어에 호소하면서, 이 가능성을 크게 사용하지 않는다는 것은 사실이다(구조로 인해서 오해를 불러일으키는 표현들에 대한 라일의 논의, 『감각과 감각질』에서 감각 자료 전통에 대한 오스틴의 공격, 무어의 'could'와 'should'의 사용에 대한 오스틴의 우려, 『논리적 이론 개론』에서 형식 논리학의 번역 관행에 대한 스트로슨의 비판 등을 생각해보라). 그러나 좀 더 자유로운 경우free-ranging를 볼 때, 일상-언어 운동은 분명히 사고 실험 작업에 관대했었다. 예컨대 오스틴의 유명한 당나귀-사살 증명을 생각해보라.

> 당신에게도 당나귀가 있고, 나에게도 당나귀가 있다. 그리고 그
> 당나귀들이 같은 들판에서 풀을 뜯고 있다. 내 당나귀가 혐오스러워지는
> 날이 온다. 나는 당나귀를 죽이러 가서 당나귀를 겨냥하고 쏜다. 그
> 짐승은 즉사한다. 나는 그 희생물을 살펴보고는 그것이 당신의 당나귀라
> 는 것을 알고 깜짝 놀란다. 나는 유해와 함께 당신의 집 문간에 서서
> 말한다 ─ 뭐라고 말할까? "아이구 여보게, 정말 미안하게 됐네. 사고로
> 자네 당나귀를 쏘고 말았어"라고? 아니면 '실수로'라고? 이와는 반대로,
> 전처럼 내가 내 당나귀를 쏘러 가서 겨냥하고는 쏜다 ─ 그러나 그렇게
> 하자 당나귀들이 움직이는 바람에 충격적으로 당신의 당나귀가 쓰러진
> 다. 다시 문간 장면에서 ─ 나는 뭐라고 말해야 할까? '실수'라고? 아니면
> '사고'라고? (오스틴, 1961: 185 n.1)

이것은 언어적 틀 안에서 벌어지는 사고 실험이다. 그것은 '사고'와 '실수'라는 말에 관한 우리의 판단과 직접 관계한다. 그러나 이것들은 결국 사고와 실수라는 우리 개념들이 무엇인가에 관한(또는 좀 더 실재론적인 형태로, 관련 일반 개념이 무엇일 것 같은지에 관한) 잠재적인 증거를 제공한다. 마찬가지로 『정신의 개념』에서 라일의 연발하는 탁월한 예들과

반례들은, 그가 빠르게 그려낸 상상적 판단 맥락으로부터 소위 똑똑한clever, 지적인intelligent, 자발적인voluntary, 창의적인imaginative 등에 관한 결론을 끄집어 낼 때는 언제나, 사고 실험의 평면에서 일어난다. 물론 라일과 오스틴의 사고 실험들은 확고하게 일상적이다. 그러나 일상–언어 운동도 좀 더 과학 소설적인 목적을 가진 사고 실험 작업에서 예들을 보여줄 수 있다. 그리고 특히 비정상적인 가정에 대한 자신의 공식적인 불신에도 불구하고, 비트겐슈타인은 기묘한outré 사고 실험을 아주 풍부하게 만들어낸 인물이 다.[15]

그런 방법들은 일상–언어 철학 자체보다 훨씬 앞서 있었다. 사고 실험 작업의 대유행은 개인적인 사고 실험들이 자기들 고유의 긴 문헌을 개발하기 시작할 때인 1950년대 후반으로까지 소급될 수 있다.[16] 이런 사고 실험 중 일부는 여전히 철학적인 풍미를 유지하고 있다―(로크의 정신–교환, 뇌–교환 또는 인격–교환과 같은 탁월한 '수수께끼–사례들'을 포함해서) 시드니 슈메이커의 인격 동일성 논의, 또는 정당화된 참된 믿음으로서의 지식을 놓고 3부로 분석한 에드먼드 게티어의 유명한 반례들을 생각해보라. 여기서 방법론적인 변화는 사고 실험 작업 비율의 증가에 의해, 또는 특수한 예들을 두고 논의하는 점증적인 경향에 의해서만 표시가 나는 것이 아니다. 그보다도 무언가 태도에 있어서의 더 넓은 이동이

• •

15. 소렌슨(992: 45~46)이 이 점을 강조한다.

16. 이런 변화의 예는 1962년 미국 동부 철학연합회 연례 회합에서 발표된 논문들에서 나타난다. 케이트 돈넬란은 그의 「필연성과 기준들」(1962)에서 필연성 기준이라고들 하는 것에 의문을 제기하며, 또 일련의 비현실적이지만 매우 일상적인 것으로 생각되는 사례들을 고찰함으로써 그렇게 한다. 아버지가 된다는 것에 대해서는 알지만, 성에 관한 진실에 대해서는 모르는 어린이 등과 같은 사례가 그것이다. 사례들이 특별히 독특하지는 않다. 실제로, 그 사례들은 바로 쉽게 일반적으로 그리고 예들 없이도 전개될 수 있었던 논증의 보기라고 생각될 수 있었다. 퍼트남의 답변 「꼭 그렇지는 않다」(1962)는 '화성 로봇 고양이' 사고 실험을 도입함으로써 궤도를 벗어나기 시작하는데(kicks over the traces), 이 사고 실험은 곧 돈넬란의 예들보다 더 두드러지고 인근 논증보다 더 본질적이며, 또 그 자체를 다루는 이차적인 문헌을 얻게 되었다. 퍼트남이 나중에 인정했던 것처럼, 이 사고 실험은 나중에 그의 「'의미'의 의미」(1975)에서 더 완전하게 사용되었던 패턴에 대한 초기 예였다.

분석 철학 내에서 일어났다. 1960년대 이래, 분석적 문헌은 어느 정도 특별히 반응을 불러일으키는 사고 실험의 예들을 둘러싸고 그 자체를 체계화하였다. 이는 부분적으로 관련된 사고 실험들이 한낱 예시들과는 달리, 하나 이상의 반응을 허용하기 때문이다. 퍼트남의 쌍둥이 지구 이외에도, 썰의 중국어 방, 콰인의 가바가이, 잭슨의 흑백 메어리, 윤리학에서의 시내 전차 사례, 뉴컴의 결정 이론 문제를 생각해보라. 이것들은 저마다, 새로운 이론의 한 원동력으로 작용하는 각 사고 실험의 변종들과 더불어, 큰 논쟁거리battleground로 있고, 지속적으로 경쟁이 벌어지는 영역이다.[17]

이런 태도 이동이 분석적 형이상학의 전반적인 소생과 연관되어 있는 것으로 보고 싶은 생각도 든다. 그리고 확실히 한편으로는 책략과, 다른 한편으로는 현대 분석 철학자들이 자기들의 결론을 기꺼이 직관에 호소하는 것 사이에는 연관이 있다. 이 직관은 기초적인 믿음, 개념 구조, 공적 용어의 의미나 심지어 보편자의 성격에 대한, 틀릴 수도 있으나 유용한 안내자인 것으로 생각된다. 마찬가지로, (사고 실험에 의해서든 다른 식으로든) 직관의 도출 자체가, 우리가 9장에서 논의하는 (반성적 평형, 최선의 설명 추론 등) 분석 철학에서의 정합성 건축 장치를 사용하는 데서 보이는 후–콰인적인 성장과 더불어, 같은 시기에 어떤 이론적인 자극을 받았다는 것도 주목해볼 만한 가치가 있다. 그러나 여기서 활력을 띠기 시작하는 외적인 요소들로 있을 것이다. 예컨대 급증한 전후의 분석 철학 학술지는 사례들의 토론을 촉진하였고, 또 그것들을 둘러싼 문헌들의 개발을 촉진하였다. 확실히 사고 실험에 대한 지속적인 논의와 사고 실험을 가지고 수선하는 일이, 대륙 사회처럼 전공 논문monograph이 좀 더 자연스러

· ·

17. 게티어의 본래 예들은 이런 묘사에 특히 잘 들어맞지 않는다. 왜냐하면 그 예들은 거의 직접적으로 큰 동의를 얻어냈기 때문이다. 하지만 그 예들도 또 다른 다양한 사고 실험들과 더불어 전체 문헌을 풍요롭게 해주었기 때문에 — 따라서 20년가량 분석적 인식론에서의 지식 논의를 구성했기 때문에 — 여기서 일반적인 논점은 여전히 유지된다.

운 출판 단위인 사회에서, 얼마나 자연스럽게 수행될 수 있었는지를 보기란 어렵다. 게다가 표준적인 사고 실험들을— 사고 실험들에 적용된 것으로서 스타 시스템— 중심으로 한 철학적 작업의 체계도 어느 정도 생겨났을 것이다. 이는 우리가 제시해왔던 분석적 대화의 또 다른 배경적 규범들이 전통의 이론적 보수주의 뒤에 숨어 있기 때문이다. 분석적 문헌들은 표준적인 사례나 논증 패턴, 반대하는 고전적인 방법 그리고 (우리가 제안하는 것처럼, 분석적 작업의 추론적 연관성을 증진하기 위해서) 대화 참여자의 배경적 가정과 보조를 맞추기 위한 일련의 다른 책략들을 포함한다. 특히 성공적인 사고 실험들의 세부 사항까지도 유지하려는(또는 특별한 논증 목적을 위해 일부 다른 것들에 변화를 주면서도 대부분의 요소를 변함없이 유지하려는) 경향은 이런 목표를 촉진한다. 그러나 그것은 또한 사고 실험을 중심으로 한 분석적 하위 문헌들의 체제가 특별히 놀랄 만한 것이 아니리라는 것을 의미한다.

대륙 철학과 사고 실험

사고 실험이 대륙 철학에서 자주 사용되지 않는다는 점은 주목할 만하다. 물론,『정신현상학』에서 헤겔의 영향력 있는 '주인-노예' 변증법, 같은 것의 영원 회귀에 대한 니체의 호소, 불성실과 결핍을 해명하는 사르트르의 소설식 예들 또는 들뢰즈의 로빈슨 크루소 이야기와의 만남처럼,[18] 얼핏

---

18. 로빈슨 크루소 이야기를 개작한 미셸 투르니에의 『프라이데이』에 대한 들뢰즈의 논문은 하나의 연장된 사고 실험인 것처럼 보인다. (그의 부록 논문 「미셸 투르니에와 타자 없는 세계」[1990b]를 보라.) 그러나 분석적 사고 실험의 분명한 특징 중의 하나는, 그것들이 간결하되 함축성이 있다는 것이다. 이는 들뢰즈의 논문에 대해서는 이야기될 수 없는 그런 것이다. 소렌슨(1992: 1장)에게, 사고 실험이 하나의 이야기가 될 때, 그리고 연역적 논증으로 좀처럼 번역되지 않는 것일 때, 우리는 철학보다는 문학의 영역 안에 있다. 이 점을 표현하는 또 다른 방법은 들뢰즈식으로 크루소에 열중하는 것은 어떤 종류의 무모순성 시험이나 도구가 아니라고 말하는 것일 것이다. 그것은 구분을 선명하게 하는

보기에 사고 실험들처럼 보이는 어떤 이야기들이나 소설들을 지속적으로 사용하고 있다. 그러나 그것들은 똑같이 기능하지 않는 것처럼 보인다. 어떤 의미에서 인정 투쟁을 통해 자기의식의 발전을 말하는 헤겔의 설명은 하나의 허구이다. 그러나 그것은 또한 다른 지위를 갖는 것으로, 사회생활과 '나—우리' 관계의 필연적인 '공—중첩성co-imbrication'을 설명하는 선험적 조건으로서 추론되는 것이다. 그것은 간결하면서도 함축적인가? 그리고 그것은 요구된 필연성이나 가능성을 반증하기 위한 연역적 결론을 허용하는가? 그것은 무모순성을 위한 시험인가, 아니면 생각될 수 있거나 가능한 것에 관한 주장으로서 가장 잘 이해되는가? 아니다. 그것은 현상학적이고 역사적인 부류의 경험적 자료들에 근거 지으려고 하면서도, 동시에 세계와 세계 속 우리의 위치를 새롭게 바라보게끔 해주면서, 세계—개시world-disclos-ing가 되게 하려는 것이다.

가장 유명한 대륙적 인물 중 아주 소수가 사고 실험을 사용하는 것에 명시적으로 못마땅함을 표명하고 있기는 하지만, 방법론적 문제에 대한 그들의 보다 일반적인 반성은, 과학 사고 실험을 무비판적으로 흉내 내는 철학들이 종종 길을 좀 잘못 들고 있다는 확신을 품고 있음을 시사한다. 다른 식으로 표현하자면, 사고 실험에는 문제의 기본으로까지 돌아가는 것을 박탈하는 본래적인 문제가 있는 것으로 생각된다. 그런 사례들은 그것들의 축약적이고 도식적인 모습 때문에만 명백한 것으로 보인다. 좀 더 일반적으로 이 추상은, (과거와 유리될 수 있는 이성적인, 자기 이익적 행위자를 가정하는 것과 같은) 논쟁적이거나 실제로는 실천적으로 생각될 수 없는 어떤 묵시적인 철학적 전제들에 기초해서, 사회생활과 기능의 복잡성을 착각하게 만든다.

• •

일과 관계하지 않는다. 오히려 그것은 다음과 같은 더 넓은 문제들에 몰두하고 있다. 세계 속에서 우리의 위치는 무엇인가? 어떻게 우리가 달리 그것을 생각할 수 있을 것인가? 이것은 우리의 정상적인 수용에 관해 무엇을 보여주는가? 어떻게 우리는 달리 존재할 수 있을까?

사고 실험의 전형적인 분석적 사용을 현상학적인 형상적 분석eidetic analysis과 구별하면서, J. N. 모한티(1991)는 전자가 소위 그의 형상적 가능성이 아닌 한낱 논리적 가능성에 기초하고 있다고 주장한다. 모한티의 주장은, 우리가 예컨대 데릭 파핏의 (화성에서 우리의 복제물을 만들어낸다고 하는) 원격 수송 장치에서의 신체-분리의 가능성을 논리적으로 생각할 수 있을지도 모르지만, 우리는 이것을 구체적으로 상상할 수 없다는 것이다. 다시 말해서 그것은 '체험될lived' 수 없다. 또는 후설이 말할 것처럼 '구체적으로 직관될' 수 없다. 만일 이것이 옳다면, 기괴한 또는 과학-소설적인 사고 실험이 우리에게 불러일으키는 직관적인 반응은 인격 동일성에 관한 우리의 견해들을 얻으려고 할 때 크게 도움이 되지 않을 것이다. 문제를 다른 식으로 표현하자면, 사고 실험은 기존 입장을 지지하거나 반대하기 위한 하나의 논증으로서 효과적일, 모종의 충분한 유사성 조건을 충족시킬 필요가 분명히 있는 것처럼 보인다. 그리고 모한티의 입장은 이 조건이 자주 결여되어 있다는 것이다. 그런 충분한 유사성 조건은 무엇일 것인가? 과학적 사고 실험은 상상한 각색과, 수행될 수도 있고 이상적으로 수행될 실제 실험 간의 유사성을 우리가 보는 데 의존한다. 물론 철학에서 사정은 그리 단순하지 않다. 그러나 실제 경험과의 어떤 연결이, 또는 문제의 사고 실험에 대한 현존하는 대규모의 분석적 작업과의 어떤 연결이 있어야 할 것을 요구하는 것은 적절한 것처럼 보인다. 실제로 이런 각색들은 그것들의 의미를 다루기 위한 전문가 사회를, 일단의 개념 분석들에 익숙하고 또 소정 사고 실험이 특수한 관점에서 수반하는 위험들에 익숙한 공통의 전문가 사회를 전제한다. 이처럼, 사고 실험은 한 시험 과정의 부분으로서 그것의 근린 견해들을 선명하게 해주는 발견적 장치로 쓰인다. 그러나 물론 이것은 이런 식으로 이미 문화화되지 않은 철학자들에게는 오히려 설득력이 없는 것이다. 이런 배경에 익숙하지 않는 자들에게, 사고 실험은 신선미가 없고 깊이를 잃은 것처럼 보일 수 있다. 반면에 사정을 잘 아는 자들에게 사고 실험은 특정한 문제에 대한 공동 작업 때문에 깊이를 갖춘다.

이런 문제 중 일부는 사고 실험이 명시적으로 규범적이거나 행위 안내적인 특징을 띨 때 악화된다. 많은 사고 실험들은 하나의 상상된 시간 단면 time-slice을 만들어낸다. 거기에서 우리는 우리의 과거가 없는, 또는 심지어 투사된 미래의 가능성이 없는 하나의 상황을 상상하라고 요구받으며, 이런 한정을 두고 결정하라고 요구받는다. 그럼에도 불구하고 이런 고도로 추상적이고 '빈약한' 각색이 우리의 '더 두터운' 실제 상황을 밝혀줄 것으로 여겨진다. 예컨대 롤스의 『정의론』에서의 유명한 '무지의 장막veil of ignorance' 사고 실험에서, 우리는 위의 시간적인 면에서, 우리 과거 능력이나 관심에 대해 전혀 아무 지식도, 정서 관계도 가지지 못하고, 동시에 미래의 재분배가 어떻게 우리에게 영향을 미칠 것인지에 대해 아무 지식도 가지지 못하는 것으로 제한되어 있다. 이와 같은 것이 우리가 게임 이론과 결단 이론에서 만나는 다양한 사고 실험과 합리성 역설에 대해서도 분명히 사실로 나타난다. 버나드 윌리엄스(1976: 97)는, 결정을 내리기 위해 우리가 요구하는 온갖 연결 정보와 배경을 우리의 역사가 포함하고 있는데도, 사고 실험이 역사 없는 상황으로 우리를 집어넣는다는 것을 주장하기 위해, 이 점을 일반화시킨다. 그래서 그는 사고 실험이 **전적으로 미래지향적인 사고**exclusively forward thinking라고 시사한다. 과거는 미래를 예측하기 위해서만 관련될 뿐이다. 그리하여, 사고 실험의 효능에 무비판적으로 의존하는 것을 두고 대륙이 내놓는 기본적인 답변은, 우리의 정언 판단이 그런 식으로 요청될 때 활동하는 배경, (무의식을 포함하는) 기억 흔적에 사고 실험이 불충분하게 주의하고 있다고 하는 것이다. 그러나 분석 철학 내에서 이런 많은 메타 철학적인 제한을 점점 더 잘 인식하고 있음을 고려할 때, 핵심 문제는 분석 철학자들이 그들 작업에서 그런 실험을 실제 사용하면서 충분히 조심하고 있는지 하는 점이다.

분석 철학에서도 이런 부류의 주제와 유사한 것이 있다. 그리고 분석적 문헌 내에서도 우리가 답변하는 데 쓸 수 있었던 자료들이 있다. 예컨대,

윌리엄슨은 때때로, 가능성 또는 무–현실성non-actuality에 관한 불평이 그냥 의도를 잘못 이해할 수 있다는 점을 분명히 하기 위해서, 그의 청중들에게 실제–세계 게티어 사고 실험을 해보았다. 『철학의 철학』에서 그는 다음과 같이 말한다.

> 실제의 게티어 사례들에 있어 놀라운 점은 그것들이 보이는 차이가 얼마나 적은지 하는 것이다. 실제 게티어 사례들은 상상적인 게티어 사례들이 그런 것보다 표적 분석에 대한 반례들로서 더 효과적인 것도 아니고 덜 효과적인 것도 아니다. 상상적인 반례들을 확실한 것으로 생각했던 사람들은 현실의 반례들도 어느 정도 똑같이 확실하다고 생각한다. (…) 역으로, 상상적인 반례들을 의심했던 사람들은 현실의 반례들에 대해서 거의 똑같이 의심한다. (2008: 193)

다시 한번, 그리고 위에서 표현했던 것과 일부 같은 관심에서 볼 때, 창의적인 상상imaginative conceiving의 성격, 상상 가능성과 가능성 간의 연관성, 그리고 전자로부터 후자에 관한 주장으로의 이행의 신뢰성을 검토하는 분석적 문헌이 있다. 그 결과는 우려를 제거하거나, 또는 당면 문제들을 보다 분명하게 드러내 주게끔 해준다는 점에서 그것을 탐색할 수 있는 명료화 과정precisification일 수 있다. 예컨대 부수 현상론epiphenomenalism을 위한 그의 좀비 사고 실험의 상상 가능성에 관해 서로 갈라진 의견들을 좇아가면서, 데이비드 차머스(2002)는 그의 논증이 요구하는 가능성 주장이 인식적 가능성 중 최소의 것이라고 주장하였다. 즉, 이것은 상황이 통용될 수 없다는 것을 우리가 선험적으로a priori 알 수 없을 때 통용된다는 것이다.

그러나 우리는 들뢰즈의 저작을 통해 사고 실험 사용에 보다 근본적으로 도전할 수 있다. 『감각의 논리』, 『차이와 반복』 및 도처에서 들뢰즈는, 그가 거짓된 사고상image of thought 또는 독단적 사고상이라고 생각하는 것을 생산하기 위해서 함께 공모하는 두 상호 관계된 가정들을 반복적으로 논의한다. 이 두 근본적인 가정들은 '양식good sense'과 '상식common sense'이라고 일컬어진다. 상식은 베르그손의 분석처럼, 우리로 하여금 해답을 알아내는 데 사용될 범주들을 결정하게끔 해줄 뿐만 아니라, 그 범주들의 가치를 확정하게끔 해주는 것에 있다고 한다. 따라서 상식은, 하나의 해결책이 알려질 수도 있게끔 어떻게 하나의 문제가 분배되어야 할지를 포함하여, 직접적으로 방법론적인 문제들과 관련되어 있다. 상식은 주로 인식에 의해 (우리는 이것이 저 범주에 맞는다는 것을 인식한다.) 작용하고, 들뢰즈에 의해 '다양성 일반을 동일자the same의 형식에 편입시키는 식별 능력a faculty of identification'으로 기술된다.(1990a: 77~78) 다시 말해서, 그것은 여러 다양한 특이성들(또는 특수자들)을 확인하고, 인식하고, 포섭하고, 그것들에 통일성을 부여한다. 그런데 양식은 사물들을 범주들에 할당한다. 양식은 예측에 의해, 그리고 선택하기choosing와 선호하기preferring에 의해 작용하며,(1994: 33, 226) 또 흔히 자연스럽게 진리 쪽으로 지향되어 있는 것으로 가정된다. 그것은 거대한 차이 생성massive differentiation으로부터 시작한 후 그것을 해소하거나 종합한다. 이 모두가 종합될 때, 들뢰즈는 (분류하기를 포함하여) 이런 인식 모델 및 예측이 대단히 보수적이라고 주장한다. 그것은 새로운 것의 출현을 불가능하게 한다. 양식과 상식은 진리의 생산보다는 진리의 인식과 관계한다.

이런 견해에서, 하나의 특수한 사고 실험이 근본적인 도덕적 문제나 정치적 문제를 잘 이해하고 있는지를 알아내기 위해, 또는 당면 딜레마를 처리하는 적절한 방식인지를 알아내기 위해, 우리가 의존하는 것은 '상식'이다. 우리는 하나의 특수한 가정적 각본 — 예컨대 우리를 안 보이게 만들어주는 플라톤의 귀게스의 반지 — 이 상당히 폭넓은 문제를 상징한다는 것을 인식한다. 이 경우에서는 인간의 이기심을 막는 데 결과의 두려움이 맡은 역할이 그것이다(물론 이 두려움은, 우리가 눈에 보이지 않게 될 경우, 잡혀서 처벌받을 걱정 없이 범죄를 저지를 수 있기 때문에 없어진다). 이 과정의 상당 부분은 제안된 유비가 유효한지에 대한 우리의 답변에 의존한다. 예컨대 여성에게는 낙태 권리가 없다는 낙태 반대$^{pro-life}$ 입장은, (관련된 면에서) 깨어나 보니 유명한 바이올리니스트와 묶여 있어서, 이런 설비에서 풀려날 가능성 없이 그들의 효과적인 생명 유지 장치가 되어버린 것과 유사하다고 주장하는 주디스 자비스 톰슨(1971)이 옳은지에 대한 우리의 답변에 의존한다. 대개 압축된 형태의 실험이나 유비는 그런 판결을 내리기 위해 요구되는 정보가 제시되지 않고 있다는 것을 의미하지만, 그럼에도 불구하고 우리는 우리의 답변을 신뢰하라고 부추김당한다. 만일 이것이 우리가 예컨대 낙태에 관해 진술해왔던 무언가와 부합하지 않는다면, 우리는 사고 실험으로 드러내 보였던 것을 통합하기 위해서 관련 도덕적이고 인식론적인 구분에 대한 우리의 이해를 수정하도록 권유받을 것이다. 이것이 바로 소위 들뢰즈의 '양식'이다. 이 '양식'에서 우리는 그 외의 다른 일군의 대안들을 선택함으로써, 또는 적어도 그런 판결을 위한 기준들을 제공함으로써 문제를 해결하려고 한다. 따라서 양식의 기능은 당면 사고 실험(그리고 좀 더 일반적인 문제를 위한 이정표로써 있는 그것의 적합성)에 대한 우리의 직관과 관련한, 그리고 우리의 합리적 원리들과 관련한 당면 문제들을 해결하는 데 있다. 하지만 이런 식으로 결정하려고 하면서, 우리는 복잡한 문제들을 명석 판명한 답들을 허용하는 문제들로 축소할 위험이 있다. 마찬가지로 롤스의 유명한 '무지의 장막' 각본도, 때로는 정의의 문제를 공리주의, 자유주의의 분배 원리와 엄격한 평등주의 간의 판단으로 축소시키는 것으로 보인다. 이 경우에서는 모두 문제들은 한정된 범위의 가능한 결과에 그것들을 제한시키는 식으로 이해되고 있다. 우리는 복잡하고 예측 불가능한 것으로서의 과거로부터, 단순하고, 예측 가능하고 계산의 여지가 있는 것으로서의 미래로 이동한다.

사고 실험을 상대로 한 그런 소송은 거의 확실히 대부분의 분석 철학자들에게 아무런 인상도 주지 못할 것이다. 들뢰즈는 사실상, 심리학자 아모스 트베르스키와 대니엘 칸네만이 그러듯이, 판단에서 발견법의 사용을 상정하면서 판단의 인과적 메커니즘에 관한 주장을 하고 있다. 예컨대 그들은 '대표성representativeness' 발견법을 가정하는데, 이는 대상 A가 집합 B에 속하는지 또는 사건 A가 과정 B로부터 일어나는지를 고찰하면서, A가 B의 대표가 되는 정도에 의해, 즉 A가 B와 닮은 정도에 의해 '확률들'이 평가되고 있는 것이다.(1982: 4) 실제로 그런 설명들은 사고 실험의 신뢰 가능성, 오류 가능성, 한계 또는 변형에 대한 우리의 입장에 영향을 미칠 수 있다. 그러나 여기서 사고 실험에는 아무런 **특별한** 문제도 없다. 즉, 들뢰즈는 사실상 실제 상황이든 아니든 간에 분류 판단classificatory judgment에 관계하고 있는 것이다. 둘째, 편향bias에 관한 이론적 관심은, 도로 조건에 관한 관심이 운전을 막을 필요가 없는 것과 마찬가지로, 사고 실험 작업을 중단하게 할 필요는 없다. 우리가 들뢰즈의 관심을 받아들이는 범위 내에서 또는 그와는 달리 사고 실험 작업 장치가 한 주제에 덜 믿을 만하거나 편향되어 있다고 믿는 범위 내에서, 우리는 사고 실험과 맞먹는 운전을 천천히 해나갈 수 있다. 우리는 실험의 세부 사항들을 달리할 수 있고, 다른 배경에 있는 사람의 반응에 주목할 수 있고, 액자 소설frame story들을 변경할 수 있고, 실제 세계의 예들을 찾을 수 있고, 우리의 반응이 얼마나 잘 우리의 다른 판단들과 정합적인지를 고찰할 수 있다, 등등.

그러나 들뢰즈의 사례에는 다른 측면이 있다. 그런 상식/양식 관행이 진정한 개념 창조에는 이를 수 없다는 주장이 그것이다. 우리 직관의 복잡한 기원이 무시되었고, 또 방법은 아마도 우선 그런 직관들의 원인이 되었던 사회정치적 상황들에 대한 문제 제기problematization나 비판을 포함할 수 없을 것이다. 그렇게 그것은 현 상태를 유지하는 일에 묶여 있게 될 것이다. 들뢰즈에게 있어, 그처럼 직관에 호소하는 일은, 많은 사고 실험이 나타내는 진기함과 객관성의 즉각적인 외양에도 불구하고, 독단적인 사고상 내에서 그리고 상식에 의존하면서, 비판받지 않고 있는pre-critical (그리고 철학자에게 걸맞지 않은 것으로) 모양새로 있다. 사실상 이것은 9장에서 우리가 다룰 것으로, 분석적 보수주의를 두고 하는 비난이다.

사고 실험에 대한 분석적 우려

1960년경부터 1980년대까지, 분석 철학이 점차적으로 더 사고 실험에 진력해가게 되었음에도 불구하고, 분석 철학자들 자신은 그들 작업에서 책략의 성격과 그것의 증가하는 중요성에 관해 많이 말하지는 않았다. 그것은 분석 철학의 성격과 방법에 관한 분석적 논의에서 거의 주 역할을 하지 못했다. 예컨대 조나단 코헨의 『이성의 대화』는 분석 철학에서 (그것이 어떻게 나오든지 간에) 직관 호소의 역할 문제에 주로 초점을 맞추면서, 특수한 사고 실험들을 그저 지나가면서 언급할 뿐이다. 그러나 이 시기에 사고 실험의 신뢰성은 기술technique 일반에 관한 일종의 회의주의를 표명하는 일부 철학자들과 더불어 종종 논쟁거리가 되었다. 유명한 예는 헤어의 예들인데, 헤어는 그의 「노예제에 무슨 문제가 있는가?」(1979)에서 (노예제가 효용을 극대화하리라는 가능성과 같은) 동떨어진 가능성들이 현실 세계에 맞게 바뀐 도덕 개념들과 어쨌든 관련되어 있다는 것을 사실상 부정하며, 또 사고 실험을 '직관 길어내기intuition pumps'로 묘사한 다니엘 데넷은 승인과 경고를 모두 담고 있다.

우리의 직관 길어내기의 각 다이얼 설정은, 배경으로 물러나는 다른 문제들 및 도출된 다른 교훈들과 더불어, 약간 다른 서사를 만들어낸다. 어떤 각본이나 각본들이 신뢰받아야 하는가는 그것들을 조심스럽게 조사함으로써 결정할 문제, 서사의 어떤 특징들이 일을 하고 있는지를 보는 문제이다. 만일 지나친 단순화가 부적절한 복잡성을 억제하기 위한 장치라기보다 직관들의 원천이라면, 우리는 도출되어 나온 결론을 신뢰해서는 안 될 것이다. 이것들은 미묘한 판단의 문제이며, 따라서 전반적이고도 매우 이유 있는 불신이 그런 상상력과 사변의 활동을

둘러싸고 있다는 것은 전혀 놀랄 일이 아니다. (1981: 459~460)

이런 태도는 사고 실험들이 철학에서의 대부분의 방법처럼 오류를 면치 못하는 도구라는 것이다. 즉, 그것들의 오류 가능성은 그 사용을 배제하는 것은 아니지만, 그러나 우리가 조심스럽게 결과들을 검토해야 한다는 점은 확실해 보인다.

사고 실험에 대한 솔직한 긍정적인 설명은 이 시기 내내 강하게 수용되었던 것처럼 보이지 않는다. 부분적으로 이것은 의미론적 상승semantic ascent에 관한 합의의 결여에서 그리고 철학의 정당한 야망에 관한 합의의 결여에서 기인했을 것이다. 예컨대 게티어 연구industry가 '지식'의 의미나 지식 개념의 구조 또는 지식의 성격을 해결해 주고 있었는지가 불분명했다면, 정확히 똑같이 많은 게티어 사고 실험의 증거 역할이 실제로 무엇이었는지도 불분명해질 것이다. 1960년대부터 분석 전통은 정말 '가능 세계'라는 말을 분석하는 쪽으로 더 많이 기울게 되었다. 그리고 심지어 우리는 예컨대 반사실적 조건문counterfactuals과 관련된 철학적 수법에 관한 일군의 꽤 표준적인 가정들을 지적할 수도 있을 것이다. 그러나 그것은 사고 실험의 성격을 두고 반드시 모두의 일치를 끌어내지는 않을 것이다. 예컨대 유명한 것으로 솔 크립키는 "가능 세계는 성능 좋은 망원경으로 발견되는 것이 아니라 약정된 것"(1981: 44)이라고 주장한다. 그러한 반사실적 가정 개념은 확실히 사고 실험이 무엇에 달려 있을 것인지를 놓고 우리가 선호하는 설명에 영향을 미친다. 그러나 그것만으로는 반사실적 가정에 의해 도출된 직관의 신뢰성 문제를 해결하지 못한다. 이 모든 것이 개념 분석이나 그보다 더 대단한 것에 이르는지에 관한 문제들은 차치하고서라도 말이다.

우리는 사고 실험을 사용했던 당시의 많은 분석 철학자들이 (예컨대 들뢰즈에 의해서) 자기들의 관행에 이의 제기를 받았다면, 분석적 형이상학의 방법론에 대한 테드 사이더의 논평을 되풀이했었을 것이라고 짐작한다.

나는 권할 만한 좋은 형이상학의 인식론epistemology of metaphysics을 전혀 가지고 있지 않다. 하지만 이 불확실성이 형이상학을 무가치한 기획으로 만든다고 생각해서는 안 된다. 일반적으로 실질적인 탐구가 시작될 수 있기 전에 인식론적 토대가 수립되어 있어야 한다고 요구하는 것은 어리석은 일일 것이다. 수학은 토대–우선foundation-first을 지향하지 않았다. 물리학도 그렇게 하지 않았다. 전통적으로 윤리학도 그렇게 하지 않았다. (2001: xiv)[19]

사고 실험의 경우에는 그런 입장이 직접 주어지지 않을지도 모른다. 왜냐하면 사고 실험들은 직관들을 끌어내기 위한 폭넓은 책략이기 때문이며, 따라서 그에 대한 도전과 옹호가 주로 직관 자체의 증거 제공 역할에 초점을 맞출 수도 있기 때문이다. 이것들은 다른 문제들이다(왜냐하면 철학자들이 종종 그러는 것처럼, 우리는 사고 실험 장치를 도입하지 않고도 직접 직관에 호소할 수 있기 때문이다). 그러나 사고 실험 자체에 초점을 맞추든 직관에 초점을 맞추든 간에, 분명히 방법에 의존하는 사람들에게 그런 유비에는 매력적인 무언가가 있다. 철학적 사고 실험을 과학적 사고 실험 전통과 동질화시키는 것도 똑같이 매력적이다. 만일 갈릴레오의 낙하 실험과 아인슈타인의 엘리베이터 등이 순수한 지식을 생산할 수 있다면(갈릴레오의 경우에서는 아리스토텔레스적인 중력 설명에 도전하는 것, 아인슈타인의 경우에서는 뉴턴 역학에 도전하는 것), 퍼트남의 쌍둥이 지구나 잭슨의 메어리는 왜 그러면 안 된다는 말인가?

그러나 사고 실험의 경우에는 그런 고찰들이 특별히 설득력이 있는 것으로 보이지 않을 수도 있다. 첫째, 우리가 제안하였듯이, 사고 실험 작업의 심한 의존성(특히 기묘하거나 공상 과학적인 사고 실험 작업)은

• •

19. 사이더는 여기서 그 방법들이 무엇이든 간에, 분석적 형이상학 일반의 방법들을 옹호하고 있다.

분석 전통에서는 상대적으로 최근의 개발품이었다. 그것은 초기 분석적 전통과 같은 식으로 진행된 것이 아니었다. 실제로 그것은 그 전통에서 좀 벗어나 있는 것처럼 보인다. 그러므로 실적track record에 호소하는 것은 아주 빠르게 호지부지되거나, 또는 적어도 중요한 위인the great and the good들이 단호히 책략을 멀리한 역사와 충돌한다. 둘째, 철학적이고 과학적인 사고 실험이 실제로 하나의 책략으로서 함께 묶어야 할 것인지도 적어도 논쟁거리이다. 적어도 사고 실험 작업에 대한 최근 문헌에서의 한 줄기가 이 문제를 고찰한다. 셋째, 그리고 아마도 가장 중요한 것인데, 여기서 증명의 책임은 거의 틀림없이 분석 철학 내의 실험 철학experimental philosophy 운동의 발전과 함께 이동하였다. 다른 무엇보다도 실험 철학은 철학자들이 보고하는 직관들의 보급 및 강건성을 폭넓게 시험하기 위해 심리학의 방법들을 사용한다. 목적은 부분적으로는 부정적(직관 도출에서 편향성의 잠재적 원천을 폭로하는 것)이고, 부분적으로는 구성적(정신을 자연화하면서, 철학적 작업을 판단, 추론 및 개념 구성의 성격에 관한 현대 심리학적 작업과 통합하는 것)이다. 현재의 목적을 위해서 관련 있는 것은, 기획의 부정적 측면이 아주 자주 사고 실험 방법을 표적으로 삼는다는 점이다. 두 가지 예가 있다.

(i) 분석적 인식론 문헌은, 행위자가 해당 문제에 관한 지식을 가지고 있지 않으면서도 정당화된 참된 믿음을 가지는 것처럼 보이는 경우들을 제시하는— 또는 적어도 철학 사회의 지배적인 직관이 그렇다고 말하는—게티어의 유명한 사고 실험에 크게 영향을 받아왔다. 조나단 와인버그, 스테판 스티치와 샤운 니콜스(2001)는 보고된 직관들이 영어권 철학자의 전형적인 배경에서 나온 인공물일 수도 있다고 주장해왔다. 예컨대 그들은 한 연구에 기초해서 러트거즈대학 학생들을 다음과 같이 유도했다고 주장한다. 즉, 서유럽의 인종적 배경을 가진 대부분의 사람들이 게티어 예의 행위자가 지식을 결여한다는 것을 직관한 반면, 동아시아 배경을

가진 사람들이 이런 사고 실험 앞에 놓였을 때 그들은 그 문제를 놓고 대략 50 : 50으로 갈렸다는 것이다.

시행되었던 것처럼 연구의 수행이 가진 문제를 우리가 트집 잡지 않는다 할지라도, 이것이 의미하는 것을 평가하기란 어렵다. 다른 사회의 사람들이 (어느 정도) 다른 윤리적 표준을 가진다는 증거가 놀랍지 않은 것처럼, 또는 다른 사회가 매우 다른 예절 체계나 언어 체계를 가진다는 명백한 사실들이 놀랍지 않은 것처럼, 아마도 결과는 놀랍지 않을 것이다(결국 인식론, 윤리학, 예절, 언어는 모두 규범적 체계들이며, 규범의 차이는 인간학적 삶의 사실이다). 아마도 '안다'라는 말은 다른 소집단sub-community 에서 다른 의미를 가졌었을 것이다. 아마도 만일 평가되는 것이 (처음의 의견이라기보다는) 반성적인 의견이었다면, 다시 수렴이 일어났을지도 모른다. 그러나 분명히 그런 반응들이 용인될 수 있다 할지라도, 그런 결과의 가능성은 사고 실험을 통한 철학적 탐구의 목적에 진지한 반성을 촉발할 것이다.

(ii) 분석적 윤리학 문헌은, 무어, 프리처드 또는 로스의 확신과 함께하는 것까지는 아닐지라도, 특히 사고 실험 책략에 크게 기대고 있다. 오히려 사고 실험은 더 넓은 반성적 평형reflective equilibrium 과정 내에서 하나의 역할을 하는 직관-도출 장치처럼 보인다. 반성적 평형 과정에서 특수한 사례에 대한 우리의 직관들과, 우리의 도덕적 원리나 규칙들은 서로 정합적이 되어야 한다(이것은 종종 인정되고 있듯이 그냥 진정한 대안이라고 여겨지는 것이 없기 때문에, 많은 윤리적 작업의 인식론적 토대라고 여겨진다. 예컨대 드폴, 2006: 616을 보라). 그리고 물론 결과적으로 나타난 많은 사고 실험들은 형태상 공상 과학적이거나 기괴하다(주디스 자비스 톰슨의 바이올리니스트의 예나 시내 전차의 무수한 변종들을 생각해보라). 실험 철학 운동에서의 작업과 인지 심리학 내의 '발견법 및 편향' 전통에 모두 의지하면서, 캐스 선스타인(2005)은 도덕적 추리가 아주 자주 발견적 '지름

길short cut'을 통해 수행된다고 주장한다. 이 발견적 지름길은 우리의 도덕 판단에서 특유의 편향을 일으키며, 결과적으로 — 분석 철학자들이 종종 그러하듯이 — 비일상적인 상황을 우리 도덕적 믿음의 지침으로 간주하는 것은 어리석은 일이다. 우리는 그런 사고 실험들을 통해서는 그야말로 아무것도 배울 수 없다. 윤리적 사고 실험에 관한 해어의 경고음이 여기서 강하게 메아리치고 있다.

다시 한번, 답변으로 많은 것들이 이야기될 수 있을 것이다. 어떤 직관적인 반응reaction들이 옳지 않다는 것을 입증하면서, 선스타인은 비결과주의자non-consequentialist에 반대해 그저 문제를 구걸하고 있는 것으로 보인다. 그러나 그런 답변들이 아무리 좋다 할지라도, 그런 도전들 배후의 경험적 작업은 다시 어떤 답변을 요구하며, 또 대부분의 그런 답변들은 철학자에게 대가를 치를 것을 요구한다. 적어도, 판단의 조직적인 차이라는 간단한 증거는 도덕 철학자들에게 불편할 수 있다. 그 방법론이 충분히 확보되어 있는 분야에서 어느 정도 넓은 합의를 끌어내는 도덕 철학자에게, 해명해야 할 의제가 생겨났다. 게티어 사고 실험 경우에서의 인식론자에 대해 말하자면, 모종의 불유쾌한 제한(우리의 직업은 우리와 같은 사람을 분석하는 것이다/놀랍게도 많은 사람은 그냥 나쁘다)과 모종의 자연화하는 접수take-over 사이에서 선택해야 할 것으로 보인다.

실험 철학의 도전은 분석 철학에서 지금 매우 유행하고 있고 또 종료되지 않은 과제이다. 그러나 우리가 아는 한 가능성이 논의되지 않았을지라도, 이 도전 또한 일부 대륙 철학자들의 관행에 어떤 영향을 미친다. 넓게 말해서, 직관적 판단이 명백히 무관한 서사 구조narrative frame의 특징, 어휘 선택에 의존하는 등, 직관적 판단의 극단적인 맥락-의존성에 관한 증거는, 아무리 분명히 비심리적일지라도, 우리의 표상presentation을 처리함으로써, 심적 판단 행위 등등으로써 지식 획득 가능성을 주장하는 어떤 철학적 기획에 관한 회의주의를 부양할 수 있는 증거이기도 하다.

과거 20년가량 분석 철학 내에서는 사고 실험의 성격, 신뢰성, 제거 불가능성 및 파기 가능성에 대한 좀 더 전통적인 철학적 논의들도 보였다. 이런 견해들은, 무어, 로스 및 프리처드의 정신에서 사고 실험이 우리를 플라톤적인 법칙 세계와 직접 지각적으로 접촉하게 해준다는 주장(브라운, 1991)에서부터, 사고 실험은 속임수 같은 논증이며 직접적인 논증 방식을 위해 원리적으로 항상 제거될 수 있다는 솔직한 경험적 주장(노턴, 1996)에 까지 걸쳐 있다. 현재의 목적을 위해서 이런 문헌에서 주목할 만한 것은, 일부 분석 철학자들이 사고 실험을, 바로 책략이 허용하는 개념적 혁신이나 변화에 근거해서 평가한다는 점이다. 이것은 (과학적 사고 실험의 경우에) 토마스 쿤에 의해 최초로 개발된 주제이다. 이는 경험에서 얻은 일종의 암묵적인 지식을 사용하고 있는 것으로서 마흐의 사고 실험 작업 개념을 확장한 것이다. 쿤은 다음과 같이 말한다.

> 사고 실험은 위기 시기에 효율적으로 사용되는, 그래서 기본적인 개념적 개혁을 촉진하는 데 도움을 주는, 본질적인 분석적 도구 중의 하나이다. 사고 실험들의 결과는 과학 혁명들의 결과와 같은 것일 수 있다. 사고 실험은 과학자로 하여금 그의 지식이 이전에 그에게 접근할 수 없게 했던 것을, 그의 지식의 필수적인 부분으로 쓸 수 있게 해줄 수 있다. 이것은 사고 실험이 그의 세계 지식을 변화시킨다는 뜻이다. 그리고 사고 실험이 새로운 개념 직조fabric의 위대한 직공인, 아리스토텔레스, 갈릴레오, 데카르트, 아인슈타인 및 보어와 같은 분들 의 작업에서 그처럼 뚜렷하게 모여 있는 것은, 사고 실험이 그런 효과를 가질 수 있기 때문이다. (1977: 263~264)

타마르 자보 젠들러는, 소렌슨과 나란히 아마도 최근의 분석적 책략 논의에 가장 핵심적인 인물인데, 사고 실험이 (필연성 논박자들이 일반적 으로 하는 것처럼) 하나의 모순을 예시하는 기능으로 쓰일 때는 언제든지,

그것이 직접 논증과 직접적인 직관 호소로 대체될 수도 있다는 의미에서 사고 실험이 실제로 제거될 수 있을지라도, 직접적 논증은 사고 실험으로 폭로된 문제를 피하기 위해 우리의 이론적 수용이나 개념 틀을 변경하는 방법들을 확인하기 위한 훨씬 적은 자원들을 제공한다고 주장한다.(젠들러, 1998을 보라) 젠들러에 따르면, 이런 의미에서 사고 실험 작업을 개념적 변화와 연결하는 쿤은 전적으로 옳다. 가설적으로 기술된 상황을 이해하는 데 사용되는 암묵적 지식은, 상황이 유발하는 어떤 개념적 재편성^{reorganization}에서 하나의 역할을 할 수 있으며, 결과적으로 개념적 재편성은 훨씬 더 우리 경험의 전달에 주의를 기울일 가능성이 높다. 이런 면에서, 사고 실험은 다른 수단을 통해서는 구할 수 없을 것 같은 일종의 반성적, 재편적인 지식을 제공할 수 있다.

이때 젠들러의 일차적 목표는 과학적 사고 실험의 복권^{rehabilitation}에 있다. 그리고 우리는 그런 개념적 변화가 철학의 사고 실험과 관련하여 실제로 자주 의제가 될지 궁금해할 수도 있을 것이다. 퍼트남의 사고 실험은 (그가 표현하듯이, 의미는 머릿속에 있지 않다는 주장인) 내용 외재주의^{content externalism}를 입증하는 데 관계하며, 또 개념 구조의 한 특수한 모델을 논증하는 데 관계한다. 이 개념 구조에서 물과 같은 자연류 개념들은 '기성 관념^{stereotype}'(물은 호수를 채우고 있는 것, 우리가 마시는 것이다 등) 뿐만 아니라 근본적인 본질(물은 이 재료가 무엇이든 간에 물이며, 이것은 물의 미시 물리적 구조의 문제이다)을 가진다. 이것들은 현재 분석 철학 내에서 통속적으로 수용되고 있는 논제들이지만, 그러나 퍼트남의 작업 이전에는 통속적으로 수용되지 않았다. 게다가 이때 관점상의 변화는 그저 우리가 심적으로 가입할^{sign up for} 준비가 되어 있었던 것에서의 변화가 아니었다. 철학자들은 이제 심적 내용의 성격에 대해 전혀 다른 관점을 가지는 것으로 보인다. 물론 이것이 하나의 개념적 변화라는 것을 논증하기는 어렵다. 그러나 적어도 퍼트남의 업적이 과학에서의 주요 이론 변화와 같은 수준의 것이라고 하는 하나의 증거가 있다. 퍼트남의 작업과 독립적으로, 그리고 사고 실험 작업이라기보다는 경험적 작업의 결과로서, 인지 심리학자들은 상당히 똑같은 이론적 이행transition을 생각해 낸다. 이는 필요충분조건으로 구성되어 있는 것으로서의 개념 설명으로부터, 개념들이 관련 범주의 표본들을 포함하는, 그리고 아마도 근본적인 핵심과 더불어, 모종의 유사성 측정으로써 구성되어 있는 설명으로 이행하는 것이다.(예컨대 로쉬, 1973, 1999를 보라) 그 분야 안에서 변화는 의미심장했으며, 비록 그것이 한결같은 일치에 이르지는 못했을지라도, 그것은 개념 구조에 대한 대단히 다양한 흥미 있는 설명의 길을 열어놓았다. 만일 우리가 이것을 개념적 변화를 수반하는 인식적 성취로서 신뢰할 각오가 되어 있다면, 철학 내에서 유사한 작업을 해왔던 쌍둥이 지구 사고 실험을 신뢰하지 않기란 어려울 것이다.

실험 철학에서 온 비판이 가진 문제가 그렇듯이, 우리에게 젠들러의 설명이 가진 문제는 많은 분석 철학적 사고 실험들의 기묘한outré 성격과 관계하는 것처럼 보이며, 또 이것은 상식과 양식에 대한 들뢰즈의 우려들로부터도 추출될 수 있는 주요 우려인 것처럼 보인다. 확실히, 직접 논증을 넘어선 사고 실험의 주요 가치가, 뒤따라올 어떤 개념적 재편성 역할을 하기 위해 우리의 암묵적인, 경험 기반 지식을 허용하는 데 있다면, 관련된 상황이 그런 암묵적 지식을 작동하지 못하게 할 만큼 그 모양이 너무 빈약할 경우, 또는 상황이 너무 기묘해서 우리의 암묵적 지식이 진행되고 있는 일에 전혀 아무런 지침이 되지 못할 경우, 그것은 실제로 문제가 될 것이다.[20] 이런 부류의 우려는, 분석 철학자에 의해 주장된 방법론적 자율성과 과학과의 통합이라는 넓은 기획 사이의 긴장을 부각시킬 수 있다. 그러나 퍼트남의 쌍둥이 지구 예는 이런 비판이 과장일 수 있다는 것을 보여준다. 쌍둥이 지구는 기괴한 공상 과학 소설이지만, 그렇다고

● ●

20. 결국 이것은 반-결과주의적인 사고 실험을 거부하기 위한 해어의 이유이다. 그것은 또한 결국 우리가 7장에서 논의했던 것처럼, 골드만의 덕 신뢰주의(virtue reliabilism)를 위한 근거이기도 하다.

그런 이유로 완전히 무시되어서는 안 된다. 많은 분석적 사고 실험 작업에 대해서도, 똑같이 아주 신중하되 무시하지 않는 태도가 옳다고 우리는 생각한다.

제9장

반성적 평형
— 상식인가 보수주의인가?

    반성적 평형reflective equilibrium이라는 분석적 방법은 철학적 작업을 하는 하나의 방법이자, 동시에 여러 가능한 회의론적 공격에서 그 작업의 결과를 방어하는 수단이다. 반성적 평형의 최초 사용은, 확실히 20세기 중반 가장 영향력 있는 분석적 저작 중의 하나인 넬슨 굿맨의 『사실, 허구와 예측』에서였다. 흄의 귀납 문제(해는 내일 떠오를 것이다, 또는 중력이 계속 차에 작용할 것이다,와 같은 믿음처럼, 귀납적으로 형성된 믿음들에 대한 우리의 확신을 합리적인 것으로 정당화하는 문제)의 한 각본을 제시한 후, 굿맨은 귀납에 관한 우리의 특수한 판단과 우리의 일반적인 귀납 원리들이 안정점을 찾는 계속적인 조정을 통해 서로를 정당화한다는 생각을 우리가 진지하게 고려한다면, 그 문제가 회피될 수 있다고 제안한다.

    요점은 규칙과 특수한 추론들이 둘 다 서로 일치되게끔 함으로써 정당화된다는 것이다. 규칙은 우리가 받아들이기 싫어하는 추론을 초래할 경우에는 수정된다. 추론은 우리가 수정하기 싫어하는 규칙을 위배할 경우에는 거부된다. 정당화 과정은 규칙과 수용된 추론 간의 상호 조정을 거치는 섬세한 과정이다. 그리고 각각에 요구되는 유일한 정당화는 일치의 성취에 있다. (1983: 64)

반성적 평형이 과학 철학과 일반 인식론 내에서 회의론자에 맞서는 하나의 잠재적인 방어 수단으로서 여전히 영향력을 발휘하고 있을지라도, 현대 분석적 작업에서 그것은 분석 윤리학과 정치 철학에서 좀 더 통상적으로 사용되고 있다. 이런 상황은 거의 완전히 존 롤스의 독창적인 책인 『정의론』에 기인한다. 롤스 자신은, 공정과 정의가 무엇인지에 대한 우리의 도덕적/정치적 직관들과, '무지의 장막'이라는 시험 아래에서 우리의 합리적 판단에 의해 지지받는 도덕적/정치적 이론 간의 차이를 타개하기 위해 반성적 평형 방법을 사용한다. 그뿐만 아니라 그는 이것이 그의 의견에서 볼 때 단 하나의 고립된 사례가 아니라는 점을 분명히 한다. 그의 표현으로 반성적 평형은 '자기-검토self-examination로써 고안된 행위들을 결정하는 원리들의 연구를 특징짓는 개념'이다.(2005: 48) 롤스의 영향 아래 이 관행practice은 아주 빠르게 규범 윤리학과 정치학 일반으로 퍼져나간다. 반성적 평형 방법은, 형이상학, 인식론 및 언어 철학에 관한 철학자들의 특수한 견해와 상관없이, 칸트주의자와 공리주의자들을 포함하여 (가우트, 2003: 147, 후커, 2003b를 보라) 많은 다른 부류의 철학자들에 의해 지지받은, 일반적으로 인정된 최고의the 규범 윤리학 방법론이라고 주장되어 왔다.(후커 2003a: 10, 15)[1]

반성적 평형 과정은 특수한 사례들(직관들)에 관한 우리의 잠정적 판단

● ●

1. 브래드 후커는 이것이 (우리가 후기 구조주의자들이 그렇다고 생각할 수도 있는) 도덕적 특수주의자들에게도 적용된다고 주장한다. 왜냐하면 우리의 다양한 판단을 통일시키는 대단히 중요한 도덕적이거나 정치적인 원리들이 없다는 이론적 입장은, 그럼에도 불구하고 우리의 직관적 수용의 다양성(또는 그 밖의 것)과 관계하는 주장을 세우는 것이거나 그런 주장에 빠지는 것이기 때문이다. 그런 최소한의 의미에서 반성적 평형은 여전히 달성된다고 할 수 있다.

들과 그것들(원리들)을 지배하는 적용규칙들 사이에서, 그것들의 정합성을 늘리려는 목표를 가지고, 앞뒤로 왕복하는 순차적 작업을 수반한다. 그 목표는— 반드시 최종적이지는 않을지라도— 좀 더 반성적으로 정당화될 수 있는 입장에 도달하는 데 있다. 굿맨 자신은 소위 롤스의 '좁은' 반성적 평형에 관심이 있었다. 이는 우리가 실제로 시작하는 판단들, 규칙들 및 배경 인식적 요구 사항들에 집중하는 정합성 조정 과정이다. 말할 필요도 없이 그런 과정은 평형이 국지적으로 발견되지 않는다면, 그냥 실패한 것으로 드러날 수도 있을 것이다. 실제로 그것은 그저 우리의 초기 오류를 무비판적으로 긍정할 위험이 있다.

『정의론』에서의 롤스 자신의 '넓은' 접근법 이면에 있는 의도는, 방법에 대한 굿맨 식 각본에 내재한 보수주의를 피하는 데 있다. 우리 정의 개념의 근본적인 변화shift 가능성을 열어둔 채로, 롤스는 우리가 모종의 안정적인 평형이 달성될 때까지 모든 상상할 수 있는 정합적 판단, 규칙 및 요구 사항들을, 그 자체 이런 요소들에 의해 지배되는 선택 상황에서 이용해야 한다고 제안한다. 명백히 이것은 뭔가 좀 실현될 수 없는 이상a counsel of perfection이지만,[2] 그러나 분석 윤리학자들은 종종 보수주의의 위험을 피하려고, 좀 더 좁은 형태의 평형을 의식적으로 멀리한다. 피터 웅거의 (확실히 통례의 자선 활동을 긍정하려고 하지 않는 작품인)『존엄적 삶과 수동적 안락사living high and letting die』에서의 책략 사용을 생각해보라. 이 작품은 틀릴 수 있는 수정 가능한 출발점에 다음과 같은 것을 포함하고 있다.

보호주의자들과 비교해볼 때 소수인 우리는, 우리 가치들에 대한 통찰 그리고 도덕 자체에 대한 통찰이, 방금 기술해왔던 것처럼 직접적이거나 수용적인 사례들로 접근해서는 거의 성공하지 못할 것이라고

---

2. 다니엘스(1979)를 보라. 그것은 넓은 반성적 평형이 분석 윤리학에서 인정되어야 한다는 하나의 영향력 있는 논증이다.

주장한다. 이와 대조를 이루는 우리 자유주의자의 입장에서, 많은 구체적인 사례들에 대한 민중의 직관적인 도덕적 반응들은 우리의 가치들과는 멀리 떨어진 출처에서 나오며, 따라서 그것들은 심지어 이따금 반대 방향을 가리키기까지 하면서 가치들을 반영하는 데 실패한다. (1996: 11)

넓은/좁은 이라는 요점을 다른 식으로 표현하자면, 한편으로는 (우리가 믿을 이유를 가지는, 또는 적어도 **독립적인** 가치나 신뢰성을 가지는 것을 의심할 이유가 전혀 없는) 어떤 처음의 직관이나 정서sentiment를 우선시하는 반성적 평형에 대한 이해와, 다른 한편으로는 개인 정체성, 인간 번영, 합리성, 과학의 결과 등에 대한 우리의 이론들을 포함하고 있을, 우리의 다른 믿음들과의 포괄적인 정합을 우선시하는 (따라서 이 평형equation 종속적인 신뢰성을 추가하는) 반성적 평형 간에는 차이가 있다는 것이다.

굿맨의 획기적인 방법은 분석 이전부터 그 뿌리를 가지고 있다. 이것들은 변증법적 사유 일반을 포함할 수도 있고, 또 크리스틴 코스가드가 지적하듯이(1996: 61ff) 반성적 승인reflective endorsement이라는 유사한 (더 단순하고 일방적이라 하더라도) 시험이 아마 흄과 시즈위크에게서 발견될 수도 있을 것이다. 이에 따르면 하나의 능력faculty은, 그 자체와 그것의 고유한 작용을 자기의 대상으로 삼을 때 긍정적인 판결을 내리지 않는 한, 규범적이 될 수 없다. 그러나 분석적 규범 이론 내에서 반성적 평형을 아주 광범위하게 수용하기 위한 동기는 좀 더 특별히 분석적이다. 만일 (개인주의적인) 인식론의 평가 범주들이 적어도 철학적 작업에 적합하다면, 철학적 작업을 수행하기 위해서 그것을 받아들일 수 있을지를 어떻게 우리가 아는지는, 분명히 우리가 수용하는 인식론적 그림과 그 그림이 보여주는 가능성에 달려 있을 것이다. 제1 철학을 멀리하는 사람들조차도 최소한도로, 우리가 정당화나 지식에 대해 내놓는 설명과 철학적 지식이나 정당화가 획득될 수 있다고 우리가 생각하는 방식들 사이에 모종의 일관성이 있어야 한다는 것에 동의한다. 초기 분석적 운동 내에서 그런 일관성에 대한 관심은, 통상 지식 원천의 경험주의적 한계와 지식 구조에 대한 토대주의적 설명의 한계를 중심으로 전개되었다. 반성적 평형 및 그와 관계된 현대 분석 철학에서의 사용 책략들은, 논리 실증주의자들의 경험주의적 토대주의로 부터 떠나고자 하는, 그 운동 내의 더 넓은 동향의 부산물이다. 결국 분석적 운동 내의 많은 이들에게 반성적 평형의 방법은 곤란한 인식적 곤경에서 벗어나려는 하나의 방식이다. 따라서 다른 이유 때문에 반성적 평형을 사용하는 것이 확실히 가능함에도 불구하고, 그것이 분석 철학에서 담당하는 역할에 대한 평가는 적어도 경험주의와의 더 넓은 분석적 관련성 및 그에 따른 회의적 우려 같은 것들을 좀 살펴볼 것을 요구한다.

과학에 강하게 영향을 받았던 초기 분석 철학 내의 사람들은, 선험적 종합synthetic a priori이라는 칸트의 범주를 거부했던, 온건한 형태의 고전적 경험주의를 지지했거나 거기에 가까이 머물려고 했다.[3] 그러나 분석적 진리들의 범주(규약적 진리들뿐만 아니라 논리적이고 수학적인 진리들도 여기에 위치한다)는 공허하지 않은non-empty 것으로 간주되었다. 그런 경험 주의는 특히 논리 실증주의자들에 의해 아주 빠르게 과학 철학에서의 면도날만큼이나 발견적 가치를 가지는 것으로 보여졌다. 얼핏 보기에 탐구할 만한 가치가 있는 것으로 보이는 탐구 방법들을 선별하면서, 따라서 처음부터 많은 막다른 길을 확인하고 회피할 수 있도록 말이다. 예컨대 이런 종류의 경험주의는 결국 고전적인 확률 설명을 약화시키면서, 우리가 이해할 수 있는 확률들의 종류를 분명하게 제한한다. 그것은 우리가 한 사건의 원인들을 알게 될 수 있다는 생각에 심각한 난점들을 야기한다. 그것은 의미에 검증주의적으로 접근하기 위한 실증주의적 논증들에서

· ·

3. 러셀은 자주 경험주의 울타리 밖에 서 있곤 한다. 왜냐하면 (예컨대) 그의 귀납 문제 해결책은 일종의 선험적인 종합적 지식에 의존하고 있기 때문이다. 그러나 경험주의는 여전히 그에게 방법론적으로 중요한 신조이다. 경험주의에 대한 양심은 마지막 수단으로서만 무시될 뿐이다. 러셀(1948: 10장)을 보라.

하나의 전제로서 본질적인 역할을 한다. 그것은 심리학에 대한 '일인칭' 내성주의적 접근법이 그 분야 내에서 시달림을 받게 되었던 배경이다. 그것은 관찰 불가능한 대상이나 속성들을 가정하는 이론들에 난점들을 발생시킨다(그래서 일부 과학자와 철학자들을 일종의 도구주의나 허구주의로 몰고 간다). 그리고 그것은 과학적 설명에 대한 받아들일 수 있는 설명을 폐지하거나 심각하게 제한하는 것으로 생각되었다.

물론 경험주의의 면도날은 과학 철학 밖에서 동력 사슬톱과 같은 것쯤이 되어버렸다. 유의미성에 대한 검증주의적 기준이 많은 전통 형이상학, 종교적 이론화 및 윤리학을 아주 크게 가로막았기 때문이다. 그러나 검증주의라는 장식물이 없을 때조차도, 윤리적이거나 형이상학적 지식을 설명하기에는, 또는 실제로 직관에 기초해 진행되는 것으로 보였던 어떤 철학적 활동을 설명하기에는, 또는 논리적, 수학적이거나 규약적인 것으로 보이지 않았던 문제들에 대한 선험적 지식을 주장했던 철학적 활동을 설명하기에는, 온건한 경험주의는 그 자체로 완고한 환경이었다. 예컨대, (분석철학자들이 일반적으로 했던 것처럼) 만일 우리가 기술적 전제들로부터 규범적 결론으로 가는 그 어떤 타당한 논증도 없다는 흄의 의견을 받아들인다면, 세계에 대한 지식은 모두 경험에 기초해야 한다는 것을 요구하는 경험주의자가 옳다면, 또 만일 우리의 경험이 직접적으로 기술되는 문제라면, 윤리적 지식의 토대들은 그저 존재하는 것으로 보이지 않을 것이다. 물론, 이런 종류의 도전들은 극복할 수 없는 문제들이 아니다. 예컨대 우리는 비인지주의적 윤리학을 채택하거나 형이상학적 문제들을 논리학이나 언어의 문제들로 환원시키려고 할 수 있다. 그러나 그런 계책의 자연적인 귀결은, 전통 윤리학과 형이상학의 실질적 문제들이 메타–윤리적 문제들, 의미론적 환원 등을 위해 무시되는 경향을 낳았다는 것이다. 더구나 경험주의의 회의론적 경향들은 인식론 자체 내에서 특별히 신랄했다. 20세기 초기 내내 귀납 문제가 가진 경험주의적 난점들은 (그리고 후기에, 기준에 대한 퀴론적 문제와 귀납에 대한 굿맨의 '새로운 수수께끼') 악명이 높았다.

따라서 그런 문제들에 대한 회의주의적인 논증들에 답하는 것이 크게 경험주의적인 의제가 되었다.

토대주의라는 또 다른 초기의 분석적 수용이 온건한 경험주의와 연합했다. 서양 철학적인 지식 개념들은 전통적으로, 우리의 믿음들이 그 자체로 토대적(기본적, 자기 정당화적 또는 정당화 초월적)이거나 이런 속성을 가지는 믿음들에 올바른 식으로 근거하고 있을 경우에만, 우리의 믿음들은 정당화된다는 생각에 경도되어 왔었다. 중세와 근대 초기에, 지식(또는 학문)에 관한 하나의 특수한 '고전적인' 형태의 토대주의가 표준으로 자리 잡았는데, 이는 대체로 아리스토텔레스의 『분석론 후서』에서의 증명에 대한 설명에 기초한 것이었다. 이 전통에 따르면, 토대적 믿음의 요건은 **틀림없는**(오류를 면하는), 교정할 수 없는(반박을 면하는), 그리고 의심할 수 없는(의심에서 면제된) 것이어야 하며, 또 바탕의 관계는 본질적으로 연역적이어야 한다. 이 그림은 근대 초기에 점차적으로 해체되고 다양한 형태의 가류주의적 토대주의fallibilist foundationalism가 대신하게 되었다. 그러나 어떤 토대주의는 회의주의적인 공격에 답하는 데 어려움을 겪는 것으로 판명되었다(직관과 **선험적** 종합에 관한 경험주의적 거리낌이 고려될 경우, 더욱 더 그렇다). 토대주의는 또한 회의주의적인 우려와는 별개로 특별한 **철학적인** 곤란을 야기할 수 있다. 예컨대 문제는, 지식에 대한 철학적 설명이라고 여겨지는 우리의 지식이 그 자신의 기준을 충족시키지 못하는 곳에서는 (위에서 언급했듯이 어쩌면 『인성론』에서의 흄의 인식론의 경우가 그런 것처럼) 어디에서든지 보여지고, 또는 토대적이라고 여겨지는 표준들이 명백히 순환적인 과정이기 때문에만 그런 것으로 생각되는(어쩌면 『성찰』에서 명석 판명한 지각에 대한 데카르트의 설명의 경우가 그런 것처럼) 곳에서 보여지며, 또는 실제로 어떤 특수한 토대 선택이 그냥 독단적인 것처럼 보이는 곳에서 (실증주의자 자신들이 일반적으로, 비록 성공하지 못했을지라도 다양한 규약주의적 책략을 통해 해결하려고 했던 상황) 보여진다.[4]

인식적 압박은 또 다른 회의주의적인 우려에 의해 모습을 드러낼 수 있다. 퓌론적인 후퇴 논증diallelus 또는 순환wheel, 딜레마가 그것이다. 치좀 (1982)이 공식화한 표현에서, 딜레마는 다음과 같은 두 주장을 모두 우리가 수용하기 때문에 일어난다.

(1) 나는 이미 내가 정당화 기준이나 원리들을 알 경우에만only if 정당화된 믿음의 예들을 확인할 수 있다.
(2) 나는 이미 정당화된 믿음의 예들을 확인할 수 있을 경우에만 정당화 기준이나 원리들을 알 수 있다.

이런 주장들을 묶으면, 이런 주장들은 우리가 어떤 것을 믿는 데 정당화 될 수 없다는 것을 반드시 함축한다. 치좀은 철학자들이 일반적으로 (1)을 받아들이고 (2)를 거부하는 일종의 '방법주의Methodism'를 통해 문제를 해결 해왔다는 점을 주목한다. 그런 입장에 대한 도전은 특수한 믿음으로 정당화 되기 전에 어떻게 우리가 정당화 기준을 믿는 데 정당화될 수 있었는지를 그럴싸하게 설명하는 것이다. (1)을 거부하고 (2)를 받아들이는 다른 '특수 주의자particularist'는 문제를 구걸하는 것처럼 보인다. 그러나 치좀은 의견opi-nio에 대한 중세의 설명에서 그런 결론을 회피하게 해주는 자원들이 있다고 주장한다. 이런 입장에서 우리의 기본 믿음들은 인식적 원리들에 따르는 다른 사태들의 신호sign들로서 작용한다. 우리는 우리가 확인하는 정당화된 믿음의 예들을 고찰함으로써 이런 원리들을 알아낼 수 있다(따라서 소위 치좀의 이런 '비판적 인지주의critical cognitivism'는 특수주의적인 설명이다). 그러나 그런 예들을 확인하는 것은 그렇게 하는데 처음부터 반드시 정당화 되어야 하는 것은 아니다. 그것은 관련 원리들을 다 알고 있다는 듯이 적용하는 것이라기보다는 그저 그 원리들을 만족시킬 것을 요구할 뿐이다.

• •

4. 콰인(1966)은 규약을 가지고 토대적 우려들을 처리하는 데 있어서의 난점들을 잘 보여주었다.

그러면 자력의 방법bootstrap procedure으로[5] 우리는 우리의 특수한 판단들과 우리의 인식적 원리들 모두를 정당화시키는 반회의론적인 목표에 도달한다.

이런 접근 방법과 굿맨 식의 반성적 평형 간의 유사성은 명백하다. 하지만 특수주의가 잠재적으로 불리한 반론에 직면한다는 것도 똑같이 명백하다. 아주 흥미로운 적용에도 불구하고, 치좀의 생각은 일반적인 분석적 기법으로 표준화되지 못했다.[6] 반면에 굿맨의 기법을 많은 분석 철학자들에게 그처럼 매혹적인 것으로 보이게 만든 것은, 그것이 분석적 전통 내에서 보다 일반적인 인식론적 급변sea change과 함께 하고 있다는 점에 있다. 19세기의 일부 반대자들— 가장 유명한 사람들로는 존 스튜어트 밀(1843)과 윌리엄 훼웰(1840) — 에도 불구하고, 토대주의는 20세기 중반 때까지 영어권 철학 내에서 정당화 구조에 대한 지배적인 그림으로 남아 있었다. 이런 합의는 콰인의 지극히 영향력 있는 논문 「경험주의의 두 독단」(1953b)의 출판과 더불어 거의 와해되었다. 이 논문에서 콰인은 한 진술이 의미 덕분만으로 참이 될 수 있었을 어떠한 고정된 뜻(즉, 한 진술이 순전히 분석적이 될 수 있는 어떠한 고정된 뜻)도 없다고 주장하였다. 선험성apriority과 분석성 사이에 있다고 경험주의자들이 생각했던 밀접한 연결을 고려할 때, 이것은 결국 모든 지식이 후험적이며 따라서 어떤 의미에서 잠정적이거나 개정 가능하다는 것을 암시하였다. 그러므로 분석–종합 구분에 대한 콰인의 비판은 정당화가 정합주의적 구조를 가진다는 생각을 좀 더 진지하게 생각하게끔 분석 철학자들을 이끌었다. 이런 입장에서 정당화는 일차적으로 개인적 믿음의 한 속성이라기보다는 믿음

. .

5. '자력으로 함(bootstrapping)'은 한 과정을 잘 작동시키는 하나의 방법인데, 작은 시동이 있고 나서 이어서 나머지 과정이 시작되는 것이다. (이것이 컴퓨터 '시동(booting)'의 의미이다.) 이 생각은 명백히 악순환을 피하기 위한 한 방법으로서 분석적 문헌에서 산발적으로 나타났다. 길무어(1980)도 참조.
6. 아마도 비판적 인지주의의 가장 유명한 사용은 반 클레브(1979)가 데카르트의 토대적 난점들에 적용한 데 있을 것이다.

체계들의 한 속성이다. 결국 하나의 믿음 체계는 그것이 정합적인 그물망web을 형성하는 한에서 정당화되는데, 이것은 체계의 논리적 일관성에 대한 모종의 척도이고, 그 망의 요소member들이 추론적으로 그리고 설명적으로 서로 잘 짜여 있는 정도에 대한 모종의 척도이다.[7] 전체로서의 그런 망 조직과 정합하지 못하는 믿음들은 행위소agent로서 정당화되지 않는다. 정당화는 의견 맥락doxastic context의 문제이므로, 무슨 일이 있어도 어떠한 믿음도 정당화를 보장받지 못한다.

정합주의coherentism는 회의주의와 싸울 새로운 자원들을 제공한다. 예컨대, 정합주의자는 수학과 논리학의 기본 진리들과 나란히, 세계의 귀납적 규칙성에 대한 우리의 믿음이, 확충적으로 형성된 우리의 많은 믿음으로 촘촘히 짜인, 우리 신념 망의 추론적 중심에 자리 잡고 있다는 점을 지적할 수 있다. 이와 비슷한 방식에서, 그것은 윤리적이거나 다른 철학적 지식이 문제가 없는 지식일 수도 있다는 것을 암시한다. 확실히 그런 지식은 적절하게 보증된 토대가 확인될 수 없기 때문에 거부되어야 하는 것은 아니다. 굿맨의 반성적 평형은 사실상 이런 생각의 국지적인 각본이다. 콰인의 논문을 추종하면서, 분석적 문헌 내에서 다른 국지적인 정합성-건축 추론 과정local coherence-building inferential process들이 확인되고 탐구되고 활용되었다. 예컨대 분석 철학은 이제 **최선 설명 추론**inference to the best explanation을 정례적으로 사용한다. 이는 우리가 만들어낼 수 있는 설명 중에서 관련 증거를 최선으로 설명해주는 주장을 우리가 받아들이는 논증 형식을 말한다.(하르만, 1965, 1968) 하나의 유명한 예가 제리 포더(1975)의 사고 언어 가설을 설명하기 위한 참신한 사례이다. 또한 정합성-건축은 **이론적 덕목**theoretical virtue에 대한 콰인의 호소 뒤에도 숨어 있다. 즉, 다른 사정이 **변함없다면**, (예컨대) 현재 통용되는 믿음에 가깝고, 온건하고, 단순하고, 일반적이고 그리고/또는 논박 가능한 이론들을 선호하는 것이다.(콰인

● ●

7. 그런 체계들에는, 종종 정합성이 우연적인 경험적 믿음들에 대한 공명을 요구한다는 것을 보장해주는 메커니즘이 있다. 예컨대, 본주어(1985) 참조.

& 울리안, 1978: 6장) 그런 호소들은 분석 철학 내에서 덜 일반적으로 이용되지만, 그러나 정말 일어나고 있는 일이다.[8]

분석적 인식론에서 콰인 식의 혁명은 확실히 논쟁거리가 되었다. 많은 현대 철학자들은 그의 자연주의나 후험주의aposteriorism를 거부하며, 또 분석성이 부활에 성공하기도 하였다. 그러나 정합성은 거의 틀림없이 대략 어떤 철학적 작업에서는 하나의 장점이다. 확실히 국지적 정합성을 증가시키려는 목표가 많은 특수한 경우의 판단에서 감지된다. 따라서 최선 설명 추론, 이론적 덕목에 대한 호소 및 반성적 평형은, 심지어 정합주의에 대한 좀 더 일반적인 수용이 없을 때조차도, 대부분의 인식론적 설명에서 적어도 어떤 파기 가능한 증거력defeasible evidential force을 보유할 것이다. 그러나 문제는 윤리학의 특수한 사례에서 그런 파기 가능한 증거력이 실제로 파기되는지 하는 점이다. 분명히 일부 철학자들은 사회마다 다른 도덕적 입장의 상대성이 그런 국지적 정합성-건축 기획local coherence-building project을 의문시하기에 충분할 것이라는 논증을 준비했었다. 예컨대 헤어는 이 점을 다음과 같이 분명히 한다.

> 도덕적 직관에 호소하는 것은 결코 하나의 도덕적 체계를 위한 기초가 되지 못할 것이다. 우리 시대의 일부 사상가가 해왔던 것처럼, 다음과 같은 것이 분명히 가능하다. 그들과 그들의 동시대인이 가장 확실하다고 느끼는 도덕적 의견들을 수집하고, 이런 의견들을 일으키는 삶의 상황에 관한 그럴듯한 가정들을 만들면서, 주고받기로 대표될 수 있는 어떤 상대적으로 단순한 방법이나 장치를 찾아라. 그런 후 이것이 우리가 올바른 것으로 인정하지 않을 수 없는, 반성을 거친 도덕 체계라고 선언하라. 그러나 그들은 어떤 근거나 논증도 제시되지 않았던 본래의 확신을 넘어서서, 전혀 이런 주장을 위한 아무 권한도 갖지 못한다.

• •

8. 데이비드 루이스가 내놓은 다음과 같은 아주 노골적인 예가 있다. "양상 실재론은 유익하다. 그것은 우리에게, 그것이 참이라는 것을 믿기 위한 좋은 이유를 준다." (1986: 4)

도달했던 '평형'은 편견에 의해 생겼을 수도 있는 힘들 간의 평형이고, 아무리 많은 반성도 그것을 도덕을 위한 기초로 삼을 수 없다. 이런 면에서 두 개의 상호 모순된 체계가 옹호될 수 있을 것이다. 이것이 보여주는 것은 그것들의 지지자들이 다른 도덕적 환경에서 성장했었다는 것뿐이다. (1981: 12)

그와 같은 (많은 대륙 철학자들이 인정할 것 같은) 반대는 정당화의 정합적 기준이 일반적으로 요구된다고 우리가 확신한다면, 그저 거지 논법이 될 것임을 주목하라. 더구나 귀납의 합법성에 관한 우리의 일반적인 믿음과 세계 내 특수한 귀납적 규칙성의 지속에 관한 우리의 특수한 믿음 간의 정합과 같은, 평형적 방법에 호소하는 어떤 다른 경우에서는, 유사한 반대가 전혀 설득력을 얻지 못한다. 다시 말해서 반대는 결국, 우리가 그런 문제들에 관한 순수한 정합주의자가 아니라면, 좁은 반성적 평형은 윤리적인 경우에 아무 실질적인 반회의주의적인 역할도 하지 못한다는 점을 지적하고 있다. 그리고 우리 관행에서의 진정한 변화를 수반하고 있는 넓은 반성적 평형이 훨씬 더 용인되는 과정committal process이기 때문에, 해어 비판의 결과는 반성적 평형이 보편적인 만병통치약cure–all이 아니라는 것인데, 이것은 분석 윤리학자들로 하여금 유도된 직관에 기초해서 계속 이론화하게끔 한다. 그들이 달리해 보려고 했지만, 이제는 윤리학의 인식론이 확고한 기반 발판 위에 있는 지식임을 보장해주는 직관에서 말이다. 그리고 물론 불편한 점은 많은 분석 윤리학자들이 바로 그러한 정신에서 방법에 호소해왔을 수도 있다는 것이다.

분명히 그런 비난의 강도는 특수한 사례에서의 믿음의 성향이나 변화variation의 증거에 따라 달라질 것이다. 그러나 여기에는 더 넓은 문제가 있는데, 우리가 느끼기에 그것은 두 전통 간의 차이점의 문제, 즉 분석 전통 (또는 윤리학과 같은 특수한 분야들) 내에서 보수주의적 기법의 합법성 문제이다. 여기서 문제 되는 인식적 의미에서, 보수주의는 "하나의 명제는 그냥 믿어지는 것만으로도 사람에게서 호의적인 인식적 지위를 얻는다"(폴리, 1983: 65)는 입장이다. 좁은 반성적 평형은 분명히 이런 의미에서 보수주의적이며, 따라서 회의주의적인 대륙 철학자에게는 상식의 보존에, 그리고 이미 알려져 있다고 생각되는 것의 보존에 과하게 쓰이는 것으로 생각될 수도 있을 것이다. 이에 반해 넓은 반성적 평형은 보수주의에 근거해서는 쉽게 공격받지는 않는다. 부분적으로 그것은 콰인의 후험주의가 수반하는, 일종의 개정 가능성의 수용과 동행하기 때문이다. 그것은 지속적인 갱신 과정을 요구한다. 대단히 중요한 철학적 입장들의 왕복 조정, 직관과 과학에 의해 제공된 경험적 자료 간의 왕복 조정, 그리고 그렇게 해서 도달된 평형들은 전적으로 잠정적일 것이다. 그러나 물론 많은 실제의 철학하기philosophizing는 이런 부류의 이상화된 표준에서 벗어나 있을 것이다. 즉, 종종 반성적 평형이 소환되고 특정 입장을 후원하기 위해 주장될 때, 그런 엄격한 과정은 실제로 일어나지 않았던 것이다. 결국 우리의 시간은 유한하다. 우리의 직관이 이론적으로 넓은 반성적 평형에서 개정에 예속되어 있을 수도 있지만, 우리가 결정을 위해 영원한 시간을 가지지 않는다는 것이 인정될 때, 또 우리의 모든 다양한 믿음들이 상호 연결된 문화적 신념conviction들의 복잡다단한 체계의 한 부분을 형성한다는 것이 인정될 때, 그 과정이 우리의 기본적 확신과 직관에 대한 근본적인radical 도전과 같은 것을 수반하리라는 것은 대단히 그럴듯하지 않은 것처럼 보인다. 더구나—넓든 좁든 간에—반성적 평형 과정에서의 어떤 특수한 사항에서, 도달된 평형은 부분적으로 우리가 그 시간에 가진 특수한 판단에 의해 결정될 것이다. 그러므로 넓은 반성적 평형 방법과 좁은 반성적 평형 방법은 둘 다 순간마다 우리의 일상 직관과 직접적인 판단에, 따라서 상식에 중요한 가치를 부여한다.

끝으로, 넓은 반성적 평형이 지나친 보수주의를 피하려는 방법도 또한 문제시될 수도 있다. 평형점이 한 행위자의 출발점으로부터 아무리 멀리 떨어져 있다고 할지라도, 그 행위자가 그런 숙고만을 통해 적절한 평형에 도달할 수 있다는 생각에는 확실히 무언가 이상한 면이 있다. 대륙적인 눈에서 볼 때, 방법은 우리가 내리는 선택과 우리 대부분이 살아가는 방식으로부터 근본적으로 추상한 것이라는 점에서, 방법은 암암리에 합리적이고 사심 없는 주체라는 별종을 전제하는 것처럼 보인다. 칼 나이트는 어떤 넓은 반성적 평형 과정이 "그나 그녀의 형성에 영향을 미친 선입견을 상쇄할 어떤 경험을 겪어야 한다"는 것을 언급할 때, 무심코 이 위험을 표현한다.(2006: 222) 이것은 숭고한 야망인 것 같다. 그러나 그것은 그것이 전제하는 주체 개념에서나 또는 그것이 옹호하는 철학자 개념에서 유지될 수 있는가? 이때의 철학자는 합리적이고, 캐묻고, 불편부당하고 감정 없는 모습을 띤 판관이라는 개념적 가면을 모델로 하고 있다. 이에 반해 이론과 선행 믿음을 관계시키려고 하는 대륙 전통에서의 유사한 방법들을 생각해보라. 대륙 전통은 일반적으로 변증법을 이런 식으로 본래적으로 보수적인 것으로 받아들이거나, 또는 상식을 놓고 똑같은 존중을 보이려고 하지 않는다. 예컨대 메를로-퐁티가 '초변증법hyperdialectic'이라고 이름 붙인 것은, 지각적 신앙(의견이나 믿음에 선행하는 선반성적 경험)과 그것에 대한 철학적 가공이나 표현 사이의 변증법인 것으로 여겨질 수 있다. 더구나 변증법의 대륙적 용법은 주체의 역사성이나 내장성embeddedness을 강조하려고 한다. 반성적 평형의 추상화 경향성은 여기서 나타나지 않으며, 일군의 초기 믿음이나 의견들에 대한 명시적인 근거 짓기도 나타나지 않는다. 이런 의미에서 변증법의 대륙적 용법은 그 과정에 대한 분석적 이해와는 전혀 다르다. 『보이는 것과 보이지 않는 것』에서 메를로-퐁티는 다음과 같이 말한다.

> 나쁜 변증법은 그것이 존재를 독단적 사고에 의해, 진술들의 조립에 의해, 테제, 반테제, 종합에 의해 재구성한다고 생각하는 변증법이다. 좋은 변증법은 모든 테제가 하나의 이상화라는 사실을, 존재가 이상화나 언급된 사물들로 이루어진 것이 아니라 (…) 그 의미가 경향성을 빼고서

는 결코 존재하지 않는, 묶인 전체로 이루어져 있다는 사실을 의식하는 변증법이다. (1969b: 94)

　많은 분석 철학자들은 그런 야망이 입증할 수 없는 철학적 야망 및 상식을 잘못 안 메타–철학적 묵살을 무심코 드러낸다는 근거에서 그런 야망을 거부할 것이다. 예컨대 빌 리칸의 해석(2001)에서 외부 세계의 회의론에 관한 무어의 '두 손' 반론을 생각해보라. 무어의 생각은 적어도 어떤 선–반성적 의견들이 철학적 논증을 패퇴시키는 힘을 가진다는 것이다. 왜냐하면 한 논증에 대한 우리의 반응들은 **변별적인 확실성**differential certainty이라는 방법에 의해서만 안내받을 수 있을 뿐이기 때문이다. 일군의 전제들로부터 결론으로 가는 어떤 논증은, 만일 타당하다면, 전제들의 수용과 따라서 결론의 수용 간의 선택을, 또는 결론의 거부와 따라서 모든 전제들의 연언의 거부 간의 선택을 우리에게 맡긴다. 우리는 결국 모든 전제들의 연언의 상대적 온당성relative plausibility과 결론의 부정을 비교함으로써 이런 선택을 할 수 있을 뿐이다. 만일 연접된 전제들이 부정된 결론보다 상대적으로 더 온당하다고 판명된다면, 우리는 그 논증이 우리에게 결론을 위한 증거를 제공하고 있는 것으로 취급할 것이다. 만일 부정된 결론이 연접된 전제들보다 상대적으로 더 온당하다면, 우리는 결론의 비온당성implausibility을 전제 집합들의 결점을 보여주는 증거로 취급할 것이다. 그러나 그런 온당성에 대한 판단들은 불가피하게 상식적 믿음 (리칸에게 있어, 손의 현존에 관한 상식적 주장뿐만 아니라 그런 문제들에 관한 지식 주장들도 포함하는 범주; ibid.: 48-49)을 들여온다. 외부 세계 회의주의에 대한 일반적인 철학적 논증들은 지식이나 정당화에 대한 온당한 (심지어 설득력 있는) 철학적 주장들과 함께 출발하고, 상식에 위배 되는 결론들을 끌어내지만, 그러나 변별적인 확실성의 방법은 그저, 우리가 전제 집합 중 어딘가에서 틀렸었을 것이라고 말한다. 이런 입장에서 상식은 반박될 수 없는 것이 아니다. 하지만 그것이 지니는 지위는 전혀 사소하지 않다.

그것은 증거('주의 깊은 경험적 탐구와 과학적 이론화')에 의해 뒤집힐 수 있다. 그러나 리칸이 말하는 것처럼, "어떠한 순수한 철학적 전제도 무어의 자서전적인 명제들과 같은 변변찮은 상식적 명제가 가질 수 있는 것만큼이나 우리에게 충성하는 강한 주장을 (합법적으로) 가질 수 없다. 과학은 상식을 수정할 수 있다. 형이상학과 철학적 '직관'은 즉흥적으로 말할spitball 뿐이다."(ibid.: 41)

이런 입장 이면에는 분석적 문헌에서 자주 표현되는 하나의 실용주의가 있다. 윌리엄슨(2008: 242)이 언급하듯이, 우리는 어딘가에서 출발해야 하며, 또 우리는 우리가 있는 곳에서 출발하지 않을 수 없으며, 그에 맞춰 사태를 판단해야 한다. 다른 실용주의적 주제들도 분석적 문헌에서 자주 나타난다. 예컨대, 오스트레일리아의 도시인 캔버라와 제휴한, 철학에 대한 '캔버라 계획' 학습법에서, 상식은 우리 개념들의 의미를 생산하는 배경 믿음들과 관련되어 있으며, 따라서 개념 편성 방법들을 위한 불가피한 출발점이다. 다시 한번 정합론자에게 노이라트의 뗏목이라는 익숙한 이미지가, 우리가 상식 전부를 그냥 한꺼번에 의문시할 수 없다는 것을 지적하는 데 사용된다. 실제로 상식에 반해서 진행되는 결론들을 옹호하는 분석철학자들은 그럼에도 불구하고 종종 이런 식의 주장을 인정할 것이다. 데이비드 루이스는 모든 참가자에 맞서 양상 실재론을 옹호하면서, 아니나 다를까 상식의 도전에 직면한다. 그리고 그의 응답은 그 태도의 교과서적인 예이다.

상식은 철학에서 아무 절대적인 권위도 갖지 못한다. 이는 거만한 철학자들이 잊을 수도 있는 것을 일반 사람들이 특출나게 안다는 것이 아니다. 그리고 이는 상식이 어떤 틀림없는 능력인 '직관'의 목소리로 말한다는 것이 아니다. 그것은 단지 이론적 보수주의가 한정된 능력을 가진 이론가들을 위한 유일한 분별 있는 수단이라는 것이다. 이 이론가들은 그들이 새 출발 후 이룰 수 있었을 것에 관해 적당히 겸손하다.

이 보수주의의 역할은 상식과 정면충돌하는 이론들을 받아들이는 것에 저항하는 것이다. 그러나 그것은 균형과 판단의 문제이다. (…) 적절한 시험은 정직이라는 단순한 방침이라고 나는 제안한다. 당신의 가장 덜 철학적이고 가장 상식적인 시기에 당신 자신이 믿을 수 없는 철학 이론을 결코 제안하지 말라. (1986: 134~135)

대륙 철학자들에게 이것은 한 철학 이론에 대한 상당히 이상하고 상상력이 부족한 시험이다. 실제로 그것은 적어도 만일 루이스 자신이 그것을 진지하게 받아들였다면 철학을 끝내겠다고 위협하는 것이다. 그것은 또한 우리의 직관과 일상의 상식이 형이상학적 수용에서 자유롭다고 가정하는 것처럼 보인다. 그러나 상식에 대한 분석적 접근법은 실용주의적 고려에 의해서 후원될 뿐만 아니라, 그리고/또는 정합주의 인식론들에 의해서도 후원된다. 일부 분석 철학자들은 철학하기philosophizing의 목적에 대한 그들 이해의 일부로서 상식의 수용을 명시적으로 표명해왔다. 철학과 선-이론적 믿음 또는 상식 간의 관계에 관한 러셀의 유명한 논평을 생각해보라.

철학은 우리가 가장 강하게 유지하고 있는 믿음들로부터 출발하는, 그리고 각각 가급적 많이 분리되어 있는 것처럼 보이고 또 쓸데없는 부가물이 없는 것처럼 보이는, 우리의 무의식적인 [예컨대 선-이론적] 믿음들의 체계를 우리에게 보여주어야 한다. 철학은 믿음들이 최종적으로 제시되는 모습에서 우리의 직관적인 믿음들이 충돌하는 것이 아니라 조화로운 체계를 형성한다는 것을 보여주는 일에 주의를 쏟아야 한다. 한 직관적인 믿음이 다른 믿음들과 충돌하지 않는 한, 그 믿음을 거부하기 위한 이유는 결코 있을 수 없다. 따라서, 만일 그 믿음들이 조화를 이루고 있는 것으로 보인다면, 전체 체계는 받아들일 만한 것이 될 것이다. (1912b: 25)

이런 생각은 선-이론적 믿음이 모든 철학적 결론을 능가한다는 것이 아니라, 철학적 작업이 선-이론적 믿음에 대한 일종의 합리적 재구성에 해당한다는 것이다. 이것은 선-이론적 믿음을 좀 더 군건한 기반 위에 두게 해주고, 또 어떤 의미에서 그것에 자발적으로 동의하게 해준다. 선-이론적 믿음들이 확실히 파기될 수 있을지라도, 그것들은 말하자면 이미 의심스러운 것처럼 또는 개정하기 적합한 것처럼 이용되어야 하는 것은 아니다. 철학자의 일은 어딘가에 도달하려는getting somewhere 목표를 가지고 시작하는 것이 아니다.(예컨대 코헨, 1986: 91~97; 루이스, 1973: 88을 보라) 물론 이것은 우리가 아주 먼 장소에 도착하는 것을 배제하지 않는다. 러셀(1953)도 일상 언어 철학의 명백한 사소성에 질겁하면서, 철학은 그저 무반성적인 상식을 재정리하는 것이 아니라고 충고한다. 이런 관점에서 분석적 윤리학에서 반성적 평형 방법에 대한 폭넓은 의존은, 전체적으로 옹호되거나 완전히 문제가 있는 것으로 묵살되기보다는 사례 별로 볼 때 가장 잘 판단된다.

제10장

선험적 추리의 운명

분석 철학자와 대륙 철학자 간의 중요한 방법론적 차이는 선험적 추리 transcendental reasoning를 놓고 보이는 그들의 다른 태도에서 나온다. 그것은 20세기 벽두, 분석적 운동의 여명기 이래, 분석 철학에 중요한 하나의 연구 대상이었으며, 피터 스트로슨의 유명한 사용에 이어 선험적 논증 transcendental argument의 타당성에 관한 잠시 짧은 연구 mini industry가 있었기는 하지만, 하나의 철학 체계 내에서 그것의 수용 가능성 — 보통은 부정적인 의견을 지닌 — 에 대한 논의가 긍정적인 사용보다 또는 특정한 주장을 정당화하기 위한 사용보다 훨씬 더 일반적이다.[1] 이에 반해 칸트와 더불어 시작하지만 20세기 내내 그리고 그 이후까지 지속되는 대륙 전통에서, 여러 형태의 선험적 추리가 어디에서나 그 모습을 나타낸다(일부 구조주의 자들은 예외일 것 같다). 선험적인 것 the transcendental에 의해 우리가 의미하는 것이, 현상학과 그리고 그 이후 계보학적인 전환에 의해서 뿐만 아니라,

· ·

1. 분석 철학자들은 정말로 가끔, 하나의 사태로부터 그것의 전제들로 가는 논증들을 두고 그 용어를 사용한다. '선험적 논증'이 그런 얄팍한 해석을 얻어왔다는 사실 자체가 선험적인 것에 대한 분석적 태도에 관한 흠이 있는 사실이다.

그 철학의 가치가 부분적으로 개념 창조의 변형적 잠재성과 밀접하게 관계하는 보다 구성주의적인 철학에 의해서 상당히 변경되었음에도 불구하고 말이다. 확실히 대륙 철학자들에게 선험적 추리의 지위에 관한 우려가 있기는 하지만, 부단히 창조적인 사용이 계속되고 있으며, 선험적 논증법 transcendental argumentation이 특별히 문제가 있다는 것에는 아무런 일반적인 일치도 없다. 사실, 하나의 선험적 차원은 철학의 본질을 이룬다는 것이 좀 더 일반적으로 주장되고 있고, 또 아주 빈번하게 시사되고 있다. 그 고유의 가능 조건을 반성하지 않는 철학 활동은 소박하거나 전-비판적 pre-critical이며, 때때로 조롱받았던 '근대성 문제'에 대한 대륙의 탐구들은 현대 철학적 담론 조건들을 반성하려는, 보다 일반적으로는 주체성과 문화적 삶을 반성하려는 하나의 방법일 뿐이다. 물론 선험적 차원이 철학에 필요하다는 제안이 자동적으로 분석 철학의 비판을 수반할 필요는 없다. 대신에 분석 철학자들이, 특히 (무에서 불쑥 나온 것이라기보다는 '내부'에서 나온) 경험과 그 경험에 대한 반성을 놓고 깊이 생각하는 분석 철학자들이 모종의 메타-철학을 하고 있다는 점에서, 그들도 아마 최소한도의 선험 철학자라고 해야 할지도 모른다. 어떤 상식적인 실용주의나 자연주의가 그런 반성들을 주목할 때 그 의의를 줄이거나 제한할 수도 있다는 점을 유념하면서 말이다. 따라서 이번 장 대부분은 선험적 추리를 마주한 분석 철학자들과 대륙 철학자들의 다른 태도를 놓고 그 명시적인 이유와 암묵적인 이유를 모두 제시하는 데 관계할 것이다. 우리는 선험적 논증들이 무엇인지에 관한 불완전한 설명을 제시하고, 그것들에 대한 주요 분석적 비판들을 검토하고, (체화라는 주제와 시간에 초점을 맞추면서) 그런 논증들에 대한 최근의 몇몇 대륙적 전용을 표현해보고, 분석적 비판들이 그런 용법들에 적용되는 범위를 고찰하고, 이런 서로 다른 관행들을 정당화해주는 다른 설명적 규범들을 부각시키려고 한다.

선험적인 것에 대한 분석적 태도

로버트 스턴은 그의 『선험적 논증과 회의주의』 서론에서 선험적 논증을 두고 '어쩐지 무언가 평판이 안 좋다고 하는, 또는 심지어 진실하지 못하다고 하는 광범위한 확신'이 있다는 점에 주목한다.(2004: 1) 이것은 현대 분석 철학에서, 즉 논증 형식에 대한 스트로슨의 영향력 있는 옹호와 그 후의 스테판 쾨르너 및 배리 스트로우드에 의한 유명한 반론들의 출간 이후, 선험적 논증의 지엽적이고 미심쩍은 지위를 온당하게 전하는 것처럼 보인다. 과거 30년가량, 선험적 논증은 분석 철학 학술지에서 사용되지도 않았고, 널리 분석되지도 않았으며, 퍼트남, 데이비슨[2] 및 맥도웰[3]과 같은 분석적으로 훈련받은 유명한 철학자들이 그 논증들을 사용할 때, 그것은 스트로슨이 사용했을 때와는 달리 비분석성non-analyticity 의 한 징후로 여겨졌던 것으로 보인다.[4] 때때로 이것은 명백한 사실이지만, 그러나 그것은 대표자급 분석 철학 학술지에서 그 논증이 비교적으로 주의를 덜 받았다는 것에 의해 더 자주 암시되어 있다. 이런 유명한 '후

2. 삼각 측량 및 관용 원리의 후기 표현에 관한 데이비슨의 설명은 통상 선험적 논증들을 포함하는 것으로 생각되고 있으며, 이것이 명백해진 지 얼마 안 되어 그의 작업이 분석 철학의 몇몇 중심 학술지들에서 훨씬 덜 논의되었던 것은 아마도 우연의 일치가 아닐 것이다. 『마인드』지와 『철학 저널』에서 가장 많이 인용된 논문들은 데이비슨의 기획이 분명히 선험적인 것이 되기 이전의 것들인 다음과 같은 것들이다. 「행위, 이유와 원인」, 「참과 의미」, 「심적 사건」. 『유럽 철학 저널』과 『남부 철학지』와 같은, 좀 더 '교차 혼합적인' 학술지에서, 좀 더 빈번히 인용되는 논문은 「말 같지도 않은 개념 체계라는 것에 대하여」 이후의 논문들이다. 이런 인용의 세부 정보에 대해서는 듀크 등(2010)을 보라.

3. 우리는 앞에서 맥도웰이 선험적 논증을 사용했기보다는 명료성이 부족해서, 크리스핀 라이트가 명시적으로 맥도웰을 분석적 전통에서 빼버렸다는 것을 보았다. 그러나 문제는 뒤섞여 있는 것처럼 보인다. 왜냐하면 경험주의에 관한 맥도웰의 후기–셀라스적인 우려에서 성패가 달려 있는 것이 정확히 바로 이 차원이기 때문이다.

4. 많은 현대의 분석적 합리주의자들은 선험적이고 종합적으로 알 수 있는 진리들이 존재한다고 주장하지만, 이것을 입증하는 하나의 방법으로서 선험적 논증을 피한다. 예컨대, 본주어의 『순수 이성을 옹호하면서』(1998)는 선험적 논증을 사용하지 않으면서, 합리주의와 선험적 종합을 위한 유력한 사례를 제시한다. 오히려 본주어는 이성적 직관이라는 '선–비판적인' 개념에 호소한다.

기—분석post-analytic' 철학자들'의 상황을 넘어서, 분석 철학에서 선험적인 것이 문젯거리가 되었다는 다른 지적이 있다. 예컨대 파스칼 앙젤(1989)은 일반적으로 프랑스 분석 철학자들이라고 생각되는 많은 사람이, 정확하게 선험적인 것에 여전히 충성하고 있기 때문에 그렇게 생각되어야 한다는 것을 부정한다. 거의 틀림없이 대륙 종교 철학과 분석 종교 철학 또한 이 점에서 크게 분리되어 있고, 또 실용주의 내에서도 이와 같은 방법론적 분열은 명백하다.(필스트롬Pihlstrom, 2003을 보라)

선험적 논증에 대한 분석적 이해와 대륙적 이해는 칸트의『순수이성비판』에서 그 공통 근거를 가진다. 비록 칸트 자신은 전혀 그 용어를 사용하지 않는다 할지라도, 소위 '선험적 논증'은 선험적 연역transcensental deduction 및 선험적 설명transcendental exposition이라는 칸트의 관행으로부터 추출해낸 것이다.[5] 칸트가 무엇을 하든 간에 그것은 '순수 오성 개념의 선험적 연역', '제2 유추' 그리고 '관념론 논박'과 같은 고전적인 구절에 있는 것에 달려 있다. 그런데 철학 전반에서 선험적인 것에 대한 다른 견해들은 어떻게 칸트의 유산을 다룰 것인가를 두고 생겨난 차이로서 이해될 수 있었던 것처럼 보일 수도 있다. 즉, 선험적 논증을 선험 철학 일반에 의거할 것인지에 관한 차이들, 또는 칸트의 용법으로 수립된 모델을 일반화시키기 위한 가장 생산적인 방법이나 그 모델에서 벗어나기 위한 가장 생산적인 방법에 관한 차이들로 이해될 수 있었던 것처럼 보일 수도 있다. 그리고 두 전통에서 칸트 해석의 유명한 차이들을 고려할 때, 이는 일리가 없는 견해는 아니다.[6] 그러나 칸트에게로 뒷걸음치는 것은 선험적 추리에 대한 다른 분석적 수용과 대륙적 수용을 논의하는 데 하나의 기본적인 문제를 부각시킨다. 거의 틀림없이 여기에는 아무 공통적인 지시 대상referent도 없다. 실제로 칸트는 양 전통 모두에서 독해되고 있다. 그러나 분석 철학자

---

5. 칸트는 정말로『순수이성비판』A627/B655에서 이 말('transzendentalen Argumente')을 사용하지만, 그러나 다른 의미로 사용한다. 선험적 설명과 선험적 논증 간의 연관성은 좀 논쟁거리이다.
6. 앨리슨(1986)은 칸트에 대한 전통적인 영미권 독해에 중대한 비판을 가한다.

들과 대륙 철학자들 모두에게 쓰일 수 있는 선험적 논증 형식의 성격에 대한 중립적인 묘사와 같은 것이 있는 것은 아니다. 예컨대, 선험적 논증 형식의 성격에 대한 다음과 같은 묘사를 생각해보라.

> 선험적 논증은 명백하게 존재하는obtain 하나의 사태로부터 이 존재하고 있음obtaining을 위한 필요조건('그것의 가능 조건')이라고 인정되고 있는 그 이상의, 논쟁의 여지가 있는, 사태들의 존재를 끌어내는 하나의 추론이다. 논쟁의 여지가 없는uncontested 사태는 거의 항상 주관–수반적 subject–involving이다 — 그것은 지식의 소유, 또는 어떤 경험이나 믿음이나 개념적 능력의 소유와 같은 일인칭 문제를 수반할지도 모르거나, 또는 상호 주관적 관계나 모종의 관행들을 수반할지도 모른다. 논쟁의 여지가 있는 사태는 주관 수반적일 수도 있고 아닐 수도 있다. 그러면 그런 논증의 구조는 다음과 같다.
>
> (1) 주관–수반적 사태 p가 존재한다obtain.
> (2) p가 존재하기 위한 필요조건은 q가 존재한다는 것이다.
> (3) 그러므로 q는 존재한다.

이것은 아주 표준적이지만, 그러나 이 묘사를 이 시점에서 부적절한 것으로 거부하기 위해서도 똑같이 표준적이다. 만일 선험적 논증이 이게 다라면, 그것은 긍정식 추리의 한 특별한 사례이고 따라서 아무런 큰 이론적 흥미도 없을 것이다. 우리는 논증을 위한 (예컨대 그것을 최선의 설명 추론의 한 종으로 해석하면서) 다른 추론적 틀을 찾을 수도 있을 것이다. 그러나 다시금 그 결과는 아무런 차이를 보이지 않는다. 이런 개략적인 묘사에서는 칸트 고유의 관행 중의 많은 것이 — 가장 분명한 것으로는 어떤 의미에서 종합적인 **선험적**a priori 원리나 개념들을 확보하는 것으로서 그런 증명이 하기로 한 역할 — 누락되어 있다. 그리고 우리는 두 개의 후–칸트적 전통으로부터 이 뼈대에 살을 붙이는 많은 다른 방법들을 선별할 수 있다. 그런 추리의 변별적 특징(그리고 따라서 변별적 가능성)을 담아내고자 하는 또 다른 조건이나 제약의 형태로 된 것들을 말이다. 예컨대 우리는 두 번째 전제로 이루어진 주장의 성격을 강조할 수도 있을 것이다. 그것은 여기서 나타나는 필연성 개념이 그저 개념적이거나 논리적이 아니라거나, 그것이 표현하는 조건이 비논리적인, 비심리적인 의존 관계 유형인 것으로 생각되어야 한다는 것이 될 수도 있을 것이다. 또는 선험화하는 술책의 목표가, 두 사태가 연관되어 있으면서도 구별되는 것으로 이해하기 위해 두 사태를 재고하는 데 있다는 것이 될 수도 있을 것이다. 다른 사람들은 선험적 논증의 맥락적 환경을 끌어들인다. 즉, 선험적 논증은 본질적으로 반회의적인 기능을 하고 있는 것일 수도 있다. 또는 그것은 "p는 어떻게 가능한가?"라는 해명을 요구하는 질문과 더불어 시작한다는 것일 수도 있다. 또는 그것이 입증할 수 있는 결론 유형이 그 자체로 또 다른 (선험적으로 관념론적인) 기획을 위한 전제들이라는 것일 수도 있다. 이런 각 문제에 대해서 전통 전체에 걸친 (또는 실은 각 전통 내에서의) 일반적인 일치는 없다. 선험적 논증을 이해하는 방법들이 서로 나란히 개발되어왔다. 실제로 이런 사태 자체가 방법의 생명력의 한 징표로서 찬양받는다는 것은 드문 일이 아니다. 칼 아메릭스는 이렇게 말한다.

> 비록 칸트의 체계가 상식적으로 뿌리가 하나뿐인 다층 건물이라 할지라도 (…) 그의 작업('선험적' 논증들)의 다른 뿌리가, 모든 좋은 철학처럼, 어떤 추상적이고 끊임없이 논란의 여지가 있는 개념들과 불가분적으로 관련되어 있다 해도, 그것은 죄가 되지 않을 것이다. 이런 개념들의 다산적인 모호성fertile ambiguity은 (…) 이제 확실히 그 가치를 보여주었다. (2006: 38)

좋은 철학과, 끊임없이 논란의 여지가 있는 개념 간에는 불가분적인 연결이 있다는 아메릭스의 주장에 우리가 이의를 제기할 수도 있지만, 위의 약술은 역사적으로 말해서 (그리고 대륙 철학에서) 그가 찬양하는 '다산적인 모호성'이 확실히 현존한다는 점을 분명히 해주고 있을 것이다. 그러나 물론 선험적 논증 형식의 많은 다산적인 모호성은 그것에 대한 분석적 논의에서는 진열되지 않는다. 선험적 추리에 대한 분석적 태도를 바라보면서 설명되어야 할 점은, 이런 해석적 차이라기보다는 오히려, 해석적 차이가 분석적 문헌에서 그렇게 크게 없다는 사실이어야 하는 것처럼 보인다. 이것이 반드시 분석적인 무역사성ahistoricity의 한 표지인 것은 아니다. 실제로 역사적으로 중요한 논증 형식에 대한 분석적 검토는 종종, 정확히 그것이 실제로 그렇게 다산적인지를 알아내려고 하면서 그런 '다산적인 모호성'을 따라 방향을 정할 수 있다. 존재론적 논증 형식에 대한 현대의 분석적 논의들은 일반적으로 안셀무스, 데카르트, 칸트, 괴델의 논증 형식들을 구별한다. 개념적 상황, 경험적 상황, 양상적 상황 또는 그 밖의 다른 상황이 그 논의들을 시작하기 위해 사용될 것인지에 달려 있는 수많은 변형과 함께 말이다. 왜 선험적 추리 양식을 두고, 똑같이 일관된 분석적 지속성이 없는가?

적어도 초기 분석적 배경에서 볼 때, 그 답은 부분적으로 경험론이 그저 진리 주장으로서라기보다는 하나의 **방법론적** 제한methedological constraint 으로서 기능했던 방식과 관련되어 있는 것처럼 보인다. 그럼에도 불구하고 (대부분의 경력에서 볼 때 러셀과 같은) 초기 분석 철학자 중 비경험주의자 들조차도, 경험주의적 양심을 인식적 예의의 한 표지로 매우 진지하게 생각했다. 선험적 추리를 진지하게 생각하는 것은 이 '소극적 발견법negative heuristic'을 무시하는 것이다. 이런 종류의 방법론적 우려들은 결코 특수한 당면 문제에만 국한되는 것이 아니다. 오히려 잠재적 손실은 (한 경우에는 분석 철학의, 그리고 다른 경우에는 근대 과학과 분석 철학 관계의) 전 탐구 프로그램을 혼란스럽게 한다는 것에 있다. 그러므로 선험적 추리에 대한 반감은 자신들을 영국 관념론으로부터 떼어놓으려는 형성기 러셀과 무어의 노력의 본질적인 부분part and parcel이었다. 초기의 러셀이 일반적으로 수학은 선험적인a priori 종합 지식을 포함했다고 주장하기도 했지만, 그는 그런 주장을 선험적으로 정당화하는 일을 피하기 위해 조심하기도 했다.

초기 분석 철학 시기에서 좀 더 철저한 경험주의에로의 이동은 심지어 선험적 추리를 더욱 진지하게 생각하기 어렵게 만들었다. 논리 실증주의자들은 선험적 종합 지식 주장이 시poetry, 신비주의나 무의미에 이르게 되었다고 말하면서, 그런 지식을 강력하게 거부하였다. 물론 다른 면에서, 비트겐슈타인의 논고 그림, 검증 원리 그리고 카르납이 중기에 「경험주의, 의미론과 존재론」에서 표명한 다중 언어관들은, 종종 주목되었듯이(본주어, 1998: 2장; 삭스, 2006) 자체적으로 선험적 종합의 지위를 누리는 것처럼 보인다. 그러나 이것이 선험적 추리를 고무하는 성질의 것이라고는 생각되지 않았다. 대신에 인식론적인 자기 적용epistemological self-application 난점들은 그 가장 기본적인 수용을 포기함으로써는 거의 해결되기 힘든, 경험주의 전반의 계획 내에서 일어나는 이론적 문제인 것으로 보여졌다. 오히려 경험론적인 분석적 전통에서 그런 문제들은 좀 더 철저한 정합주의coherentism와 콰인의 급진적radical 경험론을 채택함으로써 가장 분명하게 해결되어야 하는 것이었다. 선험적 추리는 부상하는 분석적 운동의 탐구 프로그램과 정면으로 충돌하였다. 그것을 중대시하는 것은 다른 성질을 가진 철학자들이어야 했다.

이런 태도를 고려해볼 때, 선험적 추리에 대한 분석적 논의가 그 전통 내에서, 조금도 방법론적인 경험주의로 제한되지 않는, 명백히 비실증주의적이고 심지어는 비경험주의적인 학파의 흥기와 더불어서만 일어날 수 있었다는 것은 거의 놀라운 일이 아니다. 아주 분명히 이런 조건들은 20세기 중반 영국의 일상 언어 운동 동안에 획득되었다. 분석적 문헌에서의 핵심적인 변화는, 과거와 현재의 다른 철학자들의 작업에서 인식될 수 있는, 그리고 아마도 분석적 기획에서 사용될 수 있는 논리적 구조나 준semi―논리적 구조와 더불어, 하나의 분리된 논증으로서의 선험적 논증이라는 개념에 있었다. 선험적 논증 형식을 분석적으로 다루려는 최초의 분명한 시도는, 1939년 그의 논문 「선험적 개념들이 있는가?」에서 하나의 (제한적이라 하더라도) 독특한 추리 방법으로서 선험적 논증을 오스틴이 골라낸 일이다. 그 논증 형식이 분석 전통에서 모습을 드러낼 때, 오스틴적인 수사 특유의 날카로운 문장에도 불구하고, 그것은 다음과 같이 나타난다.

> 사람들(철학자들)은 '보편자들'에 대해 이야기한다. 마치 그것들이, 아무 설명이 필요 없이 친숙하게 그들이 우연히 마주치는 존재물들이었던 것처럼 말이다. 그러나 그것들은 그렇지 않다. 그와는 반대로 이런 의심스러운 존재물들이 선험적 논증에 의해 존재하는 것으로 여겨진 것은 그리 오래되지 않았다. 그리고 그 당시에 '보편자들'이 있었다고 아주 대담하게 말하는 사람은, 요구받으면 만들어내기 위해, 항상 그 논증을 준비해 두었다. (1961: 33)

이어서 오스틴은 보편자의 존재를 위한 하나의 특수한 논증을 제시하고, 여기서 '선험적 논증'으로 그가 의미하는 것을 분명히 밝힌다. "다음의 것은 하나의 선험적 논증이다. 감각 자료sense 외에 다른 무언가가 존재하지 않았다 해도, 우리는 우리가 할 수 있는(즉 사물을 명명하는) 것을 하지 못해서는 안 될 것이다."(ibid.: 34) 그런 논증이 가져다줄 수 있는 제한된 보편자 지식을 두고 좀 논의한 후에, 오스틴은 보편자의 존재를 위한 또 다른 논증을 제시하고, 그것 또한 이런 의미에서 선험적이라는 점에 주목한다. 그런 다음 그런 논증들을 (말하자면 일회성이라기보다는) 반복적으로 사용하는 일반적인 전략이 가진 난점이라고 여겨질 수 있었던 것을 언급한다.

이제 물어보기로 하자. 우리가 원 논증의 '보편자들'을 이 두 번째 논증의 '보편자들'과 동일시하기 위한 어떤 가능한 근거가 있는가? 양자가 비감각적이라는 것 이외에, 더 이상 그것들을 같은 것으로 알아볼 만한 것이 전혀 없다. 같은 사물의 존재를 증명하기 위해서, 두 개의 다른 선험적 논증이 각각 인정될 수 있었다고 가정하는 것은 이상하지 않은가? (Ibid.: 35~36)

아마도 선험적 논증 형식에 대한 최초의 분석적 논의가 부고 기사인 것으로 밝혀진다는 것은 놀라운 일이 아닐 것이다. 그러나 여기에는 주목할 만한 가치가 있는 다른 중요한 것들이 있다.

첫째, 선험적 논증을 칸트의 유산과는 완전히 분리할 수 있는 한 형식으로 다루면서, 오스틴은 분석적으로 특색 있는 조치를 취하고 있다. 이것은 선험적 논증이 선험적 관념론이나 비판 철학의 전반적인 환경에서 우리가 얼추 벗어날 수 있다는 것을 의미하고, 또 그 자체로 취급되거나 다른 맥락에서 작동하는 것을 인정할 수 있게 되는 것을 의미하며, 어떤 의미에서 논리적 구조나 준–논리적 구조로서 분석을 위해 사용될 수 있는 것임을 의미한다. 이 추출 조치는 선험적 논증에 대한 분석적 논의에서는 이제 완전히 통례적인 것으로 남아 있다.

둘째, 그런 형식으로 생각될 때, 오스틴의 손에서 선험적 논증은 일상 언어 학파의 표준적인 논증 형식들, 예컨대 모범 예paradigm case 논증이나 대립자 배제excluded opposites 논증과 같은 것과 상당히 같은 부류의 책략이 된다. 이 각각의 경우에서, 논증 형식은 우리가 가진 능력으로부터 그 능력을 전제하는 사태로 가는 추리를 포함한다. 그러면 우리는 오스틴이 선험적 논증에 대한 매우 '빈약한thin' 이해를 보여주는 자라고 볼 수 있다. 이런 이해에서 논증 형식은 수용 인원capacity과 경기장ground 간의 일종의 논리적이거나 개념적인 관계로 실추된다. 오스틴의 각색 본은 대단히 간소하고 칸트의 유산 대부분을 제거해버린다. 이것은 확실히 부분적으로는, 전통 형이상학적인(또는 비판적인) 용어를 미심쩍어하는 경향이 있는, 일상 언어 철학 자체의 상황에서 기인한다. 그런 맥락에서 우리는 선험적 논증에 대한 오스틴의 각색 본을 인과성에 대한 흄의 설명처럼 수정적인 정화 작업쯤에 상당하는 것으로 볼 수 있다. 그 의도는 아메릭스가 찬양하는 '다산적인 모호성'을 즐기는 것은 고사하고, 칸트적인 주석에 종사하는 데 있지 않다. 차라리 그 의도는 (선험 철학과의 연결을 상당히 없애기 때문에) 이론적으로 하나의 철학적 기법으로서 종합적으로 쓰일 수 있는 한 논증 형식을 확인하는 데 있다. 그러나 아마도 그것은 그것의 지지자들이 가정하는 것만큼 유용한 기법은 아닐 것이다. 오스틴의 선험적 논증 형식은 (그가 밝혀준 바로 볼 때) 나쁜 논증 형식이기는 하지만, 분명한 논증 형식이다.

일상 언어 운동은 또한 이런 입장에 대한 최초의 명백한 분석적 거부를 표명하기도 하고, 선험적 논증이 좀 더 낙관적인 역할을 하는 최초의 신호를 보여주기도 한다. 피터 스트로슨의 1959년 논고 『개별자들』은 '기술적 형이상학 시론'이라는 부제를 달고 있다. 그리고 서론에서 스트로슨은 개정적인 형이상학적 활동과 (모범 예에 호소함과 같은) 일상적인 철학적 분석 활동 간의 중도의 길로서 기술적 형이상학의 윤곽을 잡는 일에 관계한다. 분석을 넘어서기 위한 사례를 제시하면서 스트로슨은 이해로 가는 길로서의 분석의 한계들을 강조한다.

> 어느 정도까지는, 낱말의 실제 사용을 면밀히 조사하는 일에 매달리는 것이 철학에서 최선의 길이고 또 실제로 유일하게 확실한 길이다. 그러나 이런 식으로 우리가 가려낼 수 있는 구별들, 그리고 우리가 수립할 수 있는 연결들은 이해를 위한 순전한 형이상학적인 요구를 충족시키기에는 충분히 일반적이지 않으며, 또 충분히 광범위하지 않다. 왜냐하면 어떻게 우리가 이런 표현이나 저런 표현을 사용하는가를 물을 때, 우리의 답은 어떤 수준에서는 아무리 계발적이라 하더라도, 형이상학자가 밝혀내고 싶은 구조의 일반 요소들을 드러내지 못하고,

가정하기 쉽기 때문이다. (1959: 9~10)

　기술적 형이상학은 그런 구조를 추적하는 기획이며, 그것은 동시에 설명이면서 심지어는 아마도 드라마이기도 한 논증들을 요구한다.(스트로슨, 1966) 스트로슨에게 이것이 선험적 논증의 자연스러운 거주지이다. 스트로슨은 칸트를 기술적 형이상학자로 간주하며, 그가 책의 1장 §2에서 제안한 '재확인reidentification' 논증은 분석적인 선험적 논증의 전형이다. 하나로 통일된 시공 관계 체계라는 우리의 개념 체계는 그 안에서 우리가 특수자에 관한 우리의 개별 사고individuating thought를 조직하는 틀이다. 그러나 우리가 그런 체계를 가지기 위한 하나의 조건은, 비연속적인 관찰이 이루어지는 시간 동안 적어도 어떤 개별적인 특수자의 지속성을 우리가 받아들이는 것이다. 따라서 우리는 당연히 (어떤) 개별적 특수자들의 지속성을 믿는다.(1959: 25~40) 이것은 쉽게 알아볼 수 있을 정도로 선험적이다. 그리고 스트로슨은 논증이 설명 역할을 하기 위해서 쓰이는 방식을 지적함으로써 그것에 대한 논의를 마친다.

　스트로슨의 선험적 논증은, 기술적이 됨으로써, (오스틴의 논증이 그렇지 않은 것처럼) 명백하게 온당하다modest. 즉 그것은 우리의 개념적 수용 및 우리의 세계 개념 구조를 따라가는tracing 일에만 관계한다. 그럼에도 불구하고, 스트로슨은 그것이 회의론자를 물리친다는 점에서 가치가 있다고 주장한다. 왜냐하면 그 논증은 회의론자가 "하나의 개념 체계를 받아들이는 체하지만, 동시에 몰래 그 사용 조건 중의 하나를 거부한다"는 것을 보여주기 때문이다.(ibid.: 35) 줄잡아 말해도, 이 결론은 분석적 문헌에서 크게 이의가 제기되어 왔다.(그리고 스트로슨 자신은 그것을 그만 두었고, 선험적 논증법에 좀 더 조심스러운 태도를 취하게 되었다; 1985: 20~23) 두 개의 반론이 분석적 문헌에서 특별히 큰 영향력을 발휘하였다.

　첫째, 스트로우드(1968)가 지적하듯이, 회의론자는 거의 타도되지 않았다. 왜냐하면 온당한 선험적 논증의 결론은 그저 우리에게, 우리가 어떻게 사물들이 있다고 생각하는지, 어떻게 우리가 세계에 관해 생각해야 하는지에 관한 사실을 말하기 때문이다. 이 주장으로부터 이것이 사물들이 존재하는 방식이다, 라고 하는 주장으로 가는 그 이상의 단계가 있다. 논증의 지지자는, 논증의 전제들이 이 간격을 건너기에 충분히 강한 논제(예컨대 관념론이나 검증주의)를 수용할 경우, 이런 단계를 (염치없이) 받아들일 수 있을 뿐이다. 하지만 이것은 회의론자가 받아들이지 않을 전제이다. 스트로우드는 그런 배경이 가정된다고 할지라도 선험적 논증의 유용성이 의문시된다는 것을 지적하면서, 한 걸음 더 나아간다. 왜냐하면 관념론이나 검증주의에서 온 직접적인 (비−선험적) 논증은 이제 결론을 입증하기에 충분하기 때문이다.

둘째, 쾨르너(1966, 1967)와 스트로우드(1968)가 둘 다 지적하는 것처럼, 스트로슨의 논증들에서 확인되는 (경험적 사실과 선험적 근거 사이의) 필연적 연결은 그 자체로 회의론자를 막아내기 어렵다. 왜냐하면 여기서 나타나는 유일한 필연성은 명백하게 우리의 개념 체계conceptual framework에서 비롯되는 필연성이기 때문이다. 따라서 어떠한 다른 개념 체계도 사용될 수 없다는 전제가 논증에 숨겨져 있다. 하지만 어떻게 이 고유한 적정성이 입증되어야 할 것인지를 보기가 어렵다. 이런 반론은 사실상 러셀이 『철학의 여러 문제』에서 고전적인 형태로 피력한 우려의 한 각색 본이다. 선험적 추리로 입증된 필연성은, 그것들이 그 자체 우연적일 수도 있는 우리 개념 체계의 모습에 의존한다는 점에서, 상대적 필연성이어야 한다는 것이다.

이런 반론들은 모두 분석적 사회에서 널리 알려져 있는데, 특히 이 주제에 관한 스트로우드의 첫 논문 이후 10년 이내에 나온 문헌들에서 논의되었던 것이다. 이것은 선험적 추리를 두고 보이는 현재의 분석적 태도에 대한 솔직한 내적 설명을 연상시킨다. 선험적인 것에 대한 현대의 분석적 태도는 논증 형식에 대한 쾨르너와 스트로우드의 반론을 둘러싸고 검토하는 문헌과 관계 맺고 있다 — 그리고 이 막간 사건episode의 결과는 분석 철학자들이 이제는 선험적 논증을 그저 나쁜 논증으로 간주할 이유를 가진다는 것이고, 결과적으로 논증 형식에 대한 관심이 몰락했다는 것이다. 실제로 이 설명에는 뭔가 중요한 것이 있다. 그러나 그럼에도 불구하고 두 가지 이유 때문에 그것은 현재 상태로는 너무 간단하다.

첫째, 그것은 소위 미심쩍은dubious 논증을 분석적으로 취급하는 것과 어떤 차이가 있는지를 설명하지 못한다. 일반적으로 완전히 실패한 것으로 간주된다 할지라도, 분석적 문헌에서 줄곧 연구와 조탁을 받은, 역사적으로 영향력 있는 여러 다른 논증 형식들이 있다. 예컨대 존재론적 논증은 분석적 학술지에서 여전히 생생한 토론 주제로 남아 있으며, 최근의 여러 단독 저서(예컨대, 돔브로우스키, 2006; 에버리트, 2004; 오피, 1995; 소벨, 2004)의 주제이기도 하다. 실제로, 논증이 건전하다고 믿는 지지자들이 있다. 그러나 그들은 아주 소수이다. 같은 식으로 우리는 퍼트남과 데이비슨을 선험적 추리를 두고 소수자 편이라고 간주할 수도 있을 것이다. 그러나 소수자 편이라는 점이 비분석성의 한 신호로 여겨지는 것은 선험적인 것의 경우를 두고서일 뿐이다. 같은 식으로 우리는 이원론에 대한 데카르트의 논증, 운명론에 대한 고대 그리스의 논증 또는 시간의 비실재성에 대한 맥타겟의 논증을 두고 벌어지는 지속적인 분석적 토론을 지적할 수도 있을 것이다. 의심스러운 논증 형식에 대한 이런 유형의 계속적인 분석적 주의가 왜 선험적 논증에는 유효하지 않은가?

둘째, 내적 설명은 이런 특수한 반대들과 그와 밀접한 유사물에 대한 분석적 논의에서 보이는 차이들을 설명하지 않는다. 스트로우드와 쾨르너의 것과 같은 반대가 분석적 문헌에서 중심적인 것으로 남아 있는 다른 논증 형식에 대해 제기될 수 있다. 명시적으로ostensively 회의론자를 물리치는 많은 논증 형식 — 그러니까 신뢰주의reliabilism에 기초한 논증 양식이나 맥락주의 형식에 기초한 논증 양식 — 들은 스트로우드 풍의 회의적인 답변들과 충돌한다. 많은 논증 양식들은 특수한 가정의 범위 내에서만 타당하거나, 또는 한 입장에 정합성–건축이라는 후원만을 할 수 있을 뿐이다. 따라서 그것들은 선험적 논증 형식의 논증 유용성에 관한 스트로우드의 후속 반론들에 노출되어 있는 것처럼 보인다. 예컨대 소렌슨의 소위 '가능성 논박자possibility refuters'(1992: 153~157) 사고 실험에 기초한 논증들에서처럼, 한 논증이 요청된claimed 필연성이나 불가능성에 의존하고 있는 곳에서는 어디에서든지, 강한 필연성 주장에 관한 쾨르너의 우려들이 생겨난다. 이것들은 분명히 분석 전통 내 사고 실험의 가장 일반적인 용법이 아니다. 그러나 그것들은 꽤 괜찮은 소수이며, 또 (드문드문, 불가능성에 관한 주장들로 가장된) 요청된 필연성을 포함한다. 이런 각 상황은, 필연성에 대한 회의적인 대응 조치나 너무 확신적인 주장을 지적하면서, 스트로우드나 쾨르너 식 조치move가 만들어질 수 있었거나 만들어졌던 상황이다. 하지만 이런 경우 어느 것에서도 이런 유의 반론 사실은, 그것이 명백하게 선험적 추리에 대해 그랬던 식으로 논쟁을 종결짓는 것으로 생각되지 않는다. 내적 설명은 그냥 불완전할 뿐이다. 즉 최선의 설명은, 선험적 추리에 대한 분석적 태도가 진실로 분석적 전통에 고유한 특수한 규범과 습관에도 의존한다는 것이다.

스트로우드의 회의론적인 반대는 일반적으로 선험적 논증의 반회의론적인 역할에 태연한 대륙 철학자들에게는 종잡을 수 없는 것이거나 트집 잡기처럼 보일 수 있다. 하지만 반대자로서 회의론자에 초점을 맞추는 것은 약간 오해를 일으킬 수 있다. 어쩌면 스트로우드의 반대는 논증 형식에 대한 훨씬 더 일반적인 문제를 일으킨다. 그리고 선험적 추리를 준—논리적인 논증 형식에 분석적으로 동화시키는 것이 뭔가 차이를 일으키는 곳이 바로 여기이다. 그 대화 맥락에서 (너무 크게) 왜곡되지 않고 채택될 수 있는 어떤 논증 형식은, 그것이 원리상 그 결론에 관해 회의적인 사람에게 다른 맥락에서 사용될 수 있었다는 점에서, 반회의적인 기능을 하는 것으로 재기술될recharacterize 수 있다. 마찬가지로, 같은 종류의 가능한 이전성transferability을 가질 것으로 여겨지는 반회의적 논증도, 그것이 일으키는 대화적 맥락이 무엇이든 간에, 그냥 그것의 결론을 위한 하나의 논증으로 보여질 수 있다. 정당화와 관계하는 문제들은 피할 수 없는 것이며, 특정 체계에서 그 문제 전개의 타당성과 관련한 논리적이고 인식론적인 문제들은 여전히 제기될 필요가 있다. 그 전반적인 목적이 지식의 안전한 토대를 제공하는 것보다는 세계 속 우리 상황에 대한 존재론적 설명을 제공하는 데 좀 더 있다고 할지라도 말이다. 물론, 대륙 철학자가 철학은 개념 창조 활동이고 그것에 불과하다고 주장한다면, 아마도 그들은 스트로우드의 우려들을 무시할 만도 할 것이다. 그러나 우리의 견지에서 그런 입장은 다른 근거에서 유지될 수 없을 것 같으며, 또 실제로 그것은 어떤 대륙 철학자가 분명하게 찬성하는 입장이 아니다. 스트로우드의 주장 또한, 선험적 논증 형식이 하나의 논증 형식, 입증demonstration 또는 증명proof으로 생각될 때, 그 논증 형식이 제한적이라는 점을 상기시키는 것으로 생각될 수 있다. 이것은 여전히 선험적 추리가 다른 역할을 할 여지를 남기는 것이다. 왜냐하면 우리가 출발하는 전제들이 우리 결론을 의문시하는 사람들에 의해 인정되지 않을 것 같을지라도, 우리 개념 체계의 독특한 부분들 간의 관계를 보여주는 것에는 명백한 설명적 가치가 있기 때문이다. 그러나 그것은 고찰되는 논증 형식을 (분석적인 면에서) 뭔가 문제가 있는 논증 형식으로 만든다.

쾨르너 식 반대의 내적인 효과도 분석 전통 외부의 사람들에 의해 오해되기 쉽다. 요청된 필연성들에 관한 분석적 경고가 나타나는데, 거의 틀림없이 그것은 두 개의 매우 다른 발전의 결과이다. 한편으로, 20세기 중반부터 분석 전통은 점차적으로 자연화된 인식론과 급진적 경험론을 수용하게 되었다. 분석-종합 구분에 반대하는 콰인의 영향력 있는 논증들은 필연성 자체와 철학에서의 선험주의적a priori 추리 기획에 대한 의심으로 이어졌다. 스트로슨이 할 수 있었던 것과 같은 그런 일은, 기껏해야 우리가 우연히 가지고 있는, 그리고 그 어떤 부분도 잠재적인 개정에서 벗어나지 못하는 한 개념 체계의 구조를 보여줄 뿐이다. 확실히 분석 철학 내의 많은 대화에서 이런 태도 변화는, 필연성의 존재를 인정하는 사람들에 의해서조차 필연론적necessitarian 추리가 논쟁거리가 된다는 것을 의미한다. 이런 태도는 데넷이 자주 반복한 말, 즉 철학자들이 너무 자주 상상력의 실패를 필연성 통찰로 오해한다는 말에 의해 포착되며, 또 필연성은 가능한 곳에서는 어디에서든지 최소화되어야 할 이론적 비용이라는 신-흄적인 금언에 의해서도 포착된다. 칸트의 선험적 논증과 같은 특수한 경우에, 그런 경고는 물론 여러 끔찍한 역사적 예들과 함께한다. 분석 전통에서 가장 지독한 것으로서는, 당대 논리학의 완결성finality에 대한 칸트 자신의 확신과, 비유클리트 기하학의 출현(그리고 그 이후 상대성 이론에 대한 비유클리트적 해석)으로 인해 그가 샌드백 신세가 된 것을 들 수 있다.

다른 한편, 분석적 전통에는 선험적 추리에 대한 경고로도 들리는, 필연성에 관한 내적인 곤혹도 있다. 20세기 초 양상 논리학의 개발은 놀랍게도 관련된 사람들에게 대단히 많은 문제들을 일으켰다. 형식 양상 연구의 선구자인 C. I. 루이스는 우리의 일상적인 필연성 이해를 위한 후보자로 쓰일 수 있을 것으로 생각했던 5개의 다른 논리 체계를 발견하였다. 그러나 곧바로 그 이상의 많은 체계들이 있고, 또 그것들 간에 복잡한 상관관계가 있다는 것이 분명해졌다. 이런 각각의 다른 양상 논리 체계는 무모순적이고, 진부하지 않고non-trivial, 또 각 체계는 다른 의미의 필연성을 갖는다. 더구나 양상 진리적alethic 필연성 자체의 모델화에서의 이런 성장은 시제 필연성, 의무 필연성 및 다른 필연성 논의의 여파로 일어났고, 또한 좀 더 가까이는 필연성 유형 간의 빈발하는 다의성recurrent equivocation에 대한 후-크립키적인 진단으로부터 일어났다. 결과적으로 필연성에 좌우되는 철학적인 경합 논증 형식들은 선험주의적 추리apriorist reasoning를 전적으로 지지하는 자들에 의해서조차 아주 조심스럽게 취급되어야 한다. 이 영역에서는 다산적인 모호성이라기보다는 명료성이 특별히 품귀 상태인 것이다.

그러면 분석 철학 내에서 선험적 추리가 어떤 이중의 기준을 충족시키는 것으로 보인다는 우리의 이전 의견은 어찌 되는가? 필연성에 호소하는 것에 대한 분석적 경고가 어떤 경우에는 유보되지만, 분석 철학 내에서 선험적인 경우보다 정말 덜 문제가 있는 것으로서 그런 경우들을 가려내는 일반적인 규범들이 있다.

첫째 그리고 가장 분명한 것으로, 어떤 요청된 필연성은 좀 더 쉽게 옹호될 수 있다. 왜냐하면 그것들은 직접적으로 논리적 모순 개념과 연결되기 때문이다. 예컨대, 소렌슨이 가능성–논박possibility-refutation의 한 작동 예로서 제시하는, 다신론의 한 형태에 대한 아주 진부한 논증을 생각해보라. 즉, 완전히 전능한 두 존재가 있다는 것이 가능했다면, 한 존재가 일으키기를 바라지 않는 한 사태를 다른 존재는 일으키기를 바라는 것이 가능할 것이고, 따라서 (전능의 정의를 고려할 때) 일으켜지기도 하고, 일으켜지지 않기도 하는 사태가 가능할 것이다. 그러나 이것은 불가능하다. 따라서 다신론 가정도 마찬가지로 불가능하다. 선험적 논증들은 유사하게 행위소적인 사태 획득agential state of affairs obtaining과 비행위소적인 사태 획득 간의 연결 필연성을 확실하게 주장하지 못한다.

둘째, 철학과 상식 간의 관계에 대한 분석적 개념도 선험적 전제들의 이례적인 지위를 표시하는 데 쓰인다. 많은 분석적 작업은 데이비드 루이스의 철학자 역할 개념에 입각해서 수행된다.

> 우리는 이미 물려받은 대량의 의견들을 가지고 철학에 이른다. 이런 이미 존재하는 의견들을 상당 정도로 손상시키거나 정당화하는 일이 철학의 과제가 아니라, 그것들을 질서 있는 체계로 확장시키는 방법들을 발견하는 것이 철학의 과제이다. (1973: 88)

그런 태도는 철학자를 (루이스 자신의 양상 실재론처럼) 매우 이례적인 자리에 이르게 할 수 있다. 그러나 그것은 쉽게 받아들일 수 있을 유형의 전제들에 일정한 제한을 가한다. 그리고 대체로 그 제한들은 보수적인 제한들이다. 직관의 직접적인 지원을 받지 못하는 (또는 어떤 다른 면에서 상식으로 신임받지 못하는) 전제들은 의심할 여지가 있다. 만일 그런 전제들이 어떤 사태 획득의 필연성이나 불가능성에 관한 주장들이라면, 그리고 (다신론 논증의 경우에서 그런 것처럼) 필연성이나 불가능성이 성격상 논리적, 정의적, 개념적이라는 것이 분명하지 않다면, 우리는 그 의심이 영속적인 논쟁거리가 된다고 제안할 것이다. 우리를 요청된 필연성으로 데려가는 철학적 작업이 아무리 꼼꼼하다 할지라도, 그것의 거부를 생각할 수 있다는 의미에서 그것은 전적으로 잠정적인 주장으로 남는다. 그리하여 우리의 주장은, 선험적 논증이 분석적 입장의 생산적인 발전에서 결코 또는 거의 건설적인 역할을 할 수 없을 것이라는 점에서, 선험적 추리가 분석 철학의 아주 대표적인 **적극적 발견법**positive heuristic과 충돌한다는 것이다.

선험적인 것에 대한 대륙적 태도

대륙 학단에서 선험적 추리는 논란이 많고 또 아마도 심지어는 영속적으로 논쟁이 벌어지는 영역일 것이다. 확실히 이 전통의 모든 위대한 철학자들이 이 추리를 두고 다투고 있고, 또 그런 추리 형식과 결부된 위험들이 인식되고 있다. 그러나 그것은 전면적인 자제를 권유할 만큼 논란이 많은 것은 아니다. 대신에 내재적인 근거implicit rationale는 파스칼의 내기와 같은 것에 있는 것처럼 보인다. 선험적 논증이 효과가 있다면, 그 논증의 효과를 믿는 것은 엄청난 결과(코페르니쿠스적 혁명)를 일으킬 수도 있을 것이다. 만일 그것이 효과가 없다면, 그럼에도 불구하고 몇 가지 중요한 개념들이 창조될 것이다. 이런 입장에서 믿지 않고 과학의 보조 노동자underlabourer로 있는 것보다는 믿는 것이 더 낫다. 다양한 대륙 철학자들이 선험적인 것에 대한 칸트의 개념을 문제시하고 비판해왔지만, 소수는 이것이 선험적 기획의 목적을 암시했다고 생각하였다. 오히려, 그보다도 선험적 추리의 목표, 범위 및 구조가 이 전통과 결부된 모든 주요 철학자들에 의해 끊임없이 재창안된다. 실제로 칸트의 실패가 무엇이든 간에, 그의 선험적 기획(그리고 좀 더 일반적으로는 철학적 비판 기획)은 무언가 아주 중요한 것을 성취했다는 가정이 더 많다. 독일 관념론자들은 모두 자신들을 선험 철학자라고 칭했고, 19세기 말과 20세기 초 신칸트주의(독일에서는 카시러, 프랑스에서는 레옹 브룅슈비크 등)에서 칸트에 대한 관심의 부활은 선험적 방법과 논증의 이해에 의미 있는 수정을 초래하였다.

　20세기에 와서, 선험적 추리는 대륙 철학에서 계속 자주 매우 다른 식으로 전개되었다. 통상 대륙 철학과 결부된 대부분의 주 영역을 아우르는 아주 친숙한 인사들을 인용하자면, 우리는 다음과 같은 사람들을 떠올려볼 수 있을 것이다. 후설, 그리고 선험적인 것the transcendental을 드러내 보이기 위해서, 이전에 탐구되지 않았던 전체 '존재의 영역'을 드러내 보이기 위해서 그런 논증을 사용하는 현상학적 의도(따라서 그것은 칸트에게도 그랬던 것처럼, 하나의 방법이자 탐구 대상이다). 선험적 기획을 현상학 및 해석학에 모두 제휴시킨 하이데거. 후설과 하이데거의 작업을 종합하고, 타인의 존재에 대한 유명한 현상학적 '증명' 뿐만 아니라 선험 철학을 실존주의적으로 전환한 사르트르. 메를로-퐁티. 신체 지향성은 우리 '몸-도식'의 정련을 통해 그리고 유연한 습관과 기량의 습득을 통해 세계와의 평형을 추구하는데, 메를로-퐁티의 설명에 따르면 그런 편재하는 신체 지향성은, 감각 경험이 조잡한 감각 자료와의 단편적인 관계에 있다기보다는 의미 있는 장의 형태를 가진다는 것을 보증하는 조건이라고 한다. '선험적 경험주의transcendental empiricism'를 옹호하고, 어떻게 특수한 구체적 사물이 현실화되는가를 보여주려고 하면서 하나의 범주로서 가능한 것을 거부하며, 또 '잠재적인virtual' 것의 필연성을 연역하는 들뢰즈. 후설과 하이데거 및 다른 철학자들의 선험 철학을 해체하고 있음에도 불구하고, 차연différance과 같은 주제와 결부된 '유사-선험적인 것quasi-transcendentals'을 끊임없이 이야기하는 데리다. 그리고 그 기획이 선험적인 것을 시제화하는 것에 있다고 묘사되는 지아니 바티모. 뤼스 이리가레는 '지각할 수 있는 선험적인sensible transcendental' 것을 논의하고, 버나드 스티글러와 장 뤽 낭시도, 장 뤽 마리옹, 미셸 앙리 및 현상학에서 신학적 전환을 수행한 사상가들이 그런 것처럼, 모두 선험 철학에 투자한다.[7] 그뿐만 아니라 하버마스와 칼-오토 아펠을 포함해서 담론 윤리와 인식을 다루는 많은 현대 독일 철학자들도 그러하다. 이들의 관심은 주로 수행 모순performative contradiction에 있으며, 또 그들이 의사소통 합리성을 위한 선험적 조건을 제공하는 방법에 있다.(아펠, 1987을 보라) 이들 각 철학자에게 선험적 논증은 범위에 있어서나 요청된 보편성에 있어서나 다소 다르게 작동하며, 또 대략 연역적인 용어로 표현될 수 있다.[8]

선험적 추리에 대한 이런 다른 각각의 대륙적 개념들을 두고 분석적 비판이 적용되는지를 우리는 입증할 수는 없지만, 이런 다양한 기획 간의 중요한 차이들로부터 조금씩 추출해서 일반화해보는 것은 유용할 것이다. 이 모든 철학자들은 가지각색으로 앨런 머레이가 선재성 콤플렉스anteriority complex라고 부르는 것을 노정한다. 우리는 오늘날 현대 대륙 철학의 주요 요소인 두 종류의 특수한 선재성 주장을 탐구할 것이다. 신체/지각 및 시간(어떤 이는 장소가 이 대립의 상대측으로 있다고 주장할 것 같다)을 둘러싸고 돌고 있는 주장들이 그것이다. 이 특별한 초점은 몇몇 영향력 있는 현상학적 사상가와 후기 구조주의 사상가들의 선험적 추리를 직접적으로 고찰할 수 있게 해준다. 게다가 이들 입장의 이런저런 가족 유사적인

- - -

7. 한 회견에서 스티글러는 다음과 같이 말한다. "나는 우리가 선험적인 것을 넘어서 가기 위해서 선험적인 것을 거쳐 가야 한다고 생각한다. 대륙 철학과 앵글로 색슨 철학 간의 오해는 이 점과 관련되어 있다. 왜냐하면 우리는 선험적 경험을 피해 지나갈(short-circuit) 수 없기 때문이다. 그것은 불가능하다." 이를 지적해준 다니엘 로스에게 감사를 표한다.

8. 가장 분명한 차이 중 하나를 언급하기 위해서 갤러거와 자하비는 다음과 같은 것을 지적한다. "직관을 강조하다 보니 후설은 최선 설명 추론에 호소하고 그것을 사용하는 일이 칸트보다 훨씬 덜하다. 실제로 후설에게 선험적인 가능성 조건은 경험적으로 접근할 수 있는 것이어야 한다 ― 그렇지 않으면 바로 현상학적인 선험 철학이라는 개념이 포기되어야 할 것이다." (갤러거 & 자하비, 2008b: 88)

각색 본이 대부분의 유력한 용의자들에게서 분명하게 보인다. 실제로 이런 두 궤도를 통일시킬 필요 없이, 그것들은 저마다 소위 마크 삭스의 **상황 내 사고**situated thought와 연루되는 것처럼 보일 것이다. 이 사고는,

> 한 특수한 지점에서 우리가 가지는 사고인 것으로 해석되는데, 그 사고 내용은 그 관점에서 파악됨으로써 알려진다. 그것은 마치 무관점에 서from nowhere 본 것 같은 텅 빈 명제 내용이 아니라, 오히려 현상학적으로 묻혀 있고 방향 잡음embedded and directed으로써 알려진다. (2005a: 444)

삭스에 따르면, 선험적 논증과 결부된 많은 난점은, 그 논증이 개념들의 관계나 명제 내용 간의 관계를 명료화하는 것으로 이해하려는 경향에서 생겨난다. 선험적 논증을 형식적으로 타당한 추론으로 해석하는 것은 적절할 수 없으며, 또 그 논증이 아주 쉽게 개념적 주장으로 '온당하게' 이해될 수 있다 해도, 선험적으로 도달된 결론이 **선험적으로** 참이 되기 위해서는 경험 차원으로의 모종의 이동이 요구된다. 결과적으로 사상가는 사유되는 것과 공–연관적co-implicated이어야 할 필요가 있다. 따라서 이 현상학적인 (또는 수행적인) 요소는, 적어도 명제 내용과 그 내용의 화자/경험자 간의 관계에서, 단순히 분석적이지 않은 모든 선험적 논증을 일종의 최소한도의 현상학과 연결시킨다. 분명히 여기에는 하나의 순환성이 있지만, 그것은 반성의 불가결한 부분인 것이고 극복될 수 있는 어떤 것이 아니다. 여기서 우리에게 흥미 있고 또 중요한 것은, 왜 (어떤 상황의 요소인) 시간, 장소, 공간과 몸이 선험적 추리에 대한 대륙 철학의 집착에 핵심적인지를 설명하는 데 삭스의 설명이 도움이 된다는 점이다. 선험적 논증은 이 세계에서 가능한 (또는 실제적인) 경험과 또는 우리 세계를 구성하는 개념과 어떤 관계를 맺어야 한다. 푸코의 초기 저작, 특히 『지식의 고고학』과 『말과 사물』에서 공공연히 선험적임을 표명하는, '역사적으로 선험적인historical a priori' 경우가 그런 것처럼 말이다.

체화, 지각 그리고 세계-내-존재

몸, 지각, 운동-지향성motor-intentionality 또는 세계-내-존재에 관한 선험적 논증과 더불어 시작하기로 하자. 이것들은 대부분 현상학에서 온 것이다. 하이데거가 선험 철학과 복잡한 관계를 맺고 있기는 하지만, 『존재와 시간』에는, 종종 '시원성primordiality'과 '항상-이미always-already'라는 숨기려 야 숨길 수 없는 언어로 그 모습을 보였던, 무수히 많은 일련의 우선권 주장들이 있다. 유명하게도, '도구적인 것the ready-to-hand'은 눈 앞에 있는 것present-at-hand, 또는 비도구적인 것unready-to-hand으로서의 대상을 파악하는 가능 조건이라고 주장된다. 철학이 전통적으로 사물과의 이론적 만남을 우선시했던 반면, 하이데거의 입장에서 현존재는 무엇보다도 먼저 그가 도구적인 것이라고 부르는 실용적이고 당면한 이유에서 사물과 교섭한다. 이 도구적인 것은 사물을 우리가 사용하기 위한 이용 가능성 및 일의 완수와 관련한 배치를 가리킨다. 하이데거에게 있어, 쓸모 있는 사물들은 반드시 하나의 상황 속에 있고, 또 풍부한 맥락적인 연관 망에 의해 항상 다른 쓸모 있는 사물들과 관계되어 있다.(1962: §§14~24) 그가 눈 앞에-있는 것이라고 일컫는 파생적인 양태의 앎에서, 존재자들은 우리가 사용하기 위한 도구가 되기보다는 검사(또는 하이데거가 그렇게 표현하지 는 않았을지라도 심적 구성)를 위해 이용될 수 있는 물질적 대상들이 된다. (이런 면에서 거의 틀림없이 유물론을 포함하는) 데카르트적 입장과 는 반대로, 세계는 원래 과학적 세계가 아니라 일상생활의 실천적 세계이 며, 여기서 선험적 주장은, 어떤 눈앞에 있는 것의 분석이 실천적인 것에 의해 가능해진다는 의미에서, 결코 실천적인 것을 앞지르는 것이 아니라 실천적인 것을 전제한다는 것이다.

일부 밀접하게 관련된 주장들이 메를로-퐁티의 『지각의 현상학』에서 제안된다. 세계를 아는 과학적이고 분석적인 방식들을 거부하기보다는, 종종 '지각의 우선성primacy of perception'이라는 논제와 관련시켜서, 메를로-퐁티는 그러한 지식이 항상 세계에로의 몸 노출이라는 보다 실천적인 측면과 관계해서, 특히 우리의 '몸-도식body-schema'의 정련과 유연한 습관 및 기예의 습득을 통해 세계와의 평형이나 '최대 장악maximum grip'을 구하려고 하는 우리의 몸 지향성과 관계해서, 파생되어 나온다고 주장한다. 그에게 있어, 이런 몸 운동성bodily motility과 지각의 측면들은, 감각 경험이 조잡한 감각 자료와의 단편적 관계라기보다는 의미 있는 장의 형식을 가진다는 것을 보증하는 선험적 조건이다. 그리고 ("나는 할 수 있다."라는) 이런 종류의 실천지know-how도 ("나는 생각한다."라는) 이론지know-that의 가능 조건이라고 한다. 물론 철학적 반성이 이런 실천지의 우선성을 해명하기 위해 요구된다. 이것이 극복할 수 없는 문제인지 아닌지는 논쟁거리이지만, 그러나 대부분의 현상학자에게 그것은 오히려 선험적인 유형의 사유를 전개하기 위한 풍부한 기회가 된다. 여기서 이것을 자세히 설명하지 않고도, 메를로-퐁티 주장의 한 좋은 구체적인 예는, 직설적으로 말해서 움켜잡기grasping가 가리키기pointing의 가능 조건이라는 논증이다. 우리의 코를 가리키는 능력(하나의 추상적인, 반성적 활동)은 우리의 코를 움켜잡는 우리의 능력(예컨대 모기에게 쏘임 또는 긁으려는 욕구처럼, 세계의 간청에 실천적으로 반응하는 것)에 의존한다. 이런 주장은, 병리학적인 환자를 괴롭히는 외상들의 연구(슈나이더), 이런 두 가지 거주 공간 방식과 관련된 것에 대한 현상학적 기술들, 현상학이나 특정 사례의 경험적 사실들을 적절하게 기술하거나 설명하지 못한다고 여겨지는 경험주의와 지성주의의 무능력(따라서 그것은 더 좋은 설명 추론을 포함한다), 그리고 우리의 세계 경험을 위한 가능 조건(운동 지향성)에 관한 선험적 반성 등에 기초해서 메를로-퐁티에 의해 이루어진다. 그의 기본적인 주장은 움켜잡기에서 보여지는 이해가 가리키기에 포함된 이해와 독립적일 수 있지만, 그 역은 성립하지 않는다는 것이다.[9]

메를로-퐁티(그리고 이 전통에서 활동하는 드레이퍼스, 세안 켈리 및 다른 이들)에게 있어서 이런 종류의 실천적인 비인지적 움켜잡기는 대체로 학습으로 일어나는 것이며, 능숙한 대처는 그런 기본적인 활동들이 비추론적인 지각적 규범들을 수반한다는 것을 암시한다. 드레이퍼스와 켈리가 말하고 있듯이,

> 행위자는 즉각 어떤 식으로 행동하도록 마음이 끌린다. 이것은 그 활동을 수행하자고 결정하는 것과는 다르다. 왜냐하면 즉각 어떤 것을 하려는 느낌이 들 때, 주체는 아무 의지 행위도 경험하지 않기 때문이다. 오히려 그는 어떤 식의 행동을 요구하는 환경을 경험하며, 간청에 반응하고 있음을 알게 된다. (…) 만일 현상학의 이런 설명이 옳다면, 지각적 대상들의 경험에는 어쩔 수 없는 규범적 요소가 있다. (…) 하나의 그림으로부터 일정 거리를 두고 서 있는 것은 '옳거나' '적절한' 것이다. (2007: 52~53)

논란의 여지가 없는 현상학적 기술들이 아주 소수이기는 하지만, 그래도 모든 현상학자는 우리의 지각 장이 규범적으로 구조화되어 있다고 주장할 것이다. 지각은 그것과 더불어 최선으로 대처하도록 우리에게 간청하는 방향적 구조(위/아래, 모습/배경[10] 등)를 가진다. 그리고 우리는 행동 측면에서 사물을 보며, 타인들이 사물을 사용하는 가능성과 관계해서 사물을 본다. 만일 우리가 이런 종류의 비추론적인 지각적 규범들이 있다는 것을 잠시 인정한다면, 그것은 적어도 삭스가 제안한 논거의 정당함을 입증할 길을 열어놓을 것이다. 귀납적이거나 다른 비연역적인 증거에 호소하지

* *

9. 자기 수용 감각이 없는 사람의 경우들은 이 입장을 복잡하게 만들지만, 반드시 그것을 거부하는 것은 아니다. 갤러거(2006)와 베르무즈(1995)가 이안 워터맨을 논의하는 것을 보라.

10. 예컨대 모든 형태(figure)는 그것을 바라보는 시각적 맥락을 가진다. 이 점에 대해서는 켈리(2005)를 보라.

않고도, 그리고 간단한 개념 분석과 같은 것 덕분이 아니고도, 믿음들이 정당화될 수 있는 길 말이다. 물론 선험적 추리를 미심쩍어하는 분석철학자는, 어떤 것이 비추론적이라는 것을 보여주는 것이 그것이 절대 틀림없는 것임을 보여주는 것이 아니며,[11] 그것이 추론에 우선하는 것도 아니라고 주장할 수도 있을 것이다. 실제로, 그런 어떤 논증의 좀 더 논쟁적인 부분은, 어떤 의미에서 이런 비추론적인 측면들(예컨대 하이데거의 도구적인 것, 또는 메를로-퐁티의 신체 지향성)이 추론을 위한 근거인지를 입증하는 데 있을 것이다. 예컨대 브랜덤(2002: 302~322)은 이 점에서 하이데거에 동의하려고 하지 않는다. 이로부터 선험적 논증들이 본래적으로 오해를 불러일으킨다고 말할 수는 없다. 하지만 그것들은 차라리 일괄 거래의 일부로서 전개된다.

실제로 이런 종류의 현상학적 논증들은 곧장 선험적인 논증들이 아니다. 그 논증들이 경험에 의존하는 한, 그리고 어떤 가능 조건이 이 경험을 가능하게 한다고 주장하는 한, 현상학적 반성도 우리로 하여금 (어느 정도) 반성을 통해 이전부터 배경에 있었던 소위 이런 능력enabling 조건에 주의하게 해준다. 그것들은 또한 실패한 경우(사물들이 비도구적이 될 때)에 명료해진다. 이것이 무한 후퇴의 문제로 이어질 필요는 없다. 신체 지향성은 시원적이며(이라고 주장되며), 모든 사람이 요청된 필연성을 알아야 하는 것도 아니며, 실제로 이 추정적인 필연성 자체가 직접적임을을 알게 되는 과정도 필요하지 않다. 그와는 반대로 그것은 현상과 경험 구조에 대한 세부 기술들에 의존하며, 또 그런 기술들에 포함된 개념들은 다른 식으로도 이해될 수 있다.(테일러, 1995b를 보라) 따라서 경험적 자료들은 선험적 논증이 간단히 말해tout court 틀렸다는 것을 거의 입증하지 못할 것이다. 왜냐하면 난제는 각각의 전제들/개념들을 세부적으로 기술하는 데 있고, 또 경험적 결과들에 맞는 선험적 논증의 재구성을 허용하기

● ●

11. 현상학적 논증들이 오류 불가능성이나 수정 불가능성을 수용한다는 의견은 테일러 카르맨의 「현상학의 불가피성에 관하여」에서 설득력 있게 논의된다.

에는 상황 속에 종종 상당한 모호성이 있기 때문이다. 하지만— 그리고 이것이 핵심 요점이다— 어떤 재구성도 가능하지 않을 것이다. 즉, 경험적인 것은 하나의 중요한 제한으로 남는다. 여기서 대륙 철학자에게 중요한 문제는 바로 그런 재구성들이 우리의 이론을 어떤 오류 가능성에서 면역화하려는 병리학적인 시도가 될 때이다. 이것은 항상, 정당화 및 설명적 포괄성과 관련한 일단의 배경 규범들에 의존하는, 개인적 판단ª judgement call을 요구한다. 하지만 그것은 정말로 인지 과학과 경험 과학이 이렇게 특수하게 체화된 선험적 전통에서의 현상학적 작업에 의해 무시될 수 없다는 것을 암시하며, 또 경험적 발견들이 (잠재적으로) 선험 철학의 주장들에 의문을 제기할 수 있고 제기해야 한다는 것을 암시한다.

그러나 도구적인 것과 체화된 지각의 우선성에 대한 하이데거와 메를로-퐁티의 주장들을 해석하는 강한(무례한) 방법과 약한(겸손한) 방법이 있다. 그것들은 인지 구조들이 도처에서 가정될 때, 무언가가 빠져 있다는 것을 어떤 인지주의 철학에 시기적절하게 (지속적이고 숨어 있는 오류를) 상기시켜 줄 수도 있을 것이다. 그러나 비추론적인 근거가 기계적이고 추론적인 과학 용어 내에서 필연적으로 설명될 수 없거나 이해될 수 없었다고 선언될 때, 위험은 커진다. 즉, 체험된 몸lived-body(그리고 내부로부터 느끼는 것 같은 것만은 아닌 몸)의 역학은 필연적으로 과학, 심리학, 생물학 등에서 알려진 하나의 대상으로서의 몸에 불가사의한 것을 남길 것이라고 할 때 말이다.(베르머즈, 2006을 보라) 여기는 아마도 선재성 콤플렉스ante-riority complex라는 말이 좀 더 적절하게 되는 곳일 것이다. 그러나 만일 우리가 이런 자만하는 발걸음을 내딛지 않는다면, 선험적 추리에 대한 일반적인 분석적 반대들과 관련해서 우리가 지금까지 기술해왔던 것은 얼마나 잘 되어갈 것인가?

문제는 어떠한 것도 현상과 실재 간의 스트로우드-칸트의 틈gap을 메워주는 것처럼 보이지 않는다는 것이다. 현상학적 관점에서 바로 그 틈 자체가 그것의 언명 조건으로서 도구적인 것, 몸 대처bodily coping를 전제하고 있을지라도 말이다. 그러므로 분석적 관점에서 기껏해야 이런 부류의 사고는 모종의 정합성 조건에, 예컨대 우리의 판단 및 선-판단에 관한 일종의 반성적 평형에 호소하고 있는 것이다.(말파스, 1997: 16을 보라) '선험적' 수단move은 틀림없이 그 지지자들에 의해서 개념 창조나 최선 설명 추론의 변형 잠재력 이상의 것을 포함하는 것으로 생각되고 있다. 그러나 (이런 입장에서) 그러면 왜 대륙 철학자가 이론적으로 그런 논란의 여지가 없는 용어로 구성될 수 있는 사례의 부분을 이해하지 못하는지가 불분명해진다. 다시 말해서, 하이데거나 메를로-퐁티를 최선 설명 추론을 하는 것으로 관용적으로 해석하는 데에, 그래서 그들을 스트로우드의 비판으로부터 보호하는 데 어떤 잘못이 있을까? 그들 논증의 일부가 그런 용어들로 그럴듯하게 재구성될 수는 있지만, 그렇게 하는 것은 해석적으로 부정확하다. 그들은 일반적인 가류주의적 최선 설명 추론a standard fallibilist inference to the best explanation으로써 인정될 것보다 더 강한 다양한 필연성 요청을 사용한다. 그리고 많은 대륙 철학자들이 반-기계주의적이고 비환원적인 설명을 선호하는 것은, 이런 더 강한 필연성 요청을 그들이 정당화하는 과정에서 어떤 일을 하는 것처럼 보인다.

시간

우리는 선험적 추리에 관한 다른 핵심 궤적 중의 하나가, 칸트에게서 처음 언급되었던 고리인 시간과 관계한다는 점을 시사했었다. 후설은 내적 시간 의식의 현상학에 대한 그의 반성에서, 한 선율에 대한 우리의 통합적인 경험 — 처음 들을 때조차도 — 이, 소위 '지금'이 과거 음표를 함유하는 파지retentive 요소와 미래 짜기future elaboration를 예상하는 예지적 계기protentive moment를 가지고 있어야 한다는 것을 의미한다고 말한다. 물론 여기서 우리가 할 수도 있는 다른 가능한 설명들도 있다. 그러나 이것들은 이와 같은 시간 의식의 양상들을 전제한다고 후설은 주장할 것이다. 메를로-퐁티가 흄의 연상 원리에 대해 말하는 것처럼, 하나의 인상은 단독으로는 결코 다른 인상을 일으킬 수 없다.[12] 이런 논증들이 만족스러운지 아닌지는 깊이 있게 고찰될 필요가 있을 것이다. 그러나 여기서 우리는 하나의 선험적 주장을 갖는데, 이는 실존 현상학자들에 의해서 아마도 특히 하이데거에 의해서 개발된 것이다. 『존재와 시간』에서 시간성은 현존재를 위한 필요조건이라고 주장된다. 시간성은 그것 없이는 도대체 어떠한 현존재도 있지 못할 근거이다. 하이데거는 소위 그의 '이해'가 시간의 미래적 탈자태ecstasis에 의존하고, '기분attunement'(또는 분위기)은 시간의 과거 탈자태(던져짐, 기재having-been)로 구조화되고, '퇴락성fallenness'은 근본적으로 이런 다른 탈자태들을 부정하는 눈앞의 것들에 대한 애착이라고 주장한다. 따라서 직설적으로 말해서, 이해, 기분과 퇴락성은 시간을 통해서만 이해될 수 있을 뿐이다.

만일 시간 철학이 현상학에서 중요하다면, 그것은 또한 후기 구조주의의 한 중심적인 특징이기도 할 것이다. 후기 구조주의에서 선험적인 것이라는 개념은 약간 더 온건하게 표현되고, 시대와 장소로 국지화되고, 칸트적이고 후설적인 개념과 연관된 몇몇 문제들을 피하려고 (많고 적은 정도로) 역사화되며, 따라서 종종 선험적 종합 지식을 강하게 요구하지 않고도 그렇게 되고 있다. 선험적 논증들은 점차적으로 현상학, 해석학 및 계보학에 의해 보강되어왔다. 거지 논법을 피하기 위해서 그것들이 있어야만

⸱ ⸱ ⸱

12. 메를로-퐁티에게, 흄의 관념 연상은 그것이 설명하려고 하는 지각적 정합성을 당연한 것으로 여긴다. 흄은 마음이 유사성, 인접성 그리고 인과성이라는 세 원리에 따라 관념들이 결합된 것이라고 한다. 그러나 우리는 이런 원리들을 어떤 관념들에 어떻게 적용하는가? 관념 속의 어떤 성질들이 우리가 결합하는 것처럼 관념을 결합하게끔 하는가? 그것들은, 우리에게 의미 있는 야구, 농구, 사물들처럼, 맥락화된 특징들로 있을 뿐이다. 붉음 또는 뜨거움과 같은 순전한 감각이나 원자적 성질이 어떻게 결합되거나 분리되는지를 보기란 어렵다. 다시 말해서, 메를로-퐁티는 경험주의의 원자론적 설명이 성공하지 못한다고 주장한다. 그것은 실패하며, 기술적 현상학이 (필연적으로) 전제되어 있다. 카르맨(2008)을 보라.

한다고 스트로우드가 말하는 것처럼, 추가적인 힘들이 결집된 것처럼 보인다. 그러나 계보학에 있어서도 현상학에 있어서도, 선험적 차원은 불필요한 부속물이라기보다는 여전히 중요하다. 물론 후기 구조주의의 계보학적이거나 해체적 분석들이 칸트의 코페르니쿠스적 혁명의 비판적 차원을 너무 진지하게 생각하기 때문에, 그 분석들은 꽤 자주 선험 철학의 필연론적 ^{necessitarian} 야망이 거짓임을 보여준다고 하는 중요한 의미도 있다. 고고학적 분석, 계보학적이고 해체적인 분석에서, 선험적 중립성에 대한 주장 또는 모든 시대와 장소에서 유효한, 유일하게 적용될 수 있는 경험 조건(또는 조건들의 집합)을 수립했다는 주장들은 철저히 상대화된다. 이것은 종종 텍스트의 모순을 분석함으로써 또는 이런 주장들을 (연역적으로 논증을 구성해서라기보다는) 역사적으로 맥락화함으로써 내재적으로 수행되기도 하지만, 궁극적인 결과는 이 전통의 많은 철학자가 스트로우드와 쾨르너의 반대에 동조할 수 있다는 것이다. 비록 초미의 문제는 선험 철학 자체의 이름으로 그들 작업이 여전히 권장되는 방식에 관한 것일지라도 말이다. 예컨대 들뢰즈는 경험적인 것으로부터 선험적인 것을 찾아내는 칸트를 비판하며, 이런 실수를 피하기 위해 선험 철학을 재고안한다. 이 '시간적 전환$^{temporal\ turn}$'이 지닌 최소한의 선험적 의의는 "존재자들이 가변적인 문화적 해석 지평 내에서 폭로된다"는 생각에, "그리고 이 문화적 지평들이 사물 일반의 의미와 이해 가능성을 위한 선험적 조건들(시간화된 선험적인 것)이라는" 생각에 있다.(우드워드, 2008) 이 역사화는, 계속 거지 논법적인 반실재론을 포함하고 있다는 점에서 분석적 우려를 피하지 못한다고 주장할 수도 있을 것이다. 또는 그것이 그 우려를 피한다 해도, 그것은 많은 분석 철학자들에게 똑같이 혐오 받는 다른 수용(즉, 상대주의)과 동행하는 것일 수도 있을 것이다. 이런 모습의 선험적 추리는 (보편주의적이 아니라는 의미에서) 온당하기도 하고, 얼핏 보기에 대부분의 역사가가 식별하는 일을 경계했을 텐데도 식별할 수 있는 시대의 존재를 주장하고 있다는 점에서 무례하기도 하다.

후기 구조주의에서의 핵심적인 선험적 논증들은 변화change, 새로움novelty 및 차이difference의 가능 조건과 관계된 문제들을 둘러싸고 돌아가고 있는 것처럼 보인다. 그런데 차이가 있을 경우, 문제는 특정 변화의 발생 조건과 관계하며, 이런 특정 변화들을 설명하는, 좀 더 일반적으로 지속된다고 추정되는 것과 관계한다. 『차이와 반복』에서의 들뢰즈의 기획이 솔직한 예이다. 그는 반복이 동일자의 단순한 반복이 아니며 결코 단순한 반복일 수 없었다는 것을 입증하려고 하며, 이 기획의 핵심 부분은 시간에 대한 세 가지 다른— 습관적 시간, 기억 시간, 미래 시간 — 접근법에 대한 그의 구획이다. 이 모든 시간은 반복뿐만 아니라 반복할 때마다 차이를 포함한다고 그는 주장한다.

들뢰즈에게 있어 시간의 첫 번째 종합은 습관의 종합인데, 이는 '살아 있는—현재living-present'의 현상학적 경험에서 발견된다. 이런 입장에서 시간은 순간들의 반복에서 작동하는 시원적인 종합으로 이루어져 있다. 그것은 살아 있는 현재를 구성하기 위해서 독립적인 순간들을 서로 수축시킨다. 그런 후 (그 자체 하나의 순간이 아닌) 이 살아 있는 현재의 양태나 차원뿐인 과거와 미래가 생성된다. 미래는 발생하리라고 예상되는 것인 반면, 과거는 현재를 만드는 수축에 간직되어 있는 이전 순간이자 배경 조건들이다. 이 살아 있는—현재도, 과거로부터 미래로, 특수자로부터 일반자the general로 나아간다는 점에서 시간 방향성이나 시간의 화살을 건립한다. 들뢰즈의 부분적으로 흄적인 입장에서, 습관은 살아 있는 현재의 수축을 동반하는 자기self나 자아ego의 조건이다. '나'는 시간의 무수히 많은 습관적 종합에 의해 생산된다. 습관이 모종의 반복을 포함한다는 것은 아주 분명하다. 그러나 들뢰즈에게 있어 습관도 우선 차이를 포함한다. 왜냐하면 "습관은 반복 — 즉, (일반성으로 이해된 첫 예에서의) 차이 — 으로부터 새로운 무언가를 끌어내기" 때문이다.(1994: 73) 따라서 습관은 한낱 기계적인 반복이 아니다. 오히려 그것은, 관여되고 있는 활동이 이전에 수행되어왔던 어떤 것이라는 (수동적 종합에 기초한) 선반성적 인식을 포함한다. 예를 들어, 흄의 유명한 계열 AB AB AB AB에서, 우리가 A를 만날 때에는 언제나 B를 예상하게끔 하면서, 일군의 계열과 다음 계열 사이의 차이를 들여오는 것은 습관이다. 들뢰즈가 말하는 것처럼, "A가 나타날 때, 우리는 모든 수축된 AB들의 질적 인상들에 상당하는 힘들과 더불어 B를 예상한다. 이것은 결코 하나의 기억이 아니며 (…) 반성의 문제도 아니다."(ibid.: 70) 그의 주장은 우리가 과거를 반성하거나 심지어 의식적으로 과거를 기억한다는 것이 아니라, 그저 우리가 무반성적으로 어떻게 되는지를 안다는 것이다. 이 과정이 부분적으로 종합에 포함되어 있는 과거 경험들에 의존하기는 하지만, 적어도 들뢰즈에 따르면, (때때로 절차적 기억이라고 일컬어지는 것을 제외한) 습관의 살아 있는 현재와 관련된 기억은 없다.(ibid.: 70) 시간의 이런 수동적 종합은 정신 안에서 발생한다. 그것은 정신에 의해 수행되지 않는다.

사건들의 연쇄나 지나가는 현재의 순간들이 시간을 구성한다고 하는 시간에 대한 이 습관적인 설명이 '살아 있는–현재'의 구성을 적절하게 설명하는 것처럼 보이는 동안, 현재도 그렇게 구성된 시간 속을 지나가며 (현재는 규명될 수 있으며 따라서 시간 자체와 동연적이지 않다), 따라서 그의 기본적인 물음은 대략 다음과 같은 것이다. "어째서 습관적 현재나 시간적인 '지금'의 계기가 통과할 수 있는가?", "어째서 현재는 전적으로 시간과 동연적이지 않은가?" 앞으로 17장에서 보겠지만, 베르그손도 주장했듯이, 들뢰즈는 이것이 필연적으로 우리에게 살아 있는 현재에 대한 잠재적인 또는 선험적인 조건을 주목하게 만든다고 말한다. 이것을 다른 식으로 표현하자면, 현재를 통과하게 만드는 시간의 두 번째 종합이 있어야 하며, 이것이 과거의 시간 또는 기억의 시간이라고 그는 주장한다.(ibid.: 79) 기본 생각은, 현재 자체를 바로 그 표상representation에서 표상되게 하지 않고는, 우리가 이전의 현재(즉, 과거)를 표상할 수 없다는 것이다. 따라서 만일 우리가 우리의 과거에 대해 생각한다면, 우리는 어떤 의미에서 현재를 괄호 치거나 현재를 존재하지 못하게 할 것이다. 이것은 우리가 기억할 때는 언제나 이에 대한 두 주요한 양상이 있으리라는 것을 의미한다. 첫째, 그 과거에 대한 '실제의' 기억. 그뿐만 아니라 그 자체가 기억하기에 참여하고 있는 것으로서의 현재(또는 자아)의 표상. 들뢰즈는 이 두 양상을 기억memory과 이해understanding로 기술한다.(ibid.: 80) 아마도 우리는 그의 논증을 다음과 같이 도식화해 볼 수 있을 것이다. (1) 현재가 통과한다. (2) "어떠한 현재도 그것이 현재인 것과 '같은 시간에' 통과하지 못했다면, 통과하지 못할 것이다. (3) 따라서 이것을 설명하기 위해서 우리는 결코 아직 현재가 되지 않았었던 '순수 과거'(잠재적 과거)를 가정해야 한다. 그리고 쾨르너가 시사하는 것처럼 아마도 여기서 숨겨진 전제는, 어떠한 다른 설명도 충분하지 않을 것이라는 점이다. 그런데 들뢰즈에 따르면, 이런 시간의 두 번째 종합, 과거는 어떤 '현재'가 (그것이 기억하려는 시도에서 괄호 처지는 것으로서) 항상 필연적으로 통과한다는 것을 의미하는 근거이며, 따라서 그것은 다른 '현재'의 도래를 허용한다.(ibid.: 81~82)

그러나 들뢰즈는 궁극적으로 이런 시간 양태들 어느 것도 충분하지 않다고 주장한다. 왜냐하면 그것들은 사고 속에 적절하게 시간을 도입하지 못하기 때문이다. 물론 우리가 습관적으로 생각할 수 있을지라도, 또 기억과 관련된 '이해'가 있을지라도(현재도 과거와 함께 괄호로 묶이는 것으로서, 그리고 이것이 반성에 상당하는 것에 대한 필연적인 거리necessary distance를 가능하게 한다), 이것은 진정으로 중요한 사유가 아니다. 들뢰즈는 참된 철학적 사유는, 비록 그것도 항상 시간에 속해 있을지라도, 시간을 부수고 여는, 그리고 시간을 차단하는 미래 형식을 필요로 한다고 주장한다.(ibid.: 88) 들뢰즈는 순수 차이의 이 긍정을, 미래의 이 긍정을 놀랍게도 니체의 유명한 동일자의 영원회귀 사상과 결합시킨다. 그는 **동일자의 영원 회귀**eternal return of the same라는 니체의 개념을 굴절시켜 대신에 **차이의 영원 회귀**eternal return of difference를 찬양함으로써 그것을 변형시킨다. 다시 한번 우리는 이 논증을 다음과 같이 도식화할 수 있다. (1) 실제적인 변화/차이가 있다(때때로 새로운 것이 일어난다. 창조성이 존재한다). (2) 시간의 첫 두 종합 어느 것도, 둘 다 차이/변화를 전제할지라도, 이것을 적절하게 설명하지 못한다. (3) 그러므로 변화와 차이에 맞출 세 번째 시간적 종합이 있어야 한다. 미래 시간과 관련된 종합은, 영원회귀의 유일한 통일이 실제로 정말 차이가 돌아오는 부정적 통일이라는 점에서, 연언적conjunctive이 아니라 선언적인disjunctive 것으로서 생각되어야 한다.(ibid.: 126)

직관적으로도 차이 회귀 개념the notion of difference returning이 가진 문제들이 있다. 그러나 『차이와 반복』에 대한 이런 간략한 설명에서, 우리는 미지의 미래가 발생적 변화/차이를 설명하기 위한 조건으로 쓰이는 양식을 볼 수 있다. 이는 다른 양식일지라도 다른 후기 구조주의 사상가들에게도 성립하는 그런 것이다. 물론 이런 논증들은, 약식 설명에서든 들뢰즈 자신의 (훨씬 더 미묘한) 설명에서든, 모든 사람을 납득시키지는 못할 것이다. 그런 회의주의자들에게 이것은 모두 좀 수상쩍은 것처럼 보일 수도 있고, 또 그런 수상쩍음은 실제로 들뢰즈 및 다른 철학자들의 선험적 논증과 연관된 잠재적 위험 중의 하나이다. 예컨대 데리다는 선험 철학을 (내적으로) 크게 비판하는 자 중의 한 사람이지만, 그럼에도 불구하고 거의 틀림없이 그의 작업에는 선험 철학의 핵심 부분에 있는 모호성과 부정확성으로 인해 가능해진 어떤 중요한 활주slide — 예컨대 선험적 우선성의 문제들로부터 윤리적 우선성으로 가는 것 — 가 있다. 예컨대, "가능한 것이 모두 일어나는 곳, 무가 일어나는 곳이고, 이미 거기에 잠재적으로 있는 자신을 발견하는 것이라는, 따라서 새로운 무를 생산하는 것이라는 뻔한 술어의 빈약한 전개가 아닌 무There where the possible is all that happens, nothing happens, nothing that is not the impoverished unfurling of the predictable predicate of what finds itself already there, potentially, and thus produces nothing new."(데리다, 2005: 57)와 같은 진술을 어떻게 이해할지는 항상 분명하지 않다. 이런 데리다의 언어는 소화하기 힘들다. 그러나 그는 그저 정의에 의해서 참(또는 적어도 우리의-계보학적-역사에서-얻은-참)될 수 있었을 것, 우리의 가능성 개념의 한계에 관한 개념적 주장을 하고 있는 것이다. 그렇지 않으면, 아무리 그 말이 많은 것을 적재하고 있을지라도, 그것이 실재와 관계하는 주장이란 말인가? 스턴(2004: 10~11)이 개념-쪽 선험적 논증concept-directed transcendental argument과 진리-쪽 선험적 논증이라고 언급하는 것 사이에는 중요한 차이가 있다. 그러나 데리다의 의사 선험적 주장들은 거의 항상 이런 두 방식으로 다 독해될 수 있으며, 따라서 (해체가 공공연히 스스로 정해놓은) 문제는 우리가 데리다를 일차적으로 개념의 계보학자로, 선험 철학자로[13] 이해할 것인지, 아니면 대단히 제한된 의미에도 불구하고 윤리학자로서 이해할 것인지를 중심으로 해서 돌아간다. 데리다는 개념과 형이상학이 불가분하게 얽혀 있다고 말하면서 이런 비교에 항변할지도 모른다. 그러나 사건과 뻔한 술어predictable predicate 간의 이런 대립은 필연적인 대립인가? 데리다는 그것이 사건을 사유하기 위한 조건이라고 주장하지만, 그러나 이것이 실제로 우리가 사건을 설명하거나 생각할 수 있는 유일한 방식인가? 모든 매개mediation 철학, 연속성continuum의 철학은 필연적으로 사건을 설명할 수 없다고 비난받는가? 그런지는 분명하지 않다. 아마도 다양한 종류의 '변환점tipping point'이 여전히 이론화될 수 있을 것이고, 또 위험은 이런 부류의 선험적 추리가 다른 가능성을 배제하는 비교에 의존하고 있다는 점이다. 따라서 쾨르너가 언급했듯이, 어떤 임의의 고유한 필연성을 주장하는 것 자체가 좋은 것은 못 된다.

결론

분석 철학자들이 제기하는 핵심적인 분명한 반대 ─ 경험주의에서 나온 일반적인 반대, 스트로우드의 '관념론적/검증주의적' 반대 그리고 추정된 조건의 고유성을 수립할 수 없다는 쾨르너의 우려 ─ 들은, 비록 (적어도

---

13. 데리다는 자기가 '과격한 선험주의자이거나 의사-선험론자'라고 언급하고, 이를 환원적 경험주의를 피하려는 그의 관심을 통해 설명한다. 글랜디닝(2001: 107)을 보라.

우리에게 있어서) 선험적 논증들을 불신하기에 충분치 않을지라도, 그 논증들을 경계하게끔 하기에는 충분하다. 우리가 전개해왔던 두 개의 다른 측면에서 볼 때, 이런 각각의 우려와 밀접한 관계가 있는 사항은, 분열 내내 순수하게 다른, 일단의 연관된 설명 및 정당화 규범들이다. 그것들은 우리가 소위 장–프랑수아 리오타르의 **상충성**differend과 유사한 상황에 놓여 있다는 점을 암시한다. 이는 두 당파가 공통 규칙이나 판단 기준에 일치할 수 없어서 중재 재판을 고려해야 할 논쟁을 말한다. 결론에서 다시 한번 어떻게 이럴 수도 있을 것인지를 생각해보기로 하자.

위의 많은 토론 동안, 배경에는 경험주의적인 반대가 있었다. 그러나 그것은 근본적으로 선험적 수단move의 확충 야망 및 무제한적인 선험적 이론화가 철학에 가져올 것처럼 보이는 방법론적 재앙에 관한 우려이다. 게다가 근래의 우려는 종종 경험주의 자체 못지않게 많은 분석 철학의 자연주의적 야망과도 관련된다. 어떻게 그런 추리가 과학의 결과를 종종 인식적으로 특권적이라고 간주하는 체계 내에서 그리고 과학의 이질적인 지식 주장들 사이에서 정합성을 (그리고 심지어 아마도 최종적인 통합을) 찾는 체계 내에서 상당히 통합될 수 있었는가? 얼핏 보기에 여기서 주목할 중요한 점들이 있음에도 불구하고 쉽지는 않았다. 첫째, 우리는 여기서 방법론적인 경험주의나 자연주의의 수용이 무엇을 의미하는지를 말해줄 필요가 있을 것이다. 왜냐하면 이것을 이해하는 많은 다른 방식들이 있고, 또 아마도 인정되거나 전제된 특수한 판본의 자연주의가 그 자체로 독단적이거나 문제가 있기(부분 밖에 있는 부분) 때문이다. 그것은 확실히 메를로–퐁티가 주장하는 것일 것이다. 둘째, 경험주의와 자연주의에 대한 폭넓은 비실증주의적인 변형들이 이제 분석 철학 내에서 개발되어왔고, 따라서 그런 입장들과 선험적 논증들의 공존 가능성compatibility이 이런 맥락에서 재고되어야 한다. 맥도웰은 『정신과 세계』 및 다른 곳에서 이런 기획에 종사한다. 그리고 선험적 논증과 연관된 (후설, 베르그손, 하이데거, 들뢰즈를 포함하여) 대부분의 대륙 철학자들이, 반자연주의자들이거나 자연에도 자연 과학에도 비판적이고 변형적인 태도를 취한다는 것은 우연의 일치가 아니다. 확실히 생기론vitalism의 요소들이 베르그손, 하이데 거 그리고 들뢰즈의 작업에서 식별될 수 있다. 동시에 현상학과 정신 철학에서 선험적 논증을 가지고 작업하는 다양한 대륙 철학자들은 현상학 을 자연화하는 기획에, 또는 아마도 좀 더 적절하게 말하자면 데이비드 모리스(2007: 535)가 표현하듯이 '자연을 현상학화하기phenomenologising nature' 에 종사한다. 전자의 기획이 어떤 잘 확립된 자연 설명(예컨대, 더 말할 것도 없이 자연은 과학적인 것이다)을 얻기가 불가능할 것임을 시사하면 서, 그리고 아마도 있어야 할 것은 좀 더 근본적인 어떤 것임을 시사하면서 말이다. 즉, "자연은 법칙에 따라 전개되는 시-공-물질이 아니다. 자연은 유기화하는 방향으로 움직이고 있다."(ibid.: 541)는 것이다. 우리는 여기서 인지 과학과 대륙의 영향을 받은 정신 철학 내에서 이런 입장이 지지받고 있다고 말하는 것 외에는 이에 대해 할 말이 없다. 그런 입장에서 경험적 분석들은 적절해야 하고, 선험적 주장이라고 여겨지는 것과의 상호 제약 관계에서 선험적 주장들은 잠재적으로 경험적 분석에 의해 논박될 수 있어야 한다. 경험적 분석이 결코 단번에 완수되지 않는다는 점에 주의하면 서, 그리고 경험주의 및 자연주의와 연관된 부정적 발견법들이 대부분의 분석 철학자들에 의해 사용된 것들보다 어느 정도 더 느슨하다는 점에 주의하면서 말이다. 이런 입장에서 선험적 추리는 예측 결과를 갖는 어떤 다른 이론적 접근법처럼 그만한 가치를 갖는다.

스트로우드의 반대는 그런 중도적인 접근법에 덜 적합하다. 실제로 선험적 논증에 대한 사실상의 모든 비외재주의적인non-exteralist 사용에는 반실재론 비슷한 거지 논법적 가정이 있는 것으로 보인다(우리는 '비슷한 something like'이라고 말한다. 왜냐하면 분석 철학자에게 "존재는 현상이다." 라는 금언은 관념론적이지만, 많은 현상학자에게 그것은 관념론과 실재론 간의 중도 노선이기 때문이다). 그러나 두 개의 답변이 제공될 수도 있다. 우리는 테일러(1995b: 25)가 하듯이 그 점을 수긍할 수도 있지만, 그럼에도 불구하고 선험적 분석들은 여전히 우리 자신의 자기-관계self-relation를 위한 필요조건들을 — 예컨대 우리는 그 스스로 필연적으로 체화된 주체이다 — 수립한다고 주장할 수도 있고, 또 이것이 엄연히 인문학과 사회과학에서 중요하다고 주장할 수도 있기 때문이다. 비록 그것이 실재 그 자체에 관해 무엇을 의미하는지에 관해 우리가 형이상학적으로 겸손해야 한다고 할지라도 말이다. 둘째, 우리는 선험적 논증법에 대한 스트로우드의 영향력 있는 비판들이, 지식이 행동보다 우선이라는 것뿐만 아니라, 나와 만물 사이의 논리적이고 형이상학적인 간격을 전제하면서, 전제에서 자유롭지 않은 것이 아니라는 것을 지적할 수도 있을 것이다.(아브라미데스, 2001: 253)

이런 편파성에 대한 비난은 다른 논증 유형을 분류하고 공식화하는 분석적 기획에까지 확장될 수 있었다. 많은 맥락에서 틀림없이 유용하기는 하지만, 이것도 자체적인 문제를 노정한다. 위험은 특성상 분석적이거나 분해적인 접근법이, 사고 자체가 (적어도 때때로) 종합적으로 있는 양식을 보기 어렵게 한다는 데 있다. 실제의 추리effective reasoning는 거의 틀림없이 이것보다 더 복잡하며, 대륙 철학자에게 있어 그렇지 않다고 생각한다는 것은 추리 수단을 목적으로 오해하는 일이 될 것이다. 즉, 유용한 특수 사유 도구를 과제 자체와 혼동하는 짓이 될 것이다. 우리가 보았듯이 이런 관점에서 대부분의 대륙 철학자들은, 선험적 논증 작업의 분명한 비귀납적 방법을 위한 귀납적 후원(또는 최선 설명 추론에 의한 후원)이 있다고 주장할 것이다. 과학에 관심이 없는 사람들에게 있어서조차도, 서양 철학사는 그것의 문제와 성공을 모두 포함하고 있으면서, 다른 그런 근거가 될 것이다.

우리는 거의 모든 선험적 논증이 어떤 적극적인 개입involvement에 의존한다는 것을 보아왔다. 그런 의미에서 선험적 논증은 정말로 회의주의자에 대고 문제를 구결하며, 또 그것은 정말로 독해와 반성에서 또는 적어도 그런 순간에서 어떤 불신의 중지(어떤 신뢰)를 요구한다. 철학자들은 비판적이어야 한다. 그러나 어느 누구도 항상 비판적이지는 않으며, 선험적 논증으로 작업하기 위해서 우리는 모종의 이야기(기술, 계보학 등)에 따라 안내받아야 하고, (체화된 상황으로부터) 경험을 상상하고 재구성해야 하며, 또 우리는 다양한 다른 논증법 책략을 사용하면서, 다른 계기에 비판적으로 그리고 회의적으로 반성해야 한다. 물론 우리는 이런 이중적인 요구를 처리하면서 오류를 범할 수 있다. 우리는 궤변에 미혹될 수 있다. 그러나 이것은 어떤 신뢰 없이는 선험적 추리가, 관점 이동을 일으키는 데 유익하고 도움을 준다는 의미에서, 결코 작동하지 못할 것임을 의미하기도 한다. 분석적 사회는 대체로 그런 논증들을 신뢰하지 않기로 결정해 왔다. 대륙 사회는 대체로 그런 논증들을 의미 있을 만큼 신임하였다. 제임스(1956)가 좀 더 일반적인 인식적 맥락에서 분명히 했듯이, 거짓 믿음을 피하려는 목표와 참된 믿음을 찾으려는 목표 사이의 정확한 균형은 사실 행위자에 따라 다를 수 있다. 그리고 그것은 우리가 지금 전통 사이에 놓여 있는 상황이다. 분석적 결정은, 선험적 추리가 분석적 사회의 규범 내에서 담당할 수 있는 구성적 역할을 찾는 데에서 있는 난점을 고려할 경우, 거의 틀림없이 일리가 있다. 대륙 결정의 온당성은, 비판적으로 반성하기도 하면서도 이런 내기에 종사하는 행위의 가치를 고려할 것을 요구하며, 또 이원적 조합dual combination이 제공하는 관점의 가치를 고려할 것을 요구한다. 그런 의미에서 선험적 논증들은 순환적이지만, 그러나 따라서 그것은 반성적 평형 추구, 사고 실험 사용 및 상식에 대한 명시적이거나 암묵적인 수용 주위로 향하는 철학 방법론이라고 주장될 수도 있을 것이다. 이런 경우 중 어느 것에서는 순환성이 악순환적일 필요는 없지만, 그러나 그것은 때때로 이것들 전부에서 악순환적이다. 제프 말파스(2003: 5-6)는 선험적 논증에 대한 분석적 접근법과 대륙적 접근법 간의 비교가 분열을 메꿔 주거나 심화시키는 데 도움을 줄 수도 있다는 점을 관찰하였다. 우리의 느낌은 이 경우에 후자가 오히려 더 그럴 것 같다는 것이다. 하지만 아마도 이런 엄연한 차이는 진지한 대화가 가능해지기 위해 명료하게 밝혀져야 할 필요가 있을 것이다.

제11장

현상학

— 사태 자체로 돌아가기

　　현상학phenomenology 전통은 20세기 전체와 그 이후 내내, 상당히 탄력적인 것으로 입증되었다. 실제로 현상학은 다소 급진적인 방식으로 재고안되고 있는 동안에도, 계속 현대 대륙 철학(유럽 대륙 및 그 너머 모두에서)의 주요 탐구 전선 중의 하나로 있을 뿐만 아니라, 많은 위대한 대륙 철학자들이 — 후설, 에디트 스타인, 하이데거, 사르트르, 메를로-퐁티, 레비나스, 리쾨르, 가다머, 아렌트, 데리다, 앙리, 마리옹 등 — 스스로 공개적으로 지지해왔던 전통이다. 최근에 현상학이라는 용어는 또한, 대략 그것이 경험의 질적 성격 또는 때때로 감각질qualia로 일컬어지는 것을 가리키고 있는 곳인 분석적 정신 철학에서 반복적으로 돌출하기도 한다. 물론, 후설과 그로부터 유래하는 전통에서 현상학은 한낱 "그것은 무엇과 같은 것인지what it is like"와 상호 교환될 수 있는 용어라기보다는, 좀 더 특정적인 것을 의미하게 되었다. 마찬가지로 만일 우리가 현상학을, 경험과 그것의 다채로운 구조를 연구하고 반성하기 위한 기술적 방법으로 묘사한다면, 그것은 몇몇 중요한 분석적 인물과도 근본적으로 단절되지 않으며, 라일과 오스틴 (그리고 초기 실용주의자 C. S. 퍼스) 같은 철학자들이 때때로 자기들 고유의 기획이 아주 잘 현상학적이라고 일컬어질 수도 있지 않을까 하고 생각했던 것은 아마도 이런 이유 때문일 것이다.

분석 철학자들이 고민했던 것은 모든 현상학적 기술의 가치에 대한 대대적인 거부에 대해서라기보다는 (대대적인 거부도 있었음에도 불구하고) 현상학의 좀 더 거창한 방법론적 야망에 대해서인 것처럼 보인다. 현상학의 제국주의적인 야망에 관한 우려들도 있다. 즉, 대부분의 주요한 현상학자들은 그들의 작업과 (전에 유진 핑크가 기술했던 것처럼 '경이를 일깨우는') 방법을, 다른 목적을 위해서가 아니라 어떤 목적을 위해 사용될 수도 있는, 다수의 기법 중 어느 하나인 철학적 기법으로 생각하지 않았다. (특히 후설의) 현상학적 분석들이 때로는 아주 느리게 진행되고, 입증된 결과들을 넘어선 일반화를 피하고 있는 동안, 현상학자들은 그들이 하는 일을 철학 자체에 본질적인 것으로 보려고 하였다. 이것은 분석적 독자들의 분노를 일으킨다. 현상학을 간단히 버린다는 생각은 그럴듯하지 않은 것처럼 보이는 반면, 실제 분열은 바로 이런 경험 기술description of experience에서 수행되는 것과 그것의 의의가 무엇에 있다고 주장되느냐에 있다. 그 기술들은 필수적이고 본질적인 조건들이 수립될 수도 있는 발판으로 보여지는가, 아니면 철학적 의의가 거의 없는, 폐기할 수 있는 심리적인 경험 기술로서 보여지는가? 일부 대륙 철학자들이 다른 이유임에도 불구하고 현상학을 그렇게 일축할 것이기 때문에, 후자의 답변만으로는 분석 철학자의 일원이 되지 않지만, 확실히 그것은 분석적 사회 내에서 넓게 공유된 입장이다.

그렇긴 하지만, 현상학에 대한 분석적 비판은, 다음과 같은 관계된 주장들에 방향을 맞추면서, 많고도 다양해졌다. 즉, 현상학은 일종의 토대주의적인 주관주의foundationalist subjectivism(따라서 데카르트 기획의 한 변형)나 마찬가지이다. 또는 현상학은 (후설의 『산수 철학』에 대한 프레게의 초기 비난에서처럼) 일종의 심리주의이다. 현상학은 (데닛이 시사하듯이) 사회 과학으로 틀렸음이 입증되었던 일인칭 관점에 특권을 부여하는 내성적 방법론을 사용한다. 현상학은 우리의 현상 접근에 대한 모종의 교정 불가능성incorrigibility을 (그리고 『유한성 이후』에 나오는 메이야수의 용어를 사용하자면, '현상'과 '실재' 사이의 모종의 '상관correlation'을) 가정하며, 따라서 영감에 회의적인 논증들뿐만 아니라, 특히 현상학이 소박하다고 말하는 과학 쪽의 논증들 같은, 다양한 종류의 '환상 논증들arguments from illusion'에 취약하다(이것도 데넷의 입장이다). 현상학은 주어진 것의 신화the myth of the given의 기미를 보인다(정확히 모든 현상학이 부정하는 것은 지식의 근거로서 수동적인 감각 자료 유형의 모델이라는 것을 고려할 때 이는 이상한 비난이다). 그리고 끝으로 현상학이 선험적 추리에 의존한다는 것은, 현상학이 우리가 10장에서 상세히 다루었던 온갖 문제의 희생물이 된다는 것을 의미한다. 결국 많은 현대 분석 철학은 현상학을, 현상주의와 버클리의 관념론과 같은 프로그램과 함께 데카르트적 프로그램을 완수하려는, 일련의 철저하게 불운한 또 하나의 노력이라고 본다. 이번 장은 이런 여러 가지 비난들뿐만 아니라 데넷의 '타자–현상학hetero-phenomenology', 즉 객관주의적 현상학의 가망성을 고찰할 것이다.

대륙 현상학 전통(들)

근본적으로 현상학은, 그 고유의 용어로 경험을 적절하게 기술하면서 그런 후 그런 기술들 위에 이론을 세우려고 하면서, 경험과 함께 출발하는 것을 중요시한다. "사태 자체로 돌아가라return to the things themselves"라는 표어는 거의 틀림없이 우선은 부정적인 방향을 향하고 있다. 그것은 소위 후설의 생활–세계Lebenswelt 또는 『존재와 시간』에서의 소위 하이데거의 '평균 일상성average everydayness'과 접촉이 끊어진 철학적 추상과 형이상학적 처지에 관한 우려들에서 유래한다. 그래서 현상학자는 하나의 이론(또는 형이상학)에서 출발해서 그 이론이나 가설을 확증(또는 과학적 실천에 대한 포퍼의 대안적인 이상화에서처럼, 반증)하려고 하기 위해 경험으로 돌아와서는 안 된다. 현상학의 특징은 종종 삼인칭 관점이라기보다는 일인칭 관점에 의존하고 있는 것으로 기술된다. 그러나 이런 인칭 대립은 보기보다는 더 복잡하다. 왜냐하면 어떤 일인칭 관점은 개인person을 넘어서 있는 것을 향해 있고, 또 적어도 현상학자에게 있어 어떤 삼인칭 관점은 어딘가로부터 그리고 어떤 때somewhen로부터 이해되어야 하기 때문이다. 만일 과학이 이미 확정된 존재물 간의 인과 관계를 통해 지각, 사고 등을 설명한다면, 현상학은 그런 설명이 당연하게 여겨지는 세계의 본래적 경험을 폭로하려고 할 것이다. 그런 야망은 철학적 반성 활동을 통해 그리고 물론 언어 사용을 통해 이 경험을 배신하지 않고도, 이 경험을 회복하기 위해서, 우리의 철학적 방법이 알맞게 조정되어야 할 필요가 있다는 것을 의미한다. 이 과제의 어려움은 때때로 현상학을 반대하는 한 이유가 되는 것으로 여겨진다. 대부분의 현상학자가 반성적 영역과 선반성적 영역 간의 관계를 세부적으로 그리고 그럴듯하게 설명하고 있을지라도 말이다. 그러나 그것은 정말로 현상학자들이 두 지배적인 철학적 방법들과는 실질적으로 다른 방법을 사용해야 한다는 것을 의미한다. 메를로-퐁티가 『지각의 현상학』에서 말하듯이, "순수 기술에 대한 요구는 한편으로는 분석적 반성 방법procedure과 다른 한편으로는 과학적 설명 방법을 똑같이 배제한다."(2002: ix) 그에 따르면 이런 풍조들을 피함으로써만 우리는 "주관과 대상이라는 관념보다 앞서는, 나의 주관성의 사실과 발생하려는 대상을, 사물과 관념이 생성되는 그 원시적인 층을 재발견"할 수 있다.(ibid: 219) 여기서 요점은, 주관-대상이라는 양극성에서 출발하는 것은 좀 더 근본적인 무언가를, 즉 하이데거의 용어로 소위 '세계-내-존재'를 소홀히 하는 것이라는 점이다.

우리가 현상학을 단수형으로 언급해왔지만, 현상학이란 무엇인가는 현대 대륙 철학에서 근본적으로 논쟁거리로 남아 있다는 점을 알아두어야 한다. 현상학적 운동과 연관된 주요 철학자 어느 누구도 현상학의 방법과 목표를 놓고 정확히 같은 이해를 보이지 않는다. 실제로 후설의 표어 '사태 자체로 돌아가라'의 모호성이 부분적으로 그러하다는 점을 지시한다. 우리가 현상학적으로 경도된 기술, 논증들을 찾을 수 있을지라도, 그리고 칸트, 헤겔 및 다른 이들에서 그 용어 자체와 같은 독일어를 찾을 수 있을지라도, 후설은 그것의 방법론적 창시자로 넓게 인정되고 있다. 그러나 후설조차도 하나의 특정한 현상학적 방법을 일관되게 사용하지 않았다. 대신에 그는 자주 그 방법에 대한 설명을 다시 논의하였고, 그 자신의 저작에서 다른 종류의 현상학 간의 구분을 주장하였다. 그러면 무엇이 이런 다양한 관심들을 일치하게끔 해주는가?

모든 현상학의 이형태들에서 중심축이 되는 것은 경험에서 출발해서 그것으로부터 이론을 구성하자는 관심이다. 마찬가지로 브렌타노에게 지향성 — 심적 상태의 지향성 — 개념을 빚지고 있다는 것도 도처에서 드러난다. 브렌타노는 어쩌면 분석적 전통에도 똑같이 영향을 미쳤지만, 그러나 대륙 철학에서 그 중요성은 주로 후설의 1900~1901년의 미숙한 『논리적 탐구』에 미친 브렌타노의 영향에 있다. 여기서 후설은 현상학적 방법의 두 주요 요소를 다음과 같이 특징짓는다.

1. 부정적인 수단move은 '사태 자체', 경험에 주의를 기울이지 못하게 하는 것에 대한 판단 중지에 있다(유명한 괄호치기(에포케) 또는 예컨대 외부 세계가 있다고 가정하는 '자연적 태도들'에 대한 중지).
2. 긍정적인 수단은 현상의 특유한 출현 양태로 '돌아가기'와 모종의 본질 탐구 (전문적으로 **형상적 환원** 또는 **형상적 분석**이라고 일컬어지는) 요청을 포함한다.

이런 종류의 현상학은 그저 일종의 내성적 주관주의가 아니다. 그것은 본질들에 대한 탐색이나 예증들을 포함하며, 따라서 일반화하려는 경향성을 함유한다. 실제로 유명한 것으로 후설은 현상학이 엄밀 과학이라고 선언하기까지 한다. 비록 그것이 경험적 사물의 과학이라기보다는 의식의 과학이고, 그래서 그것은 방법론적으로 독특하다고 주장했을지라도 말이다. 현상학은 이론적 전제들 없이 (사르트르의 사랑 관계 현상, 메를로-퐁티의 서로 닿아 있는 두 손의 현상과 같은) 특수한 예들을 살펴보려고 한다. 이런 경험에 본질적인 것을 판별하기 전에 그리고 이런 경험을 위한 가능 조건들을 반성하기 전에 말이다.

하이데거, 사르트르와 메를로-퐁티에게 있어 '순수' 현상학은 불가능할지라도, 이런 폭넓은 논증 기법은 모든 후속 현상학자들에 의해 명백히 아주 다른 방식으로 사용된다. '구체적인' 인간의 삶을 이해하기 위해서 그들은, 우리의 본질적인 역사성을 합리적 반성에 특권을 부여함으로써 추출하지 않고, 우리가 그 역사성에 더 주의를 기울여야 한다고 주장한다. 다시 말해서, 순수 현상학과 선험적 주관이라는 가정을 불가능하게 만드는, 그리고 역사로의 (나중에 보겠지만, 해석학, 계보학 및 해체 이론으로의) 전환을 불가피하게 하는, 우리 사회 세계(생활 세계)와의 어떤 불가분성이 있다. 따라서 『지각의 현상학』에서 메를로-퐁티는 현상학이 본질적으로 그리고 필연적으로 실존 현상학이라고 주장한다.(2002: xiv) 이는 '사태 자체' 또는 경험으로의 어떤 미수의attempted 환원이, 실제로는 경험에 우리가 처해 있는 사회 상황이 스며들어 있는 방식들을 드러내는 일에 이를 것이라고 말하는 것이다. 다시 말해서, 미수의 현상학적 환원은 필연적으로 불완전하다. 그러나 메를로-퐁티에게 환원을 완수하지 못하는 이 무능력은 현상학의 종말을 예고하는 것이 아니다. 그것은 실제로 인간 상황에 관한 많은 것을, 특히 우리가 세계와 결부되어 있다는 것을 드러낸다. 따라서 세계-내-존재는 환원을 배경으로 해서만 그 풍요로움을 드러낸다.(ibid.: xiv) 메를로-퐁티의 '실존 현상학' 수용은, 후설에 대한 어떤 (아마도 공정하지 않은) 독해가 시사하는 것처럼, 세계의 통일이 의식적 판단으로서 생산되는 것이 아니라, 기성의 것으로서 또는 이미 거기에 있는 것으로서 먼저 체험된다는 것을 의미한다. 어떤 현상학적 환원은 모든 경험적 개입과 '자연적 태도'에 대한 의식의 순화로서 이해되어야 하는 것이 아니라, 오히려 우리의 선반성적인 세계 참여를 폭로하려는 반성적 노력으로서 이해되어야 하며, 신체 지향성의 고안은 이에 대한 메를로-퐁티의 설명에서 핵심적이다.(토드빈, 2008)

이런 발전들 이후에, 데리다의 해체(특히 그의 『후설 기하학의 기원 입문』 및 『목소리와 현상』)와 들뢰즈의 『차이와 반복』 그리고 『의미의 논리』는 현상학에 훨씬 더 격렬한 비판을 가했다. 특히 후설이 선험적 자아 개념 및 그것이 의미를 위한 조건으로서 쓰이는 방식과 관련해서뿐만 아니라(사르트르도 『자아의 초월성』에서 이미 이것을 거부했었다), 후설의 암묵적이고도 명시적인 시간 철학과 관련하여 데리다와 들뢰즈는 모두 의구심을 제기한다. 따라서 현상학이 주관주의라는 분석적 비난도 부분적으로 대륙 철학 내에서 (비록 대부분의 사람이 이에 대한 하이데거의 현상학을 비난하지 않을지라도) 반영되고 있다. 맑스주의자들과 정신분석학자들도, 물질적 생산력이 어떤 방식으로 생각하고 느끼고 행동하는 개인들에게 질문을 던지는 양식을 이해하기 위한 자원들을 현상학이 제공하지 않는다고 주장하면서, 현상학이 '사용자 환상user illusion'과 밀접하게 관계된 것에 희생되는 것을 우려하였다. 후기 구조주의 철학자들도 이런 비난과 유사한 것을 현상학에 제기해왔다. 현상학적 분석은 우리 경험이 통일되어 있고, 그것이 어떤 종류의 내 소유임mineness이라는 것을 암시한다. 우리의 현상학에서 폭로되는 그 어떤 자아나 '나'도 없음에도 불구하고 말이다. 마찬가지로, 경험을 의미 있게 만들어주는 것이 있는 것처럼 보인다. 이는 대략 사회 구성적인 (의미는 기본적인 것이 아니라 생산된다는) 이유로 들뢰즈, 푸코 및 다른 후기 구조주의자들이 다투는 그런 것이다. 이런 신-니체주의자들은 근본적인 차원에서 갈등하는 충동/욕망만이 있으며, 의식적인 경험은 (잘해봤자) 이것의 의의를 보지 못할 것이거나, (최악으로는) 무의식적인 욕망의 차원에서 따라서 사회의 차원에서 실제로 일어나고 있는 것을 제도적으로 오해할 것이라고 주장한다.

그러나 후기 구조주의의 발흥에도 불구하고(그리고 좀 더 최근에는 사변적 실재론, 바디우의 형이상학 등), 현상학은 여전히 현대 대륙 철학의 중요한 부분으로 남아 있으며, 또 그것은 모든 새로운 철학의 형성에 중요한 — 이론이 있을지라도— 영향을 주고 있다. 실제로 『차이와 반복』에서 들뢰즈가 새롭고도 보다 급진적인 현상학(즉, 상식으로 지장 받지 않는, 따라서 암묵적으로 여전히 의견doxa의 형태로 된 현상학)을 요구하고 있다는 것은 주목할 만하다. 데리다도 이 기획의 측면들을 (의사) 선험적이면서도 현상학적인 비판에 종속시키기 전에 오랫동안 후설주의자였다. 그러므로 우리는 현대 유럽 사상에서 너무 빠르게 현상학의 바깥(또는 너머)을 마련하는 일에 조심할 필요가 있다. 현상학은 계속 진행 중인 탐구 대상이자 비판 대상이라는 의미에서 여전히 살아남아 있으며, 우리는 또한 최근에 마리옹, 앙리 등과 같은 철학자들의 작업을 통해 프랑스 현상학에서의 '신학적 전환'도 보아왔다.

오늘날의 분석적 현상학

우리가 언급하였듯이, 브렌타노의 지향성 — 심적 상태의 지향성 — 개념은, (환원적이거나 비환원적인) 분석으로 해결되는 특징인지, 또는 (소위 오스트리아학파의 치좀 및 그의 후계자들에서처럼) 조립되어 주어진 것인지에 대해 상당한 불일치가 있음에도 불구하고, 분석적 전통에 영향을 미쳐왔다. 더구나 많은 분석 철학자들은 초기 후설 현상학을 아주 진지하게 받아들였으며, 심지어 관련된 철학적 문제들에도 관심을 보여왔다. 『논리적 탐구』에서의 후설의 관심들이 초기 분석 철학(볼차노, 브렌타노, 프레게)의 중요한 문헌에서 나타났고, 또 여러 면에서 그것들은 현대 언어 철학자 및 정신 철학자들의 관심과 연속되어 있다. 분명히 매우 다른 방법론적 맥락에 처해 있을지라도, 데이비드 카플란, 썰, 잭 스마트

등의 저작에서 분석적 표현을 얻은 관념들의 전신은 후설에게서 발견되었다. 후설 현상학적 방법의 두 주요 요소 중에서, 분석 철학자들은 (대부분의 후기 현상학자들과 나란히) 보편적인 판단 중지epoché의 가능성과 특수한 판단 중지의 목적을 의문시하며, 형상적 환원이라는 다음 단계는 불필요하게 복잡한 형태로 개념 분석을 수행하고 있는 것으로 보여진다. 후설에게 있어, 환원이나 판단 중지는 대상 자체라기보다는 노에마 ─ 지각되고, 사유되고, 기억된 것으로서의 대상 ─ 를 분리해냄으로써 주관성과 객관성 간의 관계를 파악하게 하려는 데 있다. 분석 철학은 대체로 이런 구분을 받아들이지 않거나, 그것을 표상representation과 대상 간의 구분과 동질화할 것 같다.

후설 작업의 선험적 차원은 나라는 관념Ideas I을 새롭게 강조하는데, 거기에서 후설은 환원의 결과가 새로운 존재 영역인 선험적 의식transcendental consciousness의 발견이라고 주장한다. 이는 객관성에 대한 우리의 경험이 그 조건으로 존재의 이런 선험적 영역을 가진다는 주장이다. 이것은 많은 분석 철학자들에게는 어떤 걸림돌과 같은 것이다. 대신에 초기 『논리적 탐구』에 대해서는 적정한 정도의 존중이 보이는데, 이는 케빈 멀리건과 배리 스미스와 같은 유명한 분석 철학자들이 스스로를 후설주의자라고 생각할 수 있다는 사실에서 밝혀진다. 또한 주로 『논리적 탐구』로 인해 고무된 '뮌헨 현상학자들'의 작업과 후기 분석적 작업 간에는 흥미 있는 공통부분도 있다. 가장 두드러진 것으로, 민법의 토대에 대한 아돌프 라이나흐의 분석은 오스틴의 발화 행위 이론의 한 전조라고 주장되어왔다.[1]

물론, 분석적 정신 철학에서는 현상학적 방법들을 제한적이고 특수하게 사용하기도 한다. 부분적으로 그런 일들 때문에 글렌디닝은 현상학이 '분열'의 등고선을 따르기보다는 그 분열을 가로질러 간다고 주장한다. 그는 정상적으로 '분석적'이라고 생각되었던 다양한 철학자들이 현상학자

1. 칼 슈만과 배리 스미스(1987)는 뮌헨 현상학자들이 영국 경험주의 전통의 영향을 받았다는 점을 지적한다.

들이라고도 말한다. 그는 예로서 오스틴, 라일, 스탠리 케이블, 맥도웰, 퍼트남, 코라 다이아몬드 그리고 비트겐슈타인을 인용한다.(글렌디닝, 2007: 23) 실제로 오스틴, 라일 그리고 비트겐슈타인은 가끔 자기들의 작업이 대충 현상학이라고 생각될 수도 있다는 것을 인정하기도 했다.[2] 그러나 그 말은 상당히 확장될 경우에나 적용될 수 있는 것처럼 보일 뿐이다. 만일 우리가 이렇게 확장시킨다면, 실제로 어떤 분석 철학적 작업(특히 정신 철학의 행동주의적 목적에서의 작업)을 현상학적이라고 묘사할 수 있을 것이다. 하지만 그것은 인간 활동의 맥락에 언어 표현이나 개념 분류가 묻혀 있다는embedding 것에 특별히 주의를 기울이는 일련의 분석으로서 똑같이 잘 기술되는 것처럼 보인다. 이때 분열은 이런 종류의 '현상학'과 좀 더 후설적인 유산을 간직한 현상학 간의 구분으로 반복된다.

사실상, 일상 언어 철학과 더불어 상황이 오히려 더 복잡해진다고 할지라도, 초기 분석 철학이 관념론을 거부하는 데 관계했던 것만큼 현상학을 거부하는 데 관계했다고 주장하는 것도 똑같이 그럴듯하다. 우리가 I 부에서 보았던 것처럼, 초기에 러셀과 그 밖의 사람들을 지도했던 관념론 비판은 후설의 '심리주의'에 대한 프레게의 비판으로 시작되었고, 또 현상학이 그 이후 『논리적 탐구』와 더불어 개시되었을지라도, 그 비판은 많은 이들에 의해 같은 식으로 수용되었다. 이것은 의미 있게 이야기될 수 있는 것의 한계를 위반하는 하이데거에 대한 카르납의 비판으로 이어졌

----

2. 글렌디닝(2007)은 다음과 같은 논평을 이 점과 관련해 도움이 되는 것으로 언급한다. 오스틴은 "철학하는 이런 방법에 대해서는 위에서 제시했던 것들보다는 약간 덜 오해를 사는 이름 ― 예컨대 길고 복잡한 말이기는 하지만, '언어적 현상학' ― 을 사용하는 것이 더 나을 것 같다고 나는 생각한다."(1961: 130)라고 말했다. 라일은 "『정신의 개념』이라는 제목이 붙었을지라도, 만일 여러분이 현상학이라는 명칭에 편안함을 느낀다면, 이 책은 일관된 현상학 논문이라고 묘사될 수 있었을 것이다."(1971: vol. 1, 188)라고 말했다. 그리고 비트겐슈타인도 "여러분은 내 작업이 '현상학'이라고도 말할 수 있었다."(1984: 116)라고 언급하였다. 종종 언급되었듯이, 분석 철학의 현상학 포용이 논의될 때, 윌프레드 셀라스도 다음과 같이 선언하였다. "내가 기억하고 있는 것 이상으로 더 오랫동안, 나는 철학적 분석을 현상학과 비슷한 것이라고 생각해왔다."(1978: 170)

고, 그 시대 이래 거의 분석 철학자들은 진지하게 현상학을 가치 있는 방법으로 대접하지 않았다. 어쩌면 여전히 그것이 오늘날의 지배적인 견해이기는 하지만, 분석 철학자들이 자신들의 역사에 더 관심을 가지게 되었을 때, 그리고 인지 과학이 예컨대 계산주의computationalism보다 현상학에 덜 적대적인 정신모델들을 개발했을 때, 과거 50년은 현상학자들과 더 많은 접촉이 이루어진 것을 보아왔다. 이런 증가는 다원화된 철학적 기획 개념을 분석적으로 기꺼이 더 많이 용인하려 한 것에서 기인한 것일 수도 있다. 다른 방향에서 볼 때, 대륙 철학 내에서는 현상학을 자연화하려는 관심뿐만 아니라 인지 과학에서의 그것의 중요성을 논의thematization하려는 관심이 있었으며, 또 현상학의 반자연주의적인 정취가 얼마간 약화되어 왔다. 이것은 양 '진영'에서 온 사람들이 의미 있는 대화를 하기 위한 새롭고도 개선된 기회가 왔음을 암시한다. 하지만 우리는, 이제 개관할 것인데, 나머지 메타 철학적 관심들은 여전히 진정한 화해와 같은 것을 배제한다고 말할 것이다.

현상학에 대한 분석적 비판

일찍이 하이데거의 대작 『존재와 시간』에 대한 논평에서, 라일은 다음과 같이 말한다. "내 개인적인 의견에서 볼 때 (…) 현상학은 지금 재앙을 향해 가고 있고, 자기 파멸적인 주관주의나 공허한 신비주의로 끝날 것이다."(패스모어, 1978: 497에서 인용) 대부분의 분석 철학자들에게 있어 라일은 완전히 옳았다. 현상학이 (주로) 일인칭 방법론을 선호하는 것, 선험적 논증들의 전개, 명백한 반실재론 (또는 적어도 구성주의적 입장에 위안을 제공하려는 경향성) 그리고 반자연주의나 과학과 관계 맺기를 꺼리는 것 등은 아주 미심쩍은 일괄 거래를 보여준다. 아마도 과학들과 통합되지 못하는 현상학의 실패가 (이하에서 우리가 볼 것인데) 여기서 주요 쟁점일 것이지만, 다른 관련된 우려들도 있다. 썰은 현상학이 매우 한계가 있을 뿐만 아니라 '파산 직전에 있다고 말하며,(1991: 1) "또 지향성의 논리적 구조나 사회적이고 제도적인 현실의 논리적 구조라는 주제들에 크게 공헌하지 않는다."(ibid.: 10)라고 말한다. 썰은 현상학적 방법들이 가진 주요 문제 중의 하나가, 그것들을 사용하면서 철학과 과학에서의 중요한 문제들 대부분이 진술조차 될 수 없다는 데에 있다고까지 말하기도 한다. 이런 생각(현상학이 분석적 정신 철학에 거의 아무것도 제공하지 않는다는 것)은 현상학의 초점이 정신-뇌 관계라기보다는 정신-세계 관계에 더 맞춰져 있다는 사실을 무시한다. 따라서 숀 갤러거와 단 자하비가 『현상학적 마음』에서 말하듯이, "현상학은 우리의 정신/육체적 삶의 경험 구조를 이해하고 적절하게 기술해 가는 일에 관심을 둔다. 그것은 의식을 자연주의적으로 설명하려고 하지 않는다."(2008a: 9) 그러나 아마도 우리가 그런 철학 과제 개념을 옹호할 것 같은 유일한 이유는, 그런 출발점이 본래적으로 왜곡되어 있는 것으로 여겨지지 않는다는 것에 있거나, 또는 적어도 어떤 주요 대안들(일상 심리학, 이상화된 합리적 주관, 언어 분석, 과학의 시녀로서의 철학자 개념 또는 다양한 다른 지식 주장들의 '정돈자'로서의 철학자 개념을 포함할 수도 있는)과 더불어 출발하는 것보다 덜 왜곡되어 있는 것으로 생각된다는 데 있을 것이다. 그리고 이런 면에서 많은 분석 철학자들은 그냥 동의하지 않을 것이다. 데넷은 현상학을 언급하면서 "일인칭 의식 과학은 방법도, 자료도, 결과도, 미래도, 가능성도 전혀 없는 하나의 분과이다. 그것은 하나의 공상으로 남을 것이다."(2001)라는 유명한 말을 한다. 우리는 데넷의 주장을 약간 상세히 탐색할 것이다. 왜냐하면 그 자신의 타자 현상학heterphenomenology이라는 개념이 다양한 현상학자들에 의해서 지속적인 논의의 주제가 되어왔기 때문이다. 그러나 먼저 환상의 '사실'로부터의 논증에 주의를 돌리기로 하자. 그리고 때때로 그렇다고 여겨지는 것으로서, 이것이 현상학에 극복할 수 없는 장애물이 되는지를 보기로 하자.

환상으로부터의 논증: 과학과 사용자 환상

어떤 설득력 있는 지각적 환상illusion의 사례는 얼핏 보기에 현상학에는 하나의 이론적 문제이다. 현상학은 다양하게 다른 모습으로 지각의 우선성을, 선반성적인 것(또는 도구적인 것)의 우선성을, 그리고 현상 자체로 돌아감이라는 개념의 생산성을 수용한다. 그래서 "만일 현상 세계가 지각 세계와 같고 실제 세계라고 주장된다면, 그리고 환상과 환각hallucination이 지각 세계에서 일어난다는 것이 인정된다면, 우리는 실재에 환상과 환각을 허락하지 않을 수 없을 것처럼 보일 것이다."(디론, 1988: 93) 여기에는 상세히 고찰해볼 만한 가치가 있는 두 개의 폭넓은 중요한 것이 있다.

첫 번째 것은 지각적 환상이 데카르트적 기획을 완수하는 데 있어 현상학의 사용을 좌절시킨다는 폭넓은 반대이다. (우리가 모두 그랬듯이) 전에 실수했을 때, 어떻게 우리는 체계 면에서systematically 실수하지 않는다는 것을 알 수 있는가? 이 물음에 답변하지 않고, 지각에 주의하는 것이 실제로 진실로 신뢰할 수 있고, 유익하고 유용하다는 것을 우리에게 말해줄 수 있는 것은 무엇인가? 분명히 현상의 인식적이고 존재론적인 우선성을 두고 이런 식으로 반대하는 것은 (예컨대, 감각 자료 이론가들, 현상론자들 등과는 달리) 완전히 안전한 지식의 토대를 찾고 있지 않았던 현상학자들에게는 설득력이 없었다. 그 외에도 이런 종류의 환상으로부터의 논증은 많은 이들에게는 물자체와 그것에 대한 우리의 경험(표상) 간의 이원론적 존재론을 전제하는 것처럼 보였고, 대륙 전통에서는 그런 존재론이 회피되어야 한다는 오래된 입장들이 있었다. 메를로-퐁티에게 이것은 정확히 지각에 대한 경험주의적 설명과 지성주의적 설명이 모두 가지고 있는 문제이다. 전자는 극단적인 회의주의에 항복한다. 후자는 의식의 의심할 여지 없는 판단 편에 서서 오류와 애매성을 추방한다. 현상학은 (심지어 후설에게 있어서도) 형이상학적인 수용은 아닐지라도 존재론적인 수용을 하는 방법론적 책략을 씀으로써, 주체-대상, 자아-세계, 현상-본체(물자체)와 같은 이원론적인 근심으로부터 탈출하겠다고 주장한다. 현상의 인식적 우선성이 있다. 확실히 실존 현상학자들에게 있어, 이것은 도구적인 것의 우선성 또는 신체 대처 등의 우선성이 된다. 그러나 어느 정도 일관된 면에서, 현상에 대한 **존재론적** 우선성도 있다. 따라서 르노 바바라의 『현상이라는 존재』(2003)라는 책 제목도 있고, 하이데거는 『존재와 시간』에서 현상학이 기초 존재론fundamental ontology이라고 선언한다. 존재의 의미가 '현상'에 의해 동시에 개시/은폐하는 한, 하이데거에게 있어 우리가 정말로 그런 현상을 통해 존재에 대한 중요한 선-존재론적 접촉을 한다는 것은 분명하다.

마틴 딜론이 지적하듯이, 현상학자들은 통상 환상 논증을 손상하기 위해 적어도 두 전략을 구사한다. 그들은 다음과 같은 것을 보여줄 필요가 있다. (i) 환상 현상은 현상학적 존재론을 손상하지 않는다. 그리고 심지어 더 강한 (선험적) 방식으로 강조하자면, 환상은 현상학을 참작하지 않고는 이해될 수 없다. (ii) 현상 세계와 주관 세계 간의 뚜렷한 구분이 있다. 이는 현상 세계의 철학적이고 존재론적인 우선성을 포기하게 만들지 않으면서도, 주관 세계에서 일어나는 실수, 수정 등을 허용한다. 현상학자가 (i)과 관련하여 내놓을 첫 번째 사항은 우리 경험이 본래적으로 시간적이라는 것이다. 그래서 우리는 (한 순간에서의) 우리의 모호한 지각을 현상 자체의 증거에 의문을 제기하는 강력한 이유로 간주하지 말아야 한다. 결국 우리가 실수했고 '환상'에 사로잡혀 있었다는 바로 그 이해apprehension 자체가 지각적이다. 잘못된 지각은 다른 지각 경험에 의해 수정된다. 그리고 딜론이 이 점을 표현하는 것처럼, "환상이 하나의 환상이 되기 위해서, 한 상태에서 먼저 그 자체를 드러내 보인 후 다른 상태로 드러내 보이는 하나의 일원화된 현상이 있어야 한다.(1988: 95) 더구나 지각 경험은 좀처럼 명석판명하기가 힘들며, 따라서 현상학자들은 으레 고의적인 환상과 상황적이고 복잡한 관점을 가지는, 따라서 무관점a view from nowhere을 가지지 않는 존재의 필연적 결과인 모호성 사이를 구별한다. 따라서 요청된 구별을 허용하면서, 환각 경험이 현상학적으로 통상적인 세계 경험과 다르다는 보다 강한 주장도 있을 수 있겠다. 최소한 메를로-퐁티는 이것이 환각을 경험하는 환자들에 의해 입증되고 있다고 주장한다.(2002: 334) 만일 이런 식의 추리가 설득력이 있다면, 현상성phenomenality과 실재 간의 구분, 의식과 그것의 인과적 대상 간의 구분을 (그리고 따라서 차머스가 명명했던 것처럼 의식의 '난제') 고집할 필요는 거의 틀림없이 부분적으로 약화될 것이다.[3] 끝으로 물론 현상학자는 선험적인 양식으로, 회의주의자 들이 의심하고 있는 것을 전제하는 범위를 지적함으로써 어떤 강한 회의주 의를 손상하려 할 것 같다.

그러나 정당화 문제는 회의주의적인 우려로서 제기되어야 할 필요는 없다. 현상학에 대한 두 번째 우려는 과학에서 온다. 우리가 경험해왔던 것에 관한 우리 자신의 보고에는 우리가 자주 현혹된다는 것을 보여주는 방대한 양의 증거가 있으며, 그러면 현상학은 체계 면에서의systematic 오류에 직면하여 견뎌낼 수 없다는 주장이 제기된다. 좀 더 분명하게 표현하자면, 경험 구조에 대한 우리의 현상학적 기술들은, 우리가 매우 신중하고 잘 훈련되어 있다 할지라도, 그냥 틀렸을 수도 있을 것이다. 그 한 예가 시간-의식과 관련한 벤자민 리베트의 구절을 빌리자면, '사용자 환상user illusion'이다.[4] 잔-마이클 로이는 다음과 같은 말로 현상학이 가진 문제를 표현한다.

- -

3. 이 점에 대해서는 톰슨(2007)을 보라.
4. 레비트의 실험들은 결단하기에 대한 우리의 의식적 경험이 실제로 현혹된다는 점을 보여주는 것 같다. 우리가 한 결정을 내렸음을 의식할 때, 실제로 그 결정은 (뉴런 활동으로 판단하면서) 0.3초 이전에 이루어졌다. 그런 연구 결과가 현상학에서는 무엇을 의미하는가? 대부분의 현상학자들은 그런 자료들을 자기들의 견해를 (반증하기보다는) 지지하는 것으로 받아들일 것이다. 체화된 지향성이 의식적인 반성적 결단과는 다른 수준에서(대략 이론지/실천지 구분), 그리고 전자식의 선반성적인 운동 지향성이 항상-이미 활동하고 있는 방식과는 다른 수준에서 작동하는 것으로 보여진다는 점에서 말이다. 리베트(1999)를 보라.

만일 (⋯) 의식이 본래적으로 기만적이라면, 그것은 아무튼 인지 체계를 근본적인 현상학적 환상의 희생물로 만들 것이다. 이 환상하에서 의식은 현상학적 속성들을 있지 않은 것이라고 생각하거나, 또는 실제로는 결여되어 있는 현상학적 속성들을 가지는 것으로 상상할 것이다. 이 반대는 오래된 것이며, 또 관찰 가능한 성질에 대한 내성적 탐구 가능성에 반대하는 콩트 논증의 핵심에 있는 것인데, 브렌타노와 분트는 이에 대한 적절한 답을 찾으려고 했다. 결과적으로 인지 체계는 그 영역으로서 현상학적 탐구 영역으로 지정되었던 것에 그냥 실제적으로 접근할 수 없게 만들어져 있고, 따라서 그런 탐구는 인지 과학의 정밀화 elaboration에 공헌할 수 없다. (2007: 9; 페디토트, 2000 등도 보라)

그런데 문제는 이것이다. 실제로 우리는 우리의 현상학적 경험에서 조직적으로 기만당하는가? 우리는 현상학자들이 이 물음에 '아니다'라는 답을 준다고 제안하는 로이와 다른 사람들이 옳다고 생각한다. 하지만 이것은 현상학자들이 완고한 태도를 취한다는 것을 수반하지 않는다. 왜냐하면 그들 중 아주 소수에게나 의식은 정신적인 것을 망라하기 때문이다. 반대로 현상학자들은 종종, 우리가 보통은 의식하지 못하는 우리의 습관적인 처신 방식들을 포함해서, 우리 지향성 경험의 배경적 가능 조건들을 조사하는 데 관계한다. 그것은 심지어 무의식이라는 가정을 포함해서, 많은 정신 분석의 결과물들을 현상학자들이 받아들이지 못하게 막는 것도 아니다.[5] 하지만 만일 우리가 우리 경험 구조에 있어 조직적으로 속임을 당하고 있다는 것이 드러난다면, 아마도 동시에 우리가 우리의 내적 생활을 이해하는 방식의 의미론을 현상학으로 얻는다고 하더라도,

• •

5. 베아타 스타와르스카는 다음과 같이 말한다. 메를로-퐁티에게 "정신 분석학은 순수 의식의 고전적인 주체-대상 구조를 초월함으로써 인간 실존의 의미를 두텁게 하고 심화시키는 데 도움이 된다."(2008: 58)

현상학은 그 요청된 철학적 의의를 상당히 잃을 것 같다.

불확실성inauthenticity이나 불신이 지배하고 있을지라도, 현상학은 통상 특수하게 제한된 측면의 경험으로부터 포괄적인 이론을 구성함으로써(실제로 이런 의미에서 경험에는 경험주의와 지성주의가 모두 올바르게 이해한 무언가가 있다), 제대로 유의해 볼 때, 경험 자체 내에 우리의 상황을 폭로하고, 우리가 우리 자신들의 경험을 오해할 수도 있는 방식들을 드러내는 자원들이 있어야 한다고 가정한다. 따라서 현상학자는 왜 철학자들과 사람들이, 감각 자료나 본질적 자아와 같은 것이 있다고 좀 더 일반적으로 생각하는지를 설명해주어야 하거나, 또는 우리가 20장에서 제안하는 것으로서, 많은 분석 철학자들과 현상학자들이 결별할 지점 중의 하나를 택하자면, 사회 인식이 필연적으로 추론을 포함한다고 생각하는지를 설명해주어야 한다. 경험에 관한 이런 현상학적인 낙관주의에는 어떤 순진함이 있을 수도 있다. 그러나 그것은 현상학자가 현상학을 모든 이야기로 생각한다는 것을 의미하지 않는다. 그런 이론가들은 다른 자원들을 — 정신 분석학, 신경학, 인지 과학, 분석적 정신 철학 등 — 고려할 수 있고 또 (우리가 생각하기에) 고려해야 한다. 현상학이 자체적으로 성취할 수 없는 많은 것들이 있으며, 현대의 현상학적 실천은 거의 틀림없이 대체로 이런 사실을 반성한다(비록 이것이 일어난 것으로 현상학자들에 의해서 항상 역사적으로 생각되지 않았을지라도 말이다).

사용자 환상이라는 빈약한 주장allegation은 현상학이 심리주의나 주관주의의 한 형태라는 계속되는 우려로 우리를 돌려보내기도 한다. 이것을 표현하는 또 다른 방법은 현상학이 객관적 가능성을 주관적 상상 가능성imaginability으로 환원시키는 것에 대한 우려라고 말하는 것이다. 그러나 거의 틀림없이 현상학은 의미 명료화를 추구하며, 가능성은 상상 가능성으로 환원되지 않고 오로지 그것으로 인해서 탐구될 뿐이다.(모한티, 1991: 270) 우리는 현상학을 일종의 주관주의, 심리주의 또는 내성법이라고 부르는 것이 좀 오해를 불러일으킨다는 점도 재확인할 수 있을 것 같다.

인간 의식은 본래적으로 세계를 향해 있고 세계로 열려져 있는 것으로 이해된다. 따라서 모리스가 간명하게 표현하는 것처럼, "현상학은 내성 행위에 역점을 두고 있는 것이 아니라, 경험에 알맞은 개념들을 만들어내는 데 역점을 두고 있다."(2007: 534) 현상학이 주관적이라고 비판될 때, 종종 비판가들은 그것을, 특수한 주관적 보고의 구조적 조건들을 포함해서 경험의 다채로운 구조에 대한 분석들이라기보다는 '그것은 무엇과 같은 것인지'에 대한 주관적 보고에 지나지 않는 것으로 해석하면서, 현상학에 대한 오해를 불러일으킨다. 예를 들어, "이것은 사람이 지각할 수 있는 가장 순수한 푸른색이다"와 "아니다. 그것은 약간 초록색을 띠고 있다"와 같은 주장들을 두고 우리가 상호 주관적인 합의에 이를 수 있는 아무 방법도 없기 때문에, 현상학적 방법은 어떤 지식의 성장을 일반화시킬 방법을 제공할 수 없다는 토마스 메칭거의 주장을 생각해보라. 자하비가 답변에서 지적하듯이, "이런 주장들은 그냥 현상학적 철학자들의 작업에서 발견되어야 할 유형의 주장들이 아니며, 그렇다고 제안하는 것은 해당 전통에 대한 우리의 친숙성의 결핍을 드러내는 것이다."(2007: 28)

데넷과 타자 현상학

　데넷은 최근에 현상학에 관해 많은 것을 이야기해왔던 유명한 분석 철학자이다. 그의 이력 내내 데넷은 '의식에 앞선 내용content before consciousness' 이라는 구호를 고수해왔다. 즉, 이는 의식에 대한 철학적 문제들은 내용 이론이 해결되는 것을 기다려야 한다는 생각이다. 무엇보다도 『의식 설명』이라는 책에서 데넷은 기본적으로 내용–기반적content-based이지 않은 어떠한 정합적인 의식 개념도 우리가 가지지 못한다고 주장한다. 여기서 우리의 자아–개념은 철저하게 발을 잘못 딛고 있다. 실제로 데넷은 자아–개념이 땜질식으로on the fly 구성되어 있으며, 우리에게 겉으로만 그럴싸한 서사적 통일성을 주는 많은 날조와 개조 행위를 수반하고 있다고 생각한다. 그럼에도 불구하고 데닛은 통상적이지 않은 각도에서이기는 하지만 현상학적 작업에 관심이 있다. 그는 삼인칭적인 외부 현상학 또는 객관적 현상학인 타자 현상학heterophenomenology을, 내부와 내성으로 들어가는 데 초점을 맞추는, 따라서 주관적이거나 일인칭적인, 후설 전통의 자기 현상학autophenomenology과 구별한다. 타자 현상학의 목적은 주관으로 이루어진 일인칭 현상학적 주장들을 인지 과학을 위한 자료로 이용하는 데 있다. 이것들은 소위 데닛의 행위자의 '표출 존재론manifest ontology'을 제공하면서, 순수하게 요구되는 자료들인데, 이런 존재론은 인지 과학 내에서 진실로 폐기될 수 있는 것이다. 실제로 이런 폐기 가능성은 많은 목적을 가진다. 즉 과학적 작업과 현상학적 기술을 묶어줄 어떤 방법이 발견되지 않는 한, 과학이 현상학을 진지하게 고려할 수 있는 아무 방법도 없으며, 또 그것을 진지하게 고려한다는 것은 우리가 현상학적으로 미혹되어 있다는 것을 발견할 위험이 있다는 것을 의미한다. 기획은 좀 더 직접적으로 수행될 수 없다. 왜냐하면 데닛이 생각하기에 자기 현상학에서 우리는 우리 자신의 일인칭 관점을 반성하면서 본질적으로 우리 자신의 경험들을 분석하고 있기 때문이며, 이것은 과학적으로 통합될 수 없기 때문이다.

데닛은 이런 활동을 위해서 '현상학'이라는 명칭을 유지한다. 왜냐하면 방법론적인 불가지론이라 여겨지는 것, 즉 괄호 치기 기법이 여기서 작용하고 있기 때문이다.

> 타자 현상학은 주관들에 교황 무류설과 비슷한 것을 허락하지 않으면서도, 주관들이 수용될 수 있을 만큼 진지하게, 주관들을 진지하게 고려하는 주의 깊고 통제된 방법이라고 나는 주장한다. (일상의 대인과의 의사소통 실천과는 다르게) 주관들이 말하는 것이 문자 그대로 참인지, 은유적으로 참인지, 부과된–해석–하에서–참인지 또는 우리가–설명해야–할–만큼–체계적으로–거짓인지의 문제를 신중하게 괄

호 치는 것을 유지하면서 말이다. (2007: 252)

　타자 현상학자들은 외부로부터 연구된, 일인칭 보고로 이루어진 존재 주장들을 유예해야 한다. 그런 접근법의 이득은 "주관에게 보여지는 대로의 세계가 상호 주관적으로 확증할 수 있는 이론적 가정물이며, 결과적으로 과학적으로 꽤 괜찮은 방식으로 연구될 수 있다."라는 것이다.(자하비, 2007: 23) 이것의 분명한 결과는, 이것이 자기 현상학에서는 성립하지 않는다는 것이다. 왜냐하면 자기 현상학은 내성 방법에 의존한다고 여겨지기 때문이고, 또 현상학자들은 관찰과 이론화를 혼동했기 때문이다. 현상학자들은 그것을 이론화하지 않고는, 경험, 감각질, '그것이 무엇과 같은지'를 중립적으로 기술할 수 없다. 데넷이『의식 설명』에서 말하듯이, '우리의 의식적 정신에 대한 우리의 개인적인 자기 관찰력'은 '무오류성 교조'나 적어도 '무교정' 교설을 받아들이면서, 현상학적 전통이 무시했던 본래적인 취약성에, 오류에 빠지기 쉽다.(1992: 67) 양 주장들이 상당히 논쟁을 초래한다는 것까지만 말해두기로 하자. 우리는 이미 그것이 우선 메를로–퐁티의 철학에서 참이 되지 않을 거라는 감을 느꼈다. 그러나 데넷은 계속 다음과 같이 말한다. "우리 스스로를 속이는 짓은, 내성 활동이 바로 '살피고 보는looking and seeing' 문제라는 생각이다. 나는 우리가 우리의 내적 관찰력을 사용하고 있다고 주장할 때, 실제로 우리는 일종의 즉흥적인 이론화 작업을 하고 있는 것이 아닌가 하고 여긴다.'(ibid.) 전적으로 주어진 것을 수동적으로 파악한다는 의미에서, 결과적으로 인지 체계 쪽에서의 해석이나 구성에서 자유롭다는 의미에서, 순수한 의식적 관찰과 같은 것은 없다. 우리가 중립적으로 기술하려고 할 때, 우리는 불가피하게 결국 이론적 설명을 도입하게 되고 만다. 그는 이렇게 부언한다. "우리는 상당히 잘 속아 넘어가는gullible 이론가들이다. (…) 왜냐하면 '관찰하는' 것이 너무 적고, 또 모순을 두려워하지 않고 건방지게 말할pontificate 것이 너무 많기 때문이다."(ibid.: 68)

'관찰하는 것이 너무 적다'는 구절을 제외하면, 많은 후설적 현상학자들은 관찰의 이론 내장성theory-embeddedness을 인정할 것이고, 따라서 현상학적 기술의 어려움들도 인정할 것이다. 그러나 (타자 현상학에 의한 그것의 후속 작업 없이) 그 시도가 철학적으로 유용한 통찰을 제공할 수 없다는 것은 분명하지 않다. 분석 철학자는 아마도 하나의 방법이 그저 그것의 오류 가능성 때문에 회피되어서는 안 된다는 데 동의할 것 같다. 여기서 문제는 본질적으로, (자기) 현상학이 실제 관행에서 가치 있는 철학적 작업을 촉진하는지 하는 실용적 문제이다. 여기서 판단들은 전통 간에 다르며, 다시 한번 어떤 교착 상태에 빠진다.

데닛이 현상학자들에게 퍼부었던 불평들을 그들이 뒤집었다는 것을 알아보는 것도 흥미롭다. 현상학자들이 기술하려고 하는 동안, 그들이 불가피하게 (나쁜) 이론을 이용한다고 데닛이 주장한다면, 현상학자들은 데닛이 객관적인 이론적 설명을 제공하는 동안, 그가 전체적으로 그의 정신 철학에 불가피하게 (나쁜) 현상학을 제공하고 거기에 의존한다고 답변할 것이다. 자하비가 말하듯이,

> 데닛의 타자 현상학은 삼인칭 관점의 가능 조건을 반성하고 명료화하지 않으면서, 그 관점의 이용 가능성을 그냥 전제하고 있을 뿐만 아니라, 어느 정도까지 그 자신의 노력이 암묵적으로 온전한 일인칭 관점을 전제하는지를 인식하지 못하기 때문에 비판받아 마땅하다. (2007: 39)

갤러거와 자하비는 이 주제를 더 추적한다.

> 그러나 타자-현상학 자체는 무언가 공상적인 것을 포함한다. 그 공상이란, 의식이나 정신 연구에서 과학이 일인칭 관점을 훨씬 앞설 수 있거나 그것을 남김없이 중립화시킬 수 있다는 생각이다. 의식에 관한 어떤 것을 말하려 하면서, 타자 현상학은 일인칭 보고에 대한

그것의 해석들이 과학자 자신의 일인칭 경험(x의 경험이 되기 위해서 그 자신의 경험으로부터 그가 이해하는 것)에 기초해 있어야 하거나, 일상 심리학 또는 불명료하고, 무정형적이고 엄격하지 못한 형태의 현상학에서 비롯된 기성 범주들에 기초해 있어야 한다는 것을 인식하지 못한다. (2008a: 18)

한 번 더 우리는 교착 상태에 도달한 것처럼 보인다. 이 교착 상태는 이번에는 데닛이 요구하는 면에서 한 철학적 분야가 과학들과의 통합에 실패하는 것이 문제가 되는 정도에 기초한 것이다. 그러나 이 난국은 그저 위장한 분열이 아니다. 사고 실험과 실험 철학에 대한 우리의 이전 논의가 보여주는 것처럼, 직관 추출에 기초한 방법들에 가치를 두는 많은 분석 철학자들은 여기서 현상학자들이 느끼는 것과 똑같은 불편함을 드러낸다.

우리는 여기서, 현상학이 내성을 포함한다는 근거에서, 정신적인 것에 관한 수정 불가능성을 수용한다는 근거에서, 그리고 소박하게 경험적 자료들과 실험적으로 도출된 과학적 통찰들을 무시하지 않을 수 없다는 근거에서, 현상학이 일괄적으로en masse 쉽게 거부될 수 없다는 것을 보여주는 일을 충분히 해왔을 것이라고 희망한다. 물론 철학(그리고 정신 철학)에 대한 대안적인 접근법들을 선호하기 위한 많은 이유들이 있다. 그러나 이런 서투른 묘사caricature들은 그것들을 적절하게 잘 포착할 수 없다. 그렇긴 하지만, 우리는 현상학으로 제시된 일괄 거래가 대부분의 분석 철학자들에게는 그 전통의 다양한 규범들을 고려할 경우 수상쩍은 것임을 보아왔다. 그리고 18장과 20장에서 우리는 이런 방법론적 차이들이 주제에 미친 몇몇 결과들을 살펴볼 것이다.

제12장

계보학, 해석학 그리고 해체

이번 장은 계보학genealogy, 해석학과 해체deconstruction를 통합하려고 하지 않으면서, 지속적인 텍스트 연대성engagement 및 (역사 철학을 포함하여) 문화와 역사에 대한 관심이 대충 현대 대륙 철학의 대부분을 묶는 방법을 이룬다는 것을, 이 세 개의 다른 궤적이 함께 보증하는 방식을 강조할 것이다. 어떤 철학자들에 의한 역사 철학의 논의가, '로고스 중심주의logocentrism', '현전의 형이상학metaphysics of presence', '거대 서사에 대한 불신'과 같은 명백하게 포괄적인 비판 용어들을 써서 부정적인 것처럼 보이기는 하지만, 공문서archive로부터 다른 주관성 구성 및 지식의 대상에 대한 몇몇 역사적 조건들을 '발굴하고' 추출하려는 이런 시도에는 긍정적인 측면도 있다. 확실히 이 세 궤적은 모두 이론 체계의 개념적이고 역사적인 전제들을 강조하며, 따라서 그것들은 모두 우리가 20세기 대륙 철학의 특징인 '시간적 전환temporal turn'이라고 부르게 될 것과 함께한다. 이것은 무엇보다도 특히 언어적 전환과 연관된 것들로서 분석 철학의 몇몇 규범 및 방법과 구별될 뿐만 아니라, 아마도 논증 및 합리성에 대한 좀 더 일반적인 분석적 관심과도 구별되는 행동 양식이다. 이것은 해석학적 활동에 종사하는,

예컨대 역사적 탐구에 종사하는 분석 철학자들이 없다고 말하는 것이 아니다. 확률과 통계 개념들의 역사적 기원에 대한 아이언 해킹의 탐구는 분석적 과학 철학과 분명히 관련되어 있을 뿐만 아니라, 분명히 해석학적이고 계보학적인 기법과 같은 것도 포함하고 있다.

해석학적 사상가와 계보학적 사상가 사이에, 따라서 해석학자들과 (계보학과 제휴하려고 하는) 후기 구조주의자들 사이에 중요한 차이가 있기는 하지만, 그들은 정말로 친족 혈통을 공유한다.『존재와 시간』에서 하이데거는, 해석학이 현존재의 자기 이해와 존재의 의미에 모두 본질적이라고 주장한다. 그는 또한 철학사와 관련하여 파괴적 회복destructive retrieval이라는 과제에 착수하며, 전자와 관련한 그의 주장들이 한스–게오르그 가다머의 작업과 해석학에서 중심이 되는 반면, 데리다와 해체에 더 중심적인 것은 후자와 관련한 그의 주장들이다. 만일 계보학자와 해체주의자가 해석학자보다 더 명백하게 비판적인 태도를 취한다고 말하는 것이 타당하다면, 그들이 더 많이 자주 분석 철학자들의 비판적인 응수에 시달려왔다는 것도 아마 놀랄 일은 아닐 것이다. 계보학과 연관된 철학자들과는 달리, 해석학은 소정 주제에 관해 일부 공통적인 입장을 지니고 있어서 덜 '학파school'적이며, 그래서 실질적으로 이해와 해석에 관계하는 어떤 철학자에게 적용될 수 있을 만큼, 표면상 좀 더 중립적이다.(필레스달[1996: 205~206]이 말하는 것처럼) 해석학에 관한 분석적 경고는, 사회 과학과 인문학의 방법이 자연 과학의 방법과 구별되는 범위에 관한 유명한 논증들에 반영되는 경향이 있지만, 그러나 이것은 그 전통 내에서의 내부적인 분열이다. 심지어 계보학적인 이론 구성theorizing조차도, 적어도 세 개의 중첩되는 우려가 여기서 일어나고 있을지라도, 반드시 분석 철학자들에게 본래적으로 오해를 불러일으킬 것이라고 느껴지지 않는다. 그 우려는 다음과 같다. 그것은 발생적 오류를 범한다. 거기에 수반된 역사주의는 문제가 많은 상대주의(또는 우리가 16장에서 탐구할 것으로서 심지어 관념론을)를 반드시 내포한다. 그리고 그것은 우리에게 규범적 판단을 위한 여지를 남겨주지 않는다.

대륙 철학: 해석학과 우리 자신들의 계보학

대륙 철학 내의 좀 폭넓은 경향성 안에서 해석학과 계보학의 위치를 정하려는 것에서부터 시작해보자. 니체와 푸코만이 명시적으로 그들 방법을 위해 '계보학'이라는 이름을 사용한다. 하지만 그것과 관련된 무언가가 훨씬 더 많이 만연되어 있으며, 이는 심지어 거의 틀림없이 대륙 철학의 역력한 특징이다. 해석에 대한 강조는 후–칸트적 전통에서의 선험적 추리의 지배와 일치할 뿐만 아니라, 헤겔의 변증법적인 내재적 비판 방법(즉, 대립과 모순의 지양 및 개념의 변화를 일으키는 개념을 가지고 대립과 모순을 파악하려는 것)과도 일치한다. 그것은 소위 리쾨르와 가다머의 '의심의 해석학hermeneutics of suspicion'과도 관계를 맺는다.(리쾨르, 2004: 64, 144; 가다머, 1984를 보라) 이 의심의 해석학은 자기들 고유의 정신 및 많은 현존하는 철학과 이론에 우리가 접근하는 것을 의심스러워 할 뿐만 아니라, 심리학적으로 그리고 생리학적으로 방향이 기울어져 있는 니체, 프로이트 및 맑스에 의한 방법들의 전개를 가리킨다. (자아–해석의 문제도 부분적으로 근대성modernity 문제에 대한 대륙적 관심 뒤에 숨어 있다).(피핀, 1991을 보라) 분석적 전통에서 이것은 문제인 것으로 보이지 않거나, 또는 철학적으로 반성할 만한 문제인 것으로 용인된다고 할지라도, 그것은 철학의 존재 이유raison d'être와는 아주 거리가 멀다. 그리고 비판 철학이라는 개념이 적어도 칸트 이래 활동하고 있었다. 즉, 비판 이론, 계보학 그리고 해체가 모두 이 전통 내에서 다른 자리를 차지할 수 있 있다. 예컨대 푸코는 유명한 논문 「니체, 계보학, 역사」(1971)에서, 현대 철학의 두 전통이 칸트의 작업에서 나왔다고 주장한다. 그것은 푸코가 '우리 자신들의 계보학genealogy of ourselves'이라고 부른 것으로, '진리의 분석론'과 '현전 실재present reality의 존재론'이다. 푸코가 「참을 말하는 기술」에서 쓰고 있듯이,

> 그의 위대한 비판 저작에서 칸트는 참된 지식이 가능할 조건의 문제를
> 제기하는 철학 전통의 토대를 닦았고, 그것에 기초해서 19세기 근대
> 철학의 전 기간이 소개되어왔고, 또 진리의 분석론으로서 발전되어왔다
> 고 말해볼 수도 있을 것이다. 그러나 근대 철학과 현대 철학에는 다른
> 유형의 질문, 다른 종류의 비판적 심문도 있다. (…) 다른 비판적 전통이
> 문제를 제기한다. 우리의 역사적 현재란 무엇인가? 가능한 경험들의
> 현장이란 무엇인가? (…) 오늘날 우리에게 닥친 철학적 선택은 다음과
> 같은 것처럼 보인다. 우리는 자신을 진리 일반의 분석 철학으로서
> 표현할 비판 철학을 선택하거나, 또는 현전의 존재론, 우리 자신의
> 존재론 모습을 띨 비판적 사고를 선택하거나 일 것이다. (1994: 147~148)

이제 '진리의 분석론'이라는 개념이 무엇을 시사하는지에 관해, 그리고
'현전의 존재론ontology of the present'을 함doing이라는 개념이 왜 과거에 대한
계보학적 분석과 밀접한 관계가 있는지에 관해 제기되는 문제들이 남아
있다. 게다가 분석적 형이상학자나 존재론자는 우선 현전의 존재론을
제공하려고 할 것 같지 않으며(실제로 그런 시제 변화는 모순어법이라고
생각될 수도 있다), 대신에 글록(2008: 121)이 언급하듯이, 일반적으로 다음
과 같은 명백히 무시간적인 문제들과 관계한다. 어떤 종류의 사물이 존재하
는가? 그리고 그런 사물의 성격과 본질은 무엇인가? 아마도 퍼트남(2005:
15~16)은 존재론이 분석 철학자와 대륙 철학자에게 뭔가 다른 것을 의미한
다고 논평한 점에서 옳을 것이다. 정확히 이것 때문에, 푸코의 진단은
도움이 된다. 왜냐하면 대륙 철학과 연관된 거의 모든 유력한 용의자들은
실제로 소위 푸코의 현전의 존재론과, 어떤 임의 형식의 반성에 대한
배경 조건들을 반성하는 당연한 요구, 이 둘 다에 관심이 있기 때문이다.
게다가 존재론/현전의 계보학/현대성이 분석적이기보다는 더 해석적이어

야interpretive 할 것이라는 점도 분명한 것처럼 보인다.(오피어, 2001을 보라) 우리가 둘 다를 다 하려고 할 수 있고, 또 아마도 하려고 해야 할지라도 말이다.

이런 일반적인 개념이 푸코에 대한 사망 기사였던 하버마스의 논문 「현전의 핵심을 겨냥하면서」(1986)에서도 나온다. 비록 푸코의 입장과는 분명하게 구별될지라도, 하버마스는 철학자의 과제라는 사회 비판적 개념에 충성한다. 실제로 근대성 문제(들)에 대한 철학적 우려 그리고 많은 대륙 철학자들의 저작에서 도구적 이성과 계산적 사유의 물신화reification에 대한 다양하고 명백한 비판들도 푸코의 기술들과 일치한다. 그처럼 많은 대륙 철학자들이 시간에 대한 반성을 규범적 문제 및 정치 철학과 연관시키고, (얼마간 정의되고, 얼마간 유토피아적인) 미래의 이름으로 현재 비판과 연관시키는 방법이 일치하는 것처럼 말이다. 따라서 선험적 차원이 대부분의 대륙 철학자들과 연관되어 있다. 삭스가 말하듯이, 성공적인 선험적 추리는 상황 내 사고situated thought를 포함하는데, 이 사유는 필연적으로 일정 명제 내용과 그런 내용에 대한 사고 간의 관계와 관련한 자기-반성 형식들을 포함한다(그래서, 우리가 확실히 이 관계를 표현하는 데 조심할 필요가 있음에도 불구하고, 심리학적 문제들이 근본적으로 진리와 분리되지 않는다). 선험 철학과 상황에 관한 삭스의 주장을 표현하는 다른 방법은, 다양한 형태로 나타난 많은 대륙 철학의 진원지인 배경 개념을 생각해보는 데 있을 것이다. 여기서 우리는 지평 논의, 생활-세계Lebenswelt, 운동-지향성, 선험적 장, 무의식적인 대처absorbed coping, 맥락 및 어떤 철학적 발언과 삶의 방식에 대한 사회적, 역사적이고 심리학적인 조건에 대한 관심을 생각해볼 수도 있을 것이다. 후설, 하이데거, 메를로-퐁티 등에게서, 그들의 현상학적인 반성에 중심적인 것은 이전에는 불분명했던 배경 조건을 좀 더 명료하게 하려는 시도이다. 니체와 푸코와 같은 계보학자에게, 목적은 일반적으로 이런 배경 조건의 역사적 우연성을 보는 데 있으며, 따라서 사상가와 그들 사고를 구성하는, 기술된 역사적 선험성 간의 관계

안에서 새롭고 다른 것을 위한 공간을 열어놓는 데 있다. 선험 철학trans-scendental philosophy이라는 전문 용어가 니체(그리고 계보학적 시기의 푸코)의 저작에는 없을지 모르지만, 이런 종류의 구조 ― '내부'로부터의 관점에 대한 관점을 가지는 것 ― 는 여전히 그들 철학의 특징이라고 주장할 수 있다. 어떤 의미에서 푸코가, 필연적이라고 보이는 것이 사실은 우연적이라는 것을 보여줌으로써 칸트를 전도시킨다는 것도 참이긴 하지만 말이다.[1]

칸트로부터 유래하는 두 전통에 관한 푸코의 주장을 입증하는 마지막 증거는 대륙 철학에서 주요한 역할을 담당하는 변증법적 사유와 관계한다. 분석 철학이 때때로 이성의 대화(그런 이름으로 된 코헨의 책을 보라)라고 주장되어왔고, 또 철학의 과제에 대한 소크라테스의 대화술 개념dialogical conception이 분석적 관행에서 반향되고 있지만, 19세기와 20세기에서 변증법이라는 이름으로 벌어진 일은 상당히 다른 것이다. 그것은 변화와 변혁trans-formation과 결부되었던 역사적 시야purview와 더불어 비판적 방법론으로 행세하려는 것이었다. 물론 헤겔과 맑스는 변증법적 사유와 연관된 주요 인물들이고, 헤겔 자신은 철학의 과제가 사유로 자신의 시대를 파악하는 것이라고 주장하였다. 맑스의 변증법은 헤겔 관념론 및 사유에 대한 그것의 현실 안주적인 역점을 뒤집을 것을 주장했다. 문제는 세계를 이해하는 것이라기보다는 세계를 변화시키는 것이다. 물론 거의 틀림없이 우리가 어느 한쪽 없이 다른 쪽을 할 수 없지만 말이다. 호르크하이머와 아도르노의 비판 이론도 비판 이론이라는 같은 이름의 책에서 부정 변증법negative dialectics을 우리에게 제공한다. 그리고 『보이는 것과 보이지 않는 것』에서 메를로-퐁티는 자신의 철학에 '초과-변증법hyper-dialectic' 또는 '초과-반성hyper-re-flection'이라는 이름을 붙인다. 우리 자신에 대한 그리고 좀 더 일반적으로

---

1. 푸코가 회견에서 자기는 "가급적 선험적인 것을 작은 공간에 남겨두기 위해서 최대한도로 역사화"하려고 한다고 말하고는 있지만, 이 진술은 그것이 그의 입장에서 결코 전체적으로 성공할 수 없는 노력이라는 것을 보여준다. 푸코(1996: 99)를 보라.

현대적 삶에 대한 해석의 필연성과 불가피성을 이렇게 강조하는 것은, 우리가 이제 고찰할 방법들— 해석학, 계보학과 해체 이론— 에서 다른 식으로 해명되기도 한다.

해석학

해석학은 종교 텍스트 및 고전 텍스트의 해석과 더불어 출발하였다. 그러나 슐라이어마허로부터 딜타이를 거쳐 하이데거에 이르는 일련의 영향에서, 그것은 좀 더 일반적으로 텍스트의 해석과 관계할 뿐만 아니라, 의사소통의 가능성 및 존재론에 관한 더 넓은 문제들과 관계하게 된다. 하이데거는 현존재— 신중하게 생각해보면 인간으로 환원되지는 않을지라도, 대체로 인간human being이라는 말과 공외연적인— 가 그 자신의 존재에 의문을 제기할 수 있는 유일한 존재, 그 자신의 고유한 존재에 관심을 두고 그 실존을 문제 삼는 유일한 존재라고 말한다. 하이데거의 요지는 현존재가 세계 속에 그저 들어와 있는 것 중에서 탁월한 존재자이고 자기-해석적인 존재자라는 것이다.(1962: §9) 이 주장을 표현하는 또 다른 방법은 이해가 우리가 수행하는 어떤 것something we do이 아니라 우리인 어떤 것something that we are이라고 말하는 것일 것이다.(람버그 & 예스달, 2005) 가장 단순한 차원에서, 하이데거에게 '이해'는 가능성들의 인식 및 기획 투사projection와 관계한다. 현존재는 항상 이미 가능성들을 의식하고 있으며, 또 세계는 예컨대 도구적인 것의 양태로, 우리가 하려고 하는 어떤 것과의 관계에서, 또는 우리가 참여하려고 하는 어떤 기획과의 관계에서, 한 특수한 관점light 속에 스스로를 드러낸다.(1962: §31) 더구나 하이데거에게 분석적 탐구와 '해석'은 '이해'에 의해 이미 기획되어 있는 가능성들을 해결하는 것에 지나지 않는다.(ibid.: §32) 이것은 모든 해석이 적어도 부분적으로 우리가 사전에 보는 어떤 것, 그가 우리 이해의 선구조forestructure라고 명명하는 어떤 것에 근거해 있다는 것을 의미한다. 하이데거에게 이것은 해석에서는 "결코 우리 앞에 있는 어떤 것에 대한 선-가정 없는pre-supposition-less 이해apprehension란 없기" 때문에 그렇다. 하이데거가 '실존-해석학적인 로서existential-hermeneutical as'(ibid.)라고도 부른, 우리 이해의 이런 구조에 대한 몇 가지 예들을 보자. 우리는 불가피하게 어떤 특수한 윙윙거리는 소리를 잔디 깎기 기계의 시동 소리로서 듣는다. 우리는 만일 쫓기고 있다면 문을 탈출로로서 지각한다. 우리는 유적을 영화로운 때가 있었던 것으로서, 아마도 그것이 적절한 자리에 있다면 로마 제국 몰락의 증거로서 본다. 하이데거의 근본적인 주장은 우리가 이런 '로서 봄seeing as'의 양태(비트겐슈타인이 『철학적 탐구』에서 하나의 국면으로서 봄이라고 부른 것과 관계있는) 바깥에 이를 수 없다는 것이다. 더구나 비록 그것이 때때로 유용하다 할지라도, 이 '로서' 구조에서 벗어난 무언가를 보려는 것 또한 불충분하고 파생적이다. 즉, 대상이나 경험이 '세계에서 떠나 있다deworlded'. 그리고 따라서 적어도 어떤 한 의미에서 더 이상 전혀 이해되지 않는다. 이것은 이론적이고 실천적인 배경과 상황 맥락contextualization 없는 순수한 지각과 같은 것은 없다는 것을 의미한다. 오히려 모든 지각은 불가피하게 또한 하나의 해석이다. 우리 이해의 선구조에 대한 하이데거의 설명은 우리가 여기서 고찰할 수 없는 몇 가지 미묘한 구분들— 예컨대 앞서-가짐fore-having, 앞서-봄fore-sight, 앞서-잡음fore-conception 간의 구분(ibid.)— 을 포함한다. 그러나 그는 이런 입장이 악순환적인 상대주의에 빠지게 만들 것이라는 의견을 거부한다. 하이데거는 자기가 기술하는 이해와 해석의 구조가 순환적이라는 것을 인정하지만, 그는 이것이 문제가 되기는커녕, 실제로 잘못은 독립적으로 정당화될 수 있는 따라서 순환적이지 않은 안정적인 형태의 지식을 갈망하는 데 있다고 주장한다. 하이데거의 입장에서 이것은 불가피하게 메논이 훌륭하게 기술했던 학습 역설과 유사한 (그리고 분석의 역설과 밀접하게 관계되는) 어떤 것에 저촉될 것이다. 결국 중요한 것은 해석학적 순환에서 빠져나오는 것이 아니라 올바른 방식으로 그 순환으로 들어가는 것이라고 하이데거는 주장한다. 우리는 도구적인 것에 들어 있는 채로, 그리고 존재 의미의 선-존재론적 개념 이해에 들어 있는 채로, 우리가 보고 있는 것이 무엇인지를 모호하게 이해할 수밖에 없다. 이런 해석 개념은 그 이래 하이데거의 여러 제자들에 의해 생산적으로 탐구되어왔던 해석학적 방법의 부활을 예고한다. 그중에서도 무엇보다도 특히 가다머는 그의 대작 『진리와 방법』에서 하이데거의 말들을 확장시켰다. 해석학이 대륙 철학에서 여전히 영향력을 발휘하는 동안, 가다머적인 모습의 해석학에서는 해석학이 전통의 권위를 지나치게 강조한다는 주장이 제기되었다. 따라서 비판적 판단과 반성을 위한 여지를 남기지 않거나(하버마스), 의사소통의 복잡성을 좀 무시하는 융합 공유된 의미 지평a fused shared horizon of meaning을 전제한다는 것(데리다)이다.

분석적 해석학

이와 똑같은 몇몇 문제가 해석학의 분석적 수용에서도 언급되었지만, 보통은 후기-분석적이라고 여겨지는 철학자들 중 여러 철학자를 포함하는 분석적 해석학analytic hermeneutics 전통도 있다는 점을 우리는 언급할 것이다. 이 주제에 관한 『스탠퍼드 철학 백과사전』은 다음과 같이 명시한다. "해석학은 영미 맥락 내에서도 (로티, 맥도웰, 데이비슨) 그리고 좀 더 대륙적인 담론 내에서도 (하버마스, 아펠, 리쾨르 그리고 데리다) 현대 철학을 대단히 흥미롭게 토론하기 위한 비판적 지평을 제공해왔다."(람버그 & 예스달, 2005) (슬프게도) 여전히 불화를 초래하는 데리다는 제외하고, 분명히 해석학에도 많은 화해 기획에도 다 중요한 가다머를 추가해서, 우리는 여기서 분석 철학과 대륙 철학 간의 '분열'과 관련하여 잠재적인 수렴을 보이는 몇몇 주요 인물들에 대해서 설명한다. 그러나 우리는 이것이 진정한 교차점의 예라고 너무 성급하게 결론짓지 말아야 한다. 왜냐하면 몇몇 후기-분석 철학자들은 거의 틀림없이 더 이상 분석적 주류의 편이 아니기 때문이다. 이 점은 그들이 출판하고 있는 곳과 인용 패턴들을 볼 때 분명해진다.(듀크 등, 2010을 보라) 좀 더 철학적으로 말해서, (할 줄 앎에 대한 이해가 맥락-구속적이고 그 맥락 밖에서는 형식화될 수 없는) 하이데거와 드레이퍼스의 실천적 해석학적 전체론holism과 데이비슨의 좀 더 이론적인 전체론 간의 중요한 비교가 있다.(브레이버, 2007: 243)『진리와 해석에 관한 탐구』(2001e: 125~139)에서, 데이비슨은 우리가 이해하고자 하는 대화 상대자와 우리가 마주칠 때, 일어나고 있는 일에 대한 가설 연역적 설명을 제공한다. 파스칼 앙겔이 표현하듯이, "데이비슨의 입장에서 행동에 대한 해석은 하나의 과학적 설명이 아니라, 자료들을 놓고 가설들을 시험하는 데 있다. 자료와 가설들은 다르다. (⋯) 그러나 그럼에도 불구하고 그것은 일종의 가설-연역적 설명이다."(1991: 143)

자연 과학의 인과적 설명이 사회 과학과 관련하여 문제가 없이 사용될 수 없다는 것에 — 그리고 분석 철학 내에서 생물학과 심리학 간의 관계에 관한 유사한 주장이 이루어지고 있는 것도 유명한데 — 데이비슨이 대륙 해석학자들과 동의할 수도 있지만, 근본적 해석radical interpretation에 대한 그의 설명 기질은 대부분의 현상학적 해석학의 관점을 쉽게 받아들일 수 없는 것처럼 보인다.

'후기-분석적'이라는 이름표를 가질 두 명의 다른 후보자는 실제로 정신상 대륙 전통의 해석학적 철학에 더 가까운 것처럼 보인다. 찰스 테일러와 버나드 윌리엄스가 그들이다. 글록(2008: 90)의 견해에서 볼 때, 이 두 사람은 (과거가 유일한 진정한 철학적 통찰을 제공한다는 것을 연구하는) '본래적intrinsic' 역사가들이라기보다는 (과거가 어떤 다른 목적을 달성하기 위해서 필요하다는 것을 연구하는) '도구적' 역사가들이다. 하이데거에서부터 데리다에 이르기까지 대륙 철학자들도, 주로 현재를 조명하기 위해서 과거를 연구하려고 하는, 일반적으로 도구적 역사가들이다. 그러나 몇몇 대륙 철학자들에게 과거의 연구는 필수 불가결한 도구이다. 예컨대『진리와 방법』에서의 가다머에게 그것은 진정한 철학적 통찰을 가능하게 하는, 전통으로 우리가 형성되는 방식에 대한 유일한 이해appreciation이다. "역사는 우리에게 속하지 않는다. 우리가 역사에 속한다."(2005: xvii) 분석 철학자들은 일반적으로 이런 종류의 필수 불가결성 주장을 인정하지 않을 것이다.

니체의 도덕의 계보학

계보학적 방법에 대한 명시적인 지지는『도덕의 계보학』에 한정되어 있기는 하나, 이와 관계된 방법론적 실천이 니체의 저작 다른 곳에서 수행되고 있는 것처럼 보인다. 데이비드 쿠퍼는 (브라이언 라이터[2002: 165~192]가 주장하는 것처럼) 계보학과 같은 것이 어느 한 책에 제한적이고 한정적으로 관련되어 있지 않고, 니체의 좀 더 일반적인 기획의 특징일 수도 있는 의의를 잘 드러내 준다. 쿠퍼의 견지에서 볼 때, 니체의 작업 그리고 더 일반적으로 계보학의 방법은 철학자들이 보통 가지지 않는 두 소양을 하나로 묶어놓는다. 역사적 감각과 생리학 지식이 그것이다. 함께 묶었을 때, 그것들은 우리가 현재의 도덕, 우리의 의식적인 자유 의지 경험 및 다른 철학적 문제에 초점을 맞출 때, 우리가 통상 주의하지 못하는 삶(또는 배경)의 조건들을 구성하는 것으로 생각될 수도 있다. 쿠퍼는 그것을 다음과 같이 표현한다.

> '생리-심리학자'가 폭로하는 것 — 우리의 '표면 가치 판단foreground estimates' 뒤에 숨어 있는 충동, 욕구, 본능, 정서affect — 을, 역사가는 예컨대 어떻게 평가의 변화 방식이 평가자 자신들에게 불명료한 '삶의 조건들'로써 형성되었고 표현되어왔는지를 드러내면서, 통시적인 규모에서 확인한다. (2003: 2)

『도덕의 계보학』은 다음과 같은 유명한 말로 시작한다. "우리, 지식을 가진 인간들 그리고 훌륭한 이성을 가진 인간들인 우리가 우리 자신들에 대해서는 모르고 있다. 도대체 우리가 우리 자신들을 찾아 나서야 하는 일이 어떻게 일어날 수 있단 말인가?"(1989: 서문, §1) 만일 계보학에 관한 이런 전제들이 충족된다면, 니체의 기획은 개념 분석(그리고 아마도 보다 일반적으로 분석)을, 철학 내에서 항상 활동하고 있는 배경이나 숨은 (심리적-생리적인) 조건들에 접근하지 못하면서, 그저 사물들의 표면만을 따라가는 것이라고 폭로할 것 같다.

니체와 푸코 쪽의 계보학은 전통적인 역사적 실천들과는 구별되어야 한다. 계보학은 역사의 교체permutation와 조합이 이성에 의해 지배되거나 어떤 목적론적인 방식으로 진행하는 것으로 생각하지 않는다. 마찬가지로 우리가 찾을 하나의 순수한 기원이 있다고 주장되지도 않는다. 우리가 아무리 멀리 거슬러 올라간다고 할지라도, 특유의 상이성과 불일치가 있다. 하지만 그럼에도 불구하고, 계보학은 하나의 숨은 역사, 숨은 심리-생리학을 주려고 하는데, 이는 사고하고 평가하는 (긍정적, 부정적 등) 방식뿐만 아니라 특수한 주관과 같은 어떤 유형의 구조constitution를 강조하는 것이다. 따라서 관념들은 보통 일정 문화의 징후와 같은 것으로서, 또는 능동적이거나 수동적인 건강한 자나 병자의 징후와 같은 것으로서 취급된다. 심리학을 통해 진리 주장이나 개념들을 평가하는 것은 기이한 (또는 대화적인 맥락에서 개인에 호소하는 오류) 것으로 보일 수 있다. 예컨대 타락한 사람이 여전히 어떤 상당히 좋은 관념들을 가질 수도 있다. 그러나 니체(그리고 좀 적게는 푸코)는 주로 가치에 관심을 두며, 이 영역에서는 거의 틀림없이 그런 수단이 더 크게 정당화된다.

그러면 니체가 우리에게 제공하는 계보학은 어떤 것인가? 니체의 기본적인 주장은 세 개의 자연 발생적인 심리학적 메커니즘— 원한(시론 1), 내면화된 잔인성(시론 2) 그리고 힘에의 의지(시론 3)— 이 '신의 죽음'에도 불구하고 우리가 계속 좇아서 살아가고 있다고 니체가 말하는 금욕적 도덕ascetic morality을 설명한다는 것이다. 니체가 스스로를 비도덕주의자immoralist라고 칭하는 이유는, 그리고 모든 가치 전도a revaluation of all values를 요구하는 이유는, 현대 유럽인의 도덕이 범용과 순응을 부추겨왔고, 탁월함을 대단히 바람직하지 않은 것으로 만들었다는 확신 때문이다. 이런 일반적인 니체의 가치 전도에 『도덕의 계보학』이 추가하고 있는 것은, 폭력, 고통 및 원한이라는 비도덕적인 기원으로부터 현대의 도덕적 믿음들이 발전해왔음을 추적하는 점이다. 니체의 의사-역사적인 계보학quasi-historical genealogy에 따르면, 유대-기독교적인 노예들은, 분명히 물질적 영역을 장악했던, 그들보다 더 강한 그리스-로마의 압제자로부터 벗어날 수 있게끔 하기 위해서 그리고 결국 형세를 역전시키기 위해서, 최후의 의지처로서 자기 내부로 향하고, 영혼 ─ 내적인 정신적 보호 구역 ─ 을 가정하였다. 행동가doer가 행위deed와 분리되기 시작한 것은 바로 이때라고 니체는 말한다. "도덕에서의 노예 반란은, 원한 자체가 창조적이 되고 가치들을 낳을 때 시작된다: 참된 반응, 행위의 반응이 허락되지 않은 인간들natures의 원한, 그리고 그들 자신을 상상의 복수로 보상한다."(1989: 1, §10) '귀족'의 도덕은 그 자신의 탁월함을 누렸고, 뒷생각으로서만 탁월함이 덜한 자들을 폄하할 뿐(니체가 몽골인과 일본인도 그렇다고 인정하면서도, 주로 그리스-로마 시대와 연관시켰던 주인의 선-악 도덕이라고 부른 것)이지만, 유대-기독교적인 노예들은 무엇보다도 먼저 그들의 적을 악이라고 폄하하고, 이차적으로만 자신들을 비교해볼 때 선하다고 긍정했을 뿐이다. 전자는 긍정적이다. 후자는 부정적이며, 냉소적인 경향이 있다. 왜냐하면 많은 시간과 에너지가 지배했던 자들을 폄하하는 데 투자되기 때문이다. 니체는 이 가치 전도가 처음에는 어떤 천재의 한 수단a move이었지만, 그 이후 ─ 주인과 노예 사이에서 한 중재자로 행위하는 ─ 사제 계급의 도래가 주인이 나쁜 양심(그들은 달리 행위할 수 있었다. 따라서 책임이 있다)을 가지게 하는 데 이바지했고, 이후 서양사는 강자(그리고 긍정적인 자)에 대한 약자(그리고 부정적인 자)의 승리를 목격해왔다. 우리가 선이라고 생각하고 있는 것은 부분적으로 약자들의 원한의 결과이며, 겸손, 가난, 순결 등을 가치로 설정한 이 도덕이 여전히 그것이 나오게 된 의미 맥락에서 벗어난 채 여전히 계속되고 있다.

이제, 이런 주장들은 어떤 지위를 지니고 있는가? 이것은 분명히 전통적인 역사가 아니다. 니체와 푸코가 둘 다 자기들 주장에 대한 실질적인 증거를 제시하고 있을지라도, 역사적 자료들에 관한 논쟁이 그들 중의 어느 한 사람의 마음을 바꾸게 할 것이라고 상상하기는 어렵다. 매정한 관점에서 볼 때, 결론은 하버마스가 『근대성의 철학적 담론』(1990: 120~130)에서 주장하는 것처럼, 그들이 한낱 신화를 영속시키고 있다는 것이 될 것이거나, 포퍼가 주장했었을 것처럼 의사-역사 장치 때문에 이야기 이면에 있는 이론들은 반증 불가능했을 것이라는 결론이 날 것이다. 이런 계보학들은 또한, 기존 가치나 신념 체계의 기원에 대한 분석이 그것의 현재 작용을 의문시할 수 있다고 주장하는 '발생적 오류genetic fallacy'를 범하려고 하는 것처럼 보인다. 그렇다 하더라도, 니체는 일관되게 어떤 것을 생성시키는 본래적인 기능이 그것의 현대적 기능 및 의미와 일치한다고 우리가 가정할 수 없다고 주장한다. 따라서 문제는 다음과 같다. 어떻게 이른바 기존 도덕이 생겨났는가에 대한 계보학적 기술과, 그런 도덕에 대해 니체가 겨냥한 비판 및 모든 가치의 가치 전도 간에는 어떤 관계가 있는가? 어떻게 우리 도덕의 기원에 대한 탐구가 현재 도덕의 가치를 해명해 주는가? 니체가 만족스럽게 이 문제를 해결할 것인지는 이론이 많은 문제이다. 니체에 대한 전형적인 분석적 해석으로 통용되는 한 견해는, 니체가 우리에게 도덕의 인과적 힘 및 고귀한 사람의 번영을 보호하는 방식에 큰 통찰을 주지만, 이런 주장들을 수립하기 위해서 어떤 계보학을 수행하는 것은 필요하지 ─ 그리고 실제로 불필요 ─ 않다는 것이다.(라이터, 2002: 171)

푸코: 계보학과 권력

「니체, 계보학, 역사」에서 푸코는 명확하게 (『감시와 처벌』 및 『성의 역사』 1권과 관련되어 있는) 자기의 계보학적 시기를 니체의 작업과 결부시킨다. 푸코에 따르면, 계보학은 근본적으로 다음의 것과 대립한다.

> 사물의 엄밀하고 순수한 본질을 포착하려는 시도와 대립한다. (…) 왜냐하면 이 탐구는 우연과 연속의 외부 세계에 선행하는 부동 형태들의 존재를 가정하고 있기 때문이다. (…) 만일 계보학자가 형이상학에 대한 그의 믿음을 확장하기를 거부한다면, 만일 그가 역사에 귀를 기울인다면, 그는 사물들 뒤에 '전혀 다른 그 무엇'이 있다는 것을 발견할 것이다. 무시간적이고 본질적인 비밀이 아니라, 사물들이 아무 본질도 가지지 않는다는 비밀을, 또는 사물들의 본질이 이질적인 형태로부터 단편적인 양식으로 조립되었다는 비밀을 발견할 것이다. (1984: 78)

계보학은 그 자신을 사물의 '기원들'에 대한 탐구와 혼동하기보다는, 모든 시작에 동반되는 일들과 사건들the details and accidents을 배양한다고들 한다. 따라서 그것은 동일성이라기보다는 다양성과 관계한다. 그러니까 헤겔적이거나 맑스적인 역사 개념과는 달리, 또는 전통 역사가들이 전제했던 역사 관념과는 다른 식으로, 푸코는 진보로서의 모든 역사 개념에, 또는 기존의 전체성을 평가할 수 있는 그런, 시간의 바깥을 가정하는 모든 역사 개념에 반대한다. 따라서 계보학은 주변적인 것과 불연속적인 것을 긍정하고 현재에 미친 그것들의 영향을 추적하며, 이 지식 자체가 하나의 전망으로서 명시적으로 긍정된다. 목표는, 표층의 역사들이 그것들 대상의 이산적인 존속discrete existence을 가정함으로써 무시할지도 모를 궤적들을 설명함으로써, 실제로 일어났던 것에 관한 무언가를 말하는 데 있다. 그것은 또한 그리고 아마도 가장 중요한 것으로, 과거와 우리의 관계에 대한 우리 이해의 변화mutation를 일으키는 데 있고, 이는 우리의 미래를 이해하기 위한 새로운 가능성을 열어준다.

푸코 자신도 거의 틀림없이 그의 작업이 발생적 오류를 범하고 있다는 비난에 신경을 썼다. 그것이 부분적으로 그가 고고학 방법론으로부터 계보학 방법론으로 옮겨가게 했던 것처럼 보인다. 예컨대 (영어 요약본 『광기와 문명』으로 더 잘 알려진) 『광기의 역사』에서, 푸코는 근대 문화가 광기를 취급하는 것에 대해 대단히 비판적이지만, 그 자신의 방법에 따르면 이 판단을 정당화하기란 어렵다. 왜냐하면 우리는 비판자처럼 행세하기 위해서 이런 식으로 역사에서 벗어날 수 없기 때문이다. 지식 범위 구성에 대한 푸코의 초기 분석들이 무관점a view from nowhere을 전제함으로써 (또는 데리다[1978a]의 푸코 해체의 주제인 것으로서, 우리가 실제로 광인 편에 있을 수 있었다고 전제함으로써) 그 자신의 방법론을 은연중에 위반했다고 해도, 계보학 방법과 더불어 이런 종류의 비판적 의도 및 그의 기획의 구조주의적(그리고-의사-과학적) 차원이라기보다는 해석적 차원들은 특히 중시될 것이다. 푸코의 감옥 및 성의 역사 계보학이 당대적 삶의 이런 구조 모두와 관련된 해방 서사들에 대해 결국 매우 비판적이 되고 말지만, 그리고 찰스 테일러, 낸시 프레이저, 하버마스 등이 말했던 것처럼, 권력이 어느 곳에나 있다고 하고는 권력이 권력의 특수한 배치에 관한 도덕적 판단을 내린다고 푸코가 말할 수 없다고 일부 사람들이 항변하지만,(패톤, 1989; 테일러, 1984a를 보라) 거의 틀림없이 그런 비판들은 잘못된 것이다. 왜냐하면 그것들은 기존 문화가 패권을 쥐고 있고, 또 그것이 유일하고 단일한 전통을 가진다고 가정하기 때문이다. 그리고 물론 이는 그렇지 않다. 사회는 복잡하고, 많은 다른 덕목과 많은 다른 관습practice으로 이루어져 있다. 이런 관습 중 일부는 다른 관습을 대치하고counterpose 비판하기 위해 사용될 수 있다. 그리고 이 경우에 그의 목표는 특히 우리 자신들의 존재론을 제공하는 데 있다. 따라서 초기 고고학적 시기의 비일관성은 극복된다.

하지만 발생적 오류를 범하고 있다는 비난을 포함해서, 여전히 다른 문제가 남아 있다. 테일러가 푸코의 주요 비판자 중의 한 사람이라는 사실에도 불구하고, 테일러는 실제로 (푸코의 공문서가 철학사 교본보다 훨씬 더 넓다는 것에 주목하면서) 푸코의 것과 매우 가까운 용어들로 철학사를 해야 하는 정당한 이유를 제공한다. 테일러는 철학의 핵심 과제가 우리의 현행 철학적 체계를 명료히 하는 것이라고 주장한다. 그러나 그러면 문제는 정확히 어떻게 과거에 대한 분석들이 이것을 성취하는가와 관련한 문제가 된다. 첫째, 테일러는 데카르트적 정신 개념에 대한 가장 위대한 도전자— 그의 영웅인 헤겔, 하이데거와 메를로-퐁티 — 들이 모두 철학의 과제라는 개념을 깊이 역사화했던 것이 그저 우연인지를 생각해보라고 요구한다. 그의 의견으로는 과거 이해는 필연적으로 현재 상태current status quo와는 구별되는 관점들을 현대 철학에 제공한다.(테일러: 1984b: 20~22) 그러나 이것이 유일한 길인가? 글록(2009: 90)이 묻는 것처럼, 통시적인 다양성diachronic diversity이라기보다는 공시적인 다양성synchronic diversity에 주의를 기울이는 것은 어떨까? 또는 사고 실험을 통한 상상력을 사용하는 것은 어떨까? (당연한 것이나 어디에나 있는 사태에 관한 기술과 같은) 기존의 믿음이나 관습이 손상될 수 있었던 역사적 전거들을 사용할 경우 계보학적 분석들이 분명히 적절하기는 하지만, 계보학으로 손상되지 않을 수 없는 그런 명백한 이야기들이 전혀 없다면, 그런 분석들은 적절할 것인가? 또는 데리다가 주장할 수 있을 듯한 것으로서, 저자의 의도에 반대하는 것에 관해 말할, 우리가 물려받았고 사용(반복 가능성)과 더불어 변형되는 낱말과 개념의 복잡한 유산 때문에 우리에게 출몰하는 것에 관해 말할 (해체적인) 이야기가 항상 있는가? 많은 분석 철학자들이 그러하 듯이, 우리가 개념 사용 (그것 없이는 여러분이 그저 언어 게임의 일부가 아니게 되는) 조건들을 제시하려고 할 수 있지만, 그런 규칙들을 설명하는 것은 "낱말이 무엇을 의미하는지, 그것이 어떤 개념(들)을 표현하는지를 묘사하는 데 하찮은 역할만을 할" 것이라는 주장이 제기될 수도 있을 것이다.(쿠퍼, 2003: 8) 이런 말들의 사용이 상당히 안정적일지는 모르지만, 그러나 그것들의 의미는 유동적일 수도 있다. 확실히 이것은 니체의 형벌의 계보학이 보여주려고 하는 것의 일부이자, 데리다의 작업이 계속 더 탐구하는 중요한 것이다.

해체와 계보학

우리가 다른 어딘가에서 해체를 더 상세히 다룰 것이기는 하지만, 여기서 해체와 계보학과의 관계가 밀접하다는 것은 주목해볼 만한 가치가 있다.[2] 해체는 하이데거로부터 철학사와 관련하여 파괴적 회복destructive retrieval의 수행이라는 생각을 물려받으며, 좀 더 일반적으로 텍스트와 문화에 이항 대립이 만연해 있는 것으로 보인다는 생각을 물려받는다. 게다가 철학에는 어떤 제도적인 맹점이 있다는 확신 때문에, 해체의 전체 목적은 철학의 여백margins of philosophy을 점거하는 데 있다. 이것은 전적으로 철학 밖에 있는 것은 아니지만, 완전히 철학 내에 있는 것도 아니다. 철학을 잊고 가지도 않으면서, 그리고 (그라마톨로지와 같은) 어떤 새로운 과학을 선언하지도 않으면서 또는 대신에 문학에 의지하면서, 데리다는 이중 독해double reding를 실행하려고 한다. 하나는 문자 그대로이자 텍스트(또는 개념)에 충실한 독해이고, 다른 하나는 좀 더 폭력적이고 관습에 거스르는 transgrassive 독해, 그리고 안정적이거나 수용된 확실성을 분쇄하는 독해이다. 그러나 후자는 한낱 변덕스러운 것일 수 없다. 그렇지 않으면 문제의 해체는 아무런 효과도 일으키지 못할 것이다. 그것은 제멋대로이자 마구잡

2. 개리 샤피로(1990)가 이런 주장을 한다.

이식이 될 것이다. 이것은 정확히 썰이 데리다의 오스틴 독해와 관련하여 퍼부은 비난이기는 하지만, 만일 우리가 이것이 데리다의 해체에서 항상 성립하는 것은 아니라는 것을 인정한다면, 다음과 같은 것이 주장될 수도 있을 것이다. 즉, (텍스트들 속에서 '이미 항상'이 작동하고 있다고 하는) 해체의 가능 조건은 의미가 결코 단순하지 않고 항상 (불확정적이지는 않더라도) 복합적이라는 것에 있으며, 이것이 계보학에 텍스트들을 계속 문제화하는 역할을 부여하고 있다고 말이다. 만일 낱말과 개념들이 그것들 속에 존재하는 다양하고 복잡한 역사를 가진다면, 해체적 독해의 가능성은 쉽게 눈에 보일 것이다. 실제로 어원학이 해체와 대륙 철학에서 일반적으로 아주 중요한 역할을 한다는 것은 결코 우연이 아니다. 그런 어원학들은 종종 엄격하게 정확한 것은 아니다. 하지만 그것들이 그저 **무로부터** 구성되어 있는 것도 아니다. 그것들은 개념적인 무언가를, 따라서 어원학자가 동의할 수 있었던 무언가를 증언한다. 그러나 그런 어원학들은 그것을 문화, 시대 및 전통의 더 넓은 동향들과 관계시키기도 한다.

결론: 발생학적이고 반-계보학적인 오류들

우리는 계보학적 분석에 표명된 많은 우려를 보았는데, 특히 그 분석은 개인에 호소하는 오류에 빠질 위험이 있고, 또 기원에 대한 분석을 현재 존재하고 있는 것the present의 평가나 정당화와 혼동한다는 것이다(이 두 비난은 심리주의에 관한 분석 철학의 일반적인 우려에 신세 지고 있다). 물론, 대부분의 분석 철학자가 인정할 것처럼, 발생학적 상황으로부터 추론을 타당하게 할 수 있는 상황의 특징들이 있다. 예컨대 많은 철학자가 신의 '자연사natural history'를 제의했었는데, 이 자연사에서 종교의 기원은 사회 권력 구조, 개인 심리학 등으로 추적된다. 예컨대 만일 종교적 믿음이 소망-충족wish-fulfilment에서 그 기원을 가진다면, 그 믿음이 그럼에도 불구하고 참이라 할지라도, 적어도 왜 종교적 믿음이 그처럼 팽배해 있는지에 대해서 무신론적 설명이 오늘날 제시될 수 있을 것이다. 발생학적 연구는 종교에 대한 분석적 논의에서 정확히 이런 역할— 어떤 논증들을 봉쇄하는 역할, 아마도 증명의 책임을 전가하는 역할, 세계관에 정합성을 덧붙이는 역할— 을 한다.(맥키, 1983: 10장) 따라서 발생학적 물음들은 거의 항상 어떤 평가에서 하나의 타당한 요소이며, 계보학이 의존하는 것처럼 보이는 최소한의 전제— 변화된 모습일지라도 현재 속에 존속한다는 주장— 는, 좀 더 수용적인 형이상학적인 사용역register을 가질 뿐만 아니라 개념적이고 언어적인 사용역을 가지면서, 특별히 문제가 될 것으로 보이지 않는다.

계보학의 핵심 동기는 계보학이 변화와 연결되어 있다는 데 있다. 한 문화와 사회가 변화하기 위한 중요한 조건은, 일어났던 특수한 발전들이 불가피하지 않다는 것을 이해하는 데 있다는 점에서 말이다. 그래서 계보학적 설명을 하기 위한 하나의 실용적 이유는, 어떤 것을 하나의 오류로서 인식하는 것 (우리가 일반적으로 노예처럼 또는 보수적으로 행위한다고 말하는) 자체는 변화를 일으키는 강한 힘이 아니지만, 그러나 오류를 일으켰던 의심스러운 심리학적 동기들을 특별히 더 인식하는 것은 좀 더 변화를 유발할 가능성이 많을 것 같다는 것일 수도 있다. 그래서 니체, 푸코 등은 이중 책략, 이중 방법론을 사용하는 것으로 보일 수도 있다. 즉, 계보학은 관련된 합리적 증거를 제공할 수 있다. 그러나 계보학은 또한, 하나의 논증이 자체만으로는 설득력이 없다는 점에서, 변화를 위한 힘으로써 수사학적으로 설득력이 있을 수 있다.

하지만 이런 보편적으로 받아들일 수 있는 언급에도 불구하고, 분석 철학은 계보학적 탐구에 크게 주의를 쏟지 않는다. 이것은 분석 철학이, 개념을 (로버트 노직의 표현을 옮겨 오자면) 하늘에서 떨어진 만나manna인 것으로 생각하는, 무시간적인 관점을 전제하는 반-계보학적 오류(J. 윌리엄스, 2005: 114)의 희생자이기 때문인가? 여기서 우리는 아마도 분석 철학의 무시간성 및 무역사성과 관련해 퍼붓는 흔한 비난으로 회귀하고 있다. 콰인은 분명하게 철학사에 주의를 기울이지 않겠다고 공언했고, 길버트 하르만은 하버드대학의 자기 연구실 문에 "철학사 사절JUST SAY NO TO THE HISTORY OF PHILOSOPHY"이라고 선언했던 문구를 붙여놓았다. 그럼에도 불구하고 이것은 아마도 오늘날 대부분의 분석 철학자들을 특징짓는 한탄affliction은 아닐 것이다. 예를 들어 글록은 분석 철학자들이 통상 과거와 관련하여 역사 공포증자historiophobic도 아니고 (비뚤어진) 무정부주의자도 아니라고 주장한다. 그리고 브랜덤은『위대한 선인들 이야기』에서 이렇게 말한다.

> 역사 이야기도 그것의 형이상학적인 근거도 제일 중요한 것처럼 보이지 않는 하나의 친숙한 관점이 있다. 초창기의 분석 철학은 역사적인 철학적 기획과 체계화 기획에 모두 본능적으로 적대적이었다. (···) 이 자기-이해는 결코 합의에 이른 적이 없었다. (···) 내 생각에는 시간이 흐름에 따라 근본적인 분석적 신조 ― 조리 있는 논증에 대한 신앙, 조리 있는 논증 및 조리 있는 명료한 표현에 대한 희망 ― 의 수용은 (···) 역사적이고 체계적인 형식들과 양립 불가능하지 않고 (···) 아마도 심지어는 요구되고 있다는 것이 더 분명해졌다. (2001: 1)

분석 철학에 무시간적인 경향성이 확실히 있기는 하지만, 그러나 이런 면에서 우리는 분석 철학과 대륙 전통 사이에서라기보다는 분석 운동 한가운데에서 내내 가득한 분열을 발견한다. 언어 분석 철학 내에서 (사용 맥락을 강조하는) '사용 이론들'과 (논리적 자원들을 사용하는) '진리-조건적 이론들' 간에 벌어진, 소위 스트로슨의 '웅대한 투쟁Homeric struggle'은 아주 널리 알려져 있고 또 전통 내에서 날카롭게 인식되고 있다. 각 측은 비장의 무기를 가지고 있으며, 여기서 원가 산정은 매우 어렵다. 그러나 바로 이런 이유 때문에, 많은 분석 철학자들은 무역사주의ahistoricism라는 비난을 거의 결정적이지 않은 것으로 간주할 것이다. 즉, 만일 가장 다루기 힘든 의미의 문제들이 그저 수학자의 낙원을 받아들임으로써 해결될 수 있다면, 그래도 좋다so be it.

대체로 대륙 철학자들은 사유의 개념적이고 역사적인 전제들에 관심을 두고 있어서, (그릇된) 이런 방향으로 치우치지 않는다. 니체는 "역사를 가지지 않는 것만이 정의될 수 있다only that which has no history can be defined."는 유명한 말을 한다.(1989: 2, §13) 그리고 『힘에의 의지』에서 "무엇보다도 필요한 것은 상속된 모든 개념을 향한 완전한 회의주의다."라고 말한 다.(1968: §409) 때때로 대륙 철학자들은 발생학적 오류라는 비난을 자초하며, 그것은 물론 그런 형태의 철학하기에 수반되는 위험이다. 그러나 우리의 견해에서 그런 위험은 토론 종결 요소가 아니다. 오히려 그 위험은 더 많은 지식을 위한 하나의 요청으로서 더 잘 이해되어야 한다. 한 사람의 관점을, 그들 견해가 계급 구조 내 그들 지위의 증상인 것으로 이해되어야 하기 때문에 무효화하는 것은, 또는 그것이 한낱 무의식적인 소망—충족의 표현이라는 것에 기초해서 무효화하는 것은 분명히 문제가 있다. 이런 식으로 나아가는 대륙 철학의 모습은 논리 실증주의자들이 그랬던 것만큼이나 그들 의미 이론에서 강제적이다. 자기의 장점에 의거해서 한 입장을 추정해 보는 것은 실제로 가치가 있다. 따라서 이런 양 극단— 무역사적인 개념 분석 또는 역사화된 계보학 — 은 둘 다 단독으로는 불충분하다는 것인가? 아마도 그럴지도 모른다. 그리고 그 가능성은 중간적 입장에 흥미를 느끼게 하고, 그 입장을 진지하게 고려하기에 충분하다. 따라서 우리가 이 고도로 이론적인 차원에서 이런 극단들과 관련하여 화해의 바람직함을 주장할 수 있음에도 불구하고, 악마는 사소한 것에 있다the devil is in the detail. 즉, 첫눈에 단순해 보일 수 있지만, 예상보다 더 많은 시간과 노력이 필요하다.

제13장

스타일과 명료성

전통 간의 스타일 차이가 처음부터 주목을 (그리고 풍자를) 받아왔다. 그리고 스타일이 본질적으로 개인적인 일이라 할지라도(데리다와 바디우의 글쓰기 스타일이 다른 것처럼, 크립키와 데이비드 루이스의 글쓰기 스타일은 다르다), 전통을 통틀어 작동하는 어떤 공통적인 스타일 규범이 있다는 것을 반박하기도 어렵다. 물론 스타일의 문제는 분명히 각 전통 내의 세력에 의해 영향을 받는다. 학사 프로그램들은 불가피하게 쓰기와 말하기 소통 모두에서 특수한 방식으로 학생들이 처신하게끔 (보통은 명시적인 지침이라기보다는 모형화를 통해서) 학생들을 사회화하고 말 것이다. 분석 철학자들도 일반적으로 (영미권 국가의 대륙 철학자들이 그런 것처럼) 그런 식으로 자기 신원을 규정한다. 그리고 어떤 공통적인 수사법trope도, 다른 스타일로부터 그런 철학적 스타일을 구획하는 관심에서뿐만 아니라 이런 자기 확인 작업에서 나올 것 같다. 따라서 러셀이 발족했던, 무철학적non-philosophical이라고 여겨지는 스타일의 '달라지기other-ing'의 역사가 이 시대에까지 계속되고 있다는 것은 아마도 놀라운 일은 아닐 것이다. 하지만 우리에게 중요한 문제는 바로 이런 스타일의 차이가 분열에서 어떤 역할을 하고 있는지 하는 것이다. 그 차이는 근본적인 방법론적인 수용이나 학설상의 수용을 나타내고 있는가? 또는 (아마도 관점 창조 대 실재 묘사라는) 철학 역할 개념의 차이를 나타내는가? 아니면 이런 스타일 차이는 분열의 유일한 실질적인 표시인가?

스타일이 전통 간의 주요 차이라고 주장하는 자들은 분열에 관한 수축적인 견해도 내보인다. 실제로 그들은 공통의 철학적 유산 내의 스타일 차이(예컨대 아리스토텔레스와 플라톤 간의 차이, 또는 스피노자와 버클리 간의 차이)를, 철학자들이 다른 전통에 속한다는 것을 스타일 차이가 보여줄 필요가 없다는 증거로서 지적할 수 있다. 그러나 우리는 스타일이 분석-대륙 분열을 단독으로는 충분히 설명해 주지 못한다고 생각하며, 또 여기서 그런 스타일의 문제들은 방법론적인 관행 문제와도 주제 내용topical substance 문제와도 쉽게 분리될 수 없다고 생각한다. 따라서 우리는 이런 종류의 전략과 스타일들을 위해 주어진 몇몇 다른 실용적이고 철학적인 정당성들을 한데 끌어모을 것이다. 대체로 그것들은 미학적이고 사회 정치적인 문제들과 관련되어 있을 뿐만 아니라, 한편으로는 명료성 및 창조성의 각 목표와 다른 한편으로는 우리가 물려받았던 언어 내의 형이상학적 가정들의 (한 견해에서의) 편재성 간의 관계 문제와 관련되어 있다.

스타일 대 철학, 또는 스타일과 철학

기술적으로 현행 분석적 관행을 정확하게 표현하는 것이든지 아니든지 간에, 이 전통의 자아상은 반복적으로 표현의 명료성과 간명성을 높이 평가한다. 논증들이 따로 분리되어 있어야 하고, 가능한 한 가장 분명한 형태로 표현되어야 한다. 즉, 언어 문제에 특별히 주의를 기울임으로써 혼동을 피해야 한다. 주장들도 그런 식으로 고찰되어야 하고, 실체시된 존재물hypostatized entity들을 뒤에 숨겨 놓고 있어서도 안 된다. 따라서 이런 스타일 규범들은 (반성적 평형, 사고 실험 등과 같은 관행들을 포함하여 넓게 해석된) 분석으로서의 철학이라는 개념과 밀접하게 연결되고, 또 분석적 전통에서 명쾌한 논증 및 이유–제시reason–giving라는 중심적 역할과도 밀접하게 연결된다. 분석 철학은 비유적이라기보다는 분명하고, 투명하고, 사실에 충실한literal 것을 자랑으로 삼는다. 적어도 분석 철학의 규제적 이념은 (때때로 전문적일 때조차도) 모호성에 빠지지 않기 위해서 직설적으로 말하는plain–speaking 최소주의 스타일이다. 무어가 『윤리학 원리Principia Ethica』에서 말하는 것처럼,

> 다른 모든 철학 연구에서처럼, 그것의 역사 속에 많이 보이는 윤리학의 난점과 불일치들은 주로 아주 단순한 원인에 기인하는 것처럼 보인다. 즉, 여러분이 답을 바라는 물음이 무엇인지를 정확하게 먼저 알아내려고 하지 않고 물음에 답하려는 데에서 기인한다. 철학자들이 물음에 답하려고 하기 전에 어떤 물음을 묻고 있는지를 찾으려 한다고 할지라도, 나는 이 오류의 원천이 얼마나 제거될 수 있을 것인지를 알지 못한다. 왜냐하면 분석과 구분의 작업은 종종 매우 어렵기 때문이다. 우리는 확고하게 그렇게 하려고 할 때조차도, 자주 필요한 발견을 해내지 못할 수도 있다. (…) 여하튼 일반적으로 철학자들은 그런 시도를 하지 않으며, 이것을 빠뜨린 결과가 어찌 됐든, 계속 '네'나 '아니오'가 물음에 답하는 것임을 보여주려고 한다. 그 어느 답도 옳지 않은데도 말이다. 이는 그들 마음 앞에 놓인 것이 하나의 물음이 아니라, 여러 개의 물음이라는 사실에 기인하는 것으로, 이 중 일부의 물음에 대해서 참된 답은 '아니다'이고, 다른 일부 물음에 대해서는 '그렇다'가 되어야 하는 것이다. (1989: vii)

좀 더 간단명료하게 말하자면, 『논고Tractatus』에서 비트겐슈타인은 이렇게 말한다. "말로 표현될 수 있는 것은 모두 명료하게 표현될 수 있다."(2003: 4.116) 물론 이런 영향력 있는 두 책의 라틴어 제목은, 다소 불편하게도

소위 카르납 스타일이라고도 할 수 있는 것인, 어떤 분석 철학자들의 직설적이고 미사여구 없는 (자기-)해석과 한자리에 앉아 있다. 물론 분석 철학에도 고도의 화려한 기교bravura를 보여주는 스타일리스트들이 있다. 한 유형의 예는 포더와 데이비드 루이스이거나, 또는 다른 유형의 예는 비트겐슈타인이다. 비트겐슈타인은 『문화와 가치』에서 "철학은 실제로 다만 작시하는 것처럼 집필되어야 한다."라고 말한다.(1984: 24) 그리고 물론 다른 글쓰기 양태에서도 그런 것처럼 분석 철학에도 스타일 유행과 수사가 있다. 모종의 농담조, 모종의 천연덕스러운 말이나 특정 그룹에서 나 통하는 농담in-joke, 신중하게 사고 실험을 짜는 기묘한 방식들 말이다. 그럼에도 불구하고 명료성을 위험에 빠뜨리지 않을 때만 그런 스타일적인 장식을 탐닉하는 것을 규범적인 이념으로 삼는다. 우리가 보아왔듯이, 이것은 부분적으로 많은 분석적 작업이 문제 확인과 해결이라는 공동 기획의 일환으로 보여지기 때문인데, 이 기획은 한 사람의 철학적 작업을 다른 사람의 철학적 작업과 무리 없이 순조롭게 통합시키려는 데 있는 것이다. 이것이 스타일에 그리고 공통 전거나 내용의 양식적 표준indicator의 필요성에 즉각 영향을 미치는 것이다.

이와 연관된 이유 때문에, 파스칼 앙겔(1999)은 직선의 스타일(AP)과 원형의 스타일(CP)을 대립시킨다. 그리고 여기에 우리가 생각하기에 이런 면에서 대륙 철학과 대비되는 중요한 차이가 있다. 어느 대륙 철학자도 사회 없이 그들이 홀로 작업한다고 생각하지 않고, 또 거의 모두가 상호 주관성을 언급하기는 하지만, 규범적인 철학자 상은 이것보다 훨씬 더 우상 파괴적이고 개인주의적이다. 게다가 대륙 철학자들은 서로에게 응답 하는 학술지 등재보다는 전공 도서를 쓰는데, 그리고 전통 전체의 역사와 관계한 통시적인 문제에 더 몰두하고 있으며, 진보주의적이고 의사-과학 적인 방식으로 지식이나 이해를 건립하기를 바란다. 물론, 『칸트 연구』나 『하이데거 연구』와 같은 학술지에서의 일부 해석적인 학술은 진보주의적 인 태도로 한 특수한 사상가에 대한 지식을 창달하려고 하며, 따라서 아마도 해석자와 독창적인 철학자 간의 구분이 이루어져 있을 것이다. 자기들 딴에는 야심을 가지고 독창적이고 체계적인 철학자라고 주장하는 자들이라는 점에서, 들뢰즈와 가타리는 흥미 있게도 『철학이란 무엇인가?』의 어느 한 곳에서, 과학은 계열적인paradigmatic 반면, 철학은 통합적syntagmatic이라고 말한다.(1994: 124) 분석 철학 — 또는 적어도 대부분의 분석 철학자의 자기-개념 — 에 적용될 때, 비록 그것이 적실한 것처럼 보이지 않을지라도, 들뢰즈와 가타리의 입장에서 철학자를 자극하고 고무하는 것은 문화(그리고 때로는 예술가, 때로는 과학자)이지만, 그러나 비슷한 문제들을 두고 작업하는 철학자 그룹에서 학문 진보를 점차적으로 허용할, 소통 윤리를 위한 희망은 거의 없다. 많은 다른 주요 대륙 철학자들이 덜 공격적인 입장을 유지한다 해도, 사정은 마찬가지이다. 그리고 이것이 부분적으로 두 전통의 다른 스타일과 기법을 설명해 준다. 물론 비트겐슈타인도 『쪽지』에서 "철학자는 어떤 이념 공동체community of ideas의 한 시민이 아니다. 그것이 그를 철학자이게끔 해주는 것이다."라고 말했다.(2007: §455) 그러나 좀 더 최근 시기의 분석 철학이 계열적인 것으로 이해될 수 있다면, 그리고 우리가 앞에서 말했듯이 그에 따른 대화적 보수주의를 품고 있는 것으로서 이해될 수 있다면, 명료한 표현이라는 수사법과 상식은 불가피할 것이다.

다른 한편, 우리는 니체가 빈번히 언어가 이차적이고, 취약하고 경험을 왜곡한다고 공격한다는 점을, 그리고 베르그손도 심하게 언어를 불신한다는 점을 주목해볼 수도 있을 것이다. 『창조적 정신』에서 베르그손은 다음과 같이 언급한다.

알다시피 언어가 과학에 배어들어 있다. 그러나 과학 정신은 어떤 순간에 무엇인가가 의문시될 수도 있다는 것을 요구하고, 언어는 불변성을 필요로 한다. 언어는 철학에 개방되어 있다. 그러나 철학 정신은 끝없는 갱신과 재창조로 향하는 경향이 있다. 실정이 그렇기 때문이다.

반면에 말에는 확정된 의미가 있고, 상대적으로 고정된 관습적인 가치가 있다. 말은 새것을 옛것의 재구성으로서만 표현할 뿐이다. 이것이 통상 그리고 아마도 경솔하게, 공동체 사유를 지배하는 보수적 논리인 '이성'이라고 일컬어진다. 대화conversation는 보존conservation과 아주 같은 소리인 것처럼 보인다. (르써클에서 인용, 2002: 21~22)

르써클이『들뢰즈와 언어』에서 이런 입장을 해설하는 바와 같이, 말은 개념을 동결시키고, 그런 개념과 관계된 철학을 상식에 의존하게 만든다. 이런 부류의 베르그손적인 우려는 들뢰즈의 저작에서 계속되어왔고, 또 우리가 대륙 철학에서의 언어적 전환에 관해 무엇을 말하려고 하든 간에, 이 전통의 중요한 부분은, 특히 그 재현적 기능representational function에서 언어를 경계하는 것이다. 더구나 일상 대화의 일부이기도 하고 철학적 담론 일부이기도 한 의사소통적인 합리성 규범을 지지하는 일이 거의 없다. 물론 하버마스와 아펠은 이런 면에서 분명히 예외적이다. 왜냐하면 그들은 언어적 의사소통의 일상 관행이 문맥 초월적 진리 이해context-transcendent understanding of truth를 위한 기초를, 그리고 타당성 주장을 논증적으로 정당화하기 위한 기초를 제공한다는 점을 보여주려고 하기 때문이다. 그럼에도 불구하고, 1940년대 이후 프랑스 철학에 대한 바디우의 개관적 설명에 따르면, 그가 역사에서의 오직 두 개의 다른 시기 ─ 고대 그리스 및 초기 독일 관념론 ─ 와 동등한 철학적 풍요의 시기라고 주장하는 것의 여섯 번째 통일적인 요소는, 모든 주요 인물이 현대적 삶의 새로운 실존 모습에 적절한, 특히 예술, 사랑, 정치 및 과학과 관련하여, 새로운 형태의 철학적 표현을 창조하려는 데 있었다는 것이다. 그들은 "새로운 스타일의 철학적 설명을 창조하고 싶어 했으며, 따라서 문학과 경쟁하고 싶어 했다. 특히 철학자-작가라는 18세기형 인물을 현대적인 용어로 재창조하고 싶어 했다." 실존주의와 문학 간의 밀접한 관계는 잘 알려져 있다. 그러나 바디우는 이렇게 덧붙인다.

1950년대와 60년대까지 프랑스에서, 철학적 스타일 및 표현presentation
과, 철학이 제안했던 개념들의 새로운 위치 설정 간의 직접적인 의미심
장한 연결을 찾기 위해 철학은 그 고유의 문학적 형태를 고안해냈다.
(…) 이 시기에 우리는 철학 저술의 극적인 변화를 목격한다. 40년간,
아마도 우리는 들뢰즈, 푸코, 라캉의 저술이 몸에 배었을 것이다. 우리는
그것이 보여주었던 초기 철학적 스타일의 특별한 파열rupture이 어떤
것이었는지 그 감각을 잃어버렸다. 이 사상가들은 모두 산문을 창조하는
새로운 방법을 고안하면서, 그들 고유의 스타일을 찾으려고 노력했다.
그들은 작가가 되고 싶어 했다. (2005: 72~73)

우리는 바디우가 언급하는 철학자들을 늘릴 수도 있을 것이다. 이리가레
와 다른 '프랑스 여성주의자들'에게, 중립적 언어는 하나의 환상이며,
언어 속에 도사린 (성 구분을 포함하여) 편견들을 피하기 위해서, 우리는
새롭게 언어를 사용할 필요가 있다. 실제로 이 모든 철학자를 위해 우리는
창조성 및 새로움과 관련한 복잡한 글쓰기를 정치적으로 옹호해줄 수도
있을 것이다. 확실히 새로움(다름)의 가능 조건에 대한 관심이, 우리로
하여금 철학화하게 될 것what is being philosophized about을 수행적으로 제정enact해
서 보려는 경향이 있다는 점은 분명하다.

프랑스 철학에 대한 바디우의 설명이 뚜렷하게 모든 대륙 철학에 적용되
는 것으로 여겨지지는 않지만, 우리는 어느 정도 그의 분석을 일반화할
수 있다. 일부 독일 철학자들— 예컨대 하버마스, 악셀 호네트 그리고
아펠 — 은 있을 수 있는 예외처럼 보인다. 그리고 프랑스 철학과 독일
철학 간의 이런 스타일 차이는, 갱생한 칸트주의a renewed Kantianism와 의사소
통 윤리를 중심으로 한, 그리고 하버마스, 가다머, 브랜덤 및 그 밖의
실용주의자들과 같은 인물들로 포진한 미국-독일 동맹이 있다는 에릭
알리에즈의 관찰을 설명하는 데 도움을 줄 수도 있을 것이다. 그러나

이 평가가 그럴듯하다 할지라도, 그럼에도 불구하고 바디우는 분명히 철학상의 스타일 혁신을 한정적으로 프랑스에 귀속시킬 때, 지나치게 애국적인 것처럼 보인다. 우리는 아도르노를 떠올려볼 수 있을 것이다. 그에게 분석 철학의 명료한 말하기 스타일은 우리 기술 시대의 특징인 어떤 도구적 합리성을 반영하면서, 정치적으로 유해한 것으로 감지된다. 하이데거는 이와 동류인 입장을 표명하였고, 따라서 그의 후기 저작은 시적인 언어에 주의를 돌렸는데, 이 언어는 지시적이지도 않고 습관적으로 퇴적되어 있는 것이 아니며, 우리의 전문적인 언어 사용에 의해 당연시되어 왔고 제외되어왔던 것을 상기시켜 줄 수 있다. 안토니오 네그리, 조르지오 아감벤, 니체, 키르케고어, 발터 벤야민 그리고 마르틴 부버는, 스타일이 자기들 철학에 절대 필요한 많은 다른 비-프랑스 대륙 철학자들이며, 또 이들 철학자에게는 철학의 모종 궁극 목적telos for philosophy을 규정하는 일상 담론 및 합리성의 의사소통적 규범에 대한 강한 의심도 있다. 만일 우리가 1940년대 이후 프랑스에 대한 바디우의 묘사를 많은 다른 (그러나 모두는 아니다. 우리는 필요충분조건이 아니라 가족 유사성 기준을 제안하고 있다) 대륙 철학자를 포함하게끔 확장한다면, 우리는 다른 전통의 스타일들에 관한 상투적인 표현cliché이 전적으로 거짓은 아니라는 것을 볼 수 있을 것이다. 한쪽은 기존의 스타일에 부정적인 가치를 부여하는 반면, 다른 쪽은 그 같은 스타일에 대해서 긍정적인 가치를 부여한다.

예컨대 윌리엄 바렛은 분석 철학자들이 가치를 부여하는 스타일의 글쓰기를 다음과 같이 불평한다. "'분석' 철학자는 (…) 마치 변론 취지서를 제출하는 것처럼 이런저런 특수한 안건proposition의 결과들을 파고듦으로써 이런 칭호를 받는다. (…) 그러나 철학은 변호사의 지루한 변론 취지서라기보다는 하나의 보는 방법이다."(1979: 66) 확실히 지나친 논리 사용logic-chopping과 학풍 고집scholasticism은 보기 드물지 않다. 그리고 분석 철학자들이 변호사 같고 문제 해결 활동을 하고 있다는 이 불평은 일상 언어 철학과 좀 더 형식적으로 방향을 잡은 철학자들을 포함하는 것으로 생각될 수도 있을 것이다. 물론 그런 혐의를 씌우는 자는 대륙 철학자들만이 아니다. 예컨대 데닛은 대륙적 스타일에 못 견뎌 하는 것만큼 분석적 작업에도 못 견뎌 한다. "우리 철학자들은 한편으로는 괴팍하고, 편협하고, 트집 잡는 일과, 다른 한편으로는 거창하지만 섣부른 상상을 선전하는 것 사이에서 오락가락하기 쉽다."(2008: 22) 또 분석적이지도 대륙적이지도 않은 코라 다이아몬드(1996)와 레이몬드 가이타(1999)와 같은 철학자들도 많은 분석적 도덕 철학을 거부한다. 이런 분야의 사유에서 사용되는 어휘들이 이들 철학자에게는 그들이 해명하고자 하는 체험lived experience을 파악하게끔 해주지 못한다는 근거에서 말이다.

다른 한편, 우리는 대륙 철학자들이 '진지한 형이상학적 탐구처럼 가장된 장광설'을 쏟아내고, '기괴한 철학 체계를 구축한다'는 등의 혐의를 해어가 제기한다는 것을 보아왔다. 해어의 논평은 그 말이 표현하는 감정들에 대해서라기보다는 그 말의 허심탄회함과 적극성에 있어서만 평소답지 않은 것이다. 분석 철학자들이 대륙 철학을 '타자화other'할 때 지적하는 핵심 특징은 거의 불가피하게, 이유를 제기하고 묻는 게임에 참여하기 위해서 우리에게 요구되는 명료성의 부재이다. 많은 분석 철학자에게, 많은 대륙 철학자들 저작의 독해는 이런 규범의 위반 경험을 수반한다. 아마도 그것은 심지어, 윌리엄슨이 언급했듯이(바지니 & 스탠그룸, 202: 151을 보라) 정직성의 상실이라는 느낌을 유발하기까지 할 것이다. 그리고 이것은 물론 일방통행로가 아니다. 그것은 우리에게 친숙하지 않은 어떤 작품(그러나 아마도 특히 철학 작품)을 읽는 이상한 경험이 될 수 있으며, 글랜디닝이『대륙 철학이라는 개념』에서 강조하는 것처럼, 이런 곤혹스러운 느낌은 기존 '타자'와 교섭하는 것을 거부하기 위한 이유를 댈 때, 스타일과 관련한 문제가 거의 불가피하게 들먹여진다는 점을 확인해준다.

예를 들어 데리다의 저작은 종종 명료성과 엄격성이라는 일반적으로 인정된 기준을 충족시키지 못한다는 주장이 있다. 케임브리지대학교에서 데리다에게 명예박사 학위를 수여하는 것을 탄핵하기 위해 신문〈더

타임즈)에 보낸 편지에서, 배리 스미스와 그 밖의 서명자들은, "철학자들의 눈에서 볼 때, 그리고 확실히 세계 도처의 주도적인 철학과에서 활동하는 사람들의 눈에서 볼 때" 그러하다고 주장한다.(스미스 등, 1992) 실제로 많은 포스트모던 철학자들이나 포스트 구조주의 철학자들은 철학을 스타일로 환원시킬 우려가 있다고 비판받는다.(다베이, 1995) 그런 상투적인 생각들은 흔히 공정하지 않음에도 불구하고 전적으로 거짓된 것도 아니다. 우리는 대륙 철학이 종종 텍스트 해석의 해석학으로 이동해 가고, 표현 스타일에 관한 문제에 크게 주의를 기울인다는 것을 보아왔다. 아마도 이 점은 특히 니체와 니체에 의해 고무된 후기 구조주의 사상가들에게서 명백할 것이다. 데리다와 해체가 오랫동안 관계해왔던 텍스트 독해 전략을 포함해서 말이다. 해체는 관용의 원리principle of charity와 저자의 의도 존중과 같은 것을 가정하면서 출발한다. 그러나 이어서 텍스트 결론의 차원에서 (즉, 논증의 논리에 전혀 들어맞지 않는 결정 불가능한 낱말이나 개념), 어떻게 그런 원리가 그 자체를 약화시키고 오염시키게 되는지를, 그리하여 저자의 공언된 의도를 문제시하는 대안적인 독해(들)에 텍스트를 개방하는 지를 보여주려고 한다. 사람들은 점점 더 많이 구체적으로, 때로는 텍스트와 창조적으로 놀이하면서, 한 텍스트의 아포리아들과 갈등에 주의를 기울인다. 스타일과 텍스트성에 대한 이런 집착은 우리를 힘겹게 할 수 있다. 데리다의 『조종』 또는 들뢰즈와 가타리의 『안티-오이디푸스』의 독해는 많은 대륙 철학자에게 있어서도 힘든 일이다. 적어도 가끔은 데리다, 들뢰즈, 하이데거 또는 이리가레에게 짜증 내지 않는 자가 누가 있겠는가? 그들이 의미하는 것을 우리에게 바로 말해줄 것을 바라면서 말이다. 물론 이것은 대륙 전통에서 활동하는 자들이 거의 한결같이 그런 것처럼, 우리의 표현 방식 속에 있고 다양한 형이상학적 가정들을 포함하는 개념과 관념들의 역사적 계보학에 우리가 주의를 기울일 때, 그렇게 간단한 문제가 아니다. 데리다가 『유한회사』에서 말하는 것처럼, "우리는 복잡하게 만드는 즐거움 때문에 사태를 복잡하게 해서는 안 된다. 그러나 우리는 단순성이 없는 데에서는 결코 단순화시켜서도 안 되고 또는 그런 단순성을 확인하려고 해서도 안 된다. 만일 사태가 단순했다면, 말이 해결했었을 것이다."(1988: 119) 게다가 데리다(그리고 다른 사람들)는 종종 논증을, 내용에 들어 있는 것과 함께 반드시 공중첩적으로 스타일상으로 관계하는 것으로서 제공한다. 아마도 가장 유명한 것으로서 우리는 이것을 데리다의 『산종』에서, 그리고 철학자와 소피스트 간의 플라톤식 구분에 이의를 제기하는 논문 「플라톤의 약국」에서 본다. 그러나 데리다의 논증은 분석 철학자들이 선호하고 익숙한 명석판명한 방식으로 제시되는가? 그렇지 않다. 그리고 아마도 이런 이유 때문에 글랜디닝(2010)은 (데리다를 포함하는) 비분석적으로 철학하는 방법을 비-논증 중심적non-argumentocentric이라고 부르는 것일 터이다. 일부 사람은 그런 추리와 설득 방법이 철학이 아니라고 주장할지도 모르지만, 이런 주장이 성립할 필요는 없다. 그리고 철학이 스타일(심지어 수사학)을 포용해야 하는지 아니면 그것을 가급적 최소화해야 하는지 하는 것은 규범적인 문제이다. 왜냐하면 좋은 철학적 스타일이라고 생각되는 것을 어느 정도 정해주려는 인식적 규범들이 있기 때문이다. 앙겔은 이런 주장을 다음과 같이 표현한다.

> 어떤 유형의 탐구는 어떤 인식적 규범에 따라야 한다. 그 규범들은 중요한 의미에서 객관적이다. 그리고 이런 규범들을 존중하는 유형의 철학적 탐구는 일반적으로 소위 '분석 철학'의 대부분의 특징과 관계 맺을 것이다. 반면에 지금 '대륙적'이라고 일컬어지는 다른 형태의 철학적 관행은 이런 특징들과 관계하지 않는다. (1999: 219)

그러나 앙겔은 분명히 그런 인식적 규범들을 상식적 의사소통 규범과 제휴시킨다. 그리고 여기서 우리는 또 다른 난국에 봉착한다. 이 상식이 우리의 철학적 스타일과 방법을 근거 짓고 고정해야 하는가, 아니면 그것은 때때로 물건을 재분배하는 카드 섞기에 지나지 않는 것을, 이론적 보수주의를 우리의 철학에 수용하게 하는가? 그러나 그 밖에 철학은 무엇일 것인가? 비판 또는 '제1 철학'? 물론 이런 것들은 모두 생생한 가능성들이고, 많은 대륙 철학자들의 자기 이해의 핵심적인 부분이다. 그러나 상식의 중요성에 대한 (명시적이거나 그 밖의) 비판적인 부인은 빈번히 신비주의와 몽매주의라는 비난을 면키 어렵다. 이는 많은 주요 대륙 철학자가 아주 공통적으로 받고 있는 비난이다. 따라서 분석 철학자와 대륙 철학자 간의 스타일 차이는 일부 사람들이 주장했던 것처럼 피상적이지 않다. 반대로 그 차이는 우리가 이미 2부에서 열거했던 다수의 방법과 본질적으로 밀접한 관계가 있을 뿐만 아니라, 3부에서 다룰 주제별 차이들과도 밀접한 관계가 있다.

제14장

철학, 과학과 예술

이번 장에서는 두 전통에서 철학의 역할과 가치에 대한 각각의 개념들을 간략하게 분석함으로써, 아울러 어떻게 그것이 과학적 노력과 관계하고 (그리고 따라서 철학과 자연주의와의 관계) 예술적 노력과 관계(그리고 따라서 철학과 개념 창조와의 관계)하는지를 간략하게 분석함으로써 방법에 초점을 둔 2부를 마무리한다.

철학과 예술

역사적으로 분석 철학보다는 대륙 철학과 더 제휴해왔던 예술과 더불어 시작하기로 하자. 거의 모든 주요 대륙 철학자가 (후설은 예외인 것처럼 보인다) 예술 및 예술과 새로운 것의 창조 간의 관계에 크게 관심을 두어왔다고 주장하는 것은 논란의 여지가 없다. 순서는 무시하고 다음의 사람들을 생각해보라. 발터 벤야민, 아도르노, 메를로-퐁티, 사르트르, 데리다, 들뢰즈, 푸코, 하이데거, 베르그손 등. 정말 그렇다. 비록 그들이 바디우처럼 비미학inaesthetics을 내세울지라도 말이다. 왜냐하면 이들은 그럼에도 불구하고 철학과 관련하여, 그리고 일부 맑스주의 전통이 어떤 형태의 예술을 대단히 경계해왔을지라도, 예술에 수위권을 주는, 예술을 철학적으로 반성하는 유명인들이기 때문이다. 반면에 리처드 캠벨(2001)은 꽤 그럴싸하게 분석적 전통에는 무언의 플라톤주의가 잔존해 있다고 말한다. 분석 철학자들이 노골적으로 플라톤식 예술 거부를 거의 권하지 않고 아테네에서 시인들을 도려내지 않을 것일지라도, 또 미학과 예술 철학에서 활동하는 많은 분석 철학자들(넬슨 굿맨과 아서 단토)이 있을지라도, 예술 참여는 그 전통의 주요 체계 철학자들에게는 필수적mandatory이지 않으며, 그들은 대부분의 대륙 철학자들이 그러한 것처럼 단체로 예술에 열중하지 않는다. 예컨대 얼마나 많은 분석 철학자들이 (메를로-퐁티처럼) 폴 세잔느와 같은 미술가에 관한 다양한 글들을 쓰는가? 또는 (들뢰즈의『프란시스 베이컨: 감각의 논리』처럼) 프란시스 베이컨에 관한 책을 쓰는가? 똑같이 우리는 (『필수 저작들』에 실린) 「예술 작품의 기원」에서 반 고흐에 대한 하이데거의 논의뿐만 아니라, (니체와 쇼펜하우어의 경우처럼, 음악에 관한 글들이 큰 영향을 일으켜왔던) 벤야민과 아도르노와 같은 프랑크푸르트학파 비판 이론가들을 생각해볼 수도 있을 것이다. 데리다는『회화 속의 진리』를 썼고, 루브르박물관의 전시회를 공동 기획하고 저술하였으며(『시각 장애자의 회고록: 자화상과 다른 영락한 자』로 출판됨), 꽤 명망 있는 건축가들(페터 아이젠만)과 정원을 설계했다. 이런 궤적은 좀 더 최근에는 자크 랑시에르, 버나드 스티글러, 장-뤽 낭시, 엘리자베트 그로즈, 로시 브레도티 등에 의해 확장되었다. 게다가 많은 대륙 철학자들이 일류 예술 안내서와 잡지들에 글을 써왔다. 그리고 이런 경향성을 드러내는 것은 대륙에서 유래하는 유력 인물들의 작업만이 아니다. 영미 국가들에서 활동하는 대부분의 현대 대륙 철학자도 상당히 빈틈없는 예술사 이해를 지니고 있다. 이것은 대부분의 분석 철학자에 대해서도 사실일까? 아마 그렇지 않을 것이다. 그러나 참이었다 할지라도, 그것이 그들의 철학적 작업을 굴절시키지 않는다고 주장하는 것이 온당한 것처럼 보인다. 영미 철학자들이 잭슨 폴록과 피카소를 인용하는가? 별로 없다. 사르트르, 시몬 느 드 보부아르, 줄리아 크리스테바와 바디우가 그랬던 것처럼, 분석 철학자 들은 거의 소설을 쓰지 않는다. 그리고 실존주의자들은 그들의 문학적 성과물이 그들의 철학적 논문과 종류상 근본적으로 다르지 않은 것으로 보았다. 시 분석이 (라이너 마리아 릴케 등) 하이데거와 (스테판 말라르메, 폴 클랑 등) 데리다에게 철학적으로 중심적이었던 것처럼 말이다. 이들은 모두 자기들 철학 저술에서 시적 기법을 사용했었다. 심지어 바디우는, 많은 20세기 프랑스 철학이 사회를 휩쓸었던 변화와 타협하려 할 뿐만 아니라 예술 세계를 휩쓸었던 변화와도 타협하려고 한다고 주장한다. 바디우는 1940년대와 1990년대 사이의 시기에 대해서 다음과 같이 기술한 다.

> 프랑스 철학자들은 현대성에 깊은 매력을 표명했다. 그들은 현대의 예술적, 문화적이고 사회적인 발전을 아주 가깝게 뒤쫓아갔다. 비구상 회화, 신음악과 연극, 추리 소설, 재즈, 영화에 강한 철학적 관심을 보였고, 또 현대 세계의 가장 강렬한 표현들을 철학에 쏟아 넣으려는 욕망이 있었다. 성과 새로운 삶의 양태에도 열정적인 주의를 기울였다. 이 모든 것에서 철학은 개념과 형식들 — 예술적, 사회적인 또는 삶의 형식들 — 의 생산 간의 새로운 관계를 모색하고 있었다. (2005: 71)

다른 예를 보자면, 그것이 정치 철학에 이를 때, 분석 철학자들은 예술의 정치적 가치에 거의 일관된 주의를 기울이지 않았지만, 그러나 랑시에르가 그의 『미학의 정치학』 및 여러 관계된 저작에서 말하는 것처럼, 『철학이란 무엇인가?』에서 들뢰즈와 가타리는 그것이 새로운 시민, 새로운 지구를 소환하는 데 필수적이며, 따라서 예술과 정치 간의 경계들을 깨뜨려야 한다는 유명한 제안을 한다.

대륙 철학은 미국에서 문학 이론을 지배해왔는데, 거기에서 데리다, 폴 드 만 등은 큰 충격을 주었다. 대륙 철학은 또한 아마도 1990년대 초기까지, 영화 연구와 영화 이론도 지배하였다. 분명히 정신 분석적, 구조주의적, 맑스주의적, 비판 이론적이고 포스트 구조주의적인 관점들이 1970년대와 1980년대에 영화 이론을 지배했지만, 노엘 캐럴과 다른 이들은 이런 '거대 이론'에 반대하여 분석적-인지주의적 전환을 시작하였다. 오늘날에는 분석적 영화 철학이 그 분야를 지배하기 시작했으며, 로버트 시너브링크(2010)가 논의하는 그 발전은 영화에 대한 철학적 권리 박탈에 이를 조짐을 보인다.(보드웰 & 캐럴, 1996을 보라) 또한 케이블 및 스티븐 밀홀과 같은 후기-분석 철학자들이 영화에서 그리고 보다 일반적으로 예술 분야에서 중요한 작업을 해왔다는 것도 사실이긴 하지만, 분석 철학의 탐구 패러다임이 철학 내에서나 밖에서 모두 영화 담론에서 중요한 역할을 했던 것은 최근에 와서일 뿐이다.

철학과 과학

많은 주요 분석 철학자들이 과학 및 과학과 철학과의 상호작용에 (순서는 무시하고 러셀, 헴펠, 카르납, 포퍼, 라이헨바흐, 샐먼, 드레츠케, 데닛, 포더를 생각해보라) 크게 관심을 두어왔다고 주장하는 것도 똑같이 논란의 여지가 없다. 그러나 이것은 상당히 덜 단조로운 전통이다. 똑같이 유명한 주요 분석 철학자의 목록이 분명히 이런 추세와는 반대를 (더밋, 비트겐슈타인, 앨빈 플랜팅가, 데이비슨, 퍼트남, 치좀, 셀라스, 루이스를 생각해보라) 이루며, 또한 철학의 가치를 두고 매우 다른 견해를 (일부는 과학에 더 우호적이고 일부는 덜 우호적이다) 보인다. 테리 핀카드(1999)는 다음과 같이 올바르게 언급한다. "과학과 자연주의적 관점에 대한 존중이 미국 분석 철학에서 격해지려고 한다. 영국 분석 철학에서는 상당히 덜 그러하다." 실제로 마이클 더밋은 그의 마지막 책에서 자연주의와 관련해 대서양을 가로지르는 분화divergence는 아마도 분석 철학 내에서의 또 다른 분열의 시작일 것이라고 말한다.

> 만일 오늘날의 미국 철학 내에서 만연한 과학주의가 강화된다면, 대영제국UK에서 행해지고 있는 것으로서의 현재 분석 철학과 영국Britain 및 대륙 유럽에서 행해지고 있는 것으로서의 현재 분석 철학 사이에 관계 단절이 시작될지도 모른다. 이것이 본질적으로 다른 전통의 유럽 철학자 간의 관계 회복을 일으키는 데 도움을 줄 수도 있을 것이다. (2010: 150)

따라서 철학과 과학의 관계에 관한 논쟁이 분석 철학 자체 내에서 뜨겁게 달아오르고 있는 동안, 일부 대륙 철학자에 의해 주장된 그들 직업에 대한 의사—유토피아적인 이해와 같은 것은 없다. 이 차이는 부분적으로 많은 분석 전통 내에서 최초의 현대 철학자로서 흄을 선정한 것에 의해, 그리고 이에 따라 규범적 주장과 비규범적 주장의 융합을 무시하기로 한 것에 의해 설명될 수 있다. 또한 우리는 대부분의 대륙 철학자 — 프랑크푸르트학파에서부터 세계-내-존재 기술의 규범성에 대한 현상학적 논증, 레비나스, 데리다 등에 이르기까지 — 가 '존재is'와 '당위ought'의 필연적인 중첩성이 있다고 주장한다는 것을 보아왔다.

일부 분석 철학자들이, 철학자의 직업은 아마도 과학의 결과를 반영하지 않는 일상 심리학적 관념들을 제거함으로써 그저 과학 담론을 명료화하는 것(거의 틀림없이 어떤 대륙 철학자들은 공유하지 않는 견해)이라고 주장하지만, 더 많은 분석 철학자들은 과학의 이질적인 지식 주장을 일상 통속 심리학 및 상식과 통합시키려고 하는 것이 철학의 과제라고 생각한다. 이것은 반성적 평형을 유지하려고 하면서, 지속적인 갱신 과정과 같은 것을, 철학적(더하기 과학적) 입장과 일상 심리학 간의 왕복을 통한 조정과 같은 것을 요구한다. 확실히 과학이 끊임없이 변화하고 있다는 것을 고려할 때, 이에 대응하려고 하는 분석 철학도 결과적으로 항상 변화해야 한다. 그러나 이런 이해에서 (다른 것보다 더 특권을 받은 어떤) 과학의 이상적 결과와 무언가 존중하는 관계를 맺어야 하는 것은 분명하다. 여기서의 존중은 명백하게 드러내 줄 만한 가치가 있는 흥미 있는 현상을 포함한다. 콰인 전통의 자연화하는 철학자들은, 철학을 관련 자연 과학 및 수학의 진술deliverance과 이어져 있는 것으로, 그러나 그 진술에 의해 제한을 받는 것으로 간주한다. 그런 연속성과 제한은 둘 간의 추론적 연결 관계가 있음을 의미하며, 실제로 이것은 일반적인 자연주의적인 움직임naturalistic move이다. 예컨대 자연화된 인식론에서 콰인이 회의주의를 기각하는 것은, 그의 철학적 결론을 그가 옳다고 믿는 과학에 조건화하기에 이른다. 하지만 조건적인 연결이 이런 식으로 과학적 문제와 일단의 철학 사이에서 주장된다면, 우리는 양측이 그 연결에 지배당하고 있다고 생각할 수도 있을 것이다. 만일 과학적 주장이 참이라고 판명된다면, 철학적 주장도 전건 긍정식modus ponens에 의해 따라 나올 것이다. 그러나 철학에서의 논쟁이 그런 철학적 주장과 반대된다면, 후건 부정식modus tollens은 과학적 주장도 거짓이라는 점을 우리에게 말해 줄 것이다. 물론 자연화하는 철학자들은 전혀 그런 결론을 끌어낼 마음이 없다. 오히려 그들은 이를 철학적 병이라고 진단할 것이다. 말하자면 이때 조건적인 것은 일방적인 조건이다. 따라서 과학에 대한 분석적인 경의는— 그것이 존재하는 곳에서는 어디든지 간에 — 일반적으로 단순한 연관성 주장보다 훨씬 더 강하다. 이때의 경의는 영락없이 과학에 표명된다. 그에 반해 분석적 문헌 내에서 그런 일방적인 조건들은 결코 쉽사리 식별될 수 없다. 다른 철학적 입장 간의 추론적 연결이 수용되는 곳에서, 분석 철학자들은 긍정식과 부정식을 모두 사용하기 쉽다.

대륙 철학의 과학 참여는 일반적으로 비판적이면서도 변형적이다. 그것은 다양한 영역의 지식 주장 간의 반성적 평형을 좀처럼 수립하려 하지 않는다. 그것은 과학과 관련하여 토대주의자일 수도 있을 것이다. 특수한 지식 주장(특히 논리학과 수학에 관한 지식 주장)을 위한 하나의 토대를 수립하기 위해 후설이 엄밀한 의식 과학을 기획했던 경우가 그러하듯이, 그리고 예컨대 죽음에 대한 생물 발생적이고 사회학적인 논의가 모두 죽음에 대한 그 자신의 실존 분석을 전제한다고들 하는 하이데거의 존재적–존재론적 기획의 경우(1962: §52)가 그러한 것처럼 말이다. 다른 한편 대륙 철학자들은 과학을 반사를 일으키는 자극stimulus과 유사한 것으로서 특권적인 도발provocation로 볼 수도 있을 것이다. 물론 두 가능성 이상의 것이 있지만, 그러나 우리가 여기서 입증하려고 하는 주장은, 일반적으로 어떻게 각각의 다른 지식 주장이 총체적인 세계관(예컨대 물리주의)과 화해될 수 있는가를 보여주는 것으로서의 정합적인 철학 개념이 중요한 목표가 아니라는 것이다. 많은 현대의 현상학자들이 그들을 일종의 정합주의자이게끔 하게 인지 과학과 관계 맺는다는 것을 우리가 보았을지라도, 여전히 대다수의 대륙 철학자는 대체로 과학에 (경의 없이) 비판적으로/창조적으로 관계하거나 소위 확실한hard 과학에 관심이 없거나 상대적으로 그것을 무시하는 경우가 있다. 이것은 악명 높은 『유행하는 무의미』에서 소칼과 브릭몽이 했던 설명을 복귀시키는 것이 아니며, 또 예컨대 바디우와 들뢰즈가 각각 체르멜로–프랑켈 집합론과 미분 계산을 높이 평가하고 있다는 것을 부정하는 것도 아니다. 그러나 들뢰즈의 저작에서 존중 관계는 명백하지 않으며, 바디우의 저작에서 사랑, 예술과 정치는 똑같이 과학만큼이나 특권적이다. 이것은 가스통 바슐라르와 조르주 캉길렘과 같은 다른 중요한 대륙 과학 철학자들에 대해서도 성립한다.(1988; 또한 노리스, 2000을 보라) 마찬가지로 후설도 내내 (경의 없이) 과학과 수학에 노력을 쏟았으며, 후설과 하이데거의 인간학과 **생활 세계**Lebenswelt라는 말의 사용은 동물과 인간에 대한 야콥 폰 윅스퀼의 논의에서 영향을 받았다. 메를로–퐁티가 형태 심리학에 크게 영향을 받고 베르그손이 다윈의 진화론에 크게 영향을 받았던 것처럼 말이다. 바디우는 1940년대 이후의 프랑스 철학을,

"지식 철학과 행동 철학 간의 대립을 포기하고, 칸트의 이론 이성과 실천 이성 구분을 포기하고, 지식 자체 심지어는 과학적 지식조차도 실제로는 하나의 관습practice임을 증명"하려는 것으로서 요약한다. 그는 이 점을 다음과 같이 상세하게 설명한다.

> 프랑스 철학자들은 과학을, 한낱 반성이나 인식의 대상으로서가 아니라 하나의 생산적이거나 창조적인 활동 양태로서, 그것이 지식의 영역을 훨씬 뛰어넘는다는 것을 증명함으로써, 지식 철학이라는 독점적인 영역으로부터 떼어놓으려고 했다. 그들은 과학을, 폭로된 현상의 조직화로서라기보다는 예술적 활동과 비교될 수 있는, 창조적 사유의 한 실천으로서 기억할, 발명과 변혁의 모델로 심문하였다. 과학을 지식의 영역으로부터 창조성의 영역으로 옮겨 놓은 이 작업은, 그리고 궁극적으로 과학을 예술에 더 가깝게 가져다 놓은 이 작업은 들뢰즈에게서 그 최상의 표현에 도달한다. (2005: 70~71)

만일 바디우의 설명이 조금이라도 그럴듯하다면, 그리고 우리가 생각하기에 그것이 프랑스와의 관계에서도 그리고 어느 정도 더 넓은 관계에서도 그럴듯하다면, 이와 같은 것은 결코 분석적 과학 철학에서는 일어나지 않을 것이다. 대신에 전형적으로 과학은 그냥tout court 옳은 것(또는 적어도 물리학과 수학과 같은 특별한 과학은 옳은 것)으로 수용되고 있다. 그런 후 철학자들은 이런 근본적인 진리 주장과 다른 차원의 경험을 화해시키는 일을 해왔다. 이 비교를 부각시키는 다른 방법은 철학, 과학과 상식의 동맹이 러셀의 성 삼위일체와 같은 것에 이른다는 것을 보는 데 있을 것이다. 실제로 러셀은 플라톤, 스피노자, 헤겔과 베르그손을 용서할 수 없다. 왜냐하면 "그들은 과학과 상식의 세계와 관련하여 '적의'를 보이고 있기"(1914: 48~49) 때문이다. 우리는 의심의 대가들에게 신세 지고 있는 대륙 철학이 상식과 과학을 거부하는 의미를 과장하려고 하지 않는다.

그러나 양자를 대하는 태도는 일반적으로 비판적인 경계의 태도이다. 어떤 측면에서 과학이 틀렸다거나 과학이 우리 모두를 잘살 수 없게 했다는 것이 아니다. 그러나 과학만이 진리를 드러낸다는 생각은 대체로 과학주의의 한 편린인 것처럼 여겨지며, 과학에 부여된 그런 특권은 프랑크 푸르트학파와 하이데거의 작업과 더불어서 우려를 일으키는 것으로 생각되는 계산적 사유 방식과 관련되어 있다. 왜냐하면 철학적 문제들 자체가 공공연히 포기되고, 그래서 역력하게 사회에 영향을 미치는 것으로 여겨지기 때문이다. 따라서 도구적 추리는 과학과 기술이 중첩됨에 따라 특권화된다. 이 점은 리오타르의 『포스트모던적 조건』에서 길게 논의된다. 이런 사회적 차원을 더 고려하지 않으면서도, 몇 사람만 언급하자면, 바슐라르, 메를로-퐁티, 후설, 들뢰즈 및 하버마스가 표명하는, 과학적 환원주의에 대한 많은 이론적 우려가 있다.

결론

분명히 예술에 대한 관심과 과학에 대한 관심은 우리를 각각 대륙 철학자나 분석 철학자로 만들기에 충분하지 않다. 그리고 아마도 어느 누구도 그런 조잡한 설명을 제의하지 않을 것이다. 이런 면에서 분열에 관해 이야기할 거리는 전혀 없는가? 글랜디닝(2007: 8)은, 우리와 과학의 관계 그리고 서구 문화의 인식론적 이상으로서의 과학의 논란 많은 지위가 강단 철학 내에서 주요한 내홍이지만, 그러나 그에게 그것은 대부분 반-과학으로서의 대륙 철학 대 친-과학으로서의 분석 철학의 면에서 이해될 수는 없는 분립이라고 주장한다. 일반성과 상투성을 피하려는 관심은 글랜디닝 책의 큰 장점이지만, 그러나 이 경우에 우리는 그가 명백한 것을 모른 체하고 있다고 생각한다. 대륙 철학에서 철저한 과학적 자연주의자들은, (아마도 메이야수가 여기에 가까울 것이다) 분석 전통에서는 주류를 이루고 있는 데 반해서, 있다고 해도 대단히 적다. 최근에 공표되어왔던 들뢰즈 저작을 독해하는 어떤 과학 철학에도 불구하고, 들뢰즈의 『차이와 반복』에서 따온 다음과 같은 인용문은 거의 틀림없이 지배적인 '대륙적' 분위기라 할 수 있는 것을 포착한다. "과학, 철학과 양식이 모일 때마다, 양식이 과학과 철학을 떠맡아야 한다는 것은 불가피하다(그것이 어떤 수를 써서라도 그런 만남을 회피해야 할 이유이다)."(1994: 224) 확실히 후설 이래 많은 대다수의 대륙 철학자의 저작에서 피력된 강한 과학적 자연주의에 대한 의심이 있으며, 또 자연에 대한 아주 많은 현상학적이고 존재론적인 설명(예컨대 메를로-퐁티)도 있다. 그중 어떤 것은 대부분의 분석 철학자들이 지지할 수 없을 것으로 보인다(맥도웰조차도 『정신과 세계』에서 이렇게까지 멀리 갈 준비가 되어 있지 않다). 결과적으로 분석 철학과 과학 간의 관계에서 만장일치와 같은 것은 없을지라도, 이것이 두 전통 간의 중요한 차이라고 말하기 위해 철학의 힘 및 과학과 철학의 관계에 관한 충분히 공통적인 개념들이 있다.

물론, 대륙 과학 철학이 일반적으로 분석적 자연주의와 크게 다르다고 말하는 것은, 대륙 철학의 다른 점에 대한 기술로 인해 많은 것을 제공하지 않는다. 왜냐하면 우리가 분석적 자연주의자가 아닐 수도 있는 많은 방식이 있기 때문이다. 심지어 대륙 철학의 비판적이고 변형적인 과학 연대engage-ment와, (그것에 최소한의 통일을 주기 위해서 다양한 다른 가족 유사성 특징을 가지고 돕는) 많은 분석 철학에서 최고의 (또는 이상적인) 과학 결과에 대한 존중 관계 사이에 중요한 차이가 있다는 우리의 아주 약한 주장조차도, 여전히 배척적으로 대륙 철학을 정의하는 것이다. 그러나 우리는 여기서 다른 전통이 과학 및 예술과 연대하는 것을 비교했을 때 드러나는 몇몇 차이를 그저 지적할 뿐이지, 각각 분석 철학과 대륙 철학의 철학적 통일을 수립하려고 하는 것이 아니다. 오히려 우리는 2부 내내 그것들 각각의 방법론적 선호와 수용에서 일종의 일괄 거래 상품을 보여주기 시작해왔기를 바란다. 그리고 이제 우리는 이로부터 따라 나오는 몇몇 부문별 차이에 주의를 돌린다.

제3부

핵심 주제들 해석

이 책의 3부에서, 우리는 전통 각각의 방법론적 선호가 낳은 몇 가지 국소적인 결과들을 조사한다. 물론, 이런 유형의 비교 기획은 불완전할partial 것이다. 왜냐하면 분석 철학자와 대륙 철학자는 같은 물음에 다른 답을 주기보다는 다른 물음에 다른 답을 주고 있기 때문이다. 철학의 하부 분과— 즉, 인식론, 형이상학, 윤리학 등— 간의 일반적인 구별은 통상 대륙 철학자들에 의해 엄밀하게 분리되어 취급되지 않는다. 반면에 분석 철학에서 진지하게 고려되고 있는 그것들 간의 연결은 그 대륙적인 등가물을 가지지 않는다. 그럼에도 불구하고 우리는 주제에 기초해서 차이(그리고 잠재적인 상호 작용과 화해)에 접근하는 것에는 장점이 있다고 생각한다. 예컨대 정신에 관한 표상주의representationalism 및 신체의 의의를 두고 보이는 다른 분석적 태도와 대륙적 태도는 정신 철학과 행동 철학이 두 전통에서 발전해왔던 길을 고찰함으로써 (18장에서 할 일이다) 아주 분명하게 드러난다. 또한 인식론적 전통, 표현 우선주의적 책략expressivist manoeuvre, 표상주의 및 일상 심리학에 대한 다른 태도는 타자 마음의 문제를 고찰함으로써 (20장에서 할 일이다) 드러날 수 있다. 또 일련의 형이상학적 그리고/또는 의미론적 문제에 대한 두 전통의 다른 태도는 적어도 부분적으로 존재론(15장), 참과 객관성(16장) 및 시간(17장)의 주제들을 고찰함으로써 드러날 수 있다. 따라서 우리는 (대체로) 대화와 화해를 저해해왔던 방법론적이고 국소적인 차이의 몇몇 핵심 주장들을 정확히 찾아낼 수 있다. 철학 자체의 중요성과 가치에 대한 그들의 전반적으로 다른 생각을 드러내 보이면서도 말이다.

물론 그런 작업에서 각 전통 내에서 제공되는 다양성은 대수롭지 않은 것으로 보아야 한다. 하지만 중심 경향성에 초점을 맞추는 토론에는 다른 장점이 있다. 예컨대, 그것은 각 전통에 대한 (최소한의) 가족 유사적인 설명을 후원하는 모종의 유사성 관계를 드러내 줄 수 있다. 이것은 분석 철학에 관해서는 아주 논쟁의 여지가 없는 말이다. 그 전통 내에서 통상적인 지표의 중요성을 일부 재고찰하는 일이 (윌리엄슨이 언어적 전환이라기보다는 표상주의적 전환으로 확인하고 있는 것처럼) 있었긴 하지만 말이다. 그러나 우리는 부분적으로 주제를 바탕으로 대륙 철학의 가족 유사적인 특징도 정당화할 수 있다고 생각한다. 대륙 철학에는 특징상 (어떤 분명한 논란에도 불구하고) 시간에 대한 대륙적 태도, 정신에 관한 반표상주의, 윤리학과 정치학에 대한 반–이론적 접근법, 그리고 상호 주관성에 관한 줄기찬 관심이 있다. 대륙 전통 내에서 칸트, 니체, 후설과 하이데거와 같은 인물이 끼친 부정할 수 없는 영향과 연결될 때, 이런 공통점은 전통이, 분석 철학이 아닌 것을 입증하려는 분석적 국경 경비대가 있다고 정의해 놓은 대립 이상의 것이라는 점을 암시한다.

제15장

존재론과 형이상학

순전히 형이상학이라는 의미에서의 '제1 철학'은 양 전통에 공통적이다. 분석 철학자와 대륙 철학자는 세계의 본성, 구조 및 거주자를 두고 반성한다. 그러나 '제1 철학'은 그런 형이상학적/존재론적 탐구가 경험적 탐구, 상식 또는 과학의 공식 의견보다 선행한다는 견해라고도 생각되어 왔으며, 이것은 항상 분석 전통 내에서 이의 제기를 받아왔다. 그런 제1 철학에 대한 중대한 우려들은 처음부터 그리고 그 뒤에도 표현되었으며, 부분적으로 주의 깊은 언어 분석이나 개념 분석을 통해 무의미나 동어반복을 피하는 일을 중시하기 때문에, 분석 철학은 이 분야에서 좀 더 단편적인 기획에 전념했다. 현대 분석 철학이 그 형이상학적 지평을 상당히 넓혀왔을지라도, 많은 분석 철학자들은 그럼에도 불구하고 이런 식으로 조심하는 것이 사변적 형이상학 그리고/또는 무의미에 빠지지 않는 필수적인 보호장치라고 주장할 것이다. 다른 한편, 분석 철학 내의 실증주의적 특징^{thread}은 과장된 것일 수 있다. 철학적 논리학과 언어 철학에서의 '양상 혁명^{modal revolution}' 이래, 추상적 형이상학이 명백히 부활하였고, 많은 현대의 분석적 작업은 맥타겟과 같은 '분석적으로 호선된' 형이상학자들에 의해 영향을 받는다.

이에 반해 대륙 철학자들은 대체로(심지어 일종의 지식 결정권자로서의 철학의 죽음을 선언하면서도), 적어도 존재Being에 몰두하는 것이 (논란이 되는 곳에서조차도) 무대의 본질적인 부분이라는 최소한의 의미에서, 제1 철학과 존재론을 계속 강하게 수용한다. 그러나 우리는 대륙 철학이 제1 철학에 관한 분석 철학의 우려에 전적으로 눈 감고 있다고 결론지어서는 안 된다. 앞서 지나간 것의 페이지를 넘기면서 그리고 새로운 철학적 출발을 요구하면서, 후설과 하이데거가 최초의 철학적 기획들을 내놓고 있는 동안, 대륙 전통은 그런 선언들 및 그 선언들과 연관된 선험적 주장과 더불어 역사적 관심도 아우르며, 따라서 데리다와 들뢰즈와 같은 철학자는 (비록 들뢰즈가 개념 창조와 관련하여 여전히 철학을 특권적인 것으로 보고 있을지라도) 다른 분과와 비교하여 철학에 특권적 역할을 부여하는 것을 피한다. 심지어 바디우도, "사변적 체계들은 상상도 할 수 없다는 일반적인 합의가 있다."(2007: 2)라고 언급하면서 그의 대작 『존재와 사건』을 시작한다. 그것은 더 이상 다음과 같이 묻는 문제가 아니다. "'순수 수학은 어떻게 가능한가?' 답: 선험적 주제이기 때문이다. 오히려: 순수 수학은 존재의 과학이다. 어떻게 그 주제가 가능한가?"라는 문제이다.(ibid.: 6) 이 설명에서 철학은 존재론이 아니다(오히려 집합-이론적 수학이 문자 그대로 존재론이다). 바디우의 『철학 선언문』에서 분명해지는 것처럼, 철학의 역할은 집합론과 예술, 사랑, 정치 및 과학에 대한 소위 그의 '진리 절차truth procedures' 사이를 매개하는 (또는 공존할 수 있는 것으로 증명하는) 것이다. 이것을 고려할 때, 우리는 대륙 철학이 제1 철학에 몰두하고 분석 철학은 그렇지 않다는 제안을 헝클어뜨려야 한다. 그러나 아마도 대륙 전통이라기보다는 분석 전통에서 내내, 제1 철학 기획은 인식론적인 근거에서 의문시되고 있다고 말하는 것이 타당할 것이다. 이 차이를 탐구하기 전에, 대부분의 분석 철학자들에게 더 불온한 두 철학소philosopheme인 존재와 무에 대한 하이데거와 사르트르의 짧막한 설명과 더불어 시작하기로 하자.

존재와 무: 하이데거와 사르트르 그리고 그 이후

　서양 철학 전체가 궁극적 실재로서 따라서 철학적 탐구의 고유한 대상으로서 사물의 현전presence을 가정해왔다고 말하면서, 하이데거는 『존재와 시간』(1927)에서 전통 전체가 그로 인해 그 과정에서 가장 근본적인 철학적 문제를 무시해왔다는 유명한 주장을 한다. 그것은 도대체 사물들을 현전하게끔 하는 것의 문제 또는 소위 그의 존재Being의 문제이다. 가장 보편적이지만 정의할 수 없는 개념으로서의 '존재'라는 말은 철학에서 긴 역사를 지니고 있다. 그것은 빈번히 언급되지만, 하이데거의 견해에서 볼 때, 거의 이해되지 못하고 있는 것이다. 이것은 부분적으로는 말할 수 없는 것ineffability의 문제이다. 존재는 그것을 기술하려는 우리의 모든 자원들을 초과한다. 따라서 하이데거는 의도적으로 그런 기획에 반대한다. 존재의 문제가 필연적으로 어둠 속에 가려져 있기는 하지만, 하이데거는 우리가 비록 모호할지라도 존재의 의미에 대한 어떤 체험된 이해lived understanding를 가지고 있으며, 이 때문에 이런 불투명한 문제를 추적하는 데 우리의 고유한 현존이 문제가 된다고 주장한다. 존재는 우리의 모든 일상 실천에 전제되어 있으며, 존재에 대한 우리의 체험된 이해와 그것에 대한 어떤 설득력 있는 이론적 설명을 제공하지 못하는 철학적 전통의 무능력 간의 긴장이 존재의 의미에 관해 물어야 할 필요에 깔려 있다. 하이데거에게 존재론은 바로 존재의 연구 또는 사물을 존재하게끔 해주는 것에 대한 개념적으로 전개된 설명이며, 또 하이데거는 (존재와 관계하는) '기초 존재론fundamental ontology'이라는 그의 방법을, (있는 것과 관계하는, 그리고 존재 그 자체라기보다는 세계의 특수한 존재자들에 초점을 맞추는) 전통 형이상학 및 사실에 대한 과학적 탐구와 대립시킨다. 존재적ontic 탐구는 현전하고 있는 것인, 존재물entity들, 존재자being들을 검토한다. 존재론적 탐구는 존재물들을 있게끔 하는 것을, '현전 작용presencing'을 또는 존재를 검토한다. 하이데거는 이 차이가 은폐되고 무시되어왔다고 주장하고, 이는 철학자들이, 존재를 항상 무시간적이고, 영원하고, 불변적이라고 해석하면서 시간을 불편해했었기 때문(그래서 그의 책 제목이 그렇다)이라고 말한다. 철학자들은 존재를 경험적 사물들(존재자들)이나 (불변적이고 영원한 플라톤의 형상 세계와 같은) 초월적이고 '타세계적인' 것의 영역에 현전시키려고 해왔다. 존재의 문제 — 경험적 사물을 우리에게 보여주게끔 하는 것 그리고 의미 있는 '세계'에 있게끔 하는 것이라는 기초 존재론적 문제 — 를 고찰하기보다는, 서양 철학은 흔히 다른 모든 경험적 사물을 가능하게 해주는 하나의 특별한 사물을 가정해왔다. 이런 설명에서 가장 분명한 것이 신이다. 그러나 하이데거는 다른 존재론들('존재-신학들')도 똑같이 다른 모든 사물을 가능하게 해주는 초월적인 사물에 의존한다고 주장한다(이것은 또한 대략 데리다가 '현전의 형이상학'을 수용하게 되는 것이라고 보고 해체하는 것이다).

『존재와 무』(1943)에서, 사르트르는 무와 부정의 중요성을 전면에 부각한다. 이 기획에는 분명히 헤겔, 하이데거와 같은 중요한 선임자들이 있다. 첫 장 「부정의 기원」에서, 사르트르는 우리가 가지는 어떤 선존재론적인preontological 경험을 검토하고, 그것들이 하나의 존재론을 암시한다고 주장한다. 그는 부정을 고찰하면서 세 개의 주요 현상들을 제시하고 분석한다. 우리의 질문 제기 능력, 파괴destruction에 대한 선반성적 이해, 부재absence에 대한 우리의 이해가 그것이다. 파괴와 관련하여 사르트르는 어떤 면에서는 폭풍이 지난 후 적지 않은 다른 무언가가 있다고 말한다(1993: 8) 우리가 (인간들이) 선-반성적인 차원에서 또는 선-판단적인 차원에서 파악하는 것 — 즉, 판단 이전에 — 이 이런 파괴이다. 일반적으로 우리는 하나의 건물이 파괴되었다는 것을 반성적으로 판단해서는 안 된다. 비록 이것이 때때로 의심할 여지 없이 일어난다고 할지라도 말이다. 우리는 그것 —

폭풍으로 인해 무너지기 전 그 예전의 장관을 지닌 건물―이 있지 않은 것을 통해 그것을 보기 위해 '주어진 것'(돌무더기)과 절연한다.(ibid.) 인간은 객관적으로 정말 하나의 변화가 있기 때문에, 파괴의 가능성을 세계에 도입한다(그리고 그들은 동시에 덧없음fragility을 파악하고 그것을 세계에 도입한다). 그러나 사르트르가 말하는 (부정성negativity과 같은 것을 가리키는 신조어인) 이 부정성negatite의 도입은 하나의 판단 행위를 통한 것이 아니라고 주장한다. 오히려 우리는 무nothingness를 파악하고, 우리는 반성에 앞서 주어진 것과 절연한다. 사르트르의 기본적인 물음은 다음과 같은 것이다. 우리가 그 무를 만들어내는 존재자가 아닌 한, 즉 자유로운 존재자가 아닌 한, 어떻게 이것을 성취할 수 있었을까? 물론, 사르트르가 반대론을 펴는 다양하고 분명한 답변들이 있다. 그런 답변에는 그런 부정성들이 우리의 정신에 의해 도입되며, 따라서 주관적이거나 심리적이며, 존재와 무의 존재론을 보증해주지 않는다는 등의 것들이 있다. 우리는 여기서 비존재non-being는 인간들을 통해서만 실재하게 된다는 것을 사르트르가 입증해야 한다고 말하는 것 외에, 그리고 비존재는 그래서 순전히 주관적이거나 심리적인 하나의 추상임을 부정하는 것 외에, 이것을 상세하게 고찰할 수 없다.(카탈라노, 1985: 55를 보라)

부재absence와 관련하여 사르트르는 자기 친구 피에르가 있을 것으로 기대하고 카페로 걸어가지만, 곧바로 (피에르가 있지 않다는 합리적인 판단을 하기보다는) 피에르가 부재함을 직관하는 경험을 아주 잘 기술한다. 그는 카페로 들어오는 누군가next person를 볼 때, 그는 그들을 무화시킨다nihilate. 즉, 그는 곧바로 그들이―피에르가 아니라는―있지 않다는 측면에서 그들을 본다. 사르트르가 카페의 어떤 일정한 자리에서 피에르의 부재를 발견할 수 있다는 것도 아니다. 그의 주장은 이 부재가 방 전체와 그 안의 모든 것에 스며들어 있다는 것이다. 지금 피에르가 거기 있을 것이라는 사르트르의 기대가 분명히 어떤 의미에서 피에르의 부재를 초래한다. 그러나 사르트르는 또다시 선-판단적으로pre-judicatively 그가 부재를 발견한다고 주장한다. 그는 그것을 카페에서 발견하고, 그것은 '그 순간에 객관적인 사실'이라고 말한다.(1993: 10) 만일 우리가 모종의 지적인 놀이를 하려 한다면, 그래서 경솔하게 예컨대 카페에 교황이나 대통령이 또한 있지 않다고 판단한다면, 판단의 내용이 참이긴 하더라도 그것은 같은 방식으로 우리와 관계하지 않는다.(ibid) 따라서 반성적 사고를 통해서 어떤 사람이 있지 않다고 판단하는 것은 선반성적인 경우와는 현상학적으로 완전히 다르다. 다시 한번, 요점은 의식이 근본적으로 사물의 영역과 분리되지 않았다면, 우리는 부재를 파악할 수 없었다는 것, 카페에 있지 않은 것을 지각할 수 없었다는 것이다.(ibid.: 27) (여기서 아주 개략적으로 제시한) 그런 분석들은 우리가 근본적으로 자유롭다는 사르트르 주장의 토대가 된다. 그가 제시한 온갖 다양한 부정의 예들은, 주어져 있지 않은 것을 상정하기posit 위해서, 주어져 있는 것과의 또는 있는 것과의 절연rupture 또는 단절break을 수반한다. 사르트르는 부정의 특수한 예들이 비존재(또는 무)로 인해 가능해지는 것이지 그 반대가 아니라고 결론짓는다. 무nothingness는 인간-세계 관계 존재론의 일원이다.

물론, 어떤 대륙 철학자들(예컨대, 레비나스와 마르셀)은 존재의 철학이 잘못이라고 생각하며, 일부 철학자(니체 그리고 아마도 들뢰즈)는 존재의 철학을 생성의 철학과 대립시킨다. 하지만 존재의 철학과 친숙한 것이, 확실히 대륙이라는 나무에서 몸통은 아닐지라도 그 주요 가지를 이룬다. 데리다가 하이데거의 존재적-존재론적 차이의 측면들을 두고 옥신각신하긴 했을지 모르지만, 또 하이데거의 중립적인 기초 존재론의 뚜렷한 비중립성을 부각시켰을 수도 있지만(『아포리아들』을 보라), 많은 분석 철학자가 일축했던 것처럼, 하이데거가 관심을 둔 문제들이 애당초 가망 없는 것non-starter이라거나 명백한 언어적 오류인 것으로 묵살되지는 않고 있다. 레비나스의 경우에, 비록 그의 책 『존재와는 다른 또는 본질을 넘어서』가 하이데거(그리고 좀 더 일반적으로 존재의 철학들)와 계속 비판적 관계를 맺고 있을지라도, 현전의 형이상학에 대한 하이데거의 비판과 소위 '동일자 제국주의imperialism of the same'에 대한 레비나스의 비판 사이에는 구조적으로 유사성이 있다. '동일자의 제국주의'에서 지식에 대한 철학자의 편애는, 범주라는 전체화 체계 내에 알려지지 않은 모든 것을 길들이고 동화하려고 한다. 그러나 레비나스는 철학의 제1 문제가 (하이데거나 콰인적인 의미에서의) 존재론적인 것이어서는 안 되고, 오히려 어떻게 나의 존재는 자기의 옳음을 주장할 것인지how does my being justify itself? 하는 원-윤리적proto-ethical 문제라고 주장한다.

분석적 형이상학

현대의 분석적 형이상학은 어느 정도 이전의 분석적 전통이 문제 삼아왔던 기획으로 복귀한다. 많은 현대 형이상학자들은 그들 자신의 관행과 존재를 존재로서 설명하는 아리스토텔레스의 기획 사이에 또는 라이프니츠의 형이상학적 체계 건축 사이에 연속성이 있다는 것을 본다. 이런 의미에서 분석적인 형이상학적 작업에는 '선-비판적인pre-critical' 풍미가 있을 수 있는데, 여기서는 논증을 중시하고 형이상학적 원리들(식별 불가능한 것들의 동일성, 참 제조자 원리, 무제약적 구성 원리)에 호소할 수 있으며, 한낱 우리 개념의 구조라기보다는 세계의 구조에 도달하려는 의도를 갖고 그렇게 하는 것이다. 그러나 비록 종종 과거의 합리주의자가 이용될지라도, 분석 철학에서의 경험론적 경향은 매우 유력한 것으로 남아 있고, 또 이런 양태에서의 많은 작업은 언어적 전환의 풍미를 유지하고 있다.

그 결과는 대략 인식론과 실천 간의 의식적인 단절인 것으로 보일 수 있다. 사이더는 그것을 다음과 같이 표현한다.

나는 형이상학적 문제에 관한 일상 믿음을 진지하게 받아들이는 데에서는 기술적 형이상학자를 따르지만, 자서전 이상의 것을 갈망하는 데에서는 규범적인prescriptive 형이상학자를 따른다. 나는 형이상학의 성격에 관한 이런 개념이 현대 분석적 형이상학의 많은 전문 종사자들에게 공통적인 것은 아닌지 하고 생각한다. 불행히도, 나는 또한 나의 동료 종사자와 더불어 다음과 같은 매우 어려운 후속 질문에 좋은 대답이 없다는 것에도 견해를 같이한다. 왜 종합적 사실 문제에 관한 선험적인 추리가 정당화된다고 생각하는가? (2001: xix~xv)

사이더의 답변은 사실상 우리의 (파기할 수 있는) 상식적 믿음을 정합적이게끔 해주거나 본model으로 삼으려는 것으로서의 형이상학의 개념에 호소하는 것이다. 즉, 일종의 반성적 평형이자 동시에 이론적 덕목에 호소하는 것이다. 과정은 직관에 호소하는 것(말하자면 데이비드 암스트롱[1978]이 보편자에 대한 자신의 사례를 구축하는 작은 고려 사항들이나 치좀[1989]의 사건 개념이 보편자에 관한 우리의 모든 일반적인 믿음을 포획하는 범위)을 허용하지만, 이론적 제한도 부과한다. 사실상 그것은 일상 의견common opinion에서 발생하는 설명 요구를 충족시키기 위해서 형이상학적 존재물을(명제, 사실, 사태, 사건, 속성 등에 대한 특수한 설명) 가정하는 것을 허용한다. 그것은 특수한 형이상학적 설명이 누리는 이론적 덕목을 보존하기 위해서 일상 의견의 수정도 허용한다.

이것은 기술되기보다는 아주 잘 과시되는 활동이며, 사건에 관한 데이비슨(2001c)의 독창적인 작업이 하나의 간단한 예를 제공한다.[1] 아래의 (1a)와 (2a)를 생각해보라.

(1a) 부루투스는 시저를 살해했다Brutus murdered Caesar.

(2a) 부루투스가 시저를 빠르게 살해했다Brutus murdered Caesar quickly.

● ●

1. 데이비슨도 사건들이 인과 관계의 관계항들로서 요구된다고 주장한다.

만일 우리가 이런 문장들을 적절한 논리로 번역하려 했다면, 자연스러운 접근법은, (1b)와 (2b)의 형태로 된 문장 쌍을 만들면서, 각 경우에서 항 사이에서 유지되는 2항 관계를 가려내는 것을 수반할 것이다.

(1b) F(부루투스, 시저)
(2b) G(부루투스, 시저)

그러나 데이비슨은 이것이 통하지 않을 것이라고 지적한다. (2a)가 논리적으로 (1a)를 반드시 함축하는entail 반면, (2b)는 논리적으로 (1b)를 반드시 함축하지 않는다. 이 관계와 관련된 하나의 구조적 요소가 삭제되었기 때문이다. 하지만 무엇이 그 구조적 요소일 수 있었는가? 우리의 유일한 그럴듯한 대안은 (1a) 및 (2a)와 같은 문장의 기저 논리적 구조를 다음과 같은 것으로 생각하는 것이라고 데이비슨은 주장한다.

(1c) (x는 사건이고 F(x, 부루투스, 시저))인 x가 있다There is an x such that
      (x is an event and F(x, Brutus, Caesar))

(2c) (x는 사건이고 F(x, 부루투스, 시저) 그리고 x는 빠르다)인 x가 있다There
      is an x such that (x is an event and F(x, Brutus, Caesar) and x is quick)

여기서는 요청된 추론적 연관성이 준수되고 있다. 그러나 결과는 우리의 일상 믿음에 포함되어 있는 부사적 구성물들이 사건이라는 존재를 받아들이게 한다는 것이다. 따라서 우리에게는 그런 존재물들을 가정할 이유가 있다고 데이비슨은 생각한다. 여기서 파기될 수도 있는 하나의 이론적 제한이 도입되어 있지만(우리는 분석 철학의 논리적 발견으로 인해 제안된 언어 의미론을 대수롭지 않게 무시하고 싶지 않다), 그러나 상식에 대한 파기될 수 있을 정도의 수용도 있다는 점(우리는 우리의 일상적인 말하기 방식에서 노출되는 존재론적 수용을 받아들이는 경향이 있다)을 주목하라.

논리적 원자론 시기 동안 형이상학과 논리학 간의 관계를 놓고 러셀이 표명한 견해에 비추어서 그런 작업을 생각해보라. 그의 1918년 「논리적 원자론 강의」('형이상학 여담: 있다는 것') 말미에서, 러셀은 다음과 같이 언급한다.

> 나는 철학적 문법의 중요성이 일반적으로 생각되고 있는 것보다 훨씬 더 크다고 생각한다. 나는 실제로 전통 형이상학이 모두 나쁜 문법 때문에 실수로 가득 차 있다고 생각한다. (…) [분석에 의해] 여러분은 실천적으로는 아닐지라도 이론적으로 궁극적인 단순자the simple에 이르기까지 파고들 수 있다. 이 단순자로부터 세계가 구성되고, 또 (…) 그런 단순자는 어떤 것에 속하지 않는 일종의 실재성을 갖는다. (1956: 269~270)

러셀은 분석이 주로 외견상의 형이상학적 수용에서 벗어나려는 것이고, 단순자는 그런 분석에 의해 노출된 논리적 형식에 상당할, 가장 약한 부류의 형이상학적 수용으로서 그냥 얼마간 가정된다는 점을 분명히 한다. 이런 그림은 콰인의 아주 영향력 있는 1948년의 논문 「있는 것에 관하여」(1953a)에서의 후기 실증주의 분석적 전통을 위해 갱신된다. 콰인은 우리의 기본적인 존재론적 수용 기준이 존재 양기호existential quanfifier에 의해 제공된다고 믿는다. 그는 이렇게 말한다. 나는 세계에 관한 나의 진술에서 내가 존재적으로 양화하고 있는 것은 무엇이든지 간에, 그것이 있다고 받아들인다. "있다는 것은 속박 변항의 값으로 있다는 것이다to be is to be the value of a bound variable." 그러나 러셀과 마찬가지로 콰인도, 우리가 그런 양화를 피하는, 우리 진술을 바꿔 쓰는 방법들을 배울 때 그런 수용이 바뀔 수 있다고 주장한다. 이것은 넓게 볼 때 데이비슨도 포함되는 전통이다.

형이상학적 문제에 콰인 식으로 접근하는 것은 거의 틀림없이 오늘날의 분석 철학에서 지배적이다. 하지만 과학의 존재론적 수용에 특권을 주는 콰인 자신의 경향성tilt은 전혀 인기가 없다. 더구나 논리학의 내부를 두고 보인within logic 콰인의 망설임은 가능 세계 의미론의 흥기와 더불어 크게 무시되어왔다. 마이클 룩스와 딘 짐머만이 지적하는 것처럼, 우리가 그런 환경에서 콰인주의자가 되려고 할 때 생기는 난점들은 결과적으로 위에서 개략된 형이상학적 방법론을 설명해준다.

> 콰인의 존재론적 수용 기준은 치좀과 루이스 같은 철학자에게 매우 중요했다. 이 두 사람은 모두 올바르게 형이상학에 대한 누그러진 접근법의 옹호자로 간주되고 있다. 전통적인 존재론 문제를 피하지도 않고, 형이상학에 악명을 붙이게 되었던 불가사의하고 방종한 체계 건축으로 빠져들지도 않는 자들이다. 또 이 두 사람은 콰인의 기준을 전통 형이상학자들의 주된 결점besetting sin에 대한 해결책으로 간주하였다. (…) 하지만 치좀의 형이상학 그리고 그 후의 루이스의 형이상학은 콰인의 형이상학과 닮은 데가 하나도 없다. 콰인에게 있어, 우리의 존재론적 수용을 결정해 주어야 하는 것은 과학의 공식 견해뿐이다. (…) 일단 우리의 일상 신념conviction들이 모두 고려된다면, 콰인에 대해서는 그렇지 않겠지만, 전통적인 형이상학적 문제들이 맹렬하게 되돌아올 것이다. 결과적으로 존재론은 철학의 다른 영역들에 관심을 보이지 않으면 안 된다. 하나의 특수한 존재론적 체계는 다른 곳에서 문제들을 해결하는 그 유용성에서 그것의 적절성을 보여준다. 존재론적 체계를 위한 요건은 단순성(콰인이 동의할 법한 것)과 범위를 포함한다. 하나의 형이상학적 체계는, 더 많은 주제subject를 놓고 만족스러운 철학적 이론 진술을 — 수수께끼와 표면상의 모순에 직면하여 우리가 안다고 여기는 대부분의 것을 보존하고 있는 이론 — 허용하는 한에서, 범위 면에서 다른 형이상학적 체계보다 우수하다. (2003: 4~5)

이런 형이상학적으로 낙관적인 전통은 거의 틀림없이 오늘날 지배적이다. 그러나 많은 분석적 회의론자들도 있다. 형이상학적 문제를 의미론적 사안으로 수축시키는 일이 여전히 잔존하고 있다. 때로는 실증주의자들의 영향 아래에서(여기서는 카르납의 「경험주의, 의미론과 존재론」이 핵심이다), 때로는 형이상학적 작업이 개념적 탐구로서 또는 암암리에 약정적인 정의로서 '읽혀지기read down' 때문에 말이다. 끝으로, 때로는 (복수 양화와 같은) 논리학에서의 혁신으로 인해 고취된 것으로, 분석 철학 내의 좀 더 공공연한 '규범적인prescriptive' 형이상학의 오랜 전통이 있다. 그리고 이 지점에서 분석적 전통과 대륙 형이상학의 개정적 기획이 최근에 접촉을 이루었다.

존재: 언어적 오류

'분열'에 접근하는 하나의 방법은『존재와 시간』(1962: §1~8) 도입부에서 하이데거(그리고 그에게 신세 지고 있는 후–하이데거주의자들)가 중시하는 실질적인 문제가 있는지 아닌지, 아니면 이 문제가 언어적 혼동에 의존하고 있어서 본질적으로 무의미한 것인지 아닌지를 통하는 것이다. 물론 카르납은 「언어의 논리적 분석을 통한 형이상학의 제거」에서 하이데거와 교전engagement할 때, 후자의 편을 공표한다. 하나의 명사로서의 '존재자being'의 사용은 존재Being라는 주제를 필요로 하지 않는 용어로 분석될 수 있다. 에이어, 콰인, 피터 반 인와겐 그리고 폴 에드워즈가『하이데거의 혼동』(2004)에서 존재의 철학들에 관한 유사한 우려를 표명한다. 예컨대 에이어는 대륙 철학을, (하이네만의, 1953: 4에서 인용된) "'있다는 것to be'이라는 동사를 오용하는 기술이 아주 크게 발휘된 것"이라고 생각한다. 에이어에게 하이데거와 사르트르의 존재와 무 이야기는 그저, 존재를 속성이라고 생각하는 칸트 이전의 실수와 유사한 논리적 무능력일 뿐이다.(에이어, 1952: 43~44) 반 인와겐은 존재 의미의 문제에 대한 하이데거

식의 환기는 지지받을 수 없다고 주장한다. "하이데거가 다시 한번 우리에게 통용시키고 싶어 하는 문제들은 실제로 전혀 없었다는 것이 나의 입장이다."(2009: 474) 나아가서 그는 이렇게 말한다. "오스틴이 '존재하다 exist'에 대해 말했던 것을 (…) 그는 '있다be'에 대해서도 똑같이 말했을 것 같다. '그 말은 하나의 동사이다. 그러나 그것은 그저 조용하기만 한 숨소리처럼 사태things가 줄곧 일어나는 무언가를 기술하지 않는다. 말하자면 어떤 형이상학적인 방식에서 헛돌고 있다.'" 반 인와겐은 계속 다음과 같이 말한다.

> 나와 책상 간의 크나큰 차이는 우리가 다른 부류의 존재(현존재Dasein, 있다는 것dass sein, '있다는 것that it is')를 가진다는 것에 있지 않다. 차라리 그것은 우리가 상당히 다른 본성(본질Wesen, 그 무엇인 것was sein, '그 무엇인 것what it is')을 가진다는 것에 있다. (…) 만일 내가 옳다면, 사르트르와 하이데거 그리고 실존-현상학 전통의 많은 다른 일원들은, 그 본질에 고유하게 돌려야 할 사물의 사물 특징에 '존재'를 부여하는 잘못을 저지르고 있다. 그것이 바로 존재가 모든 범주 중에서 가장 내용이 빈약하고 추상적이라는 것을 그들이 부정하는 이유이다. (Ibid.: 477~478)

이런 입장에서 — 우리는 우리의 최고의 과학 이론에서 ('…인 x가 있다' 라는 형태의 어구로 표현되어) 양화되는 사물들의 존재를 수용한다는 — 콰인의 존재론적 수용 기준은 존재being 또는 현존existence의 일의적인 의미를 포착해낸다. 반 인와겐은 하이데거 및 그와 비슷한 다른 철학자들이 이에 대해 이미 준비된 반응이 있을 것이라는 점을 인정한다. "소위 콰인의 '존재론적 물음'(무엇이 있는가?)을 하이데거는 한낱 가장 일반적인 존재적 물음ontic question으로서 무시할 것이다."(ibid.: 474) 막스 도이처(2009: 36) 가 이 답변을 변형시켜 표현하듯이, "말들이 존재를 가진다horses have being"에 대한 해석이 "적어도 하나의 사물인 말이 있다there is at least one thing that is a horse"와 같은 것으로 이해될 수 있다고 콰인주의자는 주장할 것이겠지만, 아마 하이데거는 항상 우리가 이런 후자의 주장을 할 때 '있다is'의 의미에 대해 물음으로써 답변할 것이다. 의심의 여지 없이, 우리는 한계를 벗어나 있는 문제를 표현하기 위한 어떤 형식적인 근거들이 이미 그것에 대한 무비판적인 답변을 전제한다고 말함으로써, 존재의 문제를 이런 식으로 가능한 답변이나 반대 없는 어떤 것으로 만들 수 있다. 그러나 실존 현상학적 전통은 확실히, 베르그손과 화이트헤드와 같은 사변적 형이상학자들과 함께, '존재existence'가 '존재' 양화('어떤 x에 대해서')라는, 조용한, 특색 없는 장식물pendant 이상의 것이라고 주장할 것이다. 존재existence의 '이다is'는 예화instantiation의 '이다'로 환원되어서는 안 된다.(브래들리, 2003: 438)

물론, 반 인와겐의 입장이 분석 철학 내에서 비판을 받지 않는 것은 아니다. 자유 논리학free logic 전통과는 별도로, 분석 전통의 좀 더 반실재론적인 진영은 일의적인 존재 개념을 문제 삼을 수 있다. 예컨대 퍼트남은 다음과 같이 불평한다.

> 소위 순수한 분석 철학 관할구 내에서의 존재론의 소생에 대한 이 간략한 설명에서 우리가 보는 것은 (…) 아무튼 사전에 고정된 '존재하다'의 일률적인 '실제' 의미, 일률적인 '문자 그대로의' 의미가 있다고 일단 우리가 가정하면 (…) 우리는 이미 몽상의 세계cloud cuckooland를 헤매고 있는 것이다. (2005: 84)

분석적 형이상학에 대한 이런 실용주의적 도전은 많은 대륙 철학자들이 동의할 법한 것이다. 퍼트남이 후기 저작에서 날카롭게 언급하듯이, 하이데거가 생활 세계Lebenswelt, the life-world를 가치 있게 생각하고, 생활 세계를 덜 진지하게 받아들인 형이상학자들의 성향을 비난하는 데 있어, 유일한 주요 20세기 철학자가 아니기는 하지만 말이다.

제16장

참, 객관성 그리고 실재론

　분석 전통과 대륙 전통의 다른 수용과 관심은 참과 실재론과 관련하여 특히 분명하게 드러난다. 이는 부분적으로 이 점에 대한 양 전통 전체에 걸친 명백한 비판 때문이다. 참에 대한 실용주의적이고 정합적인 이해에 영향을 받았음에도 불구하고, 분석 전통은 대체로 참을 객관주의적으로 이해하는데, 이는 대륙 철학의 반실재론적(이라고들 하는) 경향에 대한 분석적인 우려concern를 후원해준다. 이번 장에서, 우리는 두 전통 각각의 참 이해 및 그것이 형이상학적 실재론metaphysical realism과 맺는 연관을 비교한다. 우리는 이 두 전통 간의 차이distinction가 분석에서의 명제의 우선성에서 크게 따라 나온다고 주장할 것이다. 분석 철학 내에서 현대의 참 설명은 대담하게도 이전부터 있었던 혼동의 안개와 싸워 이겨서 얻은 것으로 보여지는데, 그 안개 속에서는 사용use이 언급mention과, 뜻sense이 지시체reference와, 의미론적인 것the semantic이 인식적인 것the epistmic과 혼동되어 있다. 참은 (범주적으로) 획득되거나 존재하는 만족satisfaction과 뚜렷하게 구별되어야 하는 것이며, 또 일반적으로 (증명 가능성이나 의미와 상당히 같은 수준에서의) 모종의 의미론적 속성으로 생각되고 있거나, 세계 속의 어떠한 속성도 가려내지 못하는 술어로 생각되고 있다. 우리는 분석 철학 내의 이런 진리관의 발전을 개관한 후, 참에 대한 설명과 형이상학적 실재론 간의 관계에 대한 현대의 관심들을 고찰할 것이다. 분석적 관점은, 대륙 철학에서 전형적인 좀 더 존재론적(역사적)이고 때로는 구성주의적인 참 설명과 대조를 이룰 것이다. 우리는 대륙적인 참 이해를 겨냥해서 빈번하게 쏟아진 상대주의라는 비난을 고찰함으로써, 그리고 현상학에서부터 포스트 구조주의 및 그 이후에 이르기까지, 대륙 철학이 관념론의 모습을 수용하고 있다는 비난을 고찰함으로써 끝낼 것이다.

분석적 전통에서의 참

『이 세계의 사물』에서 리 브레이버는 철학자들을 분류하기 위한 하나의 진단 테스트를 제안한다.

> 한 특수한 철학자의 지위를 알아내기 위해서, 우리는 그가 어떻게 자기 작업과 철학의 목표를 생각하는지 물어볼 것이다. 그는, 접근 불가능한 이상으로서만 일지라도, 그를 그인 것으로 만들었던 우연적인 경험적 요소들에서 벗어난 시간 초월적인timeless 진리를 찾는가 아니면 진리 자체를 그런 요소들의 산물로 보는가? (2007: 513)

이 '시간 초월적' 참이라는 개념은, 실용주의적 참 설명이나 (브랜드 블랜샤드의 [2002: 260~269]에서처럼,) 관념론 전통의 설명에 대한 초기 분석적 비판에서 분명히 드러나듯이, 확실히 분석적 전통에 핵심적인 것이다. 참과 거짓은 논리 철학에서 직접적으로 고찰되지만, 그러나 그런 탐구를 수행하기 위한 분석적인 동기는 주로 의미와 형이상학에 대한 고찰에 의해 촉발된다. 분명히 진리-조건적 의미 이론은 참과 의미 간의 연결을 직접적으로 명백한 관심사로 삼는다. 그러나 사용 이론가나 의도 이론가조차도, 특히 언어에 대한 관심이 형이상학에 대한 관심으로 차츰 변화하는shade into 어중간한 지점에서는, 참의 성격을 분명히 해줄 필요를 느낄 수 있다. 분석 철학자가 언어적 관행들을 이해하면서 고려할 일반적인 선택지들은 이것을 아주 분명하게 보여준다. 만일 우리가 형이상학적인 의미를 담고 있는 것처럼 보이는 문장들을 두고 말하는 방법과 마주치게 된다면, 분석적 전통은 우리에게 이 벌어지고 있는 일을 이해하기 위한 다수의 모델을 제공한다.

(i) 우리는 그냥 직접적인 (또는 소박한) 실재론적인 방식으로, 그런 말을 참일 것 같은truth-apt 그리고 실제로 종종 참인, 모종의 직접적인 사실 보고로 받아들일 수도 있다.

(ii) 우리는 그런 말을 좀 더 괜찮은 말로 환원시키는 덕분에 참일 것 같은 것으로 그리고 종종 참이라고 받아들이면서, 환원적 실재론reductive realism을 선호할 수도 있다.

(iii) 우리는 그런 말을 — 참일 것 같다 하더라도 — 참의 주장 기준을 충족시키는 것과는 다른 그 밖의 어떤 목표와 더 관계된 것으로서, 본질적으로 도구적인 것으로 간주할 수도 있다.

(iv) 우리는, 전문가로 하여금 그들이 원하는 만큼 의미론적 문제들을 해결하게 하면서 (그래서 그들 발언의 참-경향성을 보증하면서), 그러나 그들 주장이 일반적으로 거짓이라고 주장하기 위한 이유를 지적하면서, 일종의 제거주의eliminativism나 오류 이론error theory을 선택할decide on 수도 있다.

(v) 우리는 그런 말이 실제로 서술적declartive이 아니기 때문에 참일 것 같지 않다non-truth-apt고 결정하면서, 대신에 무언가 우리의 태도와 관계된 다른 목적에 쓰이는(그리고 우리는 그때 유명한 난점들에 직면할 수도 있다. 이것을 '의사–실재론적' 입장이라고 소구분

하기로 하자), 어떤 형태의 비인지주의non-cognitivism를 채택할 수도
있다.

(vi) 우리는 더 간단하게 그것이 모종의 은유적이거나 예술적인 목적에
쓰이면서 문자 그대로의 것이 아니기non-literal 때문에, 참일 것 같지
않다고 주장할 수도 있다.

(vii) 우리는 부분적이거나 전반적인 반실재론적인 이유로 인해, 그
말의 이해는, 그 주제가 참 개념이 적절하게 적용될 주제가 아니기
때문에, 정당화 조건들에 대한 고려를 수반한다고 결정할 수도
있다.

이런 다양한 대안의 단편들이 예컨대 윤리학, 종교, 수학 및 일상 심리학
의 언어를 분석적으로 논의하는 데에서 발견될 수 있으며, 아니나 다를까
이런 논쟁 간에는 많은 '기법 이동technology transfer'이 있었는데, 거기에서는
한 영역에서 새롭게 고안된 모델들이 다른 곳에서도 시험된다. 하지만
분명히 그런 논쟁들은 이야기를 **참-일 것 같다**truth-apt고 간주하는 데
무엇이 수반되는지에 대한 분명한 개념을 고대한다. 따라서 어떤 것이
참이 된다는 것이 무엇인지가 이 모든 경우에 일반적인 관심이 된다.

결국 참의 본성에 관한 분석적 이론화 작업은 참의 담지자the bearer of
truth에 관한 논쟁과 연결된다. (문장과 같은) 언어적 존재물은 (명제와
같은) 추상적 대상인가 아니면 주장(전문 용어로 '진술')이라는 발화 행위
인가? (문장 또는 무어식 명제와 같은) 참의 담지자라고 여겨지는 많은
것들이 내부 구조— 예컨대 문법적 구조— 를 가진다는 사실은 문장의
참에 대한 자연스러운 설명을 촉구하였는데, 러셀과 비트겐슈타인은 이를
다른 식으로 개발하였다. 이런 견해에서, 한 문장은 그것이 획득되는
어떤 사태와 대응할 때 참인데, 이 대응은 합치congruence의 문제이다. 한
참된 문장의 구조적 요소(또는 아마도 밑에 놓여 있는 논리적 형식)들은
존재하는 관련 사태의 부분과 같은 방식으로 함께 연관되어 있다.[1] 논리적

원자론의 기획은 부분적으로 이런 참 개념 때문에 생겨난 것이다. 하지만 대응 이론들이 그렇게 형이상학적으로 수용되어 있어야 할 필요는 없다. J. L. 오스틴(1979)은 좀 더 신중하게 구조라는 개념을 포기하였고, 존재물의 구조와 세계 간의 합치가 아니라 순전히 규약으로 수립된 상관관계에 기반을 둔 (위의 의미에서의) 진술 대응론을 선택하였다. 오스틴의 설명에서는, 지시적 규약demonstrative convention(발언 상황에서 한 진술이 할 것으로 여겨지는 것을 결정하는 규약들)에 의해 한 진술이 연결되는 특정 상황이, 그것이 언어 집단의 기술적 규약descriptive convention에 의해 좀 더 일반적으로 연결되는 유형의 것이라면, 그 진술은 참이 된다. 예를 들어, 우리말의 기술적 규약은 "저것은 갈색 개다."라는 형태의 진술이 어떤 부류의 상황에 적용된다고 주장한다. 따라서 만일 내가 가리키면서 "저것은 갈색 개다."라고 말하려 했다면, 내 지시적인 가리킴(가리킴이라는 우리의 규약들을 고려할 경우, '저것'의 용법 등)으로 표시된 상황이 우리가 이 진술(즉, 나는 갈색 개를 가리키고 있다)에 적용하는 유형의 상황일 경우, 내 진술은 참이 될 것이다.

오스틴의 특수한 참 설명보다는, 대응론의 형이상학적 수용을 말소하려는 오스틴의 관심이 분석 철학에 널리 퍼졌다. 참에 대한 다양한 수축론적인 설명이 제기되었는데, 이는 '참'이라는 말의 기능을, 그것에 붙어 있는 속성에서 찾지 않은 채 설명하려는 것이다. 최초의 분명한 수축론적인 설명이 1920년대(램지의 진리 잉여론)부터 시작됨에도 불구하고, 그런 참 설명이 두드러지게 되는 것은 1930년대와 그 이후 논리학에서의 의미론적 혁명 때문인데, 이는 그 분야에서 사용되었던 참 개념을 얼마간 탈신비화하는 효과를 지닌 것이었다. 타르스키(1956)의 생산적인 '의미론적 진리론semantic theory of truth'이 그 모델인데, 이는 1차 논리 문장의 논리적 형식을 이용함으로써 참 개념을 회귀적으로 정의하는,[2] 한-언어-내에서의-참에

---

1. 초기 판본을 위해서는 러셀(1912b: 12장)을 보라.
2. '직선적인(straight)' 정의와는 대립되는, 회귀적 정의는 반복될 수 있는 절차에 의해 한

대한 설명이다. 타르스키는 자기의 정의가 다음과 같은 (유의미한 언어로 표현되고, *p*는 어떤 대상 언어 문장의 이름이고, S는 *p*의 어떤 이름인) 동치의 모든 예들을 반드시 함축한다는 점에서 '실질적으로 충분materially adequate'하다는 점을 지적한다.

(T) S는 *p*라면 오직 그때에만 참이다S is true if and if only p.(예: "눈은 희다"는 눈이 희다면 오직 그때에만 참이다.)

타르스키의 정의는 (위반하면 모순을 일으키기 때문에) 자연 언어에는 직접적으로 적용되지 않는다. 직접 적용되었다 하더라도, 그의 노선에 따라 분석된 참 개념은 국어-내에서-참, 영어-내에서-참 등으로 분해될 것이다. 그러나 타르스키 식의 모델은 함축성이 풍부한 것으로 증명되었다. 즉, 의미 설명을 고려할 때, 우리는 한 언어의 참들을 고정할fix 수 있다 — 그리고 참에 관해 이야기될 수 있는 것은 그것뿐이다. 타르스키의 작업은 데이비슨에 의해 반대 방향으로 이용되기도 하였는데, 데이비슨은 결국 하나의 의미 이론을 개발하기 위해 우리가 참을 정말 이해하고 있다는 가정과 더불어 규약 (T)를 사용한다. 이 '기본적인 것의 전도inversion of primitive'는 분석 철학에서 전혀 드문 일이 아니다. 아마도 현대 철학에서 가장 좋은 예는 명제들을 통해 가능 세계를 설명하고, 가능 세계를 통해 명제를 설명하기도 하는 경쟁적인 전통에서 볼 수 있을 것이다. 주장, 참, 의미와 이해는 다른 프로그램들을 가진 철학자들에 의해 개발되게끔 설명적으로 비슷한 재접속을 허용하면서, 상호 연관된 복합을 형성한다. 좀 더 최근에 그리고 주로 더밋의 영향 밑에서, 참과 의미에 대한

개념 밑에 들어오는 존재물들을 포착한다. 예컨대, 음이 아닌 정수(0, 1, 2, …) 내에서 '짝수'에 대한 직선적인 정의는 '나머지 없이 2로 나뉠 수 있는 수'가 될 것이다. 같은 개념에 대한 재귀적 정의는 다음과 같다. (i) 0은 하나의 짝수이다. (ii) 만일 *x*가 짝수라면, *x* + 2도 짝수이다. (iii) 그 밖의 어떠한 것도 짝수가 아니다.

그런 분석적 논의는 직접적으로 실재론에 관한 명백히 형이상학적 논쟁들과 연결되었다.[3] 물론 경험론과 실재론 간의 철학적 긴장은 분석적 운동보다 훨씬 더 선행하지만, 그러나 그것은 그 전통에서 영속적인 흥미나 관심 주제로 남아 있었던 것이었다. 경험적 인습에 대한 러셀의 투쟁, 논리 실증주의 운동, 오랜 경력의 현상주의 그리고 과학의 관찰 불가능한 것에서부터 일상 심리학의 존재물에 이르기까지 만물에 대한 도구주의적이거나 해석주의적 견해의 번성 같은 유명한 사건episode들에서 드러나고 있는 것처럼 말이다. 어떤 의미에서 더밋은 그냥 이 역사에 딱 맞아떨어지는 사람이다. 그 경험주의적인 의심scruple에서 일부 형태의 실재론을 의문시했던 다른 사람이 그러하듯이 말이다. 그러나 더밋은 그 계열에서 무언가 중요한 변화를 주기도 한다. 전통적인 인식적-형이상학적 대결showdown이 의미론적 형태로 개조된다.

더밋의 출발점은 철학에서의 형이상학적 문제가 의미 문제의 우선적인 설정에 의존한다는 확신이다. 실제로 (실재론자와 관념론자 간의 논쟁과 같은) 전형적으로 형이상학적인 논쟁은 '그림'이나 '은유'를 포함하는 의미론적 주장에 지나지 않는다는 것이다. 결국 (우리의 언어 이해에 의해, 즉 의미에 대한 우리의 지식에 의해 강제된 조건들에 적절하게 민감한) 의미에 대한 탐구는, 우리의 진술이나 사고가, 우리가 그것에 대해 가질 수도 있는 모든 가능한 증거를 넘어서는 진리-조건을 가질 수 있었다는 생각을 의문시한다고 더밋은 말한다. 비트겐슈타인을 기초로 하면서, 대신에 더밋은 개념을 획득하는 우리의 능력 및 사용에서 개념을 표출하는 우리의 능력은 의미에 대한 정당화-조건적 설명(또는 어떤 면에서 증거의 고려를 보여주는 참 개념을 사용하는, 이형적인 진리-조건적인 의미 설명)을 수반한다는 주제를 발전시킨다. 예를 들어 더밋은 실재론적 과거 개념의 증거 초월적 (검사 불가능한) 측면은 사람에 따라 변화할 수도

- - -

3. 더밋(1978: 특히 논문 1, 10, 13, 14 그리고 21)을 보라. 형이상학과 언어 간의 관계에 대한 배경적 견해에 대해서는 더밋(1991)을 보라.

있는 것이라고 말한다. 이는 정확히 새로운 우리말 화자들이 (과거의 이런 측면과 관련하여) 서로 같은 개념을 획득했을 것임을 보증할 어떠한 방법도 없기 때문이다. 이런 입장의 한 결과는 증거-초월적 참 개념 자체가 심각하게 의문시된다는 점이다. 두 번째 (논쟁의 소지가 있는) 결과는 적어도 실재론의 한 기본적인 신조, 즉 관련 영역의 진술이 객관적 참-조건을 가진다는 주장이 약화된다는 점이다. 더밋은 이런 입장을 옹호하는 데 미묘한 차이를 두고 있다. 비록 더밋이 이런 노선에 따라 보통은 아주 포괄적인 반실재론의 가능성을 고려하고 있을지라도, 우리가 포괄적 반실재론을 배제할 수 없고 또 특수한 담론들 내에서 그런 견해들을 채택하기 위한 국지적인 이유를 가진다는 것을 그가 주장한다고 (그리고 그 견해와 동반하는 직관주의 논리의 정신에서) 말하는 것이 아마도 더 정확할 것 같다. 물론 실재론에 대한 정확한 성격 규정 및 실재론자가 그런 견해를 채택하기 위해서 등록하는 공약 자체가 논쟁거리이다. 형이상학적 문제를 의미론적 영역으로 번역하려는 더밋의 시도는 일반적으로 실재론자 자신들에 의해 저항을 받는데, 실재론자들은 자기들의 견해를 다음과 같은 식으로 생각하고 있다.

> 하나의 대상은 어떤 의미에서 독립적으로 존재한다. 만일 그것이 존재한다면, 그리고 우리가 믿고, 생각하거나 발견할 수 있는 것이 무엇이든 간에 그것이 자기의 본질을 가진다면 말이다. 그것은 정신의 인식적 활동과 독립적으로 있다. (…) 그것은 우리의 지식으로 구성되지 않으며, 우리의 인식적 가치로, 그것을 가리키는 우리의 능력으로, 우리의 개념, 이론 또는 언어의 도입으로 구성되지 않는다. (…) 실재론자에게, 세계는 정신적인 것과 독립적으로 존재한다. (데빗, 1997: 15~16)

더밋의 것과 유사한 논증이 퍼트남에 의해 개발되어왔고, 실제로 더밋의 검증주의적인 뿌리와 미국의 실용주의 전통 사이에는 무언가 연관성이 있다. 예컨대 더밋 고유의 견해와 분명히 친척뻘인, 실재론의 성격에 대한 퍼트남의 다음과 같은 묘사를 생각해보라.

> 세계는 어떤 불변적인 정신-독립적 대상의 전체로 이루어져 있다. '세계가 있는 방식'에 대한 정확히 하나의 참이자 완전한 기술이 있다. 참은 낱말 또는 사고 기호와 사물 집합 사이의 모종의 대응 관계를 포함한다. 나는 이런 시각perspective을 외재주의적 시각이라고 부를 것이다. 왜냐하면 그것이 선호하는 관점은 신의 눈에서 본 관점이기 때문이다. (1981: 49)

실재론자와 반실재론자 간의 이 분석적 논쟁은 상당히 다양한 중도적 입장을 만들어냈다. 아마도 가장 주목할 만한 것으로서는 더밋 사유의 연장으로서, 크리스핀 라이트(1992)의 입장일 것이다. 라이트는 실재론자와 반실재론자 모두에게서 동의를 얻는 '최소minimal' 참 개념의 유용성을 주장하기 위해서, 이를 수축주의 전통으로부터 끌어온다. 하나의 술어는, 대체로 만일 진술이 어떤 주장 내용을 가진다는 것을 그 술어가 보증한다면, 즉 만일 그것이 (약간 변형시킨) 타르스키의 조건 (T)를 준수한다면, 한 특수한 담론 영역을 위한 최소 참 술어minimal truth predicate이다. 담론의 모든 영역이 이 시험을 충족시키는 술어를 가지지는 않을 것이다(예컨대 모종의 표현 우선주의가 차지하는 영역들이 그럴 것이다). 일단 한 특수한 영역에서 그런 최소한의 참-경향성truth-aptness 조건들이 충족되면, 라이트는 실재론 문제가 본질적으로 독립적인, 추가적인 특성의 존재나 부재의 문제로 이전되어야 한다고 제안한다. 여기서 라이트의 목록은 다음과 같은 더밋의 본래의 관심(그 영역의 문장이 증거-초월적이 될 수 있는 범위)을 포함한다. 영역 내에서의 의견의 차이가 적어도 행위자 편에서의 인식적 오류를 보여준다는 것이 선험적인 것인지, 영역 내 문장의 참-조건이 다른 종류의 사실을 설명하는 데 중요한 역할을 하는지, 그리고 이상적인 인식적 조건

밑에서 행위자의 믿음과 영역의 사실 간의 합치가, 사실을 추적하는 믿음에 의해 설명되어야 하거나 믿음을 반영하는 사실('에우튀프론이 비교하는' 것)에 의해 설명되어야 하는 것인지 등. 이런 기준들이 갈릴 수 있기 때문에, 한 담론이 실재론적이거나 반실재론적일 수 있는 방식들은 달라질 수 있고, 전체 문제에 관한 일종의 특수주의particularism가 생겨난다.

이런 발전의 결과로서, 그리고 전체적인 반실재론적 전통에 대한 지속적인 실재론적 반대의 결과로서, 현재의 분석 전통은 다양한 야심을 가진 다양한 반실재론 모델들을 견제한다contain. 적어도 많은 대륙적 저술이 가진 비실재론적irrealist인 함축overtone에 관한 전통적인 우려를 분석적으로 개조하고 재규정하기 위한 자원이 존재한다.

대륙적 반실재론

분석 철학자들은 한결같이 20세기 역사 내내 대륙 철학의 관념론적 경향성을 지적해왔다. 최근에 두 대륙 철학자가 거의 같은 해석을 내놓았다. 한 사람(메이야수)은 그것을 심각한 문제로 여기고 있고, 다른 사람(브레이버)은 그것을 명백히 하나의 장점으로 여기고 있다. 우리는 브레이버의 최근 저서 『이 세계의 사물』과 함께 출발한다.

브레이버의 견해에서 볼 때, 칸트와 헤겔은 플라톤 이래 서양 철학을 지배해왔던 실재론에 단층선을 그어주었는데, 그것은 그 이래로 대륙 철학에 가득한 반실재론이라는 단층선이었다. 어떤 의미에서 칸트는 본체계 또는 물자체를 가정한다는 점에서 실재론자이지만, 그는 또한 우리의 표상과 물자체 사이의 대응이나 합치를 결정하는 것도 전혀 가능하지 않다고 주장한다. 브레이버는 대륙 철학의 후속 역사 자체가 칸트에게 잔존해 있는 실재론으로부터 벗어나려는 시도라고 본다. 여기서 실재론은 (그것에 관한 불일치가 있다는 점을 고려할 때 가능한 한) 분석 전통과 공통적인 것으로 이해되어야 한다. 브레이버의 '실재론 망realist matrix'은 퍼트남, 더밋 그리고 데빗이 제시한 실재론 묘사를 고려하여 개발된다.

브레이버는 실재론의 성격을 분석하는 기술에서 서로 섞여 있고 부분적으로 중첩하는 4개의 논제를 찾아볼 수 있다고 말한다. 실재론은 다음과 같은 것과 관계하는 것으로 생각될 수 있다. (i) 대상 또는 사태의 정신 독립적 현존. (ii) 사고, 믿음, 명제와 실제로 존재하는 것 간의 대응으로서의 참. (iii) 모종의 유일성 주장(실재의 확정적 구조를 포착하는 오직 하나의 방법만이 있다). (iv) 2치bivalence에 대한 주장 ─ (모호성 문제들은 잠시 보류하고) 적형의 서술문은 참이거나 거짓이다. 분석적 시각에서 이 목록은, 비록 차이도 눈에 띄기는 하지만, 부분적으로 라이트의 좁은 실재론 지표를 연상시킨다. 예컨대 2치를 통해 실재론의 성격을 기술하려는 더밋의 시도는, 증거 초월적 진리 조건을 우리가 이해할 수 있음을 실재론자가 주장한다는 비슷한 제안보다 훨씬 덜한 지지를 받아왔다. 그러나 브레이버 (2007: 14~22)는 또한 (분석적) 실재론이 또 다른 논제, 즉 수동적 인식자passive knower라는 논제를 포함한다고 말한다. 이것은 많은 칸트주의자 및 후-칸트주의적인 궤적에서 보이는 능동적 인식자와 직접 대조를 이룬다.

실재론 망을 설정해 놓고 나서, 브레이버는 칸트, 헤겔, 니체, (초기와 후기의) 하이데거, 푸코와 데리다가 점차적으로 급진적인 양식에서 이런 다양한 실재론적 논제에 이의를 제기한다고 주장한다. 만일 이것이 옳다면, 실재론에 대한 의견 차이는 그냥 거의 분석-대륙 분열이나 마찬가지일 것이다. 물론, 그런 진보주의적이고 선형적인 대륙 철학사 이해는 명백한 문제들에 직면한다. 메이야수 자신이 브레이버가 강조하는 동향에서 벗어난 (실재론과 물자체 둘 다에 새로운 힘을 불어넣으려고 하는) 하나의 명백한 예외일 뿐만 아니라, 좀 더 비판적으로 말해서 대륙 전통 자체가, 보통은 부분적으로 중첩적일지라도, 다른 유산들을 포함하고 있다. 그리고 분석적 시각에서 대부분의 이런 철학자가 반실재론자로서 가장 잘 생각된다는 것도 아마 참이기는 하겠지만, 대부분의 대륙 철학자들은 이에 반대할 것이다. 대신에 그들은 방법론적으로 이런 문제에 불가지론적(후설)이라거나, 실재론과 관념론의 사잇길을 찾아왔다(하이데거, 메를로-퐁티와 사르트르)거나, 문제 자체가 잘못 제기되어 있다(헤겔 등)고 주장할 것이다. 하지만 잠시 브레이버와 함께 대륙 철학자들이, 2치 원리, 대응으로서의 참, 또는 올바름correctness과 적실성adequation으로서의 참(또는 아마도 좀 덜한 것이기는 하지만, 그런 점에서의 정합성)과 같은 관계된 개념 등, 실재론의 대표적인 대용물에 거의 열중한 것으로 보이지 않는다는 점을 인정하기로 하자. 만일 이런 일반적인 평가가 어느 정도 옳다면, 이것은 대륙 철학자들이 반실재론자들이라는 브레이버의 주장을 타당한 것으로 여겨지게 할 수도 있을 것이다. 그러나 이는, 실재와 참에 대한 그들의 관심이, 분석 철학자들이 이런 표제하에서 관계하는 문제와 쉽게 연결되지 않는다는 점을 보여주는 것으로 여겨질 수도 있을 것이다.

이런 쟁점은 정확히 중심 문제 중의 하나이다. 분석 철학자와 대륙 철학자가 서로 다른 식으로일지라도 그리고 각자의 작업에 무지하다 할지라도, 같은 문제를 가지고 논쟁하는 것으로 보여질 수 있다고 브레이브가 주장하지만, 실제로 대륙 철학자들은 일관되게 거의 참에 관해 이야기하지 않는다. 분석적 관심이 모인 전체 성단은 부재한다. 푸코가 자신의 지적인 전통에 대해 말하는 것처럼, "20세기에 참의 문제를 제기해왔던 (…) 사람들은 많지 않았었다. (…) 겨우 하이데거와 라캉이 있을 뿐이다."(2005: 189) 최근에는 포스트 구조주의에서 평가 절하되고 있다고 생각되는 것에 반대해서, 철학의 탁월한 관심으로서 '참'에로의 귀환을 요구한 것으로 유명한 바디우는, 대응으로서의 참이라는 개념을 조롱하고, 그 어떤 진지한 철학자도 그런 견해를 받아들인 적이 없다는 점을 시사한다. 분명히 그는 분석 철학을 많이 읽지는 못했다. (그리고 그의 철학사 해석도 상당히 제멋대로이다.) 그러나 이와 같은 논평은 두 전통이 다루고 있는 것이 같은 문제가 아니라는 생각을 더 뒷받침해준다. 즉, 이런 넓은 영역에서 분석적 관심과 대륙적 관심을 비교할 쉬운 방법이 없다는 것이다.

이는 바디우(2001: 70)가 (라캉을 따르면서, 그러나 그렇지 않을 경우에는 우상 파괴적으로) 진리의 성격을, 수용된 정당화 과정 등을 포함하는 지식에 홈을 내는 것으로서 묘사하는 것을 언급하지 않더라도 그러하다. 실제로 브레이버도 라캉의 작업에 거의 주의를 기울이지 않는다. '증상의 논리logic of symptoms'가 '진실성의 윤리학ethics of truthfulness'보다 더 중요하다는 라캉의 정신 분석적 제안을 들뢰즈와 데리다가 다른 식으로 지지한다는 것을 우리가 생각할 때, 그리고 바디우도 라캉에게 크게 신세 지고 있다는 점을 우리가 생각할 때, 빠진 것이 말하는 것처럼 보인다the omission seems telling. 물론, 이런 점들 어느 것도, 실재론 및 참과 관련한 분석 철학자와 대륙 철학자 간의 대화를 조성하려는 브레이버의 노력을 무효화하지 않는다. 오히려 그것들은, 만일 우리가 그것을 볼 만큼 충분히 보편적이기만 했다면, 이때 발견되기를 기다리는 잠재적인 대화가 있을 것이라는 견해에 의문을 제기한다. 실제로 그런 견해는 기묘하게도 물자체에 대한 실재론적 지지와 같은 것처럼 보이며, 이런 가정은 분명히 역사주의적이고 상대주의적인 존재론에 대한 브레이버 자신의 묘사 및 옹호와 쉽게 일치하지 않는다. 또 그것은 우리의 선험적 추리 고찰에서 드러났던 칸트적인 유산에 대한 다른 분석적이고 대륙적인 반응을 무시하는 것처럼 보인다. 이런 문제들을 추적하면서, 우리는 이번 장에서 대륙 전통의 대표자로서 하이데거와 푸코에 초점을 맞춘다. 왜냐하면 참(그리고 실재론)에 대한 그들의 설명이 모두 큰 영향력을 발휘해왔고, 또 그들은 대륙적 작업을 반실재론적이라고 해석하는 데 수반된 몇몇 해석적 어려움들을 이해하기 쉽게 해주기 때문이다. 그런 후 우리는 현상학과 관련한 실재론과 반실재론 문제 및 메이야수의 '상관주의' 비판으로 돌아갈 것이다. 어떤 면에서 이것은 분석적인 실재론적 입장과 밀접하게 관계되어 있는 것처럼 보이지만, 그러나 메이야수의 우려들이 대륙 전통 내에서 근본적으로 새로운 것으로서 나타나고 있으면서도 수용되고 있다는 사실 또한 거의 틀림없이 '분열'이 만연해 있음을 보여주는 또 다른 지표이다.

하이데거와 메를로-퐁티: 존재 망각으로서의 실재론

하이데거에 따르면, 눈앞에 있는 것present-at-hand(우리와 독립적으로 앞에 나타나 있고 우리가 중립적으로 관찰하는 것)을 도구적인 것ready-to-hand(우리 고유의 목적과 관계해서 사용되고, 문화적으로 젖어 있는 환경 안에 또는 소위 하이데거의 '도구 전체성equipmental totality' 안에 존재하는 덕분에 의미 있는 것)보다 더 실재적이라고 해석하려는 경향이 있다. 하이데거가 분명하게 눈앞에 있는 것만이 실재적이거나 가장 실재적이라는 가정을 부정하기는 하지만, 『존재와 시간』을 그저 이 점을 말하고 있는 것으로 이해하는 데에는 몇 가지 어려운 해석적 문제들이 있다. 특히 눈앞에 있는 실재가 실제로 현존재Dasein에 의존한다는 독특한 반실재론적인 입장을 하이데거가 수용하고 있는지, 또는 그가 그런 존재자들entities에 대한 존재적(경험적) 실재론자인지는 전혀 분명하지 않다. 사물들이 다만 현존재를 위해서for 눈앞에 있을 (또는 그 자체를 독립적인 것으로 보여줄) 뿐이기 때문에, 하이데거가 눈-앞에-있는-대상에 관한 진정한 실재론자라고 브레이버는 생각하지 않지만, 일부 다른 철학자들은 이런 입장을 받아들인다. 예를 들어 테일러 카르맨은 다음과 같이 주장한다.

> 존재는 (…) 존재자entity를 존재자로서 이해할 수 있음intelligibility이라는 현존재의 이해와 불가분적인 관계를 맺고 있지만, 그러나 단연코 그것은 현존재에 의해 생겨나는 존재자가 아니다. 현존재 없이는 아무 존재도 '존재하지' 않을 것인데, 이는 존재에 대한 아무 이해도 없을 것임을 말하는 것으로, 따라서 존재자들이 있다는 것과 존재자들이 무엇인지는 전혀 이해할 수 없는 것이 될 것이다. (…) 존재자들이 우리와 독립적으로 존재한다고 말하는 것은, 존재나 현존 같은 어떤 것의 존재나 현존을 주장하는 것이 아니다. 마치 그것도 일종의 존재자

였던 것처럼, 즉 존재자들 자체와 나란히 있거나 존재자들에 덧붙여 있는 그 무엇인 것처럼 말이다. 그렇다면, 존재가 우리의 존재 이해에만 있을지라도, 현재 일어나고 있는occurrent 존재자들이 우리 및 우리의 이해와 독립적이라고 말하는 것은 모순이 되지 않는다. (2002: 202~203)

카르맨의 입장이 드문 것은 아니다. 상당히 많은 학술 연구scholarship가 하이데거의 실재론을 주장한다. 그러나 거부할 수 없는 것처럼 보이는 것은, 하이데거가 소위 환원적인 형이상학적 실재론reductive metaphysical realism에 관심을 가지고 그것에 반대한다는 점이다. 이것은 존재Being의 문제(대략 말해서 대상 현전의 가능 조건)를 특수한 존재자에 관한 우리 주장 간의 대응과 관계하는 문제로 환원시켜 버리는, 대상의 현존에 관한 실재론이다.

몇몇 유사한 관심이 메를로-퐁티의 작업에서도 나타난다. 그가 실제로 몸과 세계 양자에 대한 일종의 실재론을 수용하고 있다는 주장이 있을 수도 있지만, 반대로 그의 고유한 주장은 형이상학적 실재론이 얼마만큼이나 철학적으로 위험한 영역인지를 강조한다. 소박 실재론자가 세계 속에서 우리와 독립적으로 존재하는 사물로 수용하는 것은 우리로 하여금 『지각의 현상학』에서의 소위 그의 '경험 오류experience error'를 저지르게 하는 경향이 있는데, 이는 지각을 지각된 사물로 생각하는 것을 말한다. 이것은 과학과 '객관적 사고'로 알려진 대상이 소급적으로 대상에 대한 최초의 지각 쪽으로 돌아가 해석되는read back on to 오류이다. 예를 들어 메를로-퐁티는 기꺼이, 뮐러-라이어 착시라는 우리의 지각적 경험이 우리가 생각하는 것보다 더 모호하다고 말한다. 즉, 두 선에 대한 우리의 최초의 현상학적 경험은 두 선을 같지도 않고 같지 않은 것도 아닌 것으로 우리에게 제공한다고 그는 주장한다.(2002: 6)

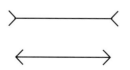

누군가가 우리에게 말해주거나 우리가 자를 사용해서 알게 되는, 이것이 착시라는 우리의 객관적 지식은 회고적으로 최초의 지각으로 되돌아가 재해석된다. 따라서 우리는, 이 도표가 같지 않은 선을 갖고 있는 것으로 우리가 지각했다고 생각하려 하지만, 그러나 우리의 '로서 보고 있음seeing as'에 관한 이 회상recollection은 현상학적으로 정확하지 않다. 따라서 메를로-퐁티에게 2치bivalence는 지각적 질서order의 특징이 아니다.

몇몇 동류의 문제가 하이데거의 진리관과 관련하여 불쑥 나타난다. 바디우처럼, 때때로 하이데거는 대응으로서의 참 개념이 수천 년간 아무 진척도 보지 못했다고 말하면서 그 개념을 비웃는다. 그의 후기 저작에서는 alētheia진리라는 희랍어 개념이 핵심 역할을 한다. 존 살리스가 표현하는 것처럼,

> 『존재와 시간』의 현상학적 분석들은 결국 참을 재규정하기에 이르는데, 이 재규정은 참을 형이상학적으로 현상과, 참된 세계를 현상 세계와 대립시키는 것이 아니라 오히려 그 대립을 바꾸어놓는 것, 즉 바로 자기-공개 처소site of self-showing의 개방/개방성으로서의 참으로 재규정하는 것이다. 하이데거가 탈은폐alētheia로서의 진리와 올바름correctness으로서의 진리 간의 구분을 고집하는 이유는 정확히 이런 전위displacement를 강행하기 위해서이다. (브레이버, 2007: 199에서 인용)

하이데거 자신의 말로는,

> '올바름'으로서의 진리는 '탈은폐unconcealedness'라는 의미에서의 진리와 본질적으로 같은 것이 아니다. 올바름과 그름, 타당성과 부당성이라는 대립은 (…) 무엇보다도 근대 사유에서 진리의 대립적인 본질들을 아주 잘 규명해줄 수도 있을 것이다. 그러나 그것은 희랍인들이 사유했던 것으로서의 '탈은폐'의 가능한 대립물에 관해 전혀 아무것도 해결해

주지 못한다. (…) 우리도 오랜 세월 동안 당연한 것으로 여겨온 참과 거짓 간의 대립이라는 편견을 무비판적으로 지니고 있다. (1998a: 26~27)

alētheia에 대한 희랍인의 이해에서는, 개시/은폐revealing/concealing라는 과정이 있으며, 그것들은 그저 대립적인 것만은 아니다. 모든 개시는 은폐도 포함하며, 그 역도 마찬가지이다. 그러나 올바름과 그름은 좀 더 융통성 없이 대립되어 있다. 하지만 하이데거는 그것들이 존재론적으로 alētheia 에서 파생된 것이라고 말한다.

푸코의 진리와 지식

푸코는 자기가 지속적으로 진리에 매료되어 있다는 것을 다음과 같은 식으로 간명하게 요약한다. "나의 일반적인 주제는 사회에 있지 않고, 참과 거짓으로 된 담론에 있다. 내게 이 담론은 영역과 대상의 상관적인 형성물임을, 그리고 그것들과 관련된 검증 가능한, 반증 가능한 담론임을 의미한다."(1996: 295) 브레이버의 해석에서, 푸코식의 계보학과 고고학은 실재론적인 환상을 떨쳐버리려는 것이다. "『말과 사물』은 사물이 이런 인식적 변화의 시대에서 알려지는 방식에 따라 변화한다고 주장한다."(브레이버, 2007: 358) 만일 이게 사실이라면, 기존의 에피스테메epistēmē 또는 권력-지식 관계 내에서 참이라고 수용된 것을 벗어나서는, 참의 어떠한 본질도, 참된 주장에 대응하는 그 어떤 실재도 있을 수 없을 것이다. 약간 쿤과 비슷한 식으로, 푸코(1972: 224)는 멘델이 우리의 관점에서 (영원하지 않은) 참을 이야기했다고 말할 수도 있지만, 그는 자기 시대의 생물학적 담론에서 '참된 것 안에within the true' 있지 못했다. 그저 다르게 해석될 뿐 실제로 지속하는 사물을 결코 확인할 수 없을 뿐만 아니라, 이것이 지닌 형이상학적 함축은 간단히 말해 실제로 지속하는 사물은 전혀 없다는 것인 듯이 보인다. 분석 철학자들은 그런 견해를 거의 받아들이지 않을 것이다. 왜냐하면 그것은 강한 (즉, 명백히 수용적인) 형태의 상대주의나 구성주의를 만들어내는 것처럼 보이기 때문이다.

그러나 푸코는 실재론적 문제를 그저 인식적으로 가정되어서는 안되는 문제로 생각하는가, 아니면 어떤 의미에서 그릇된 것이라고 생각하는가? 문학에서 이에 대한 중요한 논쟁이 있다. 종종 참의 정당화는 푸코에게 추론적으로만 일어날 수 있을 뿐이지만, 푸코가 그냥 — 고의적으로 — 부정한, 인식적 역할을 하는 우리 경험에 충격을 주는, 외면할 수 없는 실재가 있다고 주장되고 있다. 참 자체도 푸코에게는 인식적인 것으로 보인다. 그러나 이것은 분석 철학자가 거의 받아들이지 않는 입장일 것이다. 현재 이런 몇몇 모호함은 푸코가 참의 다른 의미 사이에서 유동하고 있기 때문에 생긴 것이다. 아마도 C. G. 프라도(2005)에 따르면, 거기에는 다음과 같은 것을 포함하여 다섯 가지의 의미가 있다. 구성주의적 이해(진리는 권력관계의 산물이다), 기준에 따른 이해(진리는 특수한 담론에 상대적이다), 경험적인 또는 공개적인parrhesic 개념(어떤 기존의 권력 배열을 전복시키는 진리 경험들), 그리고 초관점주의적meta-perspectivist 개념(이런 진리 개념들을 화해시킬 아무 방법도 없다는 것이다). 비록 그것들이 푸코 작업의 이런 차원을 다르게 해석하고 있을지라도, 브레이버의 반실재론적 해석과는 반대로, 실제로 푸코 작업에 실재론적 차원이 있다고 토드 메이와 프라도가 주장한다는 것도 주목할 만한 가치가 있다. 하이데거의 경우에서 그랬듯이, '실재론 망'과 관련하여 푸코의 자리를 정하기는 정말 어렵다.

대륙 철학에서의 별-생산과 성-생산

『유한성 이후』에서 메이야수는 많은 대륙 철학자들이 (그들 유산이 대략 어느 정도 칸트적이고 헤겔적인 것에 의존하는지에 따라) 약한 정도에서든 강한 정도에서든 '상관주의자들corelationist'이며, 따라서 인간 주체보다 먼저 발생했던 (물리학, 생물학 등을 포함하여) '시원-화석arche-fossils'과 관련한 조상 주장의 진실성을 적절하게 설명할 수 없다고 주장한다. 이 결과는 과거가 현재의 지식으로서, 또는 지금 우리를 위한 과거의 지식으로서 우리에게 쓰일 뿐이라는 주장에 대한 대륙적인 수용 때문에 얻은 것이다. 그들은 (현재 있는 것만이 실재한다는) 일종의 현재주의자presentists, 심지어는 아마도 검증주의자들이며, 그 때문에 인간 경험 이전의 사건들이 실재하는지의 물음에 네,라고도 말하고, 아니오,라고도 말하게 된다. 메이야수는 이런 묘사가 현상학자들에게도 유효하다고 생각한다. 그러나 그것은 우리가 막 보아왔듯이, "영역과 대상의 상관적인 형성에, 그리고 그것과 관련된 검증 가능한, 반증 가능한 담론에 관심이 있는"(푸코, 1996: 295, 강조 첨가) 푸코의 입장에도 적용될지 모른다. 그리고 메이야수는 푸코에게서 하나의 인식적 문제를 본 점에서 분명히 옳다. 푸코를 놓고 우리는 멘델의 이론이 지금 우리에게 참이라고 말하는 것을 떠나서, 그 이론이 어떤 영원한 사실과 대응한다고 주장할 수 없다. 실제로 푸코 자신은 자기 책 『성의 역사』에 대한 있을 수 있는 항변을 짧게 고찰한다. 즉, 그는 어떤 기존의 '성sex'없는 성별sexuality의 역사를 제시하고 있으며, 따라서 한 형태의 관념론을 제시하고 있다는 것이다. 그러나 그에게 하나의 생물학, 적나라한 성, 근원적인 경험이 있어야 한다는 주장은 칸트적인 본체계에 대한 형이상학적인 투자인 것처럼 보이며, 따라서 오히려 사변적인 것처럼 보인다.

이와 같은 문제들은 20세기 중반 대륙 철학에 대한 분석적 수용에서 중요한 역할을 했다. 관련된 모든 이에 따르면, 루아요몽 회합은 무언가 실패한 회의였는데, 1951년의 몇몇 핵심 참가자들 사이에서는, 이후의 지적인 교류 모임이 없을 것임을 미리 보여주는 흥미 있는 철학적 모임이 있었다. 조르주 바타유가 이야기하는 것에 따르면,

어쩌다가 나는 늦은 밤에 A. J. 에이어를 만났고, 우리는 상호 관심사를 두고 새벽 3시까지 계속 이야기를 나누었다. 메를로-퐁티와 암브로시노도 참석했었다. (⋯) 끝으로 우리는 다음과 같은 이상한 문제를 가지고 토론하기 시작했다. 에이어는 사람들이 존재하기 전에 태양이 있었다고 하는 아주 간단한 명제를 이야기했다. 그리고 그는 그것을 의심할 아무 이유도 알지 못했다. 메를로-퐁티, 암브로시노 그리고 나는 이 명제에 동의하지 않았다. 그리고 암브로시노는 태양은 세계에 앞서서 확실히 존재하지 않았다고 말했다. 나로서는 어떻게 사람들이 그렇게 말할 수 있는지를 모르겠다. 이 명제는 멀쩡한 진술이 총체적으로 무의미하게 될 수 있다는 것을 보여주는 그런 것이다. (⋯) 나는 어제의 대화가 충격적인 결과를 낳았다고 말하지 않을 수 없다. 프랑스 철학자와 영국 철학자 사이에는, 프랑스 철학자와 독일 철학자 사이에서는 찾아볼 수 없는 일종의 심연이 존재한다. (2004: 112)

대륙 철학과 영미권 국가 철학 사이의 심연에 대한 바타유의 평가를 논의하려고 하지 않고도, 분석 철학 내에서도 몇몇 유사한 논의가 있다는 점을 우리는 언급할 수도 있을 것이다. 아마도 그중에서 가장 두드러진 것은 굿맨의 작업과 그의 「별-생산star-making」 논문,[4] 그리고 메이야수가 확인한 것과 아주 유사한 일종의 상관주의에 기초해서 과거에 관한 한 형태의 반실재론을 다룬, 「과거의 실재성」에서의 더밋의 고찰이다. 실제로 분석적 관점에서, 그런 경향성들은 경험주의적인 한계 때문에 생겨난다. 논리 실증주의자들 자신이 외부 세계의 현존을 입증하려는 실재론적인 시도에서 어려움에 봉착했다. 왜냐하면 검증주의적 의미 이론은 인식 가능성knowability을 유의미성의 조건으로 삼고 있고, 형이상학적 실재론에

---

4. 논문집 『별 생산: 실재론, 반실재론 그리고 비실재론』(맥코르믹, 1996)에서의 굿맨의 논문들과 굿맨(1978)을 보라.

대한 어떤 임의의 진술은 실제로 검증하기 어렵기 때문이다. 하지만 일단 보기에 우리는, 에이어의 명제를 마주했을 때의 바타유의 곤혹스러움, 메를로-퐁티가 명백히 그 명제를 평가하기를 꺼렸다는 것 그리고 대륙 철학의 후-칸트적 전통의 성격에 대한 메이야수의 비판적인 묘사에 의거해서, 대륙 철학을 관념론적인 것으로서 일축하고 싶을지도 모른다. 그러나 굿맨, 푸코, 바타유, 메를로-퐁티(그리고 이 문제가 "텍스트 밖에는 아무것도 없다."는 그의 유명한 명제의 맥락에서 불거지는 경우의 데리다)가 정말 과학을 이해하지 못하고 있다고 할 수 있는가? 비록 그들이 관련 과학(이 경우에도 상식적으로 기술된)을 이해하고 있을지라도, 그들 철학은 그들에게 인간 이전에 있는 별과 태양을 적절하게 설명할 수 없게 만드는 입장(관념론적 입장들)에 빠지게 한다는 메이야수의 비난이 더 그럴듯할 것이다.

물론, 있을 수 있는 많은 항변이 있다. 하이데거의 언어로 우리는 브레이버가 말하듯이 "분명히 우리는 그런 멀리 떨어져서 빛나는 사물을 물리적으로 구성한다는 의미에서 별을 만들지 않았다. 그러나 존재론적으로 우리는 우리가 경험하는 사물이 그러하듯이 그것이 그것대로의 존재^{Being} 양태를 가지게 하는 일을 맡고 있다."(2007: 195)라고 말할 수도 있을 것이다. 브레이버의 해석에서, 사물 독립성(물자체의 존재)이라는 개념은 인간 없이는 무의미하며, 따라서 우리와 별 사이에 아무런 존재적(경험론적) 의존성은 없지만, 존재론적 의존성은 있는 것이다. 이것이 하이데거를 반실재론자로서 해석하는 것이 옳은지 여부의 문제로 우리를 되돌려 보내지만, 하이데거는 정말로 (그가 그렇게 말한다고 메이야수가 주장하는 것처럼) 인간이 활동하기 전에 별의 현존 및 화석 조상의 실재성 여부의 문제에 대해 그렇다고도 아니라고도 말하는 것처럼 보인다. 문제는 그런 입장을 유지하는 것이 하나의 실수(또는 혼동이나 언어의 오용)인지, 또는 한편으로는 지구의 지질학적 시간 및 물리학자의 시간과, 다른 한편으로는 그것의 다양한 변형태인 체험된 시간^{lived-time} 사이에 이런 종류의 복잡한 답을 요구하는 다른 시간적 질서가 있는지 하는 것이다. 의식에 주어짐venness to consciousness 이전에 (실제로 어쩌면 주어짐 자체의 경험 조건) 시간을 생각하기 위해서 요구되는 자원들(특히 과학을 통해서 그러나 오로지 과학을 통해서만은 아닌)을 우리가 가진다고 주장하는 데, 메이야수와 여러 분석 철학자가 옳다는 것은 분명해 보인다. 우리는 17장에서 시간에 대한 현상학적 논의가 지닌 이런 통찰의 양립 가능성 여부를 탐구할 것이다.

당분간 우리는 현상학자들이 일반적으로 그런 형이상학적 문제를 괄호 치려고 하고, 대신 현상에 집중한다는 것을 다시 확인한다. 메를로-퐁티가 말하듯이, "그러므로 우리는, 우리가 실제로 세계를 지각하는지를 궁금해해서는 안 되고, 대신에 세계는 우리가 지각하는 것이라고 말해야 한다."(2002: xvi) 물론, 분석 철학자들은 늘 그렇듯이 융합에 반대한다. 즉, 세계(또는 존재)와 그 세계(또는 존재)의 지각은 오류가 불가능할 것이라는 조건에서, 그냥 구분된다. 11장에서 메를로-퐁티와 그 밖의 현상학자들이 완고incorrigibility하다는 비난을 피할 수 있을 것처럼 보인다는 점을 우리가 언급했음에도 불구하고, 이런 부류의 관심이 대륙 전통에는 덜 있다는 것은 분명하다. 실제로, 그것은 누군가에 의해서 하나의 인식적 가능성으로서 부인된다. 브레이버에게 그런 고집은 반실재론을 시사하는 것이지만, 그러나 문제는 거의 틀림없이 그렇게 단순하지 않다. 즉, 이것은 표상representation 개념에 대한 각 전통의 다른 태도가 문제되는 지점 중의 하나이다. 현상학자들은 유기체와 환경 사이에 표상과 같은 매개물 없이 그냥 작동하는 일종의 직접적 실재론을 지지하는 것으로 (형이상학적인 명부에서) 손쉽게 해석될 수 있다. 이런 양 선택지 — 반실재론적 해석과 직접 실재론적인 해석 — 는 모두 어느 정도 그럴듯하다. 우리는 이런 이중 가능성의 현존이, 현상학적 기획의 핵심에서 모순이나 명료성의 결여를 반영하고 있다고 주장할 수도 있거나, 또는 실재론적 선택들인 분석적 망matrix이, (종종 계발적임에도 불구하고) 문제의 철학자들에 대한 이상한 그림들을 보여주지 않고는, 그리고 이와 같이 일어나는 범주화 문제없이는, 대륙 철학자들의 작업에 포개질 수 없다는 것을 그것이 보여준다고 결론지을 수도 있을 것이다. 유사한 문제들이 분석 철학 내에서도 일어나지만, 그러나 범주화 전망은, 대륙 전통과 관련하여 그런 것만큼 난처하거나 복잡하지 않다. 대륙 전통에서도 칸트로부터 이런 용어들을 같이 물려받았다는 것이 그것들에 대한 실질적인 재설정substantial reconfiguring을 수반하긴 했지만 말이다. 이로써, 우리는 철학자들이 대륙 철학을 뚜렷하게 반실재론에 귀속시키는 것에 조심해야 한다고 생각한다.

제17장

시간
— 의견 충돌

1980년대 후반에, 미국의 경제학자 제레미 리프킨은 "시간 정치학politics of time을 두고 하나의 전쟁이 일어나려고 한다"라고 주장하였다.[1] 왜냐하면 그는 21세기의 중추적인 쟁점이 시간이고 누가 시간을 통제했는지의 문제일 것이라고 느꼈기 때문이다. 우리는 시간 정치학(그리고 시간의 형이상학)에 관한 전쟁도 분석 철학과 대륙 철학 간 차이의 성패를 가름하는 주요 부분이라고 생각한다. 아주 다른 시간 철학과 그와 연관된 방법론적 기법이 이런 각 그룹의 대표자들을 정의하기 위해 쓰이며, 또한 그들의 잠재적인 대화 상대자들을 경계하기 위해 이용된다. 이 점을 보여주기 위해서, 20세기 초 드문드문 있는 시간 철학사를 제시하기로 하자. 이 시기는 철학하는 두 방법 간의 '분열'이라는 개념이 굳어져 가기 시작했던 때이다.

20세기 초에, 시간이라는 철학적 의제는 특히 맥타겟, 러셀, 후설과 베르그손의 작업에 의해 설정되었다. 동시에 물론 물리학은 시간과 공간

---

1. 이번 장은 잭 레이놀즈에 의해 출판된 여러 논문들을 결합시키고 발전시킨다. 레이놀즈 (2009a,b; 2010a)를 보라.

이해에서 하나의 혁명을 겪었고, 시간에 대한 철학적 설명도 이 주제에 대한 전통적인 철학적 문헌(논리 실증주의자 중에서 카르납과 라이헨바흐, 그리고 하이데거의 영향력 있는 저작이 이 시기에 있다)과 대결할 뿐만 아니라, 물리학과 대결하지 않으면 안 되었다. 상대성 이론에 관한 아인슈타인의 1905년 논문 자체가 은연중에 하나의 철학적 목적을 가지고 시작한다. 흄과 마흐의 한 후계자로서, 아인슈타인은 절대적 동시성simultaneity이라는 개념의 경험적 적절성에 회의적이며, 그는 그 대신에 동시화synchronization에 대한 본질적으로 규약적인 — 그러나 경험적으로 훌륭한 — 설명을 제안한다. 이것은 (모든 관성적 좌표계 전체에 걸친 불변적인 물리 법칙 형식 및 모든 관성적 관찰자에게 불변적인 빛의 속도에 관한) 또 다른 공준과 더불어, 즉시 시간, 공간 및 속도의 상호 관계에 관한 명백히 반직관적인 결과들을 일으킨다. 예컨대, 만일 A가 빛의 속도로 가깝게 여행을 떠났다가 남아 있었던 쌍둥이 B에게 돌아온다면, 이때 이 쌍둥이의 주관적 나이가 달라졌다는 것을 알게 될 것이다. 그리하여 상대성 이론은 객관적 시간이라는 개념을 의문시하는 것으로 생각될 수도 있다. 그러나 또 다른 발전('민코프스키 시-공'에 의한 아인슈타인 이론의 4차원적 이해)이 그림을 복잡하게 만든다. 우리는 시간과 공간을 분리할 수 있는 것이라기보다는, 4차원으로 된 단일한 시공 다양체로 생각해야 한다. 여기서 시간은 1차원의 부분-공간sub-space이고, 그 변화transition는 순전히 공간적이지도 시간적이지도 않고, 오히려 변화도에 따라 '공간-유사적space-like'이거나 '시간-유사적time-like'이다. 그런 입장은 헤르만 민코프스키가 다음과 같은 모델을 제안하면서 분명히 했던 것처럼, 우리 시공 이해의 근본적인 변화를 수반한다. "이후부터 공간 자체와 시간 자체는 한낱 그림자 속으로 사라질 운명에 처해 있으며, 오로지 이 둘에 대한 일종의 결합만이 하나의 독립적인 실재를 유지할 것이다."(1952: 75) 분명히 그런 견해는 '지금now'에 아무런 특별한 지위도 부여하지 않는다. 아나나 다를까, 이런 발전에 의해 영향을 받은 철학자들은 따라서 일반적으로,

(과거나 미래가 아닌) 현재만이 존재론적으로 실재한다는 주장인 현재주의 presentism를 거부한다.[2] 실제로, 물리학에서의 4차원주의는, '지금'('즉각적인 현재')에 대한 우리의 경험과 시간적 생성 개념이 한낱 주관적으로 어쩔 수 없는 환상임을 의미하는 것으로 통상 수용되고 있다. 이것은 상식적인 시간 개념과 우리의 일상적인 시간 경험 둘 다에 큰 도전이 된다.

그러나 이런 문제에 대한 분석적 논의는, 세부적인 면이라기보다는 구조적인 면에서 일지라도, J. M. E. 맥타겟의 작업에 의해서도 크게 영향을 받았다.(맥타겟, 1993을 보라) 맥타겟은 초기 분석적 운동이 거부했던 영국 관념론의 일원이었다. 비록 그 자신은 예전 제자인 러셀과 무어와 친밀한 관계를 유지했을지라도 말이다. 더구나 그의 1908년 논문 「시간의 비실재성」(또는 적어도 A-계열의 비정합성과 관련된 부분)에 대한 실제적인 논증은 기껏해야 분석 철학 내에서 드문드문 지지받았다. 간단히 말해서, 맥타겟은 시간 속의 사건이 배열될 수 있는 두 가지 방법을 구분한다. A-계열은, 어떤 사건이 미래에 있다가 현재로 온 후, 과거로 그리고 심지어 더 먼 과거로 이동하는 그런 시간과 관련하여, 대략 현상학자의 소위 자연적 태도에 상당하는 심리적인 연속 경험에 해당한다. 이런 모든 시간 지시designation는 특정한 '현재present'에 상대적인데, 이 현재로부터 어떤 사건은 미래에 있고 다른 사건은 과거에 있는 것으로 보여진다. 이를 다른 식으로 표현하자면, A-계열에서 시간 속 사건들은 그 사건들이 이틀 앞 미래, 현재, 하루 뒤 과거 등과 같은 속성들을 가짐에 따라서 배열될 수 있다. 하지만 시간 속 사건들은, 한 사건이 다른 사건보다 이틀 일찍 있음, 다른 사건보다 하루 일찍 있음, 다른 사건과 동시적으로 있음, 다른 사건보다 하루 늦게 있음 등의 식으로 관계적으로도 배열될

2. 그것은 현재도 과거도 둘 다 실재한다고 주장하는 '성장 우주(growing universe)'론(현재 있는 것들이 과거가 됨에 따라 실재하는 존재물의 목록도 필연적으로 증가한다는 생각에서 유래하는 명칭)에 이의를 제기하지만, 여기서 우리는 이런 입장을 고찰할 수 없다.

수 있다. 이런 B-계열의 시간— 이전, 동시, 이후— 은 사건 간의 영원한 관계를 유지하는 하나의 구조를 포함한다.[3] 시간에 관한 분석적 작업은, 각각 A-계열과 B-계열 속성이나 관계를 기본적인primitive 것으로 삼는 두 관점— 현재주의와 영원주의eternalism— 을 대립시킨다는 점에서, 대체로 이런 구분을 받아들였다. 이런 주장은 다른 식으로 표현될 수 있다. 예컨대, 진정한 시간적 특징은 시간 간의 관계라고 주장하는 'B 이론가'는, 모든 시제 진술이 의미의 손실 없이 B-계열 언어로 번역될 수 있다고 주장할 필요가 없다. 많은 분석 철학자들은 현대 물리학의 결과가 영원주의 입장을 후원한다고 주장하고 있다. 따라서 A-계열의 지지자들은 현대 물리학에 관한 이 주장에 이의를 제기하지 않을 수 없거나, 또는 만일 그것이 참이라면, 현대 물리학은 시간과 시간 연속의 성격에 관한 근본적인 무언가를 무시한다고 주장할 수밖에 없을 것이다. 이 후자의 접근법은 분석 철학에서 덜 상식적임에도 불구하고, 앞으로 보겠지만 대부분의 대륙 철학자들이 명시적으로나 묵시적으로 수용하고 있는 입장인 것처럼 보인다.

대륙의 '시간적 전환temporal turn'은 물리학에서의 아인슈타인의 혁명과 동시에 그 '대전환점tipping point'에 도달했지만, 아주 독립적으로 진행되었다. '지금'에 부여된 어떤 존재론적 특권 및 순간 연속에 기초한 어떤 시간 개념에 반대하는 논증들도 이런 철학자들에 의해 제시되었지만, 그들의 반성은 다른 방향으로 나아갔다. 베르그손은 (지성보다는 '직관'을 통한) 사유의 고유 매체라고도 할 수 있는 측정 불가능한 체험된lived 시간(지속durée)의 중요성을 강조하며, 결과적으로 우리가 기억에 관해 생각하는 방법을 근본적으로 바꿀 것을 제안한다. 베르그손에게 과거는 소위 그의 잠재적 시간성(지금 있지는 않지만 실재하는)으로 존재하면서,

· ·

3. 맥타겟도 C-계열을 논의하는데, 이 C-계열에서 시간적 사건은 단순히 특별한 방식으로 배치되는 것으로 생각된다. B-계열 배치에서처럼, 맥타겟은 이것이 시간 연속을 허용하지 않는 한 불완전하다고 말한다.

실재적으로 있으며 모든 우리 경험의 일부이다. 그것은 우리가 과거로부터 현재를 거쳐 미래로 간다고 하는, 시계 시간이나 순간 연속 모델이 우리에게 제시하는 선형적 순서로 환원될 수 없다. 실제로, 『물질과 기억』에서 그는 현재와 공존하고 현재를 구성하는 '순수 과거'라는 개념을 언급한다. 이런 견해에서 현재는 과거의 한 차원인 것이지 과거가 현재의 한 차원인 것이 아니다. 대략 같은 시대에, 내적 시간-의식에 대한 후설의 풍성한 분석들은 일련의 점적인punctual '지금' 계기로 이루어진 의식적 생활보다는, 미래와의 관계에서 예상하는 '예지protention'와 과거 '파지retention'의 필수적인 얽힘이 있다는 것을 보여주었다. 그의 관심은 어떤 시간 경험에 대한 비경험적 가능 조건의 한계를 정하는 것뿐만 아니라, 우리의 시간 경험을 기술하는 데 있었다. 대부분의 현상학자에게, 그러니까 시간 흐름의 경험을 가능하게 해주는 것은 예지, 원초적protention 인상 그리고 파지 간의 이런 관계이다. 우리는 예지의 실제 경험을 가질 필요가 없다. 그러나 우리는 예컨대 선율을 듣는 우리의 경험을 정합적으로 설명하기 위해서 그런 특징들을 연역해야 한다. 다시 말해서, 이런 특징들은 무수한 모습의 시간 경험에 대한 선험적 조건이라고 주장되며, 이런 시간-구성적 현상 자체는 역사적으로 일어나는 사건과 같은 방식으로 현재, 과거 또는 미래에서 일어나는 것으로서 확정될 수 없다. 다른 식으로 하이데거도 『존재와 시간』에서 시간이 선험적 의의를 가진다고 주장한다. 현존재에게 있어서도 존재론적으로도, '아직 아님not yet', '도래하는 것to come', 가능한 것과 미래에 하나의 철학적인 우선성이 부여되어야 한다. 이것은 그 뒤의 대륙 '전통', 특히 현상학과 후기 구조주의에 큰 영향을 끼쳤다.

이 초창기 '분열' 시기 동안 일어났던 대화들과 일어나지 않았던 대화들을 생각해보라. 그것은 시간에 대한 형이상학적/베르그손적인 설명과 맥타겟의 입장에 대한 영미권(분석적이고 관념론적인) 논의 간의 실질적인 교전은 아주 적었다는 것을 말해주고 있다. 물론, 우리가 1부에서 간략하게 개략한 러셀과 베르그손 간의 일련의 설전이 있었고, 그들 간의 주요 논쟁점 중의 하나는 시간에 관한 것이었다. 이는 부분적으로 베르그손의 직관 방법을 정당화하는 데 시간이 중심적인 역할을 하기 때문이었다. 제임스 브래들리가 표현하는 것처럼, 베르그손은 "시간의 진정한 성격은 시간의 단편적인 부분에 있는 것이 아니라 그것이 지속으로 주어지고 경험되는 성격에 있다. 시간은 불가분적인, 이질적인 연속체의 모습을 띤 다양한 상태들의 환원 불가능한, 순순하게 질적인, 누적적인 흐름이다." (브래들리, 2003: 441) 시간(또는 바로 그 점에서 생명)을 정량화할 수 있는 품목들로 분할함으로써 이해하려는 시도는 모두 실패할 수밖에 없다. 그것들은 사물들을 그 하부-요소들로 분해하기 위해서 '지성'을 사용하는, 공간화한 추상들이다. 그러나 베르그손에게 시간은 비시간적인 것에 의거해서 환원될 수 없고 분석될 수 없다. 시간의 참된 성격은 물리학자들과 분석 철학자들이 공표한 4차원 다양체에 있는 것이 아니라, 이런 경험적인(그리고 동시에 선험적인) 성격에 있는 것으로 생각되었다. 전자는 후자를 위한 조건이지, 그 반대가 아니다. 아니나 다를까, 러셀은 그런 견해에 적대적이었으며, 물리학과 수학의 작업에 기초하여 베르그손이 고집했던 시간과 공간 간의 질적(그리고 존재론적인) 차이를 받아들이려 하지 않았다. 유사한 근거에서 J. J. C. 스마트, 콰인 그리고 많은 분석 철학자들은 여기와 저기 사이에 아무 존재론적인 차이가 없는 것처럼, 과거, 현재와 미래 사이에 본질상 아무런 객관적인 존재론적 차이도 있을 수 없다고 주장해왔다. 시공간 단위spatiotemporal block를 과거 부분, 현재 부분, 미래 부분으로 나누는 것은 한낱 주관적인 정신적 관점들일 뿐이다. 부분적으로 어떤 유사한 고찰들 (『외부 세계에 대한 우리의 지식』에서 제논의 역설에 대한 러셀의 유명한 분석에서도 나타나는) 때문에, 심지어 러셀은 시간이 '실재의 하찮고 피상적인 특징'(1917a: 21)이었다고 선언하고 싶어 하기까지 했다. 반면에 베르그손에게 시간은 궁극적인 실재, 공간적인 것의 선험적 조건, 변화와 생명의 선험적 조건에 더 가까운 것이다.

경합하는 시간 철학들은 또한 1930년대 초기 하이데거와 카르납 간 논쟁의 배경이 되는 부분이기도 했다. 결국 우리는 존재Being가 존재자가 아니고, 존재의 문제는 시간과 필수적인 관계를 맺고 있다는 점을 하이데거 의 『존재와 시간』이 주장한다는 것을 보아왔다. 카르납, 라이헨바흐 그리 고 다른 논리 실증주의자들은[4] 특별히 시간, 공간과 관련하여 상대성 이론의 철학적 의미에 상당히 관심을 보였다. 카르납은 공리적인 시공 이론을 제시하는 논문을 썼으며, 라이헨바흐는 아인슈타인 물리학의 철학 적 의미에 관해 많은 책을 쓴 유명한 과학 철학자가 되었다. 이 두 사람은(터 키에서 몇 년 지낸 후의 라이헨바흐) 1930년대에 미국의 주요 인물들이 되었고, 거기에서 분석 철학의 흥기에 중요한 역할을 했다. 반면에 하이데 거의 『존재와 시간』은 아인슈타인의 물리학에 대해 거의 아무런 고찰도 하지 못했다. 아인슈타인의 공간-시간space-time이라기보다는 '시-역time-space'을 이야기하는 그의 후기 저작은 (『존재와 시간』에서 좀 더 직접적으로 다루었던 뉴턴 물리학처럼) 아인슈타인의 물리학이 시간을 계속 하나의 공간적 존재자(하나의 사물)처럼 취급한다는 자기의 느낌을 내비친다.

하나의 프로그램으로서의 논리 실증주의가 분석 철학 내에서 대체로 포기되고 만 동안, 이 시기(그리고 더 이르게는 베르그손-러셀 논쟁 시기) 에 분명해졌던 몇몇 중요한 차이가 20세기 내내 반복되어왔다. 가장 눈에 띄는 것을 이야기하자면, 분석적 전통이 시간에 관한 선험적 철학화에 의구심을 품고, 관련 과학의 최선 결과에 강한 하부-문화적인sub-culture 존중을 담고 있는 반면에, 반대로 대다수의 대륙 철학자는 일반적으로 선험적 논증을 사용하고, 비판적으로/창조적으로 (존중 없이) 과학과 관계 를 맺거나 또는 완전히 과학에 무심하다. 베르그손-러셀 논쟁에 대한 케이트 안셀-퍼슨의 요약은, 시간 철학에 있어 이것이 의미하는 바를 잘 포착하고 있다.

---

4. 이것은 라이헨바흐에 대해서는 완전히 만족스러운 용어는 아니다. 라이헨바흐는 자기를 기술할 때 '논리 경험주의자'라는 용어를 선호했다. 그러나 이런 문제들에 대해서 두 용어는 별 차이가 없다.

물리학자는 시간이 아무 독립적인 의미도 갖지 못하는 시-공을 우리에게 준다. 그러나 철학자는 시-공이 실제로는 공간화된 시간spatialised time이지 조금도 시간이 아니라고 주장한다. 그러면 물리학자는 철학자의 시간이 한낱 현상학적이거나 심리적인 것이라고 쏘아붙인다. (2002: 44)

안셀-피어슨의 '물리학자'는 러셀, 카르납, 라이헨바흐 및 수많은 최근의 4차원주의자를 포함하여, 많은 분석 철학자들의 대리인이다. 만일 이런 성격 묘사가 타당하다면, 시간 철학에 관한 논의들이 같은 방향으로 진행될 때조차도, 그것들은 말하자면 위치상 통약 불가능한 철도 위에서 평행을 달리고 있다고 주장하는 것이 그럴듯해 보인다. 예컨대, 하이데거 이래 대륙 철학은 직접성immediacy, 직관들 또는 분리되지 않는 '지금'이라는 가정에 대해 언급하는 것을 경계해왔지만, 그러나 이것은 현재주의에 대한 분석적인 4차원주의적인 비판과는 근본적으로 다른 식으로 수행된다. 하지만 이런 '왜곡된 평행론' 주장조차도 너무 약하다. 시간 문제에 대한 각 전통의 접근법은 추가적으로 상대방에 대한 모종의 거부를 포함한다. 이 지점에서는 소위 리오타르(1989)의 『상충성différend』과 같은 귀신이 분석 철학과 대륙 철학에 들러붙어 있다. 즉, 이는 논쟁을 공정하게 결정지어줄 수 있을 규칙이나 기준(또는 심지어 언어적인 어휘)의 가능성을 허용하지 않는 두 당파 간의 갈등 사례인 것이다.[5] 이것은 부분적으로 다른 방법론적이고 메타 철학적인 충성에 기초하고 있는 것으로 보일 것이다. 대부분의 대륙 철학자에게, 바로 철학함, 질문함, 사유함의 가능성은 우리가 시간과 '주관성'[6] 간의 관계를 고찰해야 할 것을 요구하는

• •

5. 『상충성』은 소위 미란다 플리커(2003)의 해석학적 부정의(hermeneutic injustice)와 상당히 유사한 것처럼 보이는데, 이 어휘는 심지어 기존의 부정의를 진술하는 데에도 쓰일 수 없다.

반면, 분석적 기획은 그냥 이것을 선험적 추리의 일반적 거부의 일환으로서 무시한다. 이런 분열은, 헤겔-맑스주의 철학자들에게서 일어나는 것처럼, 그리고 다른 식으로는 우리가 이제 고찰할 대륙 철학의 후기 구조주의적 모습에서 일어나는 것처럼, 시간에 관한 형이상학적이거나 선험적인 반성이 사회 정치적인 비판과 연결될 때, 강화되기만 할 뿐이다.

시간과 정치학

대부분의 유명한 많은 대륙 철학자들은, 사회 정치적인 문제들을 포함하고 있는, 시간 철학과 규범성 간의 친밀한 관계를 간파하였다. 헤겔, 맑스와 하이데거를 생각해보라. 이들은 모두 시간이 일련의 순간들을 포함한다고 하는, 시계 시간이 조절하고 우리의 통제를 받는 선형적 궤적을 포함한다고 하는, 시간 개념에 이의를 제기해왔다. 실제로, 다른 모든 후기 구조주의 사상가도 때로는 윤리-정치적인 근거에서뿐만 아니라 철학적인 근거에서 이의를 제기하고 있는 것이, 측정에 관한 것으로서의 시간 이해, 따라서 계산, 예측, 산술적 구분 및 궁극적으로 시간-준수time-keeping로서의 이런 시간 이해이다. 이를 놓고 가장 빈번히 제시되는 철학적 이유들은 다양한 형태의 선험적 논증에 의존하는데, 이 논증은 왜 선형적 시계-시간(또는 시계와 같은 순간 계열에 의존하는 이론적인 시간 관념)이 체험된 시간lived time으로부터의 추상인지, 또는 회상될 수 없는 과거의 존재와 예기될 수 없는 미래의 존재에 의존하는지를, 그리고 그것들 없이 왜 비정합적인지를 설명하는 것으로 여겨진다. 방법론적으로 말해서, 대륙 철학 내에서 선험적 논증의 풍성한 사용은 우리가 보았듯이 분석 철학과의 주요 차이점을 이룬다. 그러나 이것을 분석-대륙 분열의 근본적인 메타-철학적인

<hr>

6. 공시성에 초점을 두기 때문에, 구조주의는 그런 '시간적 전환'에 수용되기가 어렵다.

원인으로 보는 것은, (계보학, 해석학, 베르그손의 '직관' 그리고 현상학을 포함해서) 많은 다른 주요 대륙적인 방법도 시간 철학 및 개념들의 역사적 전제에 대한 관심과 밀접한 관계가 있다는 사실을 무시하는 처사일 것이다. 그것들은 모두, 호출되는invoked 이성 개념이 그러하듯이, 우리들의 본질적인 역사성을 전개하고 긍정하는 방법들이다.

좀 더 최근에, 예기anticipation를 거부하는, 따라서 '곧 현재가 될soon to be present'이라고 이해될 수 없는 미래(그리고 사건)에 대한 강조가, 거의 틀림없이 레비나스[7] 및 포스트 구조주의자라고들 하는 주요 사상가들에 의해 모두 공유되고 있다. 데리다와 들뢰즈는 확실히, 그것이 동시에 어떤 '지금'이나 현 순간을 차단하는 면에서 그 의의가 있는, 그리고 사건다운 사건의 가능 조건이 되는 미래 개념을 강조한다. 실제로 이들은 둘 다 햄릿을 소환하기도 하고, 하나의 사건은 그들이 미래상futurity과 관련시키는 방식대로 시간이 '어긋나out of joint' 있을 때만 존재할 수 있다고 주장하기도 한다. 그렇지 않으면, 사건 가능성은 전혀 없고 단지 미리 프로그램된 결과나 결정론적인 결과만이 있을 뿐이다. 그들은 강조되어야 할 것이 어떤 사건의 이런 근본적인 특이성singularity의 측면이라고 주장한다. 이것은 현재의 습관적인 기대에 따라서이거나 또는 우리가 현재 알고 있는 것에 기초한 예측이나 계산에 따라서, 미래가 알려지고 파악되는 것으로 취급되고 마는 그런 시간 개념을 상쇄해준다. 이런 미래관에서는 근본적으로 예측과 계산에 복종할 의무가 없다. 이에 반해, 분석적 인식론은 거의 틀림없이 미래와의 관계에서, 형식적이거나 준-형식적인semi-formal

• •

7. 레비나스의 시간 철학이, 비록 우리가 돌이킬 수 없는 과거를 표상하거나 알 수 없을지라도, 우리로 하여금 책임지지 않을 수 없게 하는 그런 과거를 강조하는 것과 더 흔히 결부되어 생각되고 있기는 하지만, 그는 또한 "베르그손에서부터 사르트르까지 시간에 본질적인 것으로 시인된 미래의 예기(anticipation), 미래의 투사(projection)는, 파악될 수 없는 미래, 우리에게 엄습하고 우리를 거머쥐는 미래인 진짜 미래가 아니라, 미래의 현재일 뿐이다. 타자는 미래이다."(1987: 76-77)라고 제안한다. 이것은 안토니오 네그리 저작의 한 핵심 관점이기도 하다. 네그리(2005)를 보라.

귀납적 절차의 명확한 표현articulation과 옹호에서 (가장 명백한 것으로서는, 직접 예측을 목표로 하는 확률론, 결단 이론에서의 베이지언주의 등의 사용에서) 계산 모델을 지지하거나 계산 모델에 자리를 양보한다. 아마도 기본적인 분석적 사고 실험에 내재하는 유사한 접근 방법이 있을 것이다. 거기에서는 통상 하나의 상황을 과거 없이 명시한다.

우리가 미래를 예측하는 일을 피할 수 없으며, 책임지기를 바라는 (즉, 우리가 준비해야 하는) 어떤 결정을 위해서 미래 결과를 예측하고 계산하려고 해야 한다고 생각하지만, 데리다의 작업은 이런 종류의 미래와의 관계에 전적으로 집착하는 것은 위험할 수 있다는 것을 시사한다. 만일 미래와의 그런 계산 관계가 특정 환경에서 지배적이 된다면, 그것은 파시즘과 공산주의의 절대주의적인 폭력을 초래할 수 있을 것이다. 덜 극적으로 그리고 좀 더 빈번히, 그것은 아무도 죽지는 않지만 그럼에도 불구하고 개념적인 폭력과 상호 개인적인interpersonal 폭력이 발생하는, 일상생활의 작은 파시즘을 초래할 수 있다. 이것은 데리다가 미래를 명명하지name 않을 것이라는 점을 의미한다. 대신에 민주주의와 정의는 '도래할to come' 것으로, 그리고 현 상황에서 결코 실현될 수 없을 것으로 이해되어야 한다. 그가 언급하는 이런 미래적 시간 차원은 현재에 결코 완전히 도래하지 않은 채 현재의 시간에 간섭해서 현재를 비집어 연다고 한다. 유사한 곤경이 우리와 과거와의 관계를 괴롭힌다. 우리는 과거에 유폐되어 있는 자족적인 현재를 획득할 수 없다. 그런데도 이 과거는 우리 이전에 있을 수 없으며, 전체적으로in its totality 인식될 수 없다. 이를 다른 식으로 표현하자면, 우리의 현재에 미치는 과거의 영향은, 어떤 정신 분석학자들이 이야기하는 것임에도 불구하고, 대부분 특정할 수 없다. 하지만 그들은 그런 영향이 스며들어 있다고 보는 점에서 옳다. 레비나스로부터 차용하면서, 데리다는 '윤리적 과거ethical past'와 유사한 중요한 무언가가 있다고 주장한다. 이는 태곳적부터 있지만 그럼에도 불구하고 흔적의 모습으로 존재하는 역사의 무게 속에 잠겨져 있는 것이다. 이 윤리적 과거는 표상되거나 소환될 수 없는 것이어서, 우리는 전체적으로 그것에 대한 책임을 떠맡을 수 없으며, 따라서 묘책은 과거를 우리가 되돌아갈 수도 있는 하나의 기원으로서 보지 않는 것이다.

『의미의 논리』에서의 크로노스Chronos와 아이온Aion의 시간을 분석하면서, 들뢰즈는 몇몇 밀접하게 연관된 주장을 펼친다. 그는 자기가 각각 현재의 시간time of present, 과거와 미래의 시간이라고도 부르는 시간의 두 다른 측면을 기술하는데, 전자에서 과거와 미래는 현재로 수축되는 현재의 차원들일 뿐이고, 후자에서 현재는 과거와 미래의 한 차원일 뿐이다. 크로노스는 베르그손의 지속durée과 유사한 불가분적인 현재로, 모든 과거와 미래 사건이 종합화되는, 실제 사건들의 시간으로 묘사된다. 아우구스티누스 및 현대 분석적인 형이상학적 현재주의자의 것과 유사한 이런 견해에서, 실재는 결코 현실적actual이지 않은 것에 속하는 것으로 생각될 수 없지만, 그러나 그런 현재주의자들과는 달리, 현재는 여전히 확장되고 과거와 미래 차원을 가진다. 하지만 들뢰즈에게 있어, 아이온의 시간은 동등하게 실재하며, 사실상 아무 현재도 없게끔 어떤 임의의 현재가 항상 과거와 미래로 분열되는 파열적인 순간으로 묘사된다. 이런 견해에서는 과거와 미래만이 진정 시간으로 있으며, 따라서 들뢰즈는 아이온을 영원한 것의 시간 그리고 순수 사건의 시간이라고 부른다. 『의미의 논리』에서, 루이스 캐럴의 앨리스 책들의 전도는 시간의 이런 두 번째 차원인 아이온에 대한 모종의 암시를 우리에게 보여주며, 그것들은 또한 이런 시간 순서가 무의미와 연결된다는 것을 설명하는 데 도움을 준다. 들뢰즈가 생각하기에 우리들의 세계이기도 한 캐럴의 세계에서, 등장인물들은 잘못된 짓을 저지르기도 전에 처벌되거나, 찔리기도 전에 울음을 터뜨린다. 여기서 물론 그런 행동에 대한 경험적 설명이 있을 수도 있겠지만, 그러나 들뢰즈에게 이런 것들은 크로노스이면서도 아이온인 실재로부터 나온다. 경험적 설명들은, 발생했던 것이 그 무엇이든 간에 결코 어떤 특수한 현실성 때문에 상처를 입거나 충격을 받지 않는다는 것을, 하지만 미래에 '도래할'

더 안 좋은 일에 대한 가능성prospect 때문에, 또는 어떤 기존 현실성이 우리의 과거인 복잡한 시간적 종합과 맺고 있는 관계 때문에, 우리가 상처받는다는 것을 보지 못한다(또는 이것을 좀 더 긍정적으로 풀이하자면, 아이온의 시간과 사건들의 관계 때문에 우리는 똑같이 사건들에 의해 자극받고 상처받는다). 이처럼 우리에게 영향을 미치는 것은 미래와 과거이다. 즉, 필연적으로 우리의 계산적인 간청에 저항하는 미래에로의 개방성 그리고 하나의 전체성으로서 표상될 수 없는 태곳적부터의 과거인 것이다. 만일 합리성이, 현재 시제로 (추론과 검증은 현재 시제로 되어 있다)[8] 그 주장을 표현하고 있음에도 불구하고, 무시간적이라는 것을 의미한다면, 항상 그런 형태의 이성을 무시할 무언가가 있을 것이다. 『시간과 타자』에서의 레비나스에게, 합리성(그리고 그는 과학적 시간도 말할 것이다)은 역사적 변화diachrony를 이해할 수 없는 다양의 공시화synchronization of the diverse를 의미한다. 즉, 이 경우에 존재하는subsist 과거와 예기될 수 없는 미래는 대신에 붕괴된다.(1987: 103~104)

대륙적인 '시간적 전환'에 대한 이런 설명은 쉽게 확장될 수 있었다. 『존재와 무』에서 사르트르의 역설적인 의식 개념(그것은 있는 것이고 있는 것이 아니다)은 그의 시간 개념을 중심으로 돌아간다. 『지각의 현상학』에서 메를로-퐁티의 애매성 철학philosophy of ambiguity이 시간 문제를 중심으로 돌아가고 있는 것처럼 말이다. "나는 시간과 세계 속에 내속해 있음으로써만 자기를 안다. 즉, 나의 애매모호한 상태에서만 자기를 안다."(2002: 345) 비판 이론의 전통은 맑스와 다른 이들에게 뿐만 아니라, 벤야민 및 소위 그의 (아감벤의 작업에 크게 영향을 주었던) 메시아적인 시간 철학에 크게 신세 지고 있다. 외관상 많은 면에서(예컨대 허버트 마르쿠제),

---

8. 존 맥컴버가 『이성 개조하기』에서 지적하고 있듯이, "하나의 주장은 그것을 정당화하는 것이 무엇이든 간에 그것과 동시에 존재하는 것이어야 한다. 그 정당화하는 요소가 세계 속의 사태이든 또는 그로부터 따라 나오는 다른 주장이든 간에 말이다. (···) 클레오파트라의 미에 대한 지각적 증거는 돌이킬 수 없는 과거에 들어 있다. 그에 대한 믿음을 정당화할 수 있는 것은 오늘날 살아남은 증언뿐이다." (2007: 69)

비판 이론도 현재 속에서 과거의 영향impact을 추적하는 정신 분석적 기법에 크게 의존한다. 가다머와 그 밖의 해석학적 철학자도 거의 틀림없이, 미래를 차이, 새로움 등과 같이 후기 구조주의적으로 가치화하지 않음에도 불구하고, 이 '시간적 전환'을 받아들인다. 가다머에게 이해Verstehen와 실천적 지혜phronesis는, 어떤 가능한 이해의 근거라고 보여지는 우리의 상식적인 선입견이 그러하듯이, 더 큰 중요성을 부여받는다. 최근에 알리에즈(1995), 리오타르(1991) 그리고 스티글러(1998)가 쓴 시간에 관한 중요한 책들이 나왔다는 것도, 그리고 바디우의 사건 철학도 거의 틀림없이 시간 내 단절rupture within time에 특별히 관심을 둔다는 사실도 주목할 만한 가치가 있다. 더구나 『정신의 삶』에서 한나 아렌트(1978)는 아우구스티누스의 '시간적 인간homo temporalis'으로서의 인간 규정을 발전시킨다. 19세기에 존중받을 사람은 헤겔과 맑스뿐만 아니라 쇠얀 키르케고어도 있었다. 키르케고어의 『비과학적 수고를 마치면서』는, 시간(체험된 시간)과 영원이 교차한다고 여겨지는 순간에 선택이나 신앙의 비약이 일어나는 방식에 관심을 둘 뿐만 아니라, 참다운 종교 생활이 시간적 현존과 영원 간의 모순을 수반하는 방식에 주로 관심을 둔다.

우리가 이런 대륙 철학의 특징 묘사에서 시간을 놓고 한 아주 다양하고 경합하는 설명을 분명히 뒤섞어 왔기는 했지만, 이 모든 철학자의 작업과 동향에서 시간에 대한 큰 심취가 있다는 것은 사실이다. 더구나 시간은, 시간에 윤리-정치적인 변화를 주어, 시간에 관한 반현재주의anti-presentism와 함께 하면서 (데이비드 호이가[2009] 비교하고 있는 것처럼 우주의 시간이라기보다는 우리 인생의 시간), 아인슈타인 및 물리학에서의 다른 발전과 관계하기보다는 사회생활과 더 관계하는 면에서 이해된다. 이 모든 철학자에게 있어, 단순화될 경우 (예컨대, 선형적, 공간적 등으로 취급될 경우) 문제가 많은 정치적 입장과 폭력으로 타락될 수 있을, 난해하고도 복잡한 시간 구조가 있다. 제도와 사회는 위의 시간 병리학chronopathology이 지배적인 모습을 띨 경우에 비판받을 수 있다. 이제 이런 시간 설명과 그것의 윤리-정치적 문제와의 관계는, 그런 주장들이 결코 적절하게 이해되지 않는 선험적 주장들로 지탱되는 심리학적 주장이라는 비난으로 말미암아, 많은 분석 철학자들이 진지하게 받아들일 것 같지 않다. 그러나 그렇다고 가정할지라도, 이런 설명들이 분석 철학에서 현존하는 시간 철학과 어떤 관계를 맺고 있는지를 보여주어야 할 일이 남아 있고, 이제 우리는 이 문제에 눈을 돌릴 것이다.

분석 철학에서의 시간

시간이 분석적 형이상학, 과학 철학 및 인격 동일성에서, 철학적 탐구의 주요 영역이긴 했었어도, 우리가 대륙 철학과 결부시켰던 것과 같은 대규모 전환은 결코 일어나지 않는다. 덜 단편적이고 더 체계적인 기획들이 시간 철학에 진지하게 귀를 기울여야 할지라도, 시간과 명시적으로 접촉하는 것이 진짜 독창적인 철학의 필수적인 측면은 아니다. 더구나 그런 철학자들은 종종 본인들을, 시간에 관해 궁극적으로 참인 물리학을 명료화하거나 철학적으로 이해시키는 자들이라고, 또는 물리학을 다른 인식론적이고 형이상학적인 주장의 체계 내에 '위치시키는' 자들이라고 생각한다. 따라서 많은 현대 분석 철학자들은 후–아인슈타인적인 물리학을 보충하는 시간 설명, 또는 그런 물리학에 명백하게 한정된 시간 설명을 개발하고 있는, 시간에 관한 4차원주의자들이다. 하지만 분석적 시간 철학과 대륙적 시간 철학 간의 차이가 물리학의 발견과 관련하여 철학자 역할의 자격 문제로 남김없이 환원될 수 있다고 주장하는 것은 지나친 단순화일 것이다. 결국 개념 분석을 포함하는 시간 철학을 두고 탁상공론이나 하는, 그리고 물리학의 최근 발전에 특별하게 관심을 두지 않는 많은 분석적 시간 형이상학자들이 있다. 실제로, 이를 악물고 시간 이행(그리고 '지금'의 경험)이 하나의 환상이라고 말하는 4차원주의자와, 시간 이행은 무어적인 상식적 사실이고 경험적 환상이 아니라고 주장할 (존 비글로우와 아더 프라이어와 같은) 다른 사람들 사이에는 어떤 불화가 있다. 이는 맥타겟의 작업으로까지 거슬러 올라가 추적될 수 있는 불화이다. 아마도 현재주의와 상대성/4차원주의의 양립 가능성을 주장할 수도 있을 것이다. 그러나 그런 견해들은 아직 넓게 수용되지 않고 있다.

이런 지배적인 두 궤적이 여기서 고찰될 것이다. 그러나 많은 대륙 철학자들에 따르자면, 시간과 방법이 서로 밀접한 관계를 맺고 있을 경우, 다음과 같은 물음이 있어야 할 것이다. 분석 철학의 어떤 주요 방법론적인 관행에 동의하는 내재적인 시간 철학이 있는가? 다른 식으로 말해서 주요 철학적 방법은, 더 좋은 말이 없어서 표현하자면, 분석 철학자의 시간–내장성time-embeddedness에 관해 무엇을 전제하는가? 아마도 사용되는 일부 방법론은 시제적으로 제한되어 있을 것이다. 맥컴버의 저술(『이성 개조하기』를 보라)이 주장하는 것처럼 그 공언된 철학적 입장의 내용이 일반적으로 단호하게 반–현재주의일 때조차도, 현재에 의존하면서 말이다. 우리는 대륙 철학과 결부된 주요 방법 — 계보학, 해석학, 해체 이론, 선험적 추리 등 — 이 분석적 전통에서는 사용되지 않는다는 것을 보아왔다. 로빈 르 포이데빈Robin Le Poidevin과 머레이 백베드Murray MacBeath(1993: 16)가 언급하는 것처럼, 칸트의 제1 이율배반 (시간에는 시초가 있다. 시간에는 시초가 없다 — cf. 칸트, 1929: A427/B455, A434/B462) 또는 아리스토텔레스의 난관(우리는 시간이 하나의 사물이라고도 주장하고 시간은 하나의 사물이 아니라고도 주장한다)은, 어떤 구조나 위상학topology을 가지는 선험적인 시간 논증이 결국 실패하지 않을 수 없다는 분석적 느낌의 원천인 것처럼 보인다. 빌 뉴튼–스미스의 『시간의 구조』(1980)는 시간 구조가 오로지 경험적으로 해결될 수 있는 문제라고 주장한다. 예를 들어 물리학자들만이 시간에 한계가 있는지bounded 없는지를 결정할 수 있다. 비슷한 기분에서, 휴 프라이스는 『시간 화살과 아르키메데스의 점』에서 특수 상대성 이론 및 우리의 다양한 인간학적 편견의 결과인 것처럼 보이는 상대주의에서 벗어나서, 그중에서도 특히 시간에 관한 우리의 철학하기와 사유하기가 시간 내 피조물로서의 우리 자신의 유한한 지위에 크게 영향을 받는다고 하는 사실의 결과인 것처럼 보이는 상대주의에서 벗어나서, 지식의 아르키메데스 점을 재확립하려고 한다. 프라이스는 하이데거를 전도하는 과정을 채택하고, '어느 때도 아닌nowhen' 관점인 객관적인 무시간성을 복귀시킴으로써 이 역설적인 시간 구조에 연연하기보다는 떨쳐버리려고 한다.

분석 철학자들이 시간 형이상학을 다룰 때, 일종의 형식적이거나 구조적인 다산성이 종종 진열된다. 시간의 성격은 부분적으로 다양한 시간 논리학의 속성들의 조사를 통해서 탐구될 수도 있는데, 그 속성들은 전방 분지나 후방 분지branch, 시간 고리temporal loop, 연속적, 불연속적인 또는 적분적인 시간이나 다양하게 융합된 시간적이고 양상 진리적인alethic 가능성을 표시할 것이다. 또한 시간에 대한 다른 논리적 모델의 선택(프라이어 식의 양화 체계나 순간을 양화하는 표준적인 1차 체계)은 더 넓은 형이상학적 의미들을 가지는 것으로 생각될 수 있다. 이때 형이상학적 결론들은 종종, 15장에서 개관된 전통에서처럼, 의미론적 분석을 통해 측량된다plumb. 즉, A-계열 용어들의 제거 가능성이나 제거 불가능성은 적어도 우리 일상 언어의 묵시적인 수용의 결과인 것으로 생각될 수도 있다. 또, 시간에 관한 많은 사고 실험들은 뚜렷하게 공상 과학적이다. 리처드 스윈번(1990)과 에른스트 소사(1983)가, 어떤 사람이 시간, 역사 날짜에 관해 알아야 할 모든 것을 알지만, 어떤 날짜가 현재의 날짜인지를 모르는 경우를 상상해보라고 요구함으로써 주관적인 시간적 사실의 존재를 주장하는 방식을 생각해보라. 또는 '얼어붙은 시간frozen time'의 상상 가능성에 대한 시드니 슈메이커(1969)의 경우를 생각해보거나, 철학자들이 인과 관계causation의 비대칭성이 전과 후의 비대칭성과 관계되어 있는지를 결정하려고 하는 것으로서, 수없이 진행되는 시간 여행 분석을 생각해보라.[9] 우리의 상식적인 시간 이해에 대한 근본적인 개조가 이런 많은 철학자에 의해 용인되고 있다. 어디에서도 시간을 순간의 연속이라고 보는 연대기적인, 선형적인 시간 이해가 지배적인 것처럼 보이지 않으며, 또 현상학자이든 후기 구조주의자 등이든 간에, 대륙 철학자들이 열중하는 것과 같은 부류의 반성은 어디에도 있지 않다. 심지어 우리는 시간적 실재의 성격을 두고 분석 철학을 지배해왔던 두 견해 — 현재주의와 영원주의 — 간의 논쟁을 통해 우리가 생각해왔던 '대륙적' 관점들의 위치를 정할 수 있을까? 이 둘은 모두 20세기 초든 말이든 간에, 시간에 관한 대륙적 반성에서 성패가 달려 있는 것을 포착하는 데 실패하는 것처럼 보인다. 하이데거 이래 대륙 철학자들은 대부분의 분석적 영원주의자가 그러한 것처럼, 현재의 철학적 우선성을 반박하려고 하며, (영원주의자와는 달리) 시간적 생성을 강조하고, 시간과 공간 간의 존재론적 구분뿐만 아니라, 과거, 현재 그리고 미래 간의 존재론적 구분을 강조하려고 하였다. 분명히 분석 철학에는 이런 주장들의 총합과 동등한 것이 없다. 아마도 그것은 쉽사리 물리학과 양립할 수 있는 것이 없기 때문일 것이다. 물론, 현재주의와 영원주의 각 편이 '실재적real'이라는 말을 한쪽에서는 무시제적인 의미로 다른 쪽에서는 시제적인 의미로 다르게 사용하고 있기 때문에, 논쟁은 그저 말로만일 뿐이라고 주장하는 자들을 포함해서, 영원주의와 현재주의라는 대안이 지나치게 제한적이라고 느끼는 일부 분석 철학자도 있다.[10] 그럼에도 불구하고, 아마도 대화와 사회 진보가 이루어질 수 있도록 추론적 연결을 개발하는 분석적 차양tilt 때문에, 대다수의 논쟁은 두 개의 (또는 많아야 셋) — 현재주의, 영원주의 그리고 드물기는 하지만 '성장 우주growing universe'론 — 주요 시간 설명의 찬반양론을 평가하는 일을 중심으로 벌어진

. .

9. 하지만 휴그 멜러는 시간에 관한 '공상적 논증들'을 사용하는 사고 실험을 비난한다. 그는 다음과 같이 말한다. "그것은 우리가 분명히 실제적인 가능성이라고 믿고 싶어지는 그런 상상 세계를 기술함으로써, 가능한 무언가를 보여주려고 하는 것이다."(1982: 66) 그러나 멜러에게, 그럴싸한 것을 보여주는 것은 충분히 가능성을 보여주는 것이 아니다.

10. 돌레브(2007)를 보라. 돌레브는 그것들이 모두 '존재론적 가정'을 공유한다고 말하며, 또 그는 현상학으로 회귀하는 것이 가치 있을 수도 있다고 말한다.

다. 이런 체계framework들 어느 것도, 그 방법이나 결론에서 들뢰즈와 데리다가 권했던, 또는 마찬가지로 후설과 베르그손이 권했던 입장 및 논증과 유사하지 않다. 예컨대, 일반적으로 지지되는 다음과 같은 (옛) B-계열 주장을 생각해보라. (i) '과거', '현재', '미래'의 의미론은 발언 시간과의 관계를 통해 의미의 손실 없이 완전히 설명될 수 있다(예컨대, "1950년대는 과거이다."라고 말하는 것은 "1950년대는 발언 시간보다 먼저earlier이다."에 지나지 않는 것을 말하는 것이다). (ii) 시간 흐름과 같은 것이 있다는 생각은 전적으로 그런 의미론적 문제들에 대한 그릇된 이해에서 일어난다. 우리가 생각하기에, 과거가 그 고유의 의미를 간직하기보다는 온-시간적인omni-temporal 공간-시간 단위의 일부가 될 수도 있다는 생각은 정확히 태곳적부터의 과거(데리다) 또는 잠재적인virtual 과거(베르그손과 들뢰즈)라는 개념이 부정하는 것이다.

마찬가지로, 현상학적인 시간 설명과 분석 철학자들이 관심을 가지는 설명 사이에도 진정한 충돌이 있다. 어떤 의미에서 이것은 완전히 이해될 수 있다. 현상학은 우리의 시간 경험에 초점을 맞추는데, 이 경험은 예컨대 권태, 불안 또는 노래 듣기listening to a melody와 같이, 각기 다르게 경험되는 것으로서 세 개의 다른 시간적 차원 간의 상호작용을 포함한다. 게다가 현상학자들은 시간 경험의 가능성에 대한 일부 비경험적인 조건들을 획정한다. 따라서 그들은 주관적 경험과 그 경험의 가능 조건을 검토하는 반면, 물리학자들은 객관적이거나 물리학적인 시간에 관심이 있다. 우리는 이런 다른 설명 중 어느 것을 중시해야 하는가? 그것들은 둘 다 참일 수 있는가? 우리는 모종의 다원주의나 환원주의 사이에서 선택의 기로에 놓여 있는 것처럼 보인다. 우리는 다원주의자들이 될 수 있고, 그들 고유의 영역(대략, 주관적인 영역 대 객관적인 영역, 현상학적인 영역 대 자연주의적인 영역)에서 둘 다 옳다고 말할 수 있다. 그러나 이것은 결과적으로 공허함이나 철학적인 깊이의 부재에 빠질 위험이 있다. 더욱 심각한 것으로서, 우리가 극단적인 이원론을 지지하려 하지 않는 한, 그것은 어느 체제도 특별히 다른 체제와 통약될 수 없다는 명확한 증거를 무시한다. 실제로, 물리적인 시간과 심리학적인 시간이 두 개의 다른 종류의 시간이라면, 상대방과의 관계와 관련하여 광범위한 설명이 요구될 것인데, 이는 일반적으로 분석 철학자의 작업이나 대륙 철학자의 작업에서 마련될 것 같지 않은 것이다.

대신에 우리는 환원적인 태도를 취해서, 이 두 시간 철학 중의 어느 하나는 보다 근본적인 다른 것으로부터 (또는 다른 것에 대한 잘못된 반성으로부터) 나온다고 말할 수 있다. 우선성의 순서를 위해 제공되는 방법과 이유 그리고 환원이 매우 다를지라도, 우리에게는 분석 철학자도 대륙 철학자도 보편적인ecumenical 다원주의보다는 이런 선택을 받아들일 것처럼 보인다. 심리적인 시간이 어린 시절 우리가 성장함에 따라 우리 각자에 의해 먼저 발견됨에도 불구하고, 또 심리적인 시간이 우리의 동물 조상으로부터 우리가 진화했음에 따라(도텐, 2010) 먼저 발견되었음에도 불구하고, 주관적/심리적 시간은 하나의 환상이라는 많은 분석 철학자들의 제안을 우리는 어떻게 설명할 것인가? 반면에 『현상학적 마음』에서 갤러거와 자하비의 다음과 같은 주장을 생각해보라.

> 무관점view from nowhere에서 보는 관점이란 없는 것과 마찬가지로, 순수한 삼인칭 관점이란 없다. 그런 순수한 삼인칭 관점이 있다고 믿는 것은 객관주의라는 환상에 굴복하는 것이다. 물론 이것은 삼인칭 관점이 전혀 없다고 말하는 것이 아니라 (…) 그것은 일인칭 관점에 토대한 관점이라는 것, 또는 좀 더 정확히 말해서, 적어도 두 일인칭 관점 간의 만남에서 나온다는 것이다. 즉, 그것은 상호 주관성을 포함한다. (2008a: 40)

이런 견해에서, 주관적 시간의 조건은 상호 주관성의 가능 조건이기도 하며, 나아가 물리학자들의 객관적 시간의 가능 조건이기도 하다. 게다가 그들에게, 인간 내에서의 시간의 경험적 발전을 무시하는 시간 설명, 시간 경험의 가능 조건 문제에 전혀 주의를 기울이지 않는 시간 설명은 일방적일 것이다.

실제로, 지식의 기원 및 그것의 발전과 관련한 문제들은 모든 대륙 철학자에게 중요하며, 따라서 우리가 보았듯이 발생적 오류를 항구화한다는 비난을 자초한다. 때때로 이것은 아마도 공정한 비난일 것이지만, 그러나 그 역의 입장도 위험하다. ─ 제임스 윌리엄스(2005)는 이를 반-계보학적 오류anti-genealogical fallacy라고 명명했는데, 이는 개념들이 어디에도 없는 곳nowhere에서 생겨난다고 생각하는 견해에 부여될 법한, 또는 우리가 그 나름대로 개념사를 지닌 우리의 지나치게 제한적overdetermined이고 엉망인messy 언어를, 그런 난점들을 극복하는 순수 언어로 번역할 수도 있다고 생각하는 견해에 부여될 법한 비난이다. 하지만 일단 보기에, 우리의 시간 경험과 우리가 세계를 배우는 방법은 철두철미 시간적으로 시제화되어 있다. 왜냐하면 우리는 우리의 신체를 통해 그리고 신체의 시간적인 예기 능력을 통해 세계를 항해하고 있기 때문이다. 예컨대, 한 대상 지각은 절차 기억procedural memory(습관들)에 의해 알려지며, 그것은 또한 우리에게 그때까지 밝혀지지 않은 측면을, 우리의 주의가 미래를 향해 놓이게 되는 그런 측면을 보여준다. 적어도 후설, 사르트르 및 메를로-퐁티에서부터 대부분의 대륙 철학자에게, 그런 경험은 우리 세계 경험의 가능 조건으로서, 과학적 분석도 거기에 기초하고 있다. 분석 철학자들은 자연 과학hard science 발전의 한 조건이 이런 체화 차원이라는 것을 받아들일 수도 있을 것이지만, 그러나 발견되는 것의 참(또는 형이상학적 실재)과 관계하는 문제들은 그런 발생론적 문제들을 남겨둔 채 잊는다고 주장할지도 모른다. 이것은 네이글이 비판했던 것처럼, 많은 분석 철학자로 하여금 어디에도 없는 곳에서 보는 관점을 가정하게 만드는가? 또는 더 중요한 것으로 프라이스가 『시간 화살과 아르키메데스의 점』에서 기꺼이 받아들였던 것처럼, '어느 때도 아닌nowhen' 무시간적인 관점을 가정하게끔 하는가?

우리는 여기서 이 논쟁을 적절하게 해결할 수 없다. 그러나 우리는 20세기 분석 철학과 대륙 철학 대표자 간에 만연한 불개입non-engagement을 설명하는 데 도움이 되는 의견 충돌contretemps을 만났던 것처럼 보인다. 물론 이와 같은 논지에 대한 반례들이 있을 것이다. 그러나 그러함에도 불구하고 이번 장은 상당 부분의 대륙 철학의 시간 철학이 분석 철학에서 일어난 많은 시간 철학과 차이를 보인다는 점을 보여주기 시작했다.

제18장

정신, 신체 그리고 표상주의

느슨하게 해석될 때 정신 철학이 어떤 철학에 있기는 하지만, 분석 철학에서의 정신 철학은 부분적으로 심리학, 신경학, 생물학, 언어학과 같은 인지 과학 및 다른 과학 분야에서의 발전 때문에, 20세기에 특수한 방향성을 띠었다. 만일 20세기 중반의 정신 '동일성 이론identity theory'이 주로 행태주의behaviourism가 가진 문제에 철학적으로 답변한 것이었다면, 분석적 정신 철학에서의 좀 더 최근의 발전은 일반적으로 그 발전 자체를 인지 과학과 통합시키려고 했을 것이다. 인지 심리학에 접근하는 어떤 방법이, 인지 심리학을 철학(경험적 기능주의)으로 데려오면서, 그리고 정신의 성격을 언어 유사적인 표상을 일으키는 계산 체계로 보는 것에 입각한 인공 지능(AI) 탐구 프로그램('Good Old–Fashioned AI')으로 데려오면서, 1960년대에 우세하게 되었다. 형태 심리학, 정신 분석학, 소쉬르의 언어학 및 인류학과 같은 사회 과학의 지속적인 영향에도 불구하고, 대륙 정신 철학에서는 (해결을 전파하리라는 희망을 가지고) 이런 과학들을 통합하고자 하는 관심이 그렇게 아주 분명하지 않았었다.[1] 부분적으로는

1. 페르디낭 드 소쉬르 자신은 전통 간의 흥미 있는 잠재적인 (놓친) 중첩점을 제공한다. 그의 구조 언어학은 미국에서 상당한 영향력을 발휘했지만, 그러나 언어학에 대한 철학적

이 때문뿐만 아니라 어떤 깊은 철학적 차이 때문에, 여러분이 지난 두 세대 동안의 정신 철학에 대한 교재를 찾아본다 해도, 일반적으로 대륙 철학과 관련된 주요 인물은 부재할 것이다. 아마도 모든 의식은 어떤 것에 대한 또는 어떤 것으로 향해 있는 의식이라는 후설의 논제를 잠깐 언급하는 것을 제외하곤 말이다. 이런 교재상의 부재뿐만 아니라 교차 인용 추세의 순전한 부재는, 특히 정신 철학이 최근에 분석 철학의 주요 관심이라는 점을 고려할 때, 그리고 현상학이 의식과 정신에 크게 관계하는 분야와 방법이라는 점을 고려할 때, 직접적으로 우리에게 분열이 만연되어 있음을 환기시킨다.

그러나 어느 정도는 이것이 놀라운 일은 아니다. 우리가 11장에서 보았듯이, 현상학은 일반적으로 분석적 정신 철학의 마음을 빼앗았던, 정신의 성격(물질적인지 그렇지 않은지), 심적 상태 및 심적 과정에 관한 몇몇 주요 문제와 관계하지 않는다. 반면에 현상학은 분명히 지각이나 의식 과학과는 전적으로 무관하며, 또 어떤 다른 문제에서, 특히 자기-의식에 대한 반성, 지향성 및 시간 의식과 관련하여 분석적 정신 철학과 겹치기도 (그에 따라 논쟁이 일기도) 한다. 그 외에도 현상학적 분석은 거의 틀림없이 어떤 실행 가능한 정신 철학이 일어나기 위한 일정한 조건들을 강조한다. 이런 주장이 논란이 많기는 하지만, 프랭크 잭슨(2003)과 다른 이들이 개념 분석의 필수 불가결성을 위해 제공한 논증과 근본적으로 다른 것은 아니다. 각 경우에 개념 분석이 다른 장소에서 출발할지라도 말이다. 잭슨은 우리의 출발점(믿음, 욕망 등과 같은 일상 개념들)에 대한 개념 분석 없이, 어떻게 우리가 그런 문제에 대한 설명이나 환원의 성공에

포용이 약화된 때이기도 했다. 철학자와 언어학자가 초기 인지 과학 연구에서 (1960년경부터) 활발하게 소통했을 때쯤, 촘스키 혁명은 소쉬르 영향력의 위축을 목격하였다(대륙 철학자들이 촘스키를 언급하는 일이 계속 드물어졌다는 점을 주목하는 것도 재미있다. 반면에 대륙 철학 내에서 소쉬르의 영향력은 계속되었다. 예컨대 메를로-퐁티, 라캉이나 데리다를 생각해보라). 이것은 뭔가 전통들이 연결될 수 있는 기회를 놓친 것이다. 다른 기회에 대해서는, 11장에서의 아돌프 라이나흐의 논의를 보라.

대해 분명히 알 수 있었을 것인지를 묻는다. 현상학자 에두아르트 말바흐는 의식적인 심적 생활에 대한 현상학적 분석이 우리에게 기본적인 개념적 범주를 주었을 경우에나, 비–의식적인 심적 과정(그것이 뇌 활동에 대한 부적절한 명칭이 아니라면)이 심적인 것의 영역에 속하는 것으로 이해될 수 있을 뿐이라고 말한다. 그런 명료화 작업 없이 "퍼트남이 훌륭하게 논의하는 것처럼, 어떻게 지시가 가능한가를 설명하기(한다고들 하기) 위해서, 표상의 전달 수단들이라고 여겨지는 것과 그것들이 나타내는 것 사이에 모종의 '본질적인intrinsic' 또는 '마술적인 연결'이 싫든 좋든 어쩔 수 없이 도입될 것이라는 나의 의심은 사라지지 않을 것이다."(1993: 9)라고 그는 말한다.

이 주제에 대한 철학적 풍경도 최근에 '후기–분석 철학'의 발전 및 분석 철학에서의 점증하는 다원주의와 더불어 변화하기 시작했다. 분석적 정신 철학에서 좀 더 강한 형태의 물리주의와 환원주의는 부분적으로 정지 상태에 있는 것처럼 보이고, 계산적인 정신 모델은 경험적이고 철학적인 문제들에 봉착했으며, (연결주의 또는 역동적 체계 접근법과 같은) 잘 다듬어진 대안적인 모델들이 이제 나타났다. 그런 발전들은 우리 중 낙관주의자에게는, "20세기 중기의 완강한 무심함deafness이 이제는 건강한 호기심으로 바뀌었다"는 것을 암시할 수도 있을 것이다.(켈리, 2008: 8) 켈리는 다음과 같이 말을 덧붙인다.

> 그에 반해 오늘날 주목할 만한 것은, 적절한 현상학에 이르려는 욕망, 그 가지 중에서 가장 맛 좋은 과일을 찾으려는 욕망이다. 그리고 이런 욕망과 더불어 현상학적인 과일이 철학적 자양분을 제공할 수도 있다는 믿음 — 또는 적어도 가능성을 활짝 열어두는 것 — 이다. (Ibid.: 8~9)

그런 입장에서, 현상학과 분석적 정신 철학 간에는 진지한 정신적인 교감meeting of minds이 있었고,[2] 어떤 면에서 우리는 이에 동의한다. 우리가 이전 장들에서 보았던 각자의 딴소리talking past는 명백한 것이 아니며, 우리는 일부 주요 대륙 철학자의 작업을 분석적 정신 철학과의 대화로 끌어들였던 몇몇 철학자들을 인용할 수 있다. 우리는 하이데거와 메를로-퐁티에 대한 허버트 드레이퍼스의 저작뿐만 아니라 AI 산업 및 그와 연관된 정신 모델에 대한 그의 비판을 생각해볼 수도 있을 것이다.(특히 드레이퍼스, 1992; 드레이퍼스 & 드레이퍼스, 1988) 켈리, 테일러 카르맨, 존 해걸랜드 등과 같이, 그와 연결된 많은 다른 철학자의 저작은 말할 것도 없고 말이다. 이들은 모두 정신이 기호 처리 기계(와 유사하다는)라는 전통적인 AI의 핵심 전제들을 문제 삼는다. 『체화된 정신』에서 지각과 정신에 대한 프란시스코 바렐라, 에반 톰슨 그리고 엘리노어 로쉬의 체화 발제적 접근법embodied enactive approach은 메를로-퐁티 및 그 밖의 현상학자들에 의지하고 있고, 철학 내에서도 그리고 어느 정도 신경과학 내에서도 (바렐라는 소위 '신경-현상학'이라고 하는 작업을 계속 수행하였다) 영향을 발휘해왔다. 이런 면에서 중요한 교차 작업을 하고 있는 사람들로는 맥신 시츠-존스톤, 호세 베르무데스, 숀 갤러거, 단 자하비, 마이클 휠러 그리고 존 서튼이 있다. 이 철학자들은 모두 일반적으로 적어도 세 명의 주요 대륙 철학자, 즉 후설, 메를로-퐁티, 하이데거 중 어느 한 사람에게 신세를 지고 있다. 따라서 메를로-퐁티에 관한 책의 편집자들이 (아마도 그것이 옳았을 때인) 1995년에 주장했던 것처럼, 오늘날 다음과 같이 말하는 것은 과장이 아닐 것이다.

현대 정신 철학(그리고 인지 과학)은 이 영역에서의 메를로-퐁티의 작업을 깜짝 놀랄 만큼 무시한 채로 진행되어왔다. 탈-데카르트적인 정신 철학은 (…) 정신과 육체의 구분에서부터 시작한 후, 1. 그것들의

● ●

2. 휠러 & 카푸치노(2010)에서 이런 생각이 지지되고 있다.

연결(또는 동등성)을 수립하려고 하거나, 2. 어떤 식으로 한쪽을 다른 한쪽으로, 정신을 육체로, 정신을 뇌로, 정신을 뇌를 거쳐 컴퓨터로 환원시키려고 한다. (올코브스키 & 하스, 1995: 15)

상황scene은 확실히 이것보다 더 다원주의적이며, 현상적 의식과의 관계에서 정신 철학을 괴롭히는 난점 및 차머스의 『의식적 정신』(1996)에 의해 부분적으로 예고되었던 난점들의 결과로서, 현상학과의 연대는 더 그럴듯하게 되었다. 끝으로, 분석 전통과 후기 구조주의 철학자 간에 또는 예컨대 바디우, 슬라보예 지젝과 들뢰즈 간에 있었던 것보다 훨씬 많은 상호작용이 그냥 분석적 정신 철학과 현상학 사이에서 있었다. 이 주제를 두고 이 행성은 적어도 상대적으로 정말 가까워진다. 실제로, 현상학자들과 분석적 정신 철학자들이 표상을 포함하는 실질적인 문제에서 명백한 불일치에 도달했던 것처럼 보인다는 점에서, 여기서 분열은 마감된다고 사람들은 주장할 수도 있을 것이다. 즉, 적어도 문제로 끌어들이기 위해서 개념 체계의 부분적인 일치가 있었고, 이때 논쟁은 정신 철학 내의 어떤 다른 논쟁과 마찬가지로 더 이상 분열의 표지가 아니다.[3]
그럼에도 불구하고, 정신 철학에서 이런 전통들의 전면적인 화해가 있었다고 주장하기도 매우 어려울 것이다. 후설, 하이데거와 메를로-퐁티의 저작은 분석적 정신 철학의 변두리에서만 어떤 역할을 해왔다. 이런 철학자들의 저작을 통해서 분열을 돌파하는 데 때때로 성공한 것으로 여겨지는 한 유명한 철학자인 드레이퍼스를 선택하면서, 테리 위노그라드는 다음과 같이 언급한다. "드레이퍼스의 이의 제기가 오늘날까지도 대부분의 AI 연구자나 인지 과학자에게 환영받고 있다고 주장하는 것은 과장일 것이다. 현상학의 세계와 기호 프로그래밍의 세계 사이에는 큰 틈이 있다."(2000: viii) 그리고 몇 가지 중요한 철학적인 공통점에도 불구하고,

---

3. 쇠렌 오버가드가 이 점을 지적해주었다.

맥락주의contextualism 성향의 분석 철학자들도 진지하게 (아마도 드레이퍼스가 실존 현상학에 충성하고 있기 때문에) 드레이퍼스를 읽거나 그와 관계하는 것처럼 보이지 않는다. 더구나 후설, 하이데거, 메를로-퐁티는 여전히 정신 철학 주요 학술지에서 드물게 논의된다. (『현상학과 인지 과학』은 예외로 치고) 현상학 학술지들이, 포도어나 루드 밀리칸과 같은 경험적 기능주의자empirical functionalist들, 폴 처칠랜드, 패트리카 처칠랜드 및 스티치와 같은 제거주의자eliminativist들, 또는 데닛 등과 같은 비-행동주의자들(또는 도구주의자들)은 고사하고, (차머스와 잭슨과 같은) 감각질 부수 현상론qualia epiphenomenalism을 옹호해왔던 분석 철학자들을 거의 논의하지 않은 것처럼 말이다. 차머스의 작업이 분석 전통에서 의식에 대한 관심을 되살려주기는 했지만, 이것이 (켈리에게는 죄송하지만) 분석 철학자로 하여금 현상학 분야를 찾아 돌아다니게 했다는 증거는 거의 없다. 따라서 정신 철학에서의 분열은, 그것이 느리게 복잡해지게 되었을지라도, 여전히 현저하다. 이 책 앞부분에서 논의된 방법론적인 문제 외에도, 아마도 이런 남은 불신을 설명하는, 모두 서로와 밀접한 관계가 있는 3개의 주요 철학적 난점이 있을 것이다. (모종의 반표상주의로 끝나는 기획들에서조차도) 문제 지형을 제시하는 데 있어, 표상주의 언어에 대한 폭넓은 분석적 수용, 관련 과학과 접촉하려는 (또는 그렇지 않으면 개념적인 문제와 과학적인 문제를 분명하게 구획하려는) 분석적 관심, 그리고 좀 더 일반적으로 존재론(같이 공유하고 있는 욕망인 이원론을 피하려는 욕망이, 정신과 자연 간의 관계를 개념화하기 위한 유망한 가능성을 근본적으로 좁혀주게 될 것인지 하는 것이 쟁점이다)이 그것이다.

여기서 우리는 정신에 관한 표상주의representationalism에 초점을 맞출 것이다. 왜냐하면 정신(그리고 주관성, 의식 등)과의 관계에서 분석 철학자와 대륙 철학자 간의 근본적인 쟁점은 표상과 관계하는 것처럼 보이기 때문이다. 세계 속의 사물을 '나타내는stand for, 또는 어떤 식으로 사물을 표상하는 심적 상태나 존재물이 있는가? 아주 소수의 대륙 철학자가 정신은 근본적으로 표상적이라고 주장할 듯싶다. 반면에 도전받기는 할지라도, 분석적 울타리 쪽에서는 의심의 여지 없이 모종의 표상주의가 기본값default status으로 있다. 많은 인지 과학자들은 심지어 더 나아간다. 예컨대 스티븐 핑커는, 세포설이 생물학에, 판구조론이 지질학에 근본적인 것만큼, 표상주의와 계산주의라는 일괄 거래 상품이 인지 과학에 근본적이라고 주장한다.(1994: 73) 표상주의가 분열의 핵심 요소라는 것은 새로운 생각이 아니다. 로티(1999)는 꽤 같은 주장을 하고 있고, (한때) 윌리엄슨은 분석적 전통에서 표상적 전환representational turn을 들먹인다.[4] 이 차이가 정확히 얼마나 될 것인지를 분명하게 하려는 것은 몇 가지 어려운 해석상의 문제를 일으킨다. 왜냐하면 여기서 사용되는 표상의 의미는 18세기 인식론적 논쟁에서 사용되는 것과 같지 않기 때문이다. 분석 전통에서 표상주의는, 대륙 철학자들이 지속적으로 관심을 보이는 것 중 하나인, 정신과 세계 간의 **중개자**intermediary (심상, 감각 자료 등) 가정을 수반할 필요가 없다. 실제로 분석 철학자들은 때때로 표상을 거꾸로, 말하자면 지향성이 탐지되는 곳에서는 어디에서든지 확인한다. 즉, 대략 말해서 이것은 데넷의 설명 이면에 있는 엉뚱한 생각big idea이다.

우리가 내적 표상을 가진 것들에만 믿음과 욕망을 귀속시키고 있는 것이 아니라, 오히려 의도적인 전략이 작동하는 어떤 대상을 우리가 발견할 때 우리는 그것의 어떤 내적 상태나 과정을 내적 표상으로 해석하려고 애쓴다. 한 사물의 어떤 내적 특징을 하나의 표상이게 해주는 것은, 지향 체계intentional system의 행동을 조절하는 사물의 기능에

---

4. 윌리엄슨(2005)도 분석 철학 내에서 그것이 (사고나 언어에 관한) 심적으로 해석되든 언어학적으로 해석되든 간에, '표상주의적 전환'과 같은 것이 있다고 주장하기는 하지만, 그는 이것이 비분석적인 철학으로부터 분석적인 것을 구별하기에는 불충분하다고 주장한다. 왜냐하면 그는 현상학자와 포스트 구조주의자도 이런 표상주의적 전환을 받아들인다고 보기 때문이다. 우리는 그가 이 후자와 관련해서 잘못이라고 주장할 것이다. 윌리엄슨은 그의 후기의 『철학의 철학』(2008)에서 이것을 '개념적 전환'으로 표현하는 것을 더 선호한다.

만 있을 수 있었을 뿐이다. (1987: 32)

좀 더 일반적으로 말해서, 정신에 거류하는 실재에 대한 도구주의적, 비-인지주의적, 환원적, 반실재론적, 또는 그 밖의 문자 그대로가 아닌 non-literal 접근법을 받아들이는 분석 철학자들은, 표상을 직접적으로 가정하는 일에 반드시 관여하지 않고도 표상주의적인 말을 이야기할 수 있다. 따라서 친-표상주의pro-representationalism 대 반표상주의anti-representationalism 논쟁에서 성패가 달려 있는 것이 아직 전혀 분명하지 않다. 또는 실제로 이것이 어느 정도 전통 간에 공통적인 개념적 전제들이 있다는 것을 의미하는 것인지가 분명하지 않다. 그러나 몇 가지 좀 더 어려운 비교 문제와 평가 문제에 착수하기 전에, 이 유형 분류 체계typology를 그럴듯하게 만들어보기로 하자.

분석적 표상주의

많은 분석 철학자들은 대부분의 심적 상태나 모든 심적 상태가 표상 내용을 가진다는 의미에서, 그리고 심적 과정은 이런 표상에 의해 전달되는 정보(그리고 오정보)를 처리하는 일을 하고 있다는 의미에서, 표상적 상태 representational state라고 주장한다. 지각 체계는 환경 정보를 수용하고 그것을 정신 어딘가에서 사용하기 위해 수정한다. 즉, 기억은 정보 저장고이다. 운동 제어motor control는 정보-송신과 수신의 문제이다, 등등. 킴 스터렐니 (1990: 19~22)가 언급하듯이, 정신이 세계를 표상한다는 생각은 자연 세계와 연속되어 있는 피조물로서의 우리의 자기상 및 우리의 일상 심리학에 그 원천을 두고 있다. 우리의 행동은 많은 다른 동물의 행동과 마찬가지로, 환경이 우리에게 가하는 새로운 요구에 우리가 민감하게 반응한다는 의미에서, 그리고 경험으로부터 배울 수 있다는 의미에서 유연하다. 더구나 우리가 민감하게 반응하는 것은 자극의 물리적 형태physical format라기보다는 물리적 자극 속에 있는 정보이다. 우리는 하나의 자극 앞에 놓일 때 그냥 반성적 행동을 드러내는 것이 아니다. 그러나 우리의 지능적인, 융통성 있는 행동이 정보-민감적이라면, 우리가 세계 표상을 형성하고, 그 표상으로부터 추론하고, 이런 추론에 비추어서 우리 행동을 안내한다고 보는 것이 자연적인 입장일 것이다.

다시 말해서, 우리의 일상 심리학은 일상 심리학답게 풍부한 명제 태도 (믿음, 욕망, 희망, 두려움 등) 언어에 의존하면서 상당히 그리고 명백하게 표상적이다. 이런 표상적 접근법은 자연스럽게 일상 심리학의 철학적 수정이라 할 입장으로 이어진다. 예를 들어, 『지향적 자세』, 『의식 설명』 및 그 밖의 저작에서 지향적 자세intentional stance에 대한 데닛의 변호를 생각해보라. 데닛은 우리를 둘러싼 세계에서 벌어질 일을 올바르게 예측하기 위해, 우리가 다양한 전략을 사용한다는 점을 지적한다. 차, 비구름, 우유 데운 냄비, 성난 개 등이 그런 일들일 것이다. 어떤 경우에 우리는 관련 대상에 '물리적 자세'를 취하면서 지낼 수 있다. 즉, 그것을 물질적 존재물로 취급하면서 그리고 우리의 물리학 작동 지식을 사용하면서 말이다. (예컨대, 텔레비전 리모컨을 앞에 둔) 다른 경우에, 사물을 순전히 물질적인 물건으로 취급하는 것은 도움이 되지 않을 것 같다. 여기서 나는, 그 사물이 설계자의 목적을 따를 것이라는 점에서 예측될 수 있는, 설계 과정의 산물로 그 사물을 취급하면서, '설계적 자세design stance'를 취한다. 끝으로, 일부 대상에 대해서는 '지향적 자세'를 취하는 것이 유익하다. 여기서 나는 그 대상을 (믿음과 욕망의 형태로) 표상을 가지고 있다고 생각되는 한 행위자로, 그리고 일상 심리학의 상투어에 따라 그 행동을 예측하는 한 행위자로 취급한다. 여기서 표상이 분명히 가정되고 있을지라도, 그것들은 어느 정도 이론적인, 도구적으로 유용한 존재물인 것으로 생각된다. 약간 더 실재론적임에도 불구하고 비슷한 식으로 데이비드 루이스의 분석적 기능주의analytic functionalism는 지향적 상태에 대한 '도해적

map' 설명을 포함하는데, 이 설명에서 만족스러운 단위는, 개별 표상들은 분명하게 이차적 존재물이고, 표상적 사실들은 거리 지도로 해독되는 것과 상당히 같은 면에서 전체로 해독되는 전체 정신the whole mind이다. (루이스, 1999를 보라) 반면에 일상 심리학에 철학적으로 호소하는 것invocation은 그 표상 취급에서 훨씬 더 실재론적일 수 있다. 예컨대 포더와 같은 경험적 기능주의자에게 믿음, 욕망 및 그 밖의 명제 태도는, 일반적으로 바로 같은 표상이 다른 기능적 역할을 할 수 있는 상태들로서 개별화된다.

(틀림없이 다 말하지 못한) 이런 이유들 때문에, 표상이라는 존재의 수용은 분석적 정신 철학에서 관례가 되어왔다. 인지 과학 내의 고전적 프로그램이 이것을 반영한다. 즉, 본질적으로 그 프로그램은 표상이 정신 안에서 사용되는 방식을 계산의 문제로 설명하면서, 이런 부류의 주장으로 이루어져 있다. 이를 더 발전시킨 입장에서, 우리의 내적 표상은 어떤 면에서 기호로 구성되며, 심적 과정은 표상 내용들이 나타내는 관련 의미론적 관계들을 만족시키는 기호 조작 연산을 포함한다(예를 들어, 우리는 A 쌍들이 일련의 문자열 앞에서 시작할 경우 그 A 쌍들을 제거하는 조작을 명시할 수 있고, 이런 명시는 전적으로 기호적임에도 불구하고 이중 부정 법칙과 같은 의미론적 규칙을 잘 만족시킬 수도 있을 것인데, 이는 우리에게 not–not–X 형태의 열로부터 X 형태의 열을 연역할 수 있게끔 해준다). 결국, 한 특수한 형태의 계산주의가 영향력이 있었는데, 거기에서 이런 표상들은 문법적 규칙의 면에서 언어–유사적language–like이다. 이것이 포더의 '사고 언어language of thought' 가설이다.(포더, 1975를 보라) 이 모든 조합combination이 때로는, 그것들이 함께 관련되어 있다는 것co–involvement이 처음에 거의 즉각적이라고 생각되었던 것처럼, '표상주의representationalism'라고 일컬어졌다. 비언어적 계산주의가 포더 견해의 경쟁자로서 등장하기 위해서는, 또는 비계산주의적 표상주의가 전통 내에서 진지한 견해가 되기 위해서는 좀 시간이 걸렸다. 그리고 분석 전통 내에서, 데넷,

루이스와 포더가 피력한 일상 심리학에 대한 다른 해석take들 외에도, 특수한 기능faculty을 설명하는 데 얼마만큼이나 특수한 표상을 가정할 것인지를 두고 불일치가 있다. 한편 라일의 『정신의 개념』은, 무언가를 하는 법을 아는 것knowing how to do something이 일차적으로 내부 규칙이나 명제들을 성찰하는 문제라는 '지성주의적intellectualist' 견해에 반대하는 탁월한 논증을 한다. 다른 방향에서, 분석적 정신 철학은, 예컨대 심상mental imagery이 하던 역할을 대체로 언어적 표상에 인계해야 한다는, 또는 제이슨 스탠리와 티모시 윌리엄슨의 최근 논문(2001)에서처럼 — 자전거 타기와 같은 — 실천적 지식know-how은 명제적 지식의 한 종으로 분석되어야 한다는, 많은 제안을 포함하고 있다.

아나나 다를까, 표상으로 정신을 설명하는 것은 확고하게 그 종사자로 하여금 지향성 주장을 하게 만든다. 그러나 지향성은 본질적으로 심적 상태의 환원 불가능한 특징이었다고 브랜타노가 주장했던 데 반해, 이 논제는 이원론을 피해왔던 현대 유물론자에게, 또 자연주의적으로 설명될 수 없는 '기계 속 유령'을 가정하는 데 마땅히 우려를 표명하는 현대 유물론자에게 개방되어 있지 않다. 따라서 표상주의는 분석적 정신 철학 내에서 '심리 의미론적인psychosemantic' 탐구 기획을, 즉 어떻게 심적 상태가 의미를 가질 수 있는지를 설명하는 기획을 유발한다. 내용 외재주의content externalism에 대한 크립키와 퍼트남 논증의 영향은 말할 것도 없고, 자연주의와 유물론의 제약을 고려해볼 때, 이 과제는 일반적으로 심적 표상이 행위자 외부의 비의미론적 환경과 더불어 가지는 관계를 통해 지향성을 설명하는 일과 같은 것으로 생각되며, 더구나 유독 표상이 요청되는 그런 생물에만 이 과제를 수행하게 하는 일과 같은 것으로 생각된다. 이런 분석적 문헌은 상당히 많으며, 또 심적 상태 유형의 인과적/역사적 기원(데빗 & 스테레니, 1987), 심적 상태 유형 개별 예token와 외부 환경 간의 공변 패턴(드레츠케, 1981; 포더, 1990), 그리고 행위자 종의 진화사에 관한 사실에 호소하기(밀리칸, 1984; 밀리칸, 1989도 보라)와 같은 문제를 포함한다. 대체로 이론들은 과잉 생산 관계over-generation concern(만일 '개dog'와 '개 대가리dog skull'가 둘 다 나의 개념 개별 예tokening의 원인이라면, 왜 내 개념은 '개 대가리' 대신 '개'를 의미하는가?), 미흡 생산under-generation 관계(왜 내 개념은, 내가 마주치지 않았던 개에까지 확장된다는 점에서 '개'를 의미하는가?), 그리고 와전misrepresentation 관계(심리 의미론적 이론이 실수로 오류 가능성을 배제하는 것은 아주 쉽다) 사이에서 길을 잡아야 한다.

이것은 대단히 어려운 과제라는 것이 드러났다. 결과적으로, 적어도 강한 표상주의가 인지 과학을 발전시키는 데 있어 첫 기항지가 된 것이 아무리 자연스러운 것일지라도, 적어도 분석 전통의 덜 행동주의적인 목적에서 강한 표상주의를 재고해야 한다는 일부 압력이 있다. 포더는 이 우려를 다음과 같이 표현한다.

> 자연주의적 심리학은 (…) 여전히 일종의 순수 이성의 이념으로 있다. 그런 심리학이 있어야 한다. 왜냐하면 아마도 우리는 정말 때때로 금성에 대해 생각하고, 또 아마도 우리는 금성과 우리와의 인과 관계 덕분에 그렇게 생각하기 때문이다. 그러나 이 관계를 과학으로 만들 현실적인 희망은 전혀 없다. 그리고 물론 방법론으로서는 현실적인 희망이 전부everything이다. (1981: 252)

표상주의에 대한 두 번째 압박은 분석적 정신 철학 내의 제거주의 경향성에서 온다. 예컨대 스티치(1978: 575)는 정신이 본질적으로 하나의 '통사론적인syntactic', 내용 없는 기관contentless engine이고, 정신이 그 사이를 이동하는 통사론적인 상태는 다른 그런 상태와 그것들의 인과 관계에 의해, 그리고 행동과 지각적 입력과의 인과적 관계에 의해 개별화되는 상태라는 견해를 주장하기 위해서, 변종의 쌍둥이 지구 사고 실험을 이용한다. 우리는 우리 자신의 이유 때문에 이것에 일상 심리학적 해석을 덮어씌우지만, 그러나 따라서 우리가 생산하는 내용 속성content attribution들은 (고유한) 심리적 작업과는 완전히 구별되어 있어야 한다. 스티치 등은 좀 더 최근에, 정신에 대한 연결주의적인 (어떤 면에서 비계산주의적인) 설명들이, 그 개념이 일상 심리학에서 나타날 정도로 내용 표상contentful representation이라는 개념을 마련할 여지가 없다는 또 다른 주장을 개발하였다. 예컨대 일상 심리학은 우리 믿음이 특이한 인과적 힘을 가진다는 뻔한 소리를 하고 있다. 한 특수한 경우에, 내가 하는 대로 나를 행동하게 만드는 것은 베네수엘라, 슈베르트나 수학에 관한 나의 배경적 믿음이 아니라, 차 열쇠가 걸려 있다는 나의 믿음이다. 하지만 나의 표상이 연결주의 망과 같은 것의 적재를 통해 분배된다면, 어떻게 한 믿음이 관련된 다른 믿음 없이도 나의 행동을 순수하게 일으킬 수 있는지가 즉각 명백하지 않을 것이다.(램지 등, 1990)

그러나 분석적 표상주의자는 그저 이런 이론적인 도전과만 교전하지 않는다. 잠재적으로 대륙 철학과 관련된 것으로, 표상이 심적 상태의 지향적 내용뿐만 아니라 경험의 질적 측면을 설명하는 정도를 두고 벌어지는 또 다른 논쟁이 있다. 이것이 현대 분석적 정신 철학의 주요 전쟁터이다. 잭슨은 다음과 같이 말한다.

소위 최소 표상주의minimal representationalism는 다음의 것을 주장한다. 즉, 경험은 본질적으로 표상적이지만, 사물이 이러저러하고, 적절하게 이러저러하다는 한 경험의 표상이, 남김없이 사물을 결정한다는 의미에서 사물의 성격을 철저히 규명하는지에 대해서는 침묵한다고 말이다. 강한 표상주의는 최소 표상주의에 이 철저한 규명을 첨가한다. (…) 표상 내용의 현상적 '범람overflow'을 이해하기가 어렵다. 그런 범람은 느껴지지만 표상 내용 없는 것으로 보일 것이다. 그러나 일단 우리가 느꼈다면, 우리는 표상을 가지는 것처럼 보인다. (2008: 323~324)

우리는 지금 이 논쟁을 더 끌고 갈 수 없다. 하지만 그런 견해들이 대륙 철학이 아니라 분석 철학에서 주류라는 사실은, 각 전통에서 표상을 두고 다른 신뢰를 보이고 있음을 분명하게 가리킨다.

정신에 관한 대륙의 반표상주의

우리는 정신에 관한 반표상주의(그리고 이것은 오늘날 소위 계산주의 모델, 기능주의 모델이라고 하는 것을 포함한다)가 대륙 철학의 주요 가족 유사적 특징 중의 하나라고 생각한다. 그러나 이 점을 보여주려고 하기 전에, 우리는 오로지 정신 철학만을 추적하기보다는 데이비드 모리스 가 관찰하는 바와 같이, 벌어지고 있는 일이 예비적인 메타–철학이라는 점을 주목할 필요가 있다. 모든 철학은 철학하는 주체philosophizing subject, 철학적 방법 및 철학의 개념적 편견들을 면밀히 검토함으로써 시작된다. 이것은 "정신에 해당하는 것에 관한 연구가 존재론, 인식론 및 그 밖의 영역과 분리될 수 없다"는 것을 의미하며,(2007: 533) 또 가령 이원론이나 잔존 데카르트주의와 관련하여, 하나의 문제와 마주하는 어떤 방식이 무심코 노출하는 것을 항상 주시하고 있다는 것을 의미한다. 예컨대 의식이 라는 어려운 문제는 하나의 거짓된 문제로 보일 수도 있거나, 또는 적어도 그 체계를 짜는 전제들로 인해 너무 어렵게 되어버린 문제로 보일 수도 있다. 모리스가 말하는 것처럼, 의식은 세계 내장적이며world-embedded, "공적 으로 접근할 수 있는 외부 세계에 능동적으로 관여하고 외부 세계를 표출하며, 또 그것의 위치 덕분에 그 자체가 불분명한opaque" 것이다.(ibid.) 그러면 초점은 의식과 세계, 정신과 물질 간의 관계가 가진 곁가지 난점에 맞춰지는 것이 아니라, 정신–세계 복합체complex 내의 막이나 층들을 연구하 는 데에, 선–반성적인 의식과 반성적 의식 간의 관계 또는 비개념적 내용과 개념적 의식 간의 관계를 연구하는 데에 맞춰진다.

우리는 데리다의 논문 「전송Envoi」(또는 「전별Sending — 표상에 관하여」)을 살펴봄으로써 이 경향성에 대한 감을 얻게 될 수 있다. 이 논문은 독일, 프랑스와 영국에서 표상이라는 말과 관계하는 역사적 문제 및 프랑스-독일 전통에서 그것의 개념적 전개에 초점을 맞춘다. 데리다의 논문은 표상의 시대epoch of representation를 구성하는 것으로서의 하이데거의 근대성 개념뿐만 아니라, 정치적 대의권 및 언어 철학과 관련된 문제와 함께 정신 철학을 다룬다. 데리다는 20세기 벽두에 유럽 여러 나라가 모인 회합에서, 베르그손이 '표상'이라는 용어를 그것의 독일적인 내포 때문에 사용하지 못하게 막으려 했다는 점도 언급한다. 이것은 즉시 우리에게 대륙 철학 내의 — 프랑스와 독일 간의 — 하나의 중요한 분열을 환기시켜 준다. 물론 베르그손도 그것의 독일적인 유산을 넘어서 표상주의에 철학적인 우려를 표명했었다. 그의 『물질과 기억』에는 지금까지 영향력을 발휘해 왔던 (뇌가 표상 기관이라기보다는 행동 중추임을 강조하면서) 뇌에 대한 설명이 들어 있다. 실제로 데리다는 대륙에서 팽배한 철학적 풍경에 관해 다음과 같은 주장을 한다.

> 오늘날 많은 사람이 표상에 단호히 반대하는 사유를 펼친다. 이런
> 사유는 어느 정도 분명하게 또는 엄격하게, 표상이 나쁘다는 안이한
> 평가를 내린다. 그리고 이것이 결국 평가의 여지와 필요성을 부과할
> 수 없게 하는 것이다. (2007: 102)

데리다는 여기서 유럽 철학 내의 정신 철학 및 하이데거 세력권의 궤적을 언급하고 있는데, 유럽 철학에서 표상 철학은 자기 정신에 특권적인 접근 권한을 가진다고 가정되는 데카르트적 주체와 밀접한 관계가 있다. 하이데거에게 표상적 사유는 우리 기술 시대의 특징이며, 좀 더 최근에 로티가 『철학 그리고 자연의 거울』에서 유사한 주장을 펼쳐왔다. 데리다도 니체와 헤겔이 둘 다 비슷하게 표상에 반대했다고 말한다. 『비극의 탄생』에

서의 니체에게 아폴론적인 질서는 표상과 관계하고, 비우호적으로 디오니소스적인 질서와 대비된다. 데리다의 표상 분석은, 표상되는 내용이 그 자체 하나의 표상이 아닌 하나의 현전ª presence으로 있다고 여겨지는 생각에 빠져든다고 말하면서, 그와 관계된 형이상학에 우려를 표명한다. 만일 이것이 사실이라면, 표상주의는 현전presence의 형이상학과 밀접한 관계가 있고, 또 대륙 철학자들이 거의 언어의 존재 이유raison d'être라고 인정하지 않고 있는 것인, 실제의 표상이나 거울로서의 언어관과 밀접한 관계가 있을 것이다. 예컨대『의미의 논리』에서 프레게와 논쟁하는 와중에, 들뢰즈는 표상 수단representational medium으로서의 언어 모델이 '명제의 순환circle of proposition'을 낳으며,(1990a: 17) (그가 유사성 모델이라고 부르는) 그런 모델에서는 명제보다 우선하는 의미의 실천적 발생을 설명할 것이 전혀 없다고 주장한다.(ibid.: 123) 따라서 언어는 본래 비언어적 실재를 표상하거나 반영하는 것으로 이해되어서는 안 된다. 이것은 일반적으로 번역 과제 (단 하나의 글자 그대로의 번역도 없고, 항상 해석인 것도 없다는) 및 좀 더 일반적으로 상호주관적 의사소통에서 보여지는 복잡한 의사소통에 미혹된 것으로서, 많은 대륙 철학자에게는 소박한 형이상학적 언어관이라고 생각된다. '포스트모던' 철학자들이 빈번히 담론과 표상 체계에 관해 이야기하는 것이 사실이기는 하지만, 포스트모더니즘에서의 철학적 담론을 정의하고 있는『포스트모던적 조건』에서 리오타르는 포스트모더니즘을, 언어가 실재를 반영하기보다는 구성하게 되기 때문에 유발된 '표상의 위기crisis in representation'로 정의한다. 더구나 이 진술의 명백하게 결정론적인 함축에도 불구하고, 자기의 예술 철학뿐만 아니라 욕망과 리비도적인 철학에 대한 리오타르의 끈질긴 관심은 정확하게 이런 표상들을 넘어서는 것을 중심으로 돌아가며,『차이와 반복』에서 들뢰즈는 표상이 '선험적 가상의 한 현장ª site of transcendental illusion'이라고 주장한다(1994: 265).

후설과 그 밖의 현상학자들은 (기억 내, 상상력 내 등의) 표–상re–presentation을 종종 지각 내 현시presentation in perception와 구별한다. 하지만 전자는 후자로부터 파생되어 나온 것으로 빈번히 이해되며, 예컨대 실존 현상학과 더불어 나타난 근본적인 변화는, 정신에 대한 표상적 설명을 좀 더 기본적이라고 여겨지는 신체 지향성bodily intentionality 체계 및 표상의 가능 조건이라고 주장되는 환경 대처 체계 안에 위치시키는 것이다. 표상주의에 대한 이런 반대도, 정신과 육체를 분리된 것이라기보다는, 그 자신을 오로지 모호하게만 의식하는 한 '행위자'의 체험된 신체와 하나인 것으로서 이해할 것을 강조하는 데에서 유래한다. 『행동의 구조』에서 메를로-퐁티가 진술하는 바와 같이, "의식은 알려지기보다는 체험되며lived, 한 표상의 소유나 한 판단의 행사는 의식의 삶과 공외연적이지 않다."(1983: 173) 메를로-퐁티도 한 논문에 「지각의 수위성The Primacy of Perception」이라는 이름을 붙였으며, 이때 초점은 그 자체 있는 것을 내적으로 표상하는 것으로서의 정신이 아니라 현상의 현시presentation에 맞추어져 있다. 이 구분은 그 자체로 많은 현상학적 경험에 대한 반증이라고 생각되고 있으며, 우리는 짧게 그것의 경험적 적절성 문제에 주의를 돌릴 것이다.

하이데거의 저작에서 표상적 사유는 다시 한번 일차적 현상이라기보다는 이차적 현상이다. 일반적으로 진리는 심적 (또는 다른) 표상과 (그리고 눈앞에 있음이라는 태도에서 그 특징이 보이는) 비심적인 사물 간의 한 관계라고 주장하는 진리 대응설을 하이데거가 그저 거부하는 것은 아니라고 이야기되고 있기는 하지만, 그는 정말로 다시 한번, 보다 기본적이라고 여겨지는 것(도구적인 것)을 통해 그런 견해를 설명하려고 한다. 하이데거는 다음과 같이 말한다.

> 현존재가 어떤 것으로 향하고 그것을 파악할 때, 현존재는 아무튼 우선 자기를 가까이서 둘러쌌던 내면 영역에서 나오는 것이 아니라, 현존재의 일차적인 존재 양태는 현존재가 만나는 존재자 및 이미 발견된 세계에 속하는 존재자와 함께 항상 '바깥에' 있는 그런 것이다. (1962: §13)

이것이 표상주의의 거부를 수반하는지는 하이데거 연구에서 좀 논쟁거리가 되는 주제이지만, 그러나 이 논쟁의 상당 부분은 바로 우리가 도구적인 것과 눈앞에 있는 것 간의 유명한 구분(그리고 아마도 우선성)을 어떻게 우리가 이해할 것인지에서 유래한다. 왜냐하면 하이데거 주장 중의 하나는, 정신이 대상을 눈앞에 있는 것으로 표상하는 것은 현존재가 이론적 태도의 세계로 철수했을 때라는 것이기 때문이다. 하이데거적인 영감에 따른 휠러의 설명에서, 이것은 다음과 같은 것을 의미한다. "순조로운 대처란 쇄도하는 자극에 대해 유동적이고 유연한 맥락 특정적 반응의 미묘한 발생을 수반하는, 실시간 환경적 상호작용의 과정이다. 엄격하게 말해서, 이런 반응들은 표상에 기초한 또는 이성에 기초한 통제의 산물이 아니다."(2005: 134) 이와 관계된 태도에서 해걸랜드는 다음과 같이 주장한다.

최근까지 (…) 탐구는, 관련 '정보 내용'이 (…) 개별 행위자에 내적인 (…) 복잡한 상징 구조라는 가정을 유지해왔다. (…) 그러나 의미 있는 복잡한 지능적 행동은 행위자의 체화embodiment와 세속 상황의 구체적인 사항에 깊게 의존한다. (…) 그와 같은 지능은 우선 먼저 내적인, 육체와 분리된 '정신'이라기보다는 더 복잡한 구조의 특징으로 이해되어야 한다. (2000: 211)

유의미한 것the meaningful은 하나의 모델이 아니라— 즉, 그것은 표상적이 아니라— 지시 맥락 속에 묻혀 있는 개념들이다. 그리고 우리는 우리 자신 내부에 유의미한 것을 저장하는 것이 아니라, 오히려 유의미한 것에서 살고 유의미한 것에서 편안한 것이다. (…) 유의미한 것은 세계 자체이다. (ibid.: 231)

그러나 메를로-퐁티와 하이데거 저작의 양상들을 종합하는 한 관점에서, 표상주의에 대한 가장 자주 반복되는 한 답변을 계속 제출하는 사람은 드레이퍼스이다. 드레이퍼스에게 기본적인 일상 대처 또는 자극에 대한 실시간 적응 반응들이 반드시 표상을 포함하는 것은 아니다. 만일 포함했다면, 그리고 이런 표상이 기호 형식으로 체계화될 수 있었다면, 인공 지능이 그것을 하는 데 훨씬 더 성공했었을 것이라고 드레이퍼스는 주장한다. 『기계를 넘어선 정신』에서 드레이퍼스와 그의 형제 스튜어트는 다음과 같이 선언하였다.

> 현재의 인공 지능은, 데카르트 이래 철학에서 현저한, 모든 이해가 적절한 표상의 형성과 사용에 있다는 생각에 기초한다. 추론 기구의 성격을 고려해 볼 때, 인공 지능의 표상은 형식적인 표상이어야 하며, 따라서 상식적 이해common-sense understanding는 명확한 명제, 믿음, 규칙 및 절차의 광대한 체계로 이해되어야 한다. 그렇게 표명되었지만, 지금 까지 문제는 해결되지 못했다. 우리는 앞으로도 그럴 것이라고 예상한 다. (드레이퍼스 & 드레이퍼스, 1988: 99)

이런 견해에서 지능은 형식적 규칙에 따른 물리적 기호의 조작에 있지 않으며, 실제적인 세계 참여는 그것의 가장 기본적인 수준에서 볼 때, 사람들이 무엇을 하는 물질적인 배경으로부터 추상될 수 있는 심적 표상이나 지향적 내용에 의해 중재되지 않는다. 학습과 지능에서 신체의 필요성에 대한 허버트 드레이퍼스의 강조는 체화 심리학embodied psychology의 일부 심리학자들(라코프 & 존슨, 1999)에 의해 공유되며, 인지 전통에 살포되었다.(예컨대 클라크, 1997을 보라) 우리가 정보, 사태의 표상(이 사태에 관한 믿음과 다른 사태에 대한 욕망)을 처리하고 있다고 주장하는 정신의 설명에 답변하면서, 드레이퍼스는 우리가 사용하고 있는 것으로 추측되는 일종의 '만일 …라면, …이다if-then' 원리들이 타당해 보이지 않는 철학적 재구성이라고 말한다. 비록 우리가 관련 규칙과 원리를 모두 나열하는 엄청나게 길고 정교한 목록을 가졌다 할지라도, 이런 무수히 많은 원리와 규칙을 사용하는 것은 언제 그것들을 사용할 것인지에 관한 좋은 판단을 요구할 것이다. 이런 종류의 실천적 지혜는 정확히 컴퓨터가 가질 수 없다고 드레이퍼스가 말하는 것이다. 왜냐하면 컴퓨터는 한 기존 문화에서 우리가 일을 배우는 체화된 방법에 기초한 이런 배경 지식을 가지지 못하기 때문이다.

『체화된 정신』에서 바렐라 등(1992)도, (주로 후설, 하이데거와 메를로-퐁티와 같은) 다양한 대륙 철학자들에게 힘입어서 정신-세계 관계를 반표상주의적으로 설명한다. 그들도 인지적 표상주의에는 3개의 문제가 많은 가정이 있다고 주장한다.

> 첫 번째는 우리가 길이, 색깔, 운동, 소리 등과 같은 특수한 속성을 가진 세계에서 거주하고 있다는 가정이다. 두 번째는 우리가 내적으로 그것들을 표상함으로써 이런 속성들을 정리하거나 재생시킨다는 가정이다. 세 번째는 이런 일을 하는 하나의 독립적인 주관인 '우리'가 있다는 가정이다. 이런 세 가정은 세계가 존재하는 방식에 관한, 우리가 무엇인지에 관한 그리고 어떻게 우리가 세계를 알게 될 수 있는지에 관한, 실재론이나 주관주의/객관주의를 강하게, 종종 은연중에 그리고 의문의 여지 없이, 수용하기에 이른다. (ibid.: 9)

다른 한편, 발제적enactive 접근법에서, 인지는 선재하는pre-given 정신에 의한 선재하는 세계의 표상이 아니라, "한 세계 내 존재가 수행하는 다양한 행위 내력에 기초한 세계와 정신의 제정enactment이다."(ibid.) 따라서 인지 구조는 행동으로 하여금 지각적으로 안내받을 수 있게 해주는, 반복되는 감각 운동 패턴sensorimotor pattern으로부터 출현하는 것으로 여겨진다. 많은 면에서 이것은 하이데거와 메를로-퐁티의 현상학적 존재론의 현대적 발전이며, 갤러거와 자하비는 『현상학적 마음』에서 대륙에서 크게 유행하고 있는 표상에 대한 의심을 잘 포착한다.

> 지각이 표상 내용이나 개념적 내용을 가진다고 말하는 것이 관례였었
> 다. 그러나 아마도 그런 식으로 말하는 것은 지각 경험의 상황적 성격을
> 충분히 포착해내지 못할 것이다. 내가 차를 몰 수 있는 것으로서 표상한
> 다고 말하기보다는, 차가 — 차의 디자인, 내 몸 형태와 동작 가능성
> 그리고 환경 상태를 고려할 경우 — 달릴 수 있고 나는 차를 그렇게
> 지각한다고 말하는 것이 더 좋다. (2008a: 8)

대화

정신을 추론 기구와 같은 것으로서(그리고 주로 믿음과 욕망 간의
추론적 관계에 의해 유발되는 것으로서) 강조하는 정신에 대한 이론적
설명과, 도구적 합리성을 주관성의 일부로 보기는 하되 파생적인 부분으로
보는 정신에 대한 반이론적 설명 간에는 상당한 차이가 있는 것처럼
보인다. 물론, 인류, 원숭이 및 일부 다른 동물에게서 보이는 지능적인,
융통성 있는 행동이 정보에 민감하게 반응하는 것이라는 점은 분명하다.
그렇다면 문제는 이것이다. 어떻게 우리는 이것을 가장 잘 설명할 것인가?
표상주의적 정신 이론이 말하는 것처럼, 우리가 세계의 표상을 형성하고
그것으로부터 추론하고, 그런 추론에 비추어서 우리 행동을 이끌어간다
등등이라고 결론지어야 하는가? 분명히 인지 과학과 밀접하게 관계된
분석적 정신 철학의 편에서, 최근까지 우리가 내부 표상에 호소함으로써
— 즉, 정보 민감성 — 지능적 행동을 설명해야 한다는 생각은 공인된
진리의 지위를 누렸다. 뇌를 유기체 전체와 동떨어져 있는 것으로 이해하려
는 이런 관점에서, 지능의 원천들은 근본적으로 뇌의 내적인 추론 메커니즘
과 식별력discrimination이다.(휠러, 2001) 심지어 좀 더 행동주의적인 측면의

분석적 정신 철학도 무언가 같은 경향성을 드러낸다. 예컨대 대부분의 그런 입장에서, 뇌 상태와 심적 상태 사이에 유형 예-유형 예token-token 동일성 이론과 같은 것이 있다고 (실제로 이것은 종종 이 영역에서 어떤 유물론자가 수용하는 기본적인 주장인 것으로) 생각된다.

누가 봐도 알 수 있는 것처럼, 드레이퍼스의 입장과 예컨대 프랭크 잭슨의 입장 간의 차이는 (분석 전통에서 그 차이가 비길 데 없이 큰, 비트겐슈타인의 것과 같은 다른 입장들이 있을지라도) 아주 뚜렷하다. 드레이퍼스는 명제 태도들(믿음, 욕망)이 다양한 부류의 숙련되고 지능적인 활동을 위해 요구되지 않는다고 주장한다. 켈리와 함께 쓴 논문에서 그는 다음과 같이 말한다.

> 한 예로 방에서 나가는 사람을 생각해보라. 우리는 그가 당당하게 문을 향해 걸어가서 문을 통과하는 것을 관찰할 수 있다. 만일 우리가 그의 행동을 이해하려고 한다면, 우리는 그가 방을 떠나려는 욕망을 가지고 있고, 다른 많은 믿음 중에서도 문을 이용해서 그가 방을 떠나겠다는 믿음을 가지고 있다고 상상할 것이다. 더욱이 만일 그 사람이 자기의 경험을 되돌아보라고 요구받고, 또 방 넘어서까지 바닥이 이어졌는지도 믿었는지 아닌지에 대해서 어쩔 수 없이 선택해야 했다면, 그는 문 바깥쪽에 갈라진 틈이 아니라 바닥이 있었다는 것을 믿었다고 결론지어야 할 것이다. 그러나 그가 방을 떠났을 때의 경험을 보고하게끔 우리가 그를 길들였다면, 사르트르와 심리학자 J. J. 깁슨이 예측했을 것처럼, 우리는 그가 문이나 바깥쪽 바닥에 대해 생각해보는 일 없이 그냥 '나가는 것to-go-out'으로 대답했다는 것을 알게 될 것이다. 실제로는 전혀 아무 믿음도 들어 있지 않다. (드레이퍼스 & 켈리, 2007: 49)

그러나 잭슨과 데이빗 브래던-미첼은 이 '아무 생각 없는 대처mindless coping'를, 행동이 성향적인 명제적 믿음과 같은 것에 의존한다는 것을 강조하면서, 매우 다르게 해석한다.

> 우리의 행동을 안내하는 바로 그 믿음과 욕망은 전적으로 우연적인
> 것이 아니다overwhelmingly non-occurrent. 우리가 생수를 마시기 위해 냉장고
> 로 갈 때, 주방의 공간적 배치, 거리 이동에 수반되는 노력을 최소화하려
> 는 욕망 및 무수한 다른 것들이 전부 이 과정에 공헌하고 있다. (1996:
> 137)

그들은 계속 다음과 같이 말한다.

> 우리는 우리가 따르는 규칙들을 꼼꼼히 다 기록할 수 없다. (…)
> 하지만 우리가 이런 판단을 내릴 때 (부분적으로 암암리에…) 우리가
> 따르고 있는 규칙들은 있어야 한다. 대안은 우리가 기적에 의해 판단을
> 내린다고 하는, 믿기지 않는 것이다. 따라서 지금 여기에서 우리에게
> 가능한 것이 합리성의 부분적인 체계화codifying일 뿐이라는 것이 사실이
> 라 할지라도, 얻을 수 있는 충분한 체계화가 있을 것이다. (ibid.: 156)

이런 관점에서, 서 있다는 것은 지면이 단단하고 우리에게 두 다리가
있다는 등의 믿음을 전제한다고들 하는 것이다. 물론, 이 설명이 얼마나
'지성주의적intellectualist'인지는 상당 부분 잭슨과 브래던-미첼이 제공하는
관련 믿음 및 욕망 이론에 의존한다. 즉, (양자가 대체로 지지하는) 루이스의
도해적 설명과 같은 것에서, 여기서 확인되는 개인의 믿음들은 어떤 의미에
서 전체 믿음-상태로부터 추출된 것이다. 그런 입장에서, 믿음-상태는
정확히 믿음, 욕망과 행동 간의 관계nexus를 통해 그 내용을 획득한다.
즉, 그것은 그 내용으로서, 그 각각이 현실로 되었더라면 행위자의 행동이
나 그녀의 욕망을 성공시키게끔 해줄 그런 가능 세계들의 집합을 가진
다.[5] 따라서 은연중 내포한 배경적 믿음이라는 속성은 처음 보였을 때와는

달리 오히려 덜 수용되는 것으로 드러난다. 실제로 그 설명은 데넷의 것과 같은, 정신에 대한 도구주의적인 설명을 상당량 공유한다. 그런데도 불구하고, 그리고 이런 경고에도 불구하고, 우리의 의견은 대륙 철학자들이 그런 지성주의적 입장을 거의 받아들이지 않는다는 것이다. 여기서 가장 기본적인 면에서 개관된 대안적인 관점은, 실존 현상학자들 및 그들에게 신세 진 인지 과학자들이 지지하는, 체화된 이해와 실천지 know-how의 모델일 것이다. 잭슨과 브래던-미첼의 규칙 지배적 설명에서 신체 지향성은 정신의 믿음-욕망 지향성에서 파생되는 반면, 드레이퍼스와 그 밖의 대륙 철학자에게는 그 반대인 것처럼 보인다. 잭슨은 우리가 지도 및 그림과 유사한 표상들을 가지고 생각한다고 주장한다. 메를로-퐁티는 깊이 지각perception of depth이 운동과 행동을 (하이데거에게는 세계-내-존재와 거주) 먼저 전제하는 것이지, 지도나 그림을 먼저 가진 후 그것 안에서 행동하는 것이 아니라고 말한다.

때때로 적대적인 동료였던 드레이퍼스와 존 썰 간의 30년여에 걸친 일련의 논쟁의 핵심에도 유사한 우려들이 있다. 드레이퍼스의 견해에 반대해서 썰이 주장하는 것처럼, 우리는 임의의 한 행동과 관련하여 성공이나 실패에 앞서 지정된 하나의 목표를 표상해야 하는가? 썰은 임의의 한 활동을 위한 만족 조건들이 행위자 마음속의 목표이어야 하거나, 또는 무의식적이라면 우리가 의식적으로 간직할 수 있었던 목표이어야 한다고 생각한다. 반면에 드레이퍼스에게 썰의 설명은 행동acting 경험이 정신에서 세계로 가는 인과성 방향을 가진다는 것을 전제한다. 그러나 드레이퍼스에게 이것은 숙련된 대처에서는 일어나는 일이 아니다. 즉, 그것은 세계에서 정신으로 가는 인과성도 포함하는, 환경과의 구조적인 결합coupling과 더 닮은 것이다.[6] 물론, 드레이퍼스식 설명의 위험은, 썰이 단언했던 것처럼

<hr />

5. 욕망에 대해서도 이와 유사한 설명을 할 수 있다. 그런 순환성이 악순환적이 아니라는 것이, 완전히 논쟁거리가 안 되는 것은 아니지만, 관계망(network) 정의를 만들어내기 위한 유명한 장치들의 활용 가능성을 고려할 때 상당히 그럴싸하다.

우리 세계–내–존재가 본래 무심하게 대처하는 자인 것처럼 보이게 된다는 것이며, 따라서 아마도 우리는 몇몇 관계된 견해들에 대한 잭슨의 상식적 항변을 감안해야 할 것이다. 즉, 사고가 표상적이라는 것을 의심하는 사람들은 자기들 주머니에 있던 지도가 그들을 특수한 학회 장소에 데려다 준 것으로 생각해야 한다는 항변 말이다. 이것이 온당한 주의fair reminder인 한, 그 역 위험은, 하나의 이론적 태도, 즉 철학자들의 태도가 명백히 적합하지 않은 실존 형식에 소급적으로 부과될 수 있다는 점이며, 따라서 이론적 태도의 가능 조건들(개체 발생적, 현상학적, 유년기적 발전 등)을 충분하게 주의하지 않게 된다는 점이다. 이 문제는 아마도 특히 고차 표상주의자들higher–order representationalists에게 긴급한 일일 것이다. 그런데 그 답이 많은 분석 철학자와 대륙 철학자를 분리해주는 한 중요한 문제는 이것이다. 체화된 실천지know–how와 이론지knowledge–that 간의 관계는 무엇인 가? 라일, 브라이언 오쇼네시, 마이클 마틴, 수잔 헐리, 네드 블록 그리고 그 밖의 유명한 몇몇 분석 철학자들은, 그들의 작업을 일부 대륙 철학자의 작업과 연결해주는 이 쟁점에 의견을 공유하기는 하지만, 그들은 그들 전통에서 이례적으로 남아 있다. 더구나 이 문제에 대한 그들의 답변은 적어도 어떤 희석된 의미에서 정신이 표상적이라는 주장을 (통상적으로) 배제하지 않는다. 맥도웰의 『정신과 세계』에서 또는 테일러, 로티 및 (곳곳에서) 데이비슨[7]이 말하는 것처럼, 어디에다 표상이라는 중요한 것을 쓸데없는 것과 같이 몽땅 버린단 말인가Where the representational baby is wholeheartedly thrown out with the bathwater? 그런 철학자들이 후기–분석적이라는 꼬리표를 달고 있는 것은 아마도 우연이 아닐 것이다. 많은 면에서 대륙적인 반표상주의적인 전통에 있는 드레이퍼스, 메를로–퐁티 및 그 밖의 사람들은, 이전에 흄이 했던 하나의 단순한 주장을 하고 있다. 어떻게 어린이는 춤을 또는 심지어 언어를 배우는가? 보통은 규칙 따르기를 통해서가 아니라 체화된

---

6. 예컨대, 우라탈 & 말파스(2000)에서 드레이퍼스와 썰 간의 언쟁을 보라.
7. 데이비슨의 표상주의나 반표상주의에 대해서는 로티(1988)를 보라.

모방embodied imitation을 통해서이다(이 답을, 어째서 우리가 다른 규칙이
아니라 이 규칙을 따를 수 있는지와 같은 관련된 질문에 대해 크립키
식 해석의 비트겐슈타인이 내놓은 답변과 비교해보라. 어떤 규칙을 따를
것인지에 관한 아무런 사실도 없다. 그럼에도 불구하고, 여기서 우리가
규칙 지배적 행동을 하고 있다고 여기는 것은 우리를 위해 어떤 역할을
한다). 물론, 지능적 행동과 인지를 설명하는 암묵적 규칙이 있다는 가정을
옹호하는 이야기가 더 있을 수 있다. 즉, 예컨대 언어 인지에서의 순수한
경험주의는 자극 논증 빈약성을 이야기하는 촘스키를 고려할 경우 난점에
직면한다. 이런 우려들의 합conjunction은 잭슨과 브래던-미첼이 제안하는
것처럼 다음과 같은 어쩔 수 없는 대안을 우리에게 보여주는가? 암묵적
규칙들은 정신을 뒷받침하는가 아니면 우리는 마술과 유사한 설명에
호소해야 하는가? 또는 신체 지향성을 주제로 삼는 것은, 경험주의에
대한 촘스키식의 우려에 지배받지 않으면서도 자연주의적으로 꽤 괜찮은
중도의 길을 제공하는가? 여기서 이런 문제를 해결하지 않은 채, 우리가
논의해왔던 대륙적 견해와 분석적 표상주의가, 저마다 상대방의 가망성과
문제에 민감한, 성숙한 상대라는 지위에 도달했다고 생각할 이유가 있다.
(그냥 뇌 속 이해라기보다는) 체화된 이해로서의 인지라는 개념에 대한
끈질긴 분석적 저항 및 표상 개념의 중심성에 대한 대륙적인 우려를
고려해볼 때, 그런 대화가 일어날 것인지는 두고 볼 일이다.

제19장

윤리학과 정치학

— 이론적 접근법과 반이론적 접근법

20세기 역사의 상당 기간 동안 분석 철학은, 적어도 1970년대 초기 응용 윤리학 및 규범 윤리학에 대한 관심이 부활하기 전까지는, 윤리적이고 정치적인 사회 참여로부터 메타 윤리학으로 후퇴하였다. 영향력 있는 학술지 『철학과 사회 문제』가 롤스의 획기적 저작인 『정의론』이 출간되었던 해인 1971년에 창간되었고, 피터 싱어의 『동물 해방』은 1975년에 출판되었다. 어떤 이는 이런 규범 윤리학의 포기를 매카시즘 시기 동안 미국에서의 분석 철학의 성공을 부분적으로 설명해주는 것으로 (존 맥컴버의 『만취 시대』를 보라) 보았었다. 논리 실증주의자들의 위압적인 의미 이론들에도 불구하고, 또는 그들의 위압적인 의미 이론들 때문에, 그들이 좌익이었고, 또 종종 개인 생활로 정치적으로 참여했다는 것은 주목할만하다 할지라도 말이다. 대륙 쪽에서 철학자들은 종종 철학적이고 사회 정치적인 의견들을 함께 중첩시키면서, 아마도 사회 정치적인 문제에 손을 더럽혔을 것이다. 그것이 (하이데거의 경우) 나치즘과 함께였든, 일반적으로 전체주의, 근대성 및 자본주의에 비판적인 관계를 맺었든 간에 말이다. 베르그손, 보부아르, 사르트르, 메를로–퐁티(뒤의 세 사람은 『현대』를 만든다), 알튀세르,

들뢰즈, 데리다, 푸코 등은 모두 윤리-정치적인 문제들에 크게 관여했었다. 누구보다도 볼테르와 졸라로부터 유래하는, 사회 참여 지성인이라는 프랑스 전통을 지키면서 말이다.

분석적 정치 철학과 대륙적 정치 철학에는 정치적인 것을 다루는 두 개의(아마도 그 이상의) 경합하는 방법이 간직되어 있는 것처럼 보인다. 대륙 전통에서의 윤리-정치적인 반성은 정치적인 것을 매우 넓게 생각하려고 하며, 그와 같은 철학적 개입은, 심지어 예술적이고 양식적인 혁신까지도, 항상 정치적인 개입이기도 한 것이다.(예컨대, 랑시에르의 영향력 있는 책『미학의 정치학』을 보라) 그것은 또한 일반적으로 개념적이면서도 경험적인 질서와 관련하여 폭력의 문제 주위를 향하고 있고, 또 자본주의, 현대성 등과 같은 대국적인 문제에 무엇보다 중요한 관심을 보인다. 바디우는 1940년대 이후 프랑스 철학이 아래의 것을 원한다는 점에서 독특하다고 말할 때, 이 몇 가지 것을 정확히 포착한다.

> 철학을 정치 철학을 통한 우회로 없이, 직접적으로 정치 무대 안에 가져다 놓는 것. 철학을 그 현존과 존재 방식에서 전투적인 관행으로 만들기 위해서, 소위 '철학적 전사philosophical militant'라는 것을 창조하는 것. 그저 정치에 대한 반성이 아니라 실제적인 정치적 개입. (2005: 76)

그런 야망은 아마도 대륙 파시즘에 대한 또는 분석 철학자에 의해 표현된 절대주의 체제에 대한 끊임없는 우려 뒤에 숨어 있을 것이다. 확실히 그런 야망과 비교해서, 많은 분석적 정치 철학은 정치적인 것을, 다원주의 사회에서 우리가 공적으로 주장하는(그리고 정당화하는) 우연적인 영역으로서(따라서 분석 철학의 불참 자유주의), 훨씬 더 좁게 생각한다. 예컨대『정의론』에서 롤스는 한 정의로운 사회에서 유효해야 할 뿐만 아니라 어떻게 시행될 것인지에 대한 분명한 지침까지도 우리에게 보여주는 분배 원리들을 수립했다고 주장하였다. 그의 의도는 특히 민주주의의 안정성을 확보하기 위한 원리를 발견하는 데에도 있다. 그런데 그것의 유토피아적이고 중요한 추동력을 고려할 때, 이것은 대륙 정치 철학의 주목을 거의 받지 못했다. 예컨대 분석적 정치 철학자들은 통상 '현대성 비판'을 표명하는 데에는 관심이 없다. 그러나 니체, 비판 이론가들, 들뢰즈, 데리다를 포함한 많은 대륙 철학자들은 새로운 것, '도래할' 것을 생산하려고 하거나, '빠뜨린missing 사람'을 불러온다.(들뢰즈 & 가타리, 1994: 99) 이런 요소가 없는 정치 철학은 그저 기존 제도를 집성하는 것이 될 우려가 있으며, 새로운 것에 대한 여지를 남기지 않은 채, 직관들의 재편성reshuffling, 명백히 우리의 사회생활이 부분적으로 입각하고 있는 '모두가 다 아는' 입안들의 재편성이 될 우려가 있다.

이번 장에서, 우리는 공리주의와 윤리-정치적인 것에 대한 자유주의적 논의와 함께 시작하는데, 이 중 어느 것도 대륙 전통에서는 크게 눈에 띄지 않는 것이다. 우리는 또한 하나의 예로서 롤스와 더불어, 분배적 정의, 정치 이론에서 직관의 역할, 정치 철학에서 (무의식적인) 감정과 욕망의 역할에 초점을 맞추는 것에 대해 보이는 대륙적인 염려도 고찰한다. 그런 후 분석적 측면에서 일부분 결여하는 것, 덕 윤리의 결여에 주의를 돌릴 것이다. 우리는 다수의 대륙 철학자가 반이론적인 덕 윤리학파anti-theo-retical virtue ethical school에 속하는 것으로 여겨질 수 있다고 주장하며, 또 분석 철학에서 덕 윤리에 대한 다른 응대를 살펴봄으로써 분열을 평가할 것이다.

자유주의와 공리주의

현대 분석 철학은 대륙 철학보다 자유주의에 대해서 현저히 더 관용적이다. 공리주의처럼 이것은 분명히 밀로부터 물려받은 유산일 뿐만 아니라, 알다시피 로크와 칸트에게도 그 뿌리를 두고 있다. 자유주의를 두고 벌린과

H. L. A. 하트가 벌인 영향력 있는 초기 분석적 논의가 있었을지라도, 분배적 정의 문제에 대한 분석적 논의는 롤스의 자유주의적 강령인 『정의론』으로 인해 활기를 띠게 되었다. 이 책은 일종의 평등주의적 자유주의 시민 사회가 정당하다는jus 것을 보여주려 한다. 롤스는 무엇보다도 소중한 '공정으로서의 정의justice as fairness'의 분배적 필요를 강조한다. 이것은 사회 제도가 자원을 할당하는 데 도덕적인 전횡을 피하는 사태를 말한다. 우리가 적절한 제도를 설립하려는 절차 — 무지의 장막하에서의 의사 결정 — 는 우리를, 우리 자신의 사회적 상황, 능력, 종교, 성 및 인종뿐만 아니라, 훌륭한 삶에 대한 우리 자신의 개인적 개념과도 떼어놓은 채로 이루어져야 한다. 그런 상황 밑에서 우리는, 경제적 이익도 사회 질서 하층에 있는 자들의 자율성도 다 보호하는, 최소 극대화maximin 원리를 선호할 것이라고 롤스는 주장한다. 더 나아가서 롤스는 칸트적인 의미에서 최소 극대화 원리에 따라 행동하는 행위자가 자율적으로 행동할 것이라고 주장한다. 왜냐하면 "그들은 자유롭고 평등한 합리적 존재로서의 그들 본성을 가장 잘 표현하는 조건하에서 그들이 인정할 원리에 따라 행동하고 있기" 때문이다.(2005: 515) 무지의 장막하에 있는 사람의 상황이 자유롭고 평등한 합리적 존재로서의 우리의 본성을 가장 잘 표현하리라는 것은 물론 여기서 일종의 공평성impartiality을 표현하는 것인데, 그 안에서 사회 조직에 관한 결정은 상대적으로 배경과 무관한, 사심 없는 합리적 행위자들에 의해 이루어져야 한다.

공리주의와 그것의 결과주의 후예들도 롤스가 인정하듯이 분석 철학 내에서 영향력이 있다. 대부분의 공리주의자가 우리의 일상적인 도덕적 직관과 더 잘 일치하도록 고안된 판본들을 받아들일지라도 말이다. 이 입장의 가장 간단한 판본은 행위 공리주의act utilitarianism이다. 행위 공리주의는 수행하기 올바른 행위란 결과적으로 가치를 극대화시켜 주는 행위라고 주장한다. 내 행위의 결과는 종종 측정되기 어렵기 때문에, 올바르게 행위하는 것은, 비난받을 짓을 피하기 위해서 어느 정도 그것의 행위

주도적인 효과를 빼앗기게 된다. 행위 공리주의자는 이에 답하면서 한 이론의 결정 과정이 그것의 올바름 기준에서 벗어날 수 있다는 점을 지적한다. 만일 시간이 부족하다면, 우리는 있는 것 중에서 그런대로 쓸만한 선택지를 고르는 것으로써, 또는 여러분이 생각할 동안 가진 선택지 중에서 가장 좋은 것을 고르는 것으로써, 또는 그냥 주먹구구식 셈을 따르는 것으로써 만족할 수도 있다. 반면에 규칙 공리주의자rule utilitarian는 (아마도 한 행위자나 사회와 연동된) 올바른 규칙 군이 최선의 결과를 일으킬 규칙 준수 군set of rules compliance이라는 입장을 택한다. 여기서 최선의 결과는 그만큼 가치를 극대화하는 결과이다. 적어도 일부 규칙 공리주의자는 이 점에서 옳음에 대한 인식적 접근의 문제가 최소한 줄어들게끔 주의한다. 예컨대 브래드 후커는 다음과 같은 방법을 제안한다.

> 압도적인 다수의 사람에 의해 내재화되어서 더 나은 결과를 일으킬 것으로 온당하게 기대될 수 있었을 다른 법전code이 전혀 없게끔 할, 그런 규칙들의 법전을 찾아라. 둘 또는 그 이상의 법전이 이 시험을 통과할 수도 있을 것이다. 탁월한 기대치를 가진 이런 법전 중에서, 관습적인 도덕과 가장 가까운 것이 어떤 부류의 행동이 그른가를 결정한다. 한 행위자는 만일 그녀 또는 그가 그릇된 행위를 한다면, 이것이 적법한 무지에서 기인하지 않는 한, 책망받을 것이다. (1998: 21~22)

이 입장의 일면적 결과는 규칙 공리주의가 공평성에 대한 행위 공리주의 극단적인 수용을 약화시키려 한다는 것인데, 이는 행위자−상대적인 믿음agent−relative attachment이나 정의의 문제를 경시하는 반직관적인 결과들을 일으킬 수 있다. 그럼에도 불구하고, 양 공리주의는 모두 행위자 중립성 쪽으로 자연스럽게 기울어져 있는 편인데, 현행 분석적 논쟁에서는 이처럼 공평주의적impartialist 입장이 여전히 목소리를 내고 있다.

많은 이들이 주목해왔듯이, 어떤 현대적 형태의 공리주의와 경제학 및 그 밖의 분야에서의 모델 합리적 행위에서 사용된 형식적 체계 사이에는 하나의 구조적인 유사성이 있다.[1] 합리성과 공리주의 간에 있다고 여겨지는 직접적인 연관은 정황상 헨리 시즈위크의 경우로까지 거슬러 올라간다. 현대 철학에서 존 하사니(1978)와 존 블룸(1991)은 롤스의 본래 입장 사례의 변형에 의거해서, 그러나 무지 상태에서의 결정 상황에서 (최소 극대화보다는) 불충분 이유율a principle of insufficient reason의 사용을 지지하면서, 그 입장에 대한 계약주의 정당화를 제시해왔다. 실제로 결단 이론은, '효용 극대화utility maximization'의 언어로까지 소급되는, 상당히 개인주의적 공리주의의 주관화된 판본인 것처럼 보인다.

이제 우리가 확인할 수 있는 한, 그 어떤 유명한 대륙 철학자도 공리주의에 동의한 적이 없으며 놀랍게도 분명히 거의 다들 자유주의에 동의하지 않았다. 이것은 중요한 이례anomaly이다. 역사적 사실들이 부분적으로 이 상황을 설명해준다. 19세기 동안 독일에서 공리주의를 중요한 발판으로 삼을 수 없었을 것 같은 독일 관념론과 낭만주의 풍조를 포함해서, 벤담의 공리주의는 로크와 뉴턴으로부터 발원한 합리주의적인 '기계-입자mechanico-corpuscular' 철학의 산물이었다고 코울리지가 거의 올바르게 주장했다는 느낌을 적어도 고려할 경우에 말이다.

하지만 역사는 20세기와 그 이후에도 계속된 홀대를 충분히 설명해주지 못한다. 자유주의를 홀대한 하나의 가능한 이유는, 어떤 실존주의의 표명이 개인의 중요성을 강조하고, 후설의 현상학이 방법론적인 주관주의를 전제로 하고 있는 것처럼 보일지도 모른다는 점에도 불구하고, 대륙 철학이 상호 주관성을 주제로 잡아 논의하는thematize 일에 몰두하고 있다는 데 있다. 키르케고어, 니체, 사르트르 등이 개인에 초점을 맞추어오기는 했지만, 그런 경우에 관계된 근본적인 단독성radical singularity은 이들 철학자가 모두 욕하는 아무개das Man, 대중, 군중 등의 종종 숨 막히는 규범들을

- -

1. 공리주의의 기원들— 유용성 계산에 대한 벤담의 강조, 윤리학 못지않게 경제학에 대한 밀의 관심—을 고려할 때, 이것은 전혀 놀라운 일이 아니다.

넘어서는, (벌린 이후 많은 자유주의자가 공표한 소극적 자유를 포함하여) 일반적인 규범prescription의 가능성을 배제한다. 좀 역설적으로, 이런 실존주의적인 정서를 고려할 경우, 현상학은 공동체주의communitarianism에 힘을 빌려준다는 주장도 가능하다. 앞으로 보겠지만, 드레이퍼스는 이것을 명시적으로 주장한다. 그러나 그는 자기 작업과의 이런 연관을 언급하는 유일한 현상학자가 아니다. 그 모두가 하이데거에게서 영향을 받았던, 찰스 테일러, 리쾨르 등과 같은 '신-현상학자들' 또는 해석학적 현상학자들을 생각해보라. 또한 메를로-퐁티, 보부아르와 같은 실존 현상학자들이 제기했던 초기의 명백한 자유주의 비판을 상기하는 것도 가치가 있다.[2] 그들은 본질적으로 자유주의의 원자론적 주체 개념에 내재한 난점에 주목하는 공동체주의자communitarian들이다. 그들은 홀로 떨어져 있는 합리적 행위자라는 가정을, 규제적 이념으로조차도, 또는 (롤스와 더불어) 정의가 공정이라는 생각에 우리의 직관적인 동의를 담아내는 발견적 장치로서조차도 받아들이지 않을 것이다.

분석적 정치 철학에서의 분배적 정의

분석적 정치 철학의 (유일한 주요 사안은 아니더라도) 한 주요 사안은 분배적 정의인데, 이는 『정의론』 이래 자유주의에 대한 분석 철학 작업의 중심에서 움직였던 주제이다. 이렇게 분배적 정의에 집착하는 것을 두고 마이클 왈저, 윌리엄 코널리, 보니 호니히 및 아이리스 매리언 영(특히 왈저, 1984; 호니히, 1993; 영, 1990을 보라)이 많은 것을 이야기해왔다. 이 중 뒤의 세 사람은 모두 그들의 비판을 시작하기 위해서 실질적으로

---

2. 메를로-퐁티(1969a)와 보부아르(1976)를 보라. 그들의 정치 철학을 일종의 공동체주의가 되지 않도록 막아주는 유일한 것은 그들 저작에서 주인-노예 변증법 식의 설명을 고집하는 것이다.

대륙 철학자들에 의지하며, 또 그 자신들을 대륙 철학자라고 생각할 수도 있다. 코널리, 호니히, 영 그리고 독일 인정 이론가theorist of recognition 악셀 호네트도 분배적 정의에 몰두하는 대신, 지배, 압제 및 권력과 같이, 좀 더 기초적인 정의에 대한 관심이라고 그들이 생각하는 것으로 귀환하려고 해왔다. 물론 이런 주제들은 모두 헤겔의 '인정 투쟁struggle for recognition'에 의해 전면에 등장했고, 맑스도 분배적 정의에 중점을 두는 것을, 불가피하게 생산력에서의 불평등이라는 더 중요한 문제를 소홀히 하는 것으로서 비판하였다. 이 모든 다양한 관점에서 볼 때 더 중요한 것으로, 분배적 정의에 분석 철학이 중점을 두는 것은, 영(1990: 8)이 표현하는 것처럼, 행함보다는 가짐(즉, 소유함)에 몰두하고 있다는 점에서, 그 자체가 일종의 자본주의적 관계의 사물화reification라는 느낌이 든다. 그녀에게 이런 편향성 은 지배 및 압제와 관계된 문제와의 적절한 교전을 배제하며, 또 문제는 분석 전통에서의 도덕적이고 정치적인 이론들이 계획적이고 의식적인 행동에 — 즉, 행위자의 현재 목표와 선호 — 초점을 맞춘다는 사실로 인해 심각해진다.(ibid.: 11) 그리하여 그녀는 이런 종류의 계산할 수 있는 합리주의들이, 자유주의적인 변형이든 공리주의적인 변형이든 간에, 사람 들이 종종 자기들의 현재 선호와는 상반되게 행동하는 것을 이해하기 어렵다는 점을 알게 될 것이라고 말한다. 즉, 더 비합리적인 정치 형태들은 설명하기 어려워진다. 그런 정치 형태들을 영속시키는 행위자나 집단들은 해당 체계와는 이질적인 것으로서, 사고뭉치, 비정상인, 범법자, 부랑아로 취급될 수 있을 뿐이다.

물론 대부분의 영미 정치 철학자들은 분배적 정의에 초점을 맞추는 것이, 정치 철학 그 자체는 차치하고라도, 정의의 모든 차원을 샅샅이 다루지 못하리라는 점을 지적할 것이다. 실제로, 어떤 이는 자존self-respect, 권리, 권력 등과 같이 사회적으로 구성된 현상들의 분배를 고찰하면서, 뭐라고 꼬집어 더 말할 수 없는 문제를 분배의 체계로 이동시켜버린다. 영은 이런 확장이 그런 정치적인 가치들을 사회적이거나 시간적인 과정으로 취급하기보다는, 우리가 소유하거나 소유하지 않는 고정적인 물품으로서 취급한다고 불평한다.(ibid.: 16) 왜곡에 관한 이런 식의 불평은 분석적 문헌에서도 나타난다. 예컨대 노직(1974: 198~199)은 이런 식의 패턴화된 분배적 정의관을 두고, 그것의 무역사주의ahistoricism에 반대론을 펴며, 또 마치 재화와 자원이, 그의 기념할 만한 문구에 따르면 '하늘에서 떨어진 만나'같이 신들로부터 내려온 것처럼 행동하는 것에 반대론을 편다.

직관과 무의식

우리의 직관적인 판단에 방법론적으로 의존하는 것도 분명히 많은 후–롤스적인 도덕 철학과 정치 철학에서 전제되고 있다. 왜냐하면 그것은 주로 반성적 평형 방법에 의지하고 (그리고 그렇게 하면서 특수한 직관들을 끌어내려고 마련된 사고 실험에 의지하고) 있기 때문이다. 후커는 여러 다른 논문과 그의 책 『이상적 규범, 현실 세계』에서, 어떤 적절한 도덕 이론의 첫 두 조건이 다음과 같은 것이라고 명시적으로 주장한다. (i) 그것은 "우리가 공유하는 도덕적 신념과 일치하는 의미를 가진다." (ii) "도덕 이론들은 도덕에 관한 매력적인 일반적 믿음으로부터 출발해야 한다."(2003a: 12) 이것들은 분석 전통에서 드문 수단은 아니다. 그리고 그것들은 전에 우리가 다루었던 문제로 우리를 돌려보낸다. 예컨대 도덕적이고 정치적인 문제에서 사고 실험의 사용은 문제의 복잡성을 숨기는 단순화를 수반하는가? 그 실험의 편협성은 그것을 규범 철학의 영역으로 확장하는 것을, 그리고 우리가 무엇을 해야 하는가 하는 문제의 영역으로 확장하는 것을 배제하는가? 많은 대륙적 관점(들)에서, 이론과 도덕적 직관 간의 그런 일치match를 찾는 것은 해당 직관 기원의 문제를 애매하게 만들고, 무의식적인 것을 무시하며, 허위의식, 이데올로기 등을 포함하여 유행이 지나간 후조차도 영향을 발휘했던 다양한 맑스적인 개념들의 가능성을 무시한다.

하나의 예로서, 롤스의 '무지의 장막'이라는 가정으로 돌아가 보자. 우리는 본인에 관해 사회적으로 중요한 사실 — 예컨대, 인종, 성별, 종교, 경제 계급, 사회적 지위와 자연적 재능(2005: 12) — 대부분을 모르는 채 평등한 입장에 있는 자신을 상상해야 한다. 그리고 이런 사고 실험은 우리가 직관적으로 '정의를 공정과justice with fairness' 연관시키는 것을 예화하기 위해서이기도 하고, 그것의 의미를 알아내기 위해서 가정된 것이다. 이런 무지의 장막 아래에서, 우리는 우리 자신의 이익이 무엇이든지 간에 그 이익을 증진하기 위해서, 우리가 어떤 원리에 동의할 수 있는지를 결정해야 한다. 사회에서의 우리의 위치를 알지 못하기 때문에, 롤스는 우리가 이 사실로 인해 가장 나쁜 삶의 전망을 가진 자들을 우선시하게 만들며, 우리가 가난한 자나 피압제자가 될 수도 있는 만큼, 그들의 상황을 가급적 견딜 수 있게끔 만들어주어야 한다고 주장한다. 롤스도 사회적이고 경제적인 불평등이 사회에서 최소 수혜자the least advantaged의 (자유, 기회, 수입 등과 같은) 사회적 재화를 증진할 수 있다면, 우리가 그런 불평등을 감수하기로 할 것 같다고 주장한다. 이것은 때때로 차등 원리differential principle라고 불리는 것으로서, 그것이 최소 행운자the least fortunate의 이익이 되는 것이라면, 오직 그때에만 차등의 보상을 일으키기 위해 불평등한 능력들을 허용할 것이다.

물론, 양 전통에서 많은 사람이, 우리가 이런 상황에서 최소최대치이리라는 것이 전혀 명백하지 않다고 느꼈다. 맑스주의자는 모든 사람을 위한 사회 경제적인 절대적 평등을 선택하거나, 또는 심지어 맑스와 엥겔스가 『공산당 선언』에서 말한 "각자의 능력에 따라, 각자의 필요에 따라"라는 유명한 원리가 말하는 것처럼, 순수하게 필요에 따른 재화의 분배를 선택할지도 모른다. 하지만 롤스는, 아마도 차별적인 부 축적을 허용하는 체계로 구축된 보다 큰 유인책과 생산성 때문에, 어떤 식의 불평등을 허용하는 것이 실제로 가장 나쁜 처지에 있는 자들의 (사회적 재화의 측면에서 이해된) 삶의 질을 증진할 것이라는 점이 인정된다면, 그런 선택들은 비합리적일 것이라고 주장한다. 다른 사람들은 무지의 장막 아래에서 그들도 만인의 (또는 심지어 감수적 존재의) 행복의 총합overall aggregate을 극대화하는 공리주의 원리를 선택하고, 공정에 관해, 그리고 다른 당사자 간의 상대적으로 평등한 행복 수준에 관해 걱정하지 않을 것이라고 답변한다. 그러나 롤스는 만인의 더 큰 선을 위해 우리의 행복welfare을 희생시킬 위험이 있는 것은, 타산 면에서prudentially 비합리적이라고 말한다. 왜냐하면 장막 뒤에서는 우리도 이런 공리주의적인 계산이 사회의 다른 사람의 전체 행복을 부양하기 위해 일부 사람 또는 많은 사람을 노예로 삼는 것이 합법적일지 아닌지에 대한 확률을 알지 못하기 때문이다.[3]

롤스의 자유주의에 대한 공동체주의의 주된 비판은, 그런 자유주의가 어느 정도 장막 아래에서 결단할 수 있는 상상의 주체를 전제한다는 것이었다. 그들의 실제적인 속성과 사회적인 상황 모두가 유리되어 있음에도 불구하고 말이다. 마치 우리가 근본적으로 일체의 사회적 영향으로부터 벗어난 무연고 개인인 것처럼, 인격 동일성 개념은 논의의 여지도 없는 것처럼 보인다. 공동체주의자들은 이렇게 묻는다. 우리가 우리의 과거, 사회 상황, 훌륭한 삶에 대한 전망을 배제할 때, 무지의 장막 뒤에 있을 때, 자아에 무엇이 남아 있는가? 우리가 실제로 이런 상황에서 도대체 무엇을 결정할 수 있었을까? 이것은 여러 맑스주의자가 지지해왔던 것일 뿐만 아니라, 롤스에 대한 마이클 샌델(1982; 1996: 3~35)의 대체로 통찰력 있는 비판의 한 부분이다. 대부분의 대륙 철학자도 이를 그대로 따를 것이다. 나중에 롤스는 장막이 그저 공정으로서의 정의라는 우리 개념의

---

3. 이런 것들은 최소수혜를 채택하기 위한 롤스의 주요 논증의 면모들이다. 그가 강조하는 다른 문제들은 상황의 고유성과 엄중성 및 선택의 철회 불가능성이다. 이상한 점은 이런 문제들이 '믿으려는 의지'에서 윌리엄 제임스가 '진실한' 선택을 표현하기 위해서 사용하는 것들과 상당히 유사하다는 것이다. 즉, 생생하고, 중요하고, 긴급하다는 것. 물론 제임스는 그런 상황에서 지적인 근거에 입각한 결정이 불가능할 때 우리가 정하고 싶은 만큼 위험 수준을 설정하는 것은 비합리적이지 않다는 유녕한 주장을 펼친다.

의미와 이론적 결과를 끌어내기 위한 발견적 장치라고 주장하기에 이른다. 다시 말해서, 그것은 도덕적인 인간으로서의 인간 존재 간의 평등을 나타내는 설명적 장치, 우리가 가정적으로 묵인한 공평성 원리의 의미를 압축해서 보여주는 설명 장치이다. 그러나 만일 그렇다면, 실질적인 차이의 가능성이 처음부터 원 입장의 세부 서술details에 의해 배제되었을 것으로서, 이 상황에서 일어날 공정한 거래와 같은 것은 실제로 없을 것이다.

직관에 대한 대륙적인 우려의 또 다른 측면도 여기서 드러날 수 있다. 일상적인 도덕적 사고와 직관이 때때로 크게 갈릴 수도 있고, 심지어 모순적일 수도 있다는 것을 롤스가 인정하기는 하지만, 그의 분석에서 무의식적인 것the unconscious은 발붙일 곳이 없다. 대륙적 관점에서 이것은 상당히 중요하다. 그 개념에 대한 형이상학적 사물화가 종종 쓸모가 없을지라도, 정신 분석 학자와 후기 구조주의자들은 일반적으로, 우리가 (종종 전적으로 의식적이지 않은) 욕망과 쾌락의 문제를 정치적인 것과 떼어서 생각해서는 안 된다는 점을 강조한다. 실제로, 후설 이래 대륙 철학에서 무언가 합의가 있다면, 그것은 순수한 인식론이란 불가능하리라는 것이고, 대신에 필요한 것은 지식, 권력, 욕망 간의 상호 연관에 대한 이론적 윤곽 묘사adumbration라는 것일 것이다. 푸코 그리고 들뢰즈와 가타리는 이런 면을 우리에게 일러주며, 예컨대 뒤의 두 사람은 "욕망이 자신의 비자발적인 예속 상태와 관계하는가 하는 문제는 정치 철학의 근본 문제이다."(1987: 29)라고 주장한다. 만일 우리의 '무의식적인' 욕망이 적어도 부분적으로 우리 직관의 결정 요인이라면, 그리고 만일 욕망도 욕망이 충족되는 방식도 모두 복합적이고 서로 충돌한다면, 이런 직관적인 차원에서 어떤 합의가 있을 수 있을 것인가?

다시 한번 후커의 규칙 공리주의를 생각해보라. 후커의 입장이 사회 규칙을 내면화하고 있는 사람에 관한 절대적인 합의를 가정하지는 않지만, 그럼에도 불구하고 그가 실용적이고 효과적이라고 지지하고 있는 규칙에 대해서는 일정 수준의 묵인이 요구된다. 후커는 "이것이 새로운 각 세대에서, 모든 곳에서 압도적인 다수에 의한 내면화"를 의미한다고 말하고, 90%라는 숫자도 제시한다.(2003a: 80~81) 행복을 극대화한다고 생각되는 소정 규칙을 내면화하는 90% 중에서 전부가 따른다고 생각되지는 않지만, 그러나 후커는 그럼에도 불구하고 그것이 '일반적인' 준수를 낳게 될 것이라는 점을 전제한다. 이 주장은 합리적이고 이기적이라는 그의 묵시적인 주체 개념에 의존하면서, 논쟁을 초래할 것처럼 보인다. 이런 입장에 반대해서, 대륙 철학자는 대체로, 하나의 규칙을 내재화하는 것이 그것을 준수하는 것을 반드시 수반하지 않는다는 점을 정신 분석학이 보여준다고 주장할 것이다(예컨대, 많은 다른 증후군 중에서 사디즘과 마조히즘 현상을 생각해보라). 반면에 분명한 것은, 의식적이건 그렇지 않건 항상 저항의 모습이 있을 것 — 심지어 우리는 법과 규칙이 저항과 불이행을 야기한다고 말할 수도 있을 것이다 — 이라는 점이며, 이런 관점에서 후커는 내재화된 규칙과 행동 간의 공백을 설명하는 데 시간을 충분히 할애하지 않는다. 이 '공백gap' 또는 '사이between'는 대륙 철학자들이 여러 가지 방법으로 계속 논의하는 중요한 것이다. 실제로 그들에게 그것은 윤리학(책임)의 가능 조건이며, 그런 공백의 부재에 입각한 이론은 규칙과 법의 사법적 적용에 있어 그저 '윤리와 무관할anethical' 뿐이다.

퍼트남(1992: 197)과 많은 다른 분석 철학자들이 우려하듯이, 사람들은 그런 대륙 철학이, 주로 사회 정치적인 용어로 자신을 보는 정치화된 철학인 '의사 정치학parapolitics'의 한 형태를 만들어낸다고 우려할지도 모른다. 반면에 이때 대륙적인 비난은, 주로 그런 용어로 자신을 보지 않는 것은 (역사적인 것을 포함하는) 중요한 배경적 문제들을 무시하고, 고찰되는 문제의 정서적인affective 차원을 회피하게 되고 만다는 것이다. 우리는 이 작업에서 많은 난관 중 또 다른 난관에 봉착한 것으로 보인다.[4]

---

4. 이 난관을 극복하기 위해서 해야 할 작업의 한 예는 린다 알코프의 예인데, 알코프는 그녀의 책 『진정한 앎(real knowing)』(2008)에서 분석 철학과 대륙 철학 간의 중도 노선을 걸으려 한다.

대륙 철학에서의 덕 윤리학과 반-이론anti-theory

윤리적 문제에 대한 많은 대륙적 논의는 대략 그 자리를 (그리고 우리가 생각하기에 예컨대 그것이 반실재론적이라는 꼬리표를 달 경우에 발생하는 무수한 문제 없이) 덕 윤리 전통 안에 집어넣을 수 있다. 많은 대륙 철학자들은 (행위보다는 성격에 초점을 맞추고 있는) 그리스 도덕이 (아테네의 성차별주의sexism와 귀족주의적인 측면들을 고려할 경우, 다른 면들에서 더 나쁠지라도) 여러 가지 그 고유한 면에서 더 나은 것이었다고 생각해왔으며, 인격character을 적극적으로 강조하는 면은 일반적으로 '대륙 윤리학'에서 중요한 역할을 한다. 우리는 여기서 니체, 하이데거, 푸코를 생각할 수도 있는데, 이 중 맨 마지막 사람은 확실히 그리스 사회에서 강조된 '자기 배려care of the self', 그것의 '실존의 미학aesthetics of existence'이 현대 처벌 사회의 도덕 및 주체성 양식보다 더 유망했다고 생각하였다. 비록 그냥 그리스인들로 복귀하는 것이 결코 가능하지 않더라도 말이다. (예컨대 푸코, 1990b; 니체, 1999를 보라) 실제로 그 마지막 작품이 두려움 없이 진리를 말한다는 고대의 이상, 즉 파레시아parrhēsia의 이상(아니나 다를까 『두려움 없이 말하기』를 보라)을 다시 논의하고 가치를 유지한 것도 푸코이다. 이런 연관을 추적하기 위해서, 대륙 윤리학의 몇몇 중요한 순간들을 거치는 짧은 여행을 해보기로 하자.

첫째, 니체가 『즐거운 학문』([1887] 2001)에서 제의한 설명에 따라 영원 회귀에 대한 몇 가지 다르면서도 항상 양립하는 것은 아닌 해석들을 논의하는 동안, 목적은 모든 가치의 완전한 재평가를 위한 근본적으로 중요한 다음과 같은 문제를 제기하는 것이다. 사악한 정령이 그대에게, 그대가 지금 선택한 행동 방식이 무엇이든 간에, 그대가 전에 그것을 경험했던 대로 무한히 그것이 반복될 것이라고 고지했다면 어떻게 될까?

니체는 이 사고 실험을, 경험을 강화하기 위해 계획된 하나의 시험으로서 그리고 우리가 기꺼이 반복해서 긍정하는 것을 하고 싶어 한다는 것을 보증하는 시험으로서 작동시키려고 한다. 어떤 행동 방식을 두고 우리는 그 특수한 행동이 마치 무한히 되풀이되어야 했던 것처럼 행동해야만 한다. 그러면 니체의 명령은 다음과 같은 것쯤이 될 것이다. 그대가 결코 "일이 그냥 일어났다."라고 말하지 않고, "내가 그것을 그렇게 의지했다."라고 말할 수 있었을 것처럼 행동하라. 따라서 그것은 부정적이고 원망하는 힘이라기보다는 적극적이고 긍정적인 힘을 촉진하는 하나의 방법means이다.

둘째, 『의미의 논리』에서 들뢰즈는 니체의 감정sentiment(능동적 힘과 반동적 힘 간의 구분)과 스토아주의를 결합하는 미묘한 윤리학을 제공한다. 그는 특유의 강한 견해를 제의한다. "윤리학은 전혀 의미가 없거나, 또는 윤리학이 의미하는 것은 이것으로 다음과 같이 말할 것밖에 없다. 우리에게 일어나는 것을 가치 없게 해서는 안 된다."(1990a: 169) 우리는 여기서 소위 그의 '반-현실화counter-actualization'에 대한 그의 후속 옹호를 이야기할 수는 없다. 그러나 들뢰즈에게 윤리-정치적인 원리와 규범들은 너무 추상적이기 때문에, 아리스토텔레스가 제안했던 것처럼 특수한 상황(따라서 '법학'에 대한 그의 옹호)에서는 크게 사용되지 못한다는 점은 분명하다.

셋째, 허버트 드레이퍼스도 유사하게 우리가 도덕적으로 성숙하다고 생각하는 사람들의 행위를 통일시킬 수 있는 어떤 포괄적인 이론이나 원리가 있을 것 같지 않다고 주장한다. 그의 또 다른 주장은 어떤 그런 활동을 뒷받침하는 합리적 원리에 대한 탐구가 사실상 도덕 능력의 단계를 벗어나는 추가적인 성장을 가로막는다는 것이다. 그는 숙고deliberation가 때때로 필요하고 또 도움이 된다는 것을 (심지어 한 유형의 전문 기술일 수 있다는 것을) 인정하기는 하지만, 그것을 도덕에 고유한 것이라고 해석하는 것은 또는 도덕의 **최종 목적**telos이라고 해석하는 것은 궁극적으로 정당화될 수 없다. 비판적 합리성을 우리의 직관적인 윤리적 태도보다 더 중요한 것으로 보기보다는, 드레이퍼스는 이 우선성의 전도를 옹호하며, 전승된 논쟁에서 정의를 돌보는 편을 든다. 그의 입장에서, 정의에 대한 문제는 상당한 수준의 기술 습득의 일부가 되려는 경향이 있지만, 실천적 지혜와 같은 것은 전문 기술의 현상학에서 더 일반적이다. 드레이퍼스는 도덕적 삶의 한 측면 및 대부분의 도덕 철학이 선택, 책임 및 타당성 주장의 정당화에 관심을 두었던 반면에, 대신 우리는 도덕적 성숙성이, "현재의 대인 관계 상황에 즉각적이고, 이기적이지 않은unreflective, egoless 반응에 있는" 숙련된 윤리적 처신 면에서 더 잘 이해된다는 생각을 더 진지하게 고려해야 한다고 말한다.(1990: 2)[5] 그는 모든 도덕 철학을 위한 3개의 일반적인 방법론적 주의precautions를 제안한다.

1. 우리는 일상에서 계속 벌어지는 윤리적 대처를 기술함으로써 시작해야 한다.
2. 이어서 우리는 어떤 조건에서 숙고와 선택이 일어나는지를 결정하려고 해야 한다.
3. 우리는 숙고와 선택의 구조를 일상 대처에 대한 우리의 설명으로 다시 해석하는 전형적인 철학적 실수를 저지르지 않도록 조심해야 한다.

넷째, 윤리학과 정치학에 대한 대륙적 설명에서 또 다른 지배적인 전통은, 윤리적 삶을 괴롭히는 역설과 딜레마를 지적하는 것, 그리고 그것들의 규칙-지향적인 해결을 허용할 어떤 사전식 정리lexical ordering에 저항하는 역설과 딜레마들을 지적하는 것이다. 대신에 해결은 신앙의 실천적인 도약(키르케고어)에, 또는 결정 불가능성에 의해 촉발된 광기의 순간(데리다)에 있을 것이다. 여러 다양한 텍스트에서 키르케고어의 저작을 이용하

● ●

5. 드레이퍼스 & 드레이퍼스 (2004)를 보라. 드레이퍼스의 웹사이트, http://socrates. berkeley. edu/∽hdreyfus/html/papers.html(accessed September 2010)도 보라.

면서, 데리다는 하나의 결단이 그 결단을 위한 합리적 계산과 이전의 준비를 전부 넘어서는 결정 불가능한 도약을 요구한다는 것을 자극적으로 우리에게 말하면서, 결단의 순간이 광적이어야 한다고 주장한다.(데리다, 1995a: 77을 보라) 데리다에 따르면, 이것은 모든 결단에 적용되는 것이지, 키르케고어의 뇌리를 사로잡은 종교적 신앙으로의 전환과 관련한 결단에만 적용되는 것이 아니다. 하나의 결단은 결코 그저 찬반(또는 쾌락이나 이익)을 가늠해서 해결책을 추산하려는 것이 아니다. 예컨대 우리는 현재의 애인에게서 떠나는 것이나, 장기에서 가장 잘 이기기 위해 나이트 말을 사용하는 것이 분명히 우리에게 최고의 이익이 된다고 계산할 수도 있다. 하지만 결단 자체는 이로부터 자동적으로 따라 나오지 않는다. 결단은 여전히 선택되어야 하며, 그것은 그 결단을 위한 사전 준비를 넘어선 하나의 도약을 요구한다. 키르케고어, 데리다 그리고 사르트르(그리고 많은 다른 대륙 이론가들)는 모두 칸트의 정언명법을 거부한다는 점에서, 그리고 모든 결단이 이성에 기초할 수 있거나 기초해야 한다는 주장을 거부한다는 점에서 (다시 한번 하버마스의 「담론 윤리학discourse ethics」은 주목할 만한 예외인 것처럼 보인다) 서로 함께 만난다.

다섯째, 사르트르와 보부아르는 진정성authenticity의 철학을 제의하는데, 이 철학은 주로 다음과 같은 어떤 내적인 속성에 의존한다. 우리들의 가치를 어떤 외적인 요소들(직업, 부, 사회적 지위 등)에 의해 얻는 것으로 생각하지 않는 것, 그리고 자기 자신에게 거짓말하지 않는 것, 그들이 배신bad faith이라고 부르는 이중성이나 모순 상태에 있지 않는 것. 보부아르의 저작이 실존주의 윤리학에 대한 최선의 그리고 아마도 유일하게 일관된 예를 제공하기는 하지만, 그녀는 모종의 도덕적 처방이나 가치 있는 것에 관한 한 단일한 일원론적 이론을 피하면서, 실존적 주장을 유지한다. 그녀가 논평하는 것처럼,

이런 문제들은 아주 추상적이라고들 할 것이다. 실천적으로 무엇이

수행되어야 하는가? 어떤 행동이 선한가? 어떤 행동이 나쁜가? 그런 질문을 하는 것도 순진한 추상에 빠져드는 것이다. (…) 윤리학은 과학과 예술이 제공하는 것 이상의 비결을 제공하지 않는다. 우리는 그저 방법들을 제안할 수 있을 뿐이다. (1976: 134)

끝으로, 스탠 반 후프트(2005)는, 윤리학이 제1 철학이라는 제안으로 유명한 에마뉘엘 레비나스(레비나스, 1969를 보라)의 저작을 덕 윤리의 전통과 연결시켰다. 레비나스는 타자의 형이상학적 우선성을 주장한다. 하지만 우리는 레비나스가 전통적으로 생각된 윤리학, 즉 도덕규범을 정하고, 그것을 정당화하고, 윤리적 담론의 메타-윤리적 분석을 다루는 윤리학에 관해서는 거의 말한 것이 없다는 점을 주목할 필요가 있다. 오히려 그의 저작은 타자성otherness이 방해받는 면에 부단한 상기를 권하고, 우리의 전체주의화하는 설명들에 조건 반사적으로 행동하게 만든다. 이 '타자' 지향성은, 우리 자신에 대한 타산적인 관심은 적고, 규칙 따르기 용어로 구체화될 수 없는 타자에 대한 우리의 의무를 더 많이 설명하는, 덕 윤리학 전통을 더 넓히는 데 도움을 줄 수도 있을 것이다. 물론 우리는 여기서 소수의 대륙 철학자의 작업만 언급해왔다. 그러나 덕 윤리학과의 유비는 상당히 유력한 것처럼 보인다.

분석적 덕 윤리학

만일 대륙 전통 안에 덕 윤리학적인 요소가 있다면, 그것은 반이론적an-ti-theoretical일 것이다. 이것은 그것이 더 말할 것도 없이 이론을 잃었다는 것을 시사하는 것이 아니라, 그저 도덕의 체계화 및 도덕을 바라보는 관례적인 규범을 허용할, 윤리적이고 정치적인 규칙, 원리나 형식적 체계를 표현하는 가능성에 관한 광범위한 회의주의가 있다는 점을 지적하는 것이다. 하지만 분석 철학에도 덕 윤리학의 전통이 있다. G. E. 앤스콤이 고대 및 중세 철학에 분석적 방법을 사용하는 데 주된 역할을 했던 동안, 이 전통은 앤스콤의 1958년 논문 「현대 도덕 철학」과 더불어 시작했던 것처럼 보이며, 또 앨러스터 맥킨타이어의 『덕 이후』(1981)와 필리파 푸트의 『도덕 철학에서의 덕과 악덕 및 그 밖의 논문들』(1978)에서 좀 더 일관된 취급을 받았다. 그리하여 분석 철학과 대륙 철학 사이에서 지금 우리가 알리게 될 것은 단순한 대립이 아니다. 실제로, 분석적 덕 윤리학에도 결국 반이론적 성격을 가질 만한 사유가 있는 것이다.

앤스콤은 자기의 독창적인 논문에서, 지배적인 영미 도덕 철학에서의 도덕 개념이 책무obligation와 의무-duty에 정신이 팔려 있는, 율법주의적legalistic 이었다는 점을 지적한다. 예컨대, 칸트주의자로서 우리는 이성에 의해 밝혀지는 도덕법을 존중해야 한다. 공리주의자로서 우리는 복지, 행복, 기지의 선호 만족informed preference satisfaction 등을 극대화하게끔 행위해야 한다. 사람들이 이 두 경우에 모두 도덕법을 준수해야 한다는 것을 고려할 때, 그들은 따라서 도덕을 규칙-준수적rule-following으로 이해한다고들 할 수 있을 것이다. 그런 견해들은 암암리에 우리의 실생활이 합리적 원리들 체계의 논리적 표현이 되어야 한다는 것을 전제하는 것처럼 보인다. 행위자들이 항상 그런 기초 위에서 결정할 수 없다는 것이 인정되기는 하지만, 그런 논리적 재구성이 이루어질 수 있었다면, 결정은 정당하거나 도덕적으로 옳은 것일 뿐이다. 하지만 앤스콤에게 도덕이 이렇게 규칙 준수에 있다는 개념은 신적인 입법자law-giver를 가정하지 않고는 의미가 없다. 더구나 의무 윤리 전통에서 늘 고려되지 않았던 것은, 고대 그리스인에게서 도덕적 탐구의 중심 부분을 차지했었던 것인, 인격의 도덕적 의의이다. 우리가 보았듯이, 니체의 『도덕의 계보』는 상당히 유사한 주장을 하고 있고, 또 통상 덕이라고 생각되어 온 많은 전형적인 인격 성향들을 전도시키고 있음에도 불구하고, (확실히 니체에게 경건, 겸손과 자비는 분명히 덕이 아니다. 자기애, 대담성audacity과 파레시아가 덕일 것이다) 니체도 아주 빈번히 덕 윤리학자로 해석되어왔다는 것은 우연의 일치가 아니다.

이런 체계는 아리스토텔레스에게서도 발견되는 일종의 반이론적 태도를 유발한다. 아리스토텔레스는 『니코마코스 윤리학』에서 윤리학이 규칙에 얽매여 있을 수 없다고 주장한다. 왜냐하면 우리는 항상 언제 소정 규칙들을 사용할 것인지에 관한 실천적 판단— 프로네시스 — 을 내려야 하는데, 이것은 그 모두가 체계화될 수 없다고 주장되는 도덕적 감수성, 지각, 상상력 등을 요구하기 때문이다. 따라서 아리스토텔레스의 윤리학은 명령적prescriptive이지 않다. "나는 무엇을 해야만 하는가?"라는 질문에 직접적으로 답하기보다는, "나는 무엇으로 있어야 하는가?"라는 물음에 초점을 맞춘다. 그럼에도 불구하고 그의 도덕 철학은 몇몇 실천적 지침을 제공한다. 그는 우리가 원리나 규칙을 찾기보다는 계도를 위한 도덕적 모범을 찾아야 한다고 말하고, 또 우리가 각 덕목의 과도와 부족 간의 중용golden mean을 찾으려고 해야 한다고 말한다. 분석적 덕 윤리학도 마찬가지로, 하나의 기본적인 범주로서 한 특수한 행위의 옳음에 초점을 맞추는 것을 피한다는 점에서, 따라서 일인칭 또는 삼인칭 규칙이나 원리를 끌어내기 위한 표준적인 장치들은 고사하고라도, 아예 그것들의 토론에 반대한다는 점에서, 반이론적이다. 그럼으로써 대부분의 분석 철학자가 윤리적 기획이라고 여기는 것의 상당 부분은 거부되며, 또 일반적으로 맥락주의적이거나 특수주의적인 근거에서 거부된다. 우리는 또한 덕 윤리학이 도덕적 추론이나 실천적 숙고를 위한 순수한 표상적 체계에 반대한다고 말할 수도 있을 것이다. 로버트 라우덴은, "덕 윤리학자는 이론적 지식보다는 실천적 지식을 강조한다."라고 말할 때, 또 "이런 도덕적 지각과 실천적 추리의 기술은 완전히 규칙화될routinisable 수 없으며, 따라서 모종의 '일괄 거래' 결단 절차처럼 행위자로부터 행위자로 이전될 수 없다."라고 덧붙일 때 그 차이를 잘 표현한다. 그는 다음과 같이 말한다.

　　행위-중심의 윤리학은 개개의 행위와 도덕적 난국quandary에 초점을 맞추기 때문에, 자연히 실제 선택을 하기 위한 결단 절차를 만들어내는 데 크게 관심이 있다. (⋯) 반면, 행위자-중심의 윤리학은, 의도적으로 개별 행위atomic act 및 과정에서의 특수한 선택 상황들을 무시하면서, 행위의 장기적인 성격적 패턴에 초점을 맞춘다. (1998: 204)

그런데 라우덴의 입장에서, 행위-중심 윤리학은 추상적인 결정 절차에 주의를 돌린다는 의미에서 무시제적인 반면, 덕 윤리나 행위자-중심 윤리는 장기간에 걸친 행동 패턴에 관심을 둔다.

이것은 20세기 대륙 철학의 시간적 전환에 관한 우리의 이전 주장을 상기시킬 뿐만 아니라, 또한 규범들이 주로 이성에 근거하는지 아니면 신체와 감정을 포함하는 좀 더 전체론적인 설명에 근거하는지에 관한 문제들과 관련한다. 칸트에게 (그리고 일부 공리주의적이고 자유주의적인 전통에서) 결정은 감정과 관심과는 무관한 선험적 이성에 기초해 이루어져야 한다. 적어도 그 결정은 불편부당한 이성에 따라 재구성될 수 있어야 한다. 마이클 스토커(1998)가 주목했듯이, 공리주의적이고 칸트적인 설명이 노정하는 하나의 문제는 그것이 이성/정당화 간의 구분, 그리고 우리의 동기/감정 간의 구분에서 나타나는 '정신 분열적 자아'를 창조한다는 것이다. 이에 반해 덕 윤리는 적극적인 감정에 박수를 보내고 원한과 질투(니체 참조)와 같은 부정적인 감정들을 폄하한다. 덕 윤리에는 이런 부류의 이성-감정 (그리고 정신-육체) 균열이 전혀 없다. 물론 많은 사람들, 철학자들과 그 밖의 사람들은 공평성이 윤리학의 부분이어야 한다고 생각한다. 덕 윤리학자들은 특별히 어떤 상황에서 공평성에 도덕적 중요성이 있다는 것에 동의할 수도 있겠지만, 그들은 그것이 일군의 규칙이나 원리들의 토대로써 이해되어서는 안 된다고 열심히 주장한다. 그들에게 공리주의와 칸트주의는 모두 비인격적이고 추상적이며, 합리적이고 자율적인 개인이라는 가정에 의존하는 반직관적인 도덕 개념을 포함한다.

이런 식의 반이론적인 태도는 정당화되는가? 그것은 확실히 분석 철학 내에서 논쟁거리이다. 브래드 후커, 엘리노어 메이슨 그리고 대일 밀러 (2000: 1)는 도덕에 근본적인 두 가지 핵심적인 개념이 있다고 주장한다. 하나는 도덕이 우리가 따를 수 있는 어떤 규칙이나 원리를 포함해야 한다는 것이고, 다른 하나는 결과가 문제가 된다는 것이다. 그런 입장에서 윤리 이론의 과제는 이상적으로 (i) 한 특수한 경우에 옳은 행동을 결정하기 위한 결정 절차를 허용하는, 그리고 (ii) 비도덕적인non-virtuous 사람이 이해하고 올바르게 적용할 수 있었을 규칙이나 원리의 법전code을 제시하는 것이다. 마찬가지로 토마스 후르카는 윤리학과 관련한 반이론적인 태도를 놓고 비트겐슈타인, 맥도웰 그리고 버나드 윌리엄스를 꾸짖는다. "반이론적 입장은 당연히 소정 영역을 이론화하기 위해 진지하게 노력해왔고 그것이 성공할 수 없다는 것을 알게 되었던 자들에게만 열려 있다."(2004: 251) 따라서 후기-분석적이라고 여겨지는 많은 철학자가 연대로부터 축출되는drummed from the regiment 방식은 다시 한번 주목할 만한 가치가 있다. 후르카는 이런 첫 번째 노력을 하지 않는 반이론적인 철학자들이 그냥 게으르다고 말한다. 후르카에게 충분한 노력이라고 생각되는 것이 전혀 분명하지 않는 한, 많은 사람들이 윤리학과 정치학과 관련하여 반이론적인 입장에 있다는 것을 고려할 경우, 우리는 따라서 거의 모든 대륙 철학자들이 게으르다고 결론지어야 하는가?

물론, 즉시 설명해야 할 하나의 안건이 생겨난다. 가장 눈에 띄는 것으로, 왜 분석적 덕 윤리학은, 핵심적인 아리스토텔레스의 텍스트에 상당히 분석적으로 접근할 수 있고 또 그 텍스트와 친숙함에도 불구하고, 그 전통에서 그처럼 뒤늦은 참가자가 되었을까? 부분적인 답변은 20세기 초 분석 윤리학의 특유한 성격에 있다. 실질적인substantive 윤리학을 희생하는 대가로 메타 윤리적인 문제에 초점을 맞추는 것은, 구체적인 윤리적 상황을 통해 공적으로 활동하는 주요 분석적 인물들이 사실상 전혀 대물림되지 않았다는 것을 의미했다. 게다가, 규칙이나 원리 면에서 덕을 체계화하지 못하는 무능력은, 덕 윤리학이 행위 안내를 위해 크게 도움이 되지 않을 것임을 의미했다고 많은 분석 철학자들이 느꼈다는 것이 앤스콤의 반응-reception으로부터 분명해진다. 그것은 '할 줄 앎know-how'에 관한 것이기 때문에, 라우덴은 슬쩍 덕 윤리학이 규범적일 수 없거나 도덕적 딜레마들을 해결할 수 없고, 그저 현자의 조용한 인정에 이를 뿐이라고 말한다. "그것의 전래된 의무들derivative oughts은 너무 막연하고, 필수적인 도덕적 통찰을 아직 습득하지 못했던 사람들에게 도움이 되지 않는다."(1998: 206) 이어서 상대주의에 관한 우려가 표명된다. 만일 다른 문화가 다른 덕들을 포함하고 있다면, 이것은 옳음과 그름이 한 특수한 문화에 상대적이 될 것이고, 따라서 덕 윤리학자는 상대주의자라는 것을 의미하는가?(맥킨타이어, 1981) 아마도 이것이 하나의 귀결일지는 모르지만, 그러나 더 강하기도 하고 더 약하기도 한 상대주의가 있으며, 덕 윤리학자들은 그럴듯한 약한 형태의 상대주의만을 수용한다는 주장이 있을 수도 있을 것이다. 실제로 (마르타 누스바움[1988]과 같은) 일부 사람들은 그것이 문화적 상대주의의 자료를 진지하게 생각하는 어떤 다른 설명보다 더 상대주의적이지 않다고 주장한다. 물론 이것은 대륙 전통에서 비판점이라기보다는 하나의 출발점 이다. 덕 윤리학자에게도 많은 대륙 철학자에게도, 윤리학이 사회적으로 구성된다는 것은 맞는 말이다. 즉, 문화, 교육과 문화 적응, 피에르 부르디외 의 아비튀스habitus는 매우 중요하다. 실제로, 계보학적 분석 이면의 일부 효과는 어떤 도덕들, 주관성 개념들 등이 필요하지 않다는 것을 보여준다는 그들의 주장에 있다.

예컨대 데리다, 들뢰즈와 같은 철학자가 정치적 계산의 필요성을 인정하 기는 하지만, 그런 계산들이 일반적으로 수행되지 않는다는 것도 사실이다. 종종 다른 관심을 배경으로 해서 그런 결정의 필요성을 고려하고, 그런 견해가 전제하는 것을 보여주려는 목표를 가지고 말이다. 공리주의와 자유주의는 그런 계산을 제공하려는 두 개의 일관되고도 중요한 시도를 보여주고 있으며, 우리에게는 이런 전통들의 친선이 가능한 것처럼 보인다. 중요한 도덕적 통찰을 더 잘 존중할 수도 있는 그런 정치적 계산들을,

그리고 대륙 정치 철학의 근거지인 복잡한 정신 분석적인 문제complication들을 더 구체화하면서 말이다. 다른 편에서 분석적 덕 윤리학자들은 이미 그 전통에 내재적 비판(맥킨타이어의 『덕 이후』가 가장 분명하게 이 역할을 한다)을 가하고 있으며, 이 문제를 두고 뭔가 중요한 교전이 벌어지고 있다. 이 교전은 우리가 언급해왔던 일부 대륙적 주제를 고찰하기 위해서 확장될 수도 있을 것이다. 분석 철학과 대륙 철학의 이론적이고 반이론적인 시각들은 서로를 계몽해줄 수 있을까? 아직은 이런 일이 일반적으로 일어나지 않았다 할지라도, 우리는 그 시각들이 이 분야에서 서로에게 특수주의와 추상주의particularism and abstraction, 이 둘이 다 가진 난점들을 상기시켜 주면서, 잠재적으로 일종의 제한 역할을 할 수 있을 것이라고 생각한다.

제20장

타인 마음의 문제(들)
— 분석 철학과 대륙 철학에서의 해결과 해소

양 전통에서 다 공명하고 있다는 점을 고려할 때, 타인 마음의 문제는 두 전통의 몇몇 다른 방법론적이고 메타 철학적인 수용을 명료하게 하기 위한 하나의 사례 연구 또는 전조로서 특히 우리에게 적합한 것처럼 보인다. 비록 단도직입적으로 진술될 수 있는, 그리고 양 전통을 다 아우르는 타인 마음의 문제(들)에 대한 표준적인 설명은 없을지라도, 문제의 여러 측면이 설정될 수는 있다. 그것은 다음과 같은 차원들을 가지는 것처럼 보인다. (i) 인식론적 차원 (어떻게 우리는 다른 사람이 존재한다는 것을 아는가? 우리는 그들이 존재한다는 것을 안다고 정당하게 주장할 수 있는가?) (ii) 인격 동일성과 관련한 문제를 포함하는 존재론적 차원 (상호 주관성이 가능하다고 하는 우리 세계의 구조는 무엇인가? 우리와 타인과의 관계의 근본적인 양상들은 무엇인가? 그리고 어떻게 그것들은 우리의 자아 동일성에 영향을 주고/우리의 자아 동일성을 구성하는가?) 그리고 (iii) 정신의 본성에 대한 우리 개념과 관련된 성가신 문제들 (어떻게 정신 — 또는 '정신' 개념 — 은 뇌, 육체, 세계와 관계하는가?) 이런 세 문제는 중첩되어 있는 것이지만, 타인 마음의 문제와의 분석적인 교전analytic engagement은 일반적으로, 흄의 귀납 문제, 데카르트의 총체적 회의주의 논증, 과거에 관한 러셀의 회의주의 등과 상당히 같은 부류의 것으로, 그것을 간단히 회의론적 문제로 취급한다. 따라서 분석 전통에서 '마음 상태mindedness'와 관련한 개념적 문제도 일어남에도 불구하고, 초점은 주로 인식론적 문제에 맞춰져 있다. 이에 반해 대륙 철학자는 타인 마음에 대한 반성이 우리 세계의 구조와 성격에 관한 결론에 도달하게끔 한다는 면에서, 훨씬 더 존재론적인 차원에 초점을 맞춘다. 그 목표는 반성과 지식의 조건이라고들 하는 선-반성적인 세계 거주 방식 안에 우리와 타자와의 관계를 근거 짓는 일이다. 이런 점에서 우리는 각 전통에서 경험주의를 두고 보인 완전히 다른 태도들로 인해 초래된, 익숙한 대립에 노출되어 있다는 점을 분명히 해두어야 한다. 회의론적인 맥락에서 선험적 추리의 무익성에 보인 분석적 우려를, 그리고 이런 (명백히 좁은) 초점에 대해 대륙 철학이 보이는 당혹감을 상기해보라. 또한 대륙 철학자들이 현상학적인 탐구로부터 기꺼이 존재론적 결론을 끌어내는 것을 상기해보고, 또 이런 (명백히 자의적인) 접근법에 대해 분석 철학이 보이는 당혹감을 상기해보라.

인식론적 문제

분석 철학과 타인 마음의 문제

타인 마음의 문제에 대한 분석 철학의 관심은 일반적으로 인식적 용어로 제기된다. 핵심 문제는, 우리가 우선 보기에는 둘 다 좀 그럴듯하게 보이는, 타인 현존의 지식에 관한 두 경합하는 직관들을 가진다는 점에 있다. 하나는 일상생활에서 우리가 실제로 정말 신뢰할 수 있을 만큼 타인들을 안다는 행동주의적 직관이고, 다른 하나는 어쩔 수 없이 알 수 없는 것으로 남는 타인(그들의 정신생활)에 관한 무언가가 있다고 주장하는 데카르트적 직관이다.(오버가드, 2005: 250) 그런데 이것들은 광범위한 회의적인 우려(당신에게 마음이 있다는 것을 어떻게 나는 알 수 있었는가?)를 일으킬 뿐만 아니라, 일련의 특수한 회의론적 도전(당신에게 마음이 있다는 것을 내가 안다고 할지라도, 내가 특수한 경우에 특수한 심적 상태를 당신의 것으로 보는 일이 어떻게 정당화될 수 있었는가?)들을 유발한다. 라일과 그 밖의 사람들이 언급했던 것처럼, 타인에 관한 우리의 지식은 흔히 신뢰할 수 있는 것일 뿐만 아니라, 우리가 추론 없이 직접적으로 파악할 수 있는 것처럼 보이며, 이것은 그런 지식을 귀납, 유비 등에서 근거 지으려는 자들에게 또 다른 수수께끼를 일으키는 것으로 보인다.

『정신의 개념』에서 라일 자신의 해결책은 어쩌면 사적일 것 같은 마음 개념이 데카르트적 이원론의 유물이라는 것이다. 즉, 우리의 심리론적^{men-}talist 언어는 믿음, 욕망과 같은 기본적으로 사적인 상태를 포함하는 만큼이나 행동 용어들을 포함하고, 마음을 가진 행위자minded agent로서의 타인에 대한 우리의 이해는 주로 그리고 아주 적절하게 그들의 실제적이고 잠재적인 행동에 입각해 있다. 지능적이라는 것은 어떤 유형의 문제를 상대적으로 빠르게 푸는 성향이 있다는 것이고, 자전거를 탈 줄 안다는 것은 명령을 받고 대략 그렇게 할 수 있다는 것이다, 등등. 그러나 많은 면에서 라일은 주관성(그리고 따라서 상호 주관성)의 문제를 너무 빠르게 생략하고 말았다. 지능이 그런 것만큼 모든 마음 상태가 행동과 연루되는 관계implicative relation를 가지는 것은 아니며, (고통 등 경험의 질적 측면과 관련한 것으로서) 어떤 경우에 행동주의적 설명은 그냥 타당해 보이지 않는 것으로 보인다. 따라서 분석 철학에는 아주 소수의 순종 행동주의자들이 들어 있다.(라일 조차도 '터무니없는 행동주의자only one arm and a leg a behaviourist'가 있다는 것을 인정한다. 바이른, 1994: 135를 보라) 그러나 행동과 심리 상태mentation 사이에 인과적인 연결뿐만 아니라 개념적인 연결이 있다는 생각은 큰 영향을 발휘하였다. 여러 가지 면에서, 마음에 대한 분석 철학 내의 많은 현대적 설명은 이 점에서 라일을 뒤좇는 것으로 해석될 수 있다. 하지만 이 라일적인 유산의 부분은 그것만으로는 타인 마음 문제의 해결을 보장해 주지 못한다. 예컨대 분석적 기능주의자들은 문제에 봉착한다. 고통 행동과 고통 사이에 행동주의적인 필함entailment 관계가 없다면, 우리가 할 수 있는 최선의 것은 전통적인 논증들로 돌아가는 일인 것처럼 보이며, 여기서 일은 어려워진다. 예컨대 우리는, 밀(1962: 191)이 제안해왔던 것처럼, 그리고 나중에 보다 세련된 형태로 에이어(1954)가 옹호했던 것처럼, 우리가 어떤 심리 상태에 놓여 있는 것과 어떤 식으로 행동하는 것 간의 관계에 대한 우리의 경험을 유비를 통해 논증할 수도 있을 것이다. 그러나 유비 논증들은 잘해봤자 확률적probabilistic이고, 단 하나의 경험에 의거한 확률적 주장(또는 실은 귀납적 일반화)은, 비트겐슈타인이 『철학적 탐구』(1997: §293)에서 말하는 것처럼, 오히려 신뢰할 수 없는 것처럼 보인다. 더구나 그 논증들은 이 문제에 관한 상식/일상 심리학의 판단들을 표현하지도 않으며, 현상학이 기술하고 폭로하려고 하는, 우리와 타인과의 선반성적인 관계를 표현하지도 않는다.

스턴(2004: 220)이 말하는 것처럼, 유비 논증의 귀납 문제(하나의 사례는 충분하지 않다는 사실)에 직면해서, 우리 앞에는 두 가지 선택이 놓여 있다. 첫째, 우리는 유비 논증을 개선하려고 할 수 있고, 그리고/또는 그것을 다른 귀납적이거나 의사 귀납적인 논증으로 보충하려 할 수 있다. 둘째, 우리는 추론 문제를 포기하고 어떻게 믿음이 정당화될 수 있는지를 보여주는 다른 방법을 찾으려 할 수 있다. 대부분의 대륙 철학자는 두 번째 형태의 대안을 추구한다. 예컨대, 어떤 규범들은 추론이라기보다는 지각에 근거해 있다고 하기도 하고, 종종 선험적인 규범성 개념이 있다고 주장되기도 한다. 그것이 우리의 지각적인 세계-내-존재의 구조이든, 또는 소위 아펠과 하버마스의 '선험적 실용론transcendental pragmatics'이든, 그리하여 모든 대화와 논증이 우리가 그렇게 살아가려고 노력해야 하는 어떤 규제적 이상을 전제한다는 주장이든 말이다. 이런 전략을 뒤쫓으려는 직접적인 분석적 시도나 '지역적인' 시도는 대단히 드물어서, 문제를 개념적이고 기준 기반적으로 해결하는 후–비트겐슈타인적인 전통에 한정되어 있다(분석적 전통도 문제에 대한 상당한 ‘규격화된’ 해결책들을 지니고 있는데, 그것들은 저마다 어떤 면에서 지식이나 정당화에 대한 외재주의적 설명에 의존하고 있다. 그러나 이것은 이 회의론적인 문제의 특별한 특징에 대한 아무런 특수한 설명도 수반하지 않으며, 여기서는 다루어지지 않을 것이다[1]). 비트겐슈타인, 노먼 말콤과 피터 스트로슨에 의해 다른 식으로 펼쳐진 주장은, 관찰된 타인의 행동과 그들이 심리 상태를 가지고 있다고 생각하는 것 간의 필수적인 연결은 귀납적 추론도 아니고 (행동주의에서처럼) 직접적인 필함 관계도 아니다. 오히려 어떤 심리 상태와 행동 간의 관계는 기준적criterial — 즉, 어떤 면에서 우리의 언어 사용 결정에서 생겨나는, 거의–완결된near-complete 관계, 그러나 필함은 아닌 — 이다. 그러나 이것은 분석 철학 내에서 비교적으로 주변적인 위치에 머물러 있다. 아마도 부분적으로 사용 중인 기준 개념(그리고 ‘중심 명제hinge proposition’와 같은 관계된 개념)과 회의론적인 문제를 해결하기 위한 그것의 사용이, 꺼림직하게 논리 실증주의자들의 규약주의와 그것의 반회의론적인 사용을 상기시키고, 회의론적인 우려의 분석적이고 경험적인 요소들을 도외시하려는 일상 언어적 시도 및 그 밖의 그런 장치들을 상기시키기 때문일 것이다.

타인 마음에 대한 좀 더 현대적인 분석적 응수는 따라서 첫 번째 선택지를 택하려고 한다. 이는 유비 논증을 더 넓은 최선 설명 추론 내의 한 단계라고 재해석하는 것이다. 나의 타인 경험은 그들의 유심성mindfulness이나 비–유심성에 관한 일련의 가설들과 일치한다. 즉, 나는 가장 단순한, 가장 일반적인, 가장 반증 가능한 가설을, 과거 믿음과 가장 무모순적인 가설을, 또는 어떤 이런저런 말 교환과 가장 무모순적인 그런 가설을 정당하게 받아들인다. 이제 전통적인 유비 논증은 타인의 유심성이라는 가장 단순한 가설의

· · ·

1. 예컨대 정당화에 대한 과정 신뢰적 설명에 대해서는 골드만(1986)을 보라.

일부로서 자리를 잡게 되고drop into place, 반증 가능성은 아니더라도, 보수주의(실제로 우리가 정말 타인들에게 마음을 귀속시킨다는)와 일반성을 고려해서 지지된다.

여기서 보수주의에 호소하는 것은 타인 마음의 문제가 적어도 일상 심리학과 해석상 연관되어 있다는 점을 상기시키기도 한다. 물론 사람들은 다른 사람이 존재한다는 믿음을 가지고 있다. 즉, 그들도 다른 사람에게 욕망, 믿음과 지향성의 속성을 귀속시키는 일상 능력을 보여준다. 그것들의 가능성이 감춰져 있다가 튀어나오는 것임에도 불구하고 말이다. 이런 자료를 (전적으로는 아니더라도) 진지하게 고려하는 분석 철학자의 과제는 타인에 관한 상식적인 일상 심리학이 어떻게 생겨나게 되었는지, 어떻게 작용하는지, 그리고 타인이 심리 상태를 가지고 있다고 생각하는 것과 관련하여, 또는 우리가 그런 상태를 생각하고 있는 방식과 관련하여 그 심리학이 어떤 역할을 하는지를 설명하는 일이 된다. 그런 물음들에 대한 두 주요 답변이 분석 철학 및 그 부분과 관련한 인지 과학에서 출현했다. 「이론 이론theory theory」(루이스, 1970을 보라)과 「흉내 이론simulation theory」(골드만, 1989, 1993을 보라)이 그것이다. 앞으로 보겠지만, 타인 마음 문제의 정당화 목적이라기보다는 이런 기술적 목적에서 무언가 분석 전통과 대륙 전통 간의 중요한 합류점이 있다.

대표적인 '이론' 이론 입장에서, 우리가 타인의 마음을 확인할 수 있고 그들의 행동을 예측할 수 있는 것은 우리가 암묵적인implicit 하나의 이론을 가지기 때문이다. 따라서 '이론' 이론은, 타인의 마음 상태를 우리가 관찰된 행동을 설명하기 위해 사용하는 이론적 존재물과 유사한 것으로 생각한다는 점에서, 추론적이고 의사-과학적이다. 타인의 마음 상태 자체는 관찰 불가능하기는 하지만, 그럼에도 불구하고 '이론' 이론에서, "관찰 불가능한 것들에 관한 이론은, 어떤 경합하는 이론보다 더 잘 관찰 가능한 현상의 영역을 설명하고 예측할 수 있게끔 해준다면, 가치 있는 것으로 믿어질 수 있다고 우리는 말할 수 있다."(처칠랜드, 1988: 71) 그러나 언뜻 보기에도

'이론' 이론은 하나의 분명한 문제에 봉착한다. 요구되는 추론적 능력이 없는 존재인, (그리고 특히 자신의 것과는 다른 믿음을 가진 심적 행위자로서의 타인에 대한 의식이 없는) 유아에게는 마음 이론이 없는 것처럼 보인다는 점을 고려할 때, '이론' 이론은 대략 14살이 되기 전까지는 전혀 자아와 타인에 관한 진정한 이해도 없다는 입장을 수용하는 것처럼 보인다. 이것은 반직관적일 뿐만 아니라, 유아 지각과 관련한 어떤 경험적 사실들을 고려할 때, 유지하기가 어려운 입장이기도 하다.

다른 한편 흉내 이론에서, 우리는 타인의 심적 활동을 심적으로 흉내 냄으로써, 또는 유사한 활동과 과정을 흉내 냄으로써(일부 변형된 흉내 이론에서 이것은 잠재 의식적인 차원에서 일어난다고 한다), 타인의 심적 활동을 재현한다. 명시적인 형태의 흉내 이론은 유비 논증 패러다임 내에 머물러 있다. 우리가 타인의 이해를 가능하게 해주는 어떤 일반적인 정보 (또는 이론)를 가진다고 주장하기보다는, 우리는 우리 자신의 마음(그리고 행동 과정)을 주로 상상력을 통해서 타인의 마음이 어떠한 것일지에 관한 하나의 모델로서 사용한다. 앨빈 골드만에게 있어, 우리는 내성을 통해 우리 자신의 마음을 전적으로 이해한 후, 이런 자원을 가지고 우리는 남의 입장이 되어 생각한다put ourselves in the other's shoes. 신생아는 이런 식으로 유비 추리를 할 수 없지만, 여전히 타인을 이해하고 있음을 보여준다. 사람 얼굴을 분간하고, 그것을 선별해서 모방하고, 몸 움직임을 감지하고, 감정 표현으로서 소리를 지르면서 말이다.(예컨대, 갤러거 & 멜초프, 1996; 고프닉 &멜초프, 1997; 멜초프 & 무어, 1994; 숄 & 트레물레트, 2000을 보라)

의식적으로 남의 입장이 되어 생각하려는 것은 그들이 실제로 타인이라는 것을 우리가 이미 이해했다는 것을 전제하며, 따라서 적어도 어떻게 이런 일이 일어났는지에 관한 문제의 논점을 구걸하는 것이다. 즉, 이런 관점에서, 흉내 이론은 정신주의적 속성에 관한 지역적인 문제에 하나의 답을 제공하기는 하지만, 마음을 귀속시킴이라는 포괄적인 관행에 대해서는 처음부터 답변하지 못한다. 또 다른 문제는, 보통의 성인 생활에서조차도 타인과 우리와의 일상적인 교섭에서 그런 내성적이고 상상적인 흉내가 필수 불가결하다는 현상학적인 증거가 거의 없다는 점이다. 끝으로 잘 알다시피, 유비 논증이 가진 주요 문제는 그것이 다른 사례에는 추론을 허용하지 않는, 나 자신의 정신생활에 대한 나의 사적인 지식에 크게 의존하고 있다는 점이다. '이론' 이론의 최선의 설명 논증이 그 문제를 회피하기는 하지만, 타인 마음 상태의 관찰 불가능성을 고려할 때, 그 논증은 사회적 인식을 위해서는 추론이 필수 불가결하다는 지성주의적인 개입을 흉내 이론과 공유한다.

흉내 이론이 가진 이런 문제에 대한 한 해결책은 내성과 상상력의 중요성에 대한 고집을 포기하고, 흉내가 개인 심층적sub-personal이라고 주장하는 것이다. 신경학과 인지 과학의 최근 증거가 이 입장을 지지한다고 자주 주장되고 있다. 특히 행위자가 하나의 행동을 수행할 때도 발화되고, 행위자가 다른 행위자에 의해 수행되는 행위를 관찰할 때도 발화되는 세포인, 거울 신경 세포mirror neuron의 '발화firing'가 그런 증거이다. 거울 신경 세포가 발달 심리학에서의 다른 유명한 연구 결과들(신생아의 혀 돌출 모방, 기본 감정 인지 등)과 결부되어 아직은 짧은 꼬리 원숭이macaque에게서만 발견되기는 했지만, 그것들은 인간 뇌가 "내생적으로endogenously 활성화 — 예컨대 우리 자신의 결단, 감정 형성 또는 고통 지각 체계의 출력으로써 — 되거나, 타인의 얼굴과 몸을 봄으로써 직접적으로 공급되어, 외생적으로" 활성화되는 체계들을 가진다는 주장을 위한 몇몇 (확률론적인) 증거를 제공한다.(고든, 2009) 적어도 '암묵적인 흉내 이론'이 그런 자료를 해석하는 것처럼, 이것은 우리가 타인을 지각한 후 지각되는 경험을 재현/복제하는 거울 신경 세포의 활성화가 있다는 것을 시사한다. 그러나 일상 이해에서의 '흉내'가 가장하는/흉내 내는pretending/simulating 행위자와 더불어 가장에 대한 언급을 수반하거나, 우리가 어떤 다른 것을 이해하기 위해서 사용할 수 있는 도구적 모델에 대한 언급을 수반할 때, 왜 이런 개인-심층적인 과정들이 흉내(또는 그런 점에서 추론)로 묘사되어야 하는가? 갤러거와 자하비가 『현상학적 마음』(2008a: 179)에서 말하는 것처럼, 이런 정의들 어느 것도 암묵적인 흉내 이론이 '흉내'라는 말을 사용하는 데에는 들어 있지 않은 것처럼 보인다. 이런 개념적 문제에 분명하게 대답하지 않고는, 이런 신경 공진neural resonance 과정이 (암묵적 흉내 이론이 주장하듯이) 지각 뒤에 오는 어떤 것이라기보다는 지각의 일부로서 이해되는 것이 더 낫지 않은지 하는 점은 분명하지 않다. 이를 다른 식으로 표현하자면, 여기서 관련된 타인의 내적인 복제품이나 표상들이 있는가, 아니면 그것들은 메를로-퐁티와 막스 셸러가 주장했던 면에서 매개 없이 지각적 파악perceptual apprehension의 직접적인 부분인가? 과학적 조사 결과들은 어느 한 해석을 배제하지 않았으며, 만일 우리가 타인 마음에 대한 우리의 이해를 추론과 흉내를 통해서라기보다는 지각을 통해서 설명할 수 있는 것으로 생각한다면, 실제로 우리가 증거를 더 잘 이해할 수 있다는 것이 보여질 수도 있을 것이다.[2] 그런 접근법은, 신생아들이 자기 수용 감각에 기초해서 그리고 좀 더 일반적으로 믿음, 욕망 및 행위자에 관한 모종의 이론적 지식을 그들이 가지기에 앞서, 날 때부터 자아와 타인에 대한 체화된 이해를 드러내는 감각을 더 잘 설명해줄 수도 있을 것이다.

대륙 측 답변: 대화 창조하기

사실상 대륙 철학자들은 모두 '이론' 이론이나 흉내 이론으로 타인과 상호작용하는 우리 능력을 이해하는 것에 대해 저항할 것처럼 보인다.(후토 & 락클리프, 2007을 보라) 우리가 그런 능력을 가진다는 것을 그들이 인정하는 경우, 믿음/욕망 지향성을 어린이가 가지고 있다고 생각하는 것보다 더 기본적인, 타인에 대한 근본적인 표현 우선주의expressivism를 다양하게 철학적으로 논증하는 것뿐만 아니라, 타인이 지향성을 가지고

---

2. 갤러거(2006, 2008)를 보라. 이에 관한 대화들에 대해서 에도라도 자무녀에게 감사한다.

있다는 것을 어떻게 어린이가 배우는지에 대한 일련의 서사적 모델들이 설명으로써 선호될 것이다. 이 배경에는 다시 프로이트와 정신 분석학이 있다. 우리가 '이미 항상always already' 존재론적으로 타인과 함께 있음이 거의 보편적으로 주장되고 있다는 점을 곧 보게 될 것이지만, 그렇다 하더라도 많은 대륙 철학자들은 우리가 정말로 타인을 이해하는 한, 대부분의 경우에 그것은 의식적이고 반성적인 차원이라기보다는 무의식적인 (또는 감수적인) 차원에서라고 주장할 것이다. 따라서 흔히 우리와 타자와의 표현적인 관계는, 우리가 그들을 알 수 있는 것을 또는 우리가 합리적으로 그들을 표상할 수 있는 것을 넘어서 있다고 생각된다.

타인 마음의 문제가 전통적으로 분석 철학에서 표현되는 방식에서는 인식론이 중심이 되어 있다고 이야기되고 있고, 또 다양한 뇌 과학의 지식 주장을 통합(또는 정합)하기 위한 이면 배경에도 분석적 관심이 있다는 것이 이야기되고 있지만, 이런 초점들에는 모두 비교적으로 상호주관성에 대한 대륙적 설명이 결여되어 있다. 대신에, 하이데거, 메를로-퐁티 그리고 헤겔(그리고 논란의 여지가 있지만 후기 비트겐슈타인; 오버가드, 2007을 보라)과 같은 철학자들은, 바로 근대의 지식 개념 및 그것과 결부된 다양한 역설들을, 전형적인 사례로 생각되는 타인 마음의 문제를 가지고 전복시킴으로써, 세계와 그 속에서의 우리의 (사회적) 지위를 새롭게 보는 전망을 수립하려고 한다.(테일러, 1995a: 8을 보라) 위 철학자들에게 문제는 인식론에 초점을 맞추는 것에, 그리고 우리가 물려받았던 인식론에 대한 특수한 역설적인 이해에 있다. 우려는 근대의 지식 개념이 병에서 빠져나오려는 파리를 속이는 역할을 할 수도 있다는 점에 있다. 같은 맥락에서 로티는 『철학 그리고 자연의 거울』에서, 외부 세계나 타인 마음에 관한 인식론적 회의주의가 자연의 거울로서의 정신이라는 개념에 의존한다고 말한다. 이때의 정신은 존재론적으로 그것의 환경과 구분되어 있다고 가정된다. 그러나 (물자체를 닮은) 타인 마음에 대한 앞의 설명에 기초한 분석 철학이 알게 모르게 이원론적이라는 이런 일반적인 진단을 받아들이지 않더라도, 분석 철학이 인식론과 정당화에 주안점을 두는 것은 그것의 폭넓은 경험주의적 유산을 반영하는 것이고, 그 결과 회의주의적인 문제와 싸우게 된다고 말하는 것이 공정한 것처럼 보인다. 하지만 대륙 철학에서는 사정이 매우 다르다. 대륙 철학 쪽의 과제는 세계 속에서의 우리의 위치를 좀 더 설명하는 것이며, 타인이 사물과 다른 존재론적인 질서에 속해 있다는 것을 줄기차게 입증하려는 것이다. 즉, 타인을 지각하는 것은 외부 대상을 지각하는 것과 근본적으로 다르다는 것이다. 이것은 실질적으로 모든 교과서적인 텍스트에 나타나면서, 대륙 철학에 중심적이었던 상호 주관성, 타자성alterity, 타자the other, 공동 존재Mitsein 등에 대한 다양한 논의에서 분명히 드러난다.[3] 비트겐슈타인도 거의 틀림없이 문제를 해소시키려고 해왔지만, '분열'을 염두에 두고 볼 때 타인 마음의 문제에 관한 중요한 질문은 따라서 다음과 같은 것이 된다. 그것은 (확률론적일 뿐일지라도) 해결될 수도 있는 인식론적 문제인가 아니면 현상학적 기술과 선험적 논증을 통해 해소되어야 하거나/해소되는, 또는 옹호될 수 없는 것으로 보여지는 존재론적인 문제인가?

　타인의 존재를 인식론적으로 굴절시켜 설명하는 것에 대한 반감은 대륙 철학 내에서 내부적으로 표출된다. 후설의 『데카르트적 성찰』이 유비 논증의 수정판을 포함한다는 사실에도 불구하고 말이다.(성찰 5를 보라) 하이데거가 (타인의 마음을 포함한) 외부 세계의 문제가 해결된 적이 없었다는 것은 하나의 수치라고 말하는 칸트를 비판할 때, 그리고 대신에 실제로 그것을 해결하려고 하는 것이 수치라고 주장할 때, 그는 인식론을 넘어서려는 헤겔의 노력을 계속한다.(1962: §43) 『존재와 무』(1993: 230)에서 사르트르가, 타인을 의식의 핵심에 앉힘으로써 이원론적 세계관의 전복에 공헌하는 헤겔, 후설과 하이데거를 찬양할지라도, 동시에

- -

3. 이 책 다른 곳에서 이와 관련하여 인용된 철학자들 이외에도, 리쾨르의 『다른 이로서의 자기 자신』(2002), 장-뤽 낭시의 『단칭 복수적인 존재(Being Singular Plural)』(2000)와 『무효 사회(Inoperative Community)』(1991)도 생각해보라.

그들도 너무 인식론적으로 머물러 있다고, 따라서 우리가 데카르트에게서 물려받은 타인 마음 문제의 각색 본으로 그들도 고생하고 있다고 비판받고 있다. 마찬가지로 레비나스가 『전체성과 무한』에서 서양 철학의 '동일자의 제국주의imperialism of the same' — 즉, 미지의 대상을 한 치도 틀림없이 인식 주체의 이해로 환원시키려고 하는 그것의 인식론적인 초점 — 를 비판할 때, 레비나스도 자신을 메를로-퐁티와 같은 동시대인과 조심스럽게 거리를 둔다. 왜냐하면 그의 견해에서 메를로-퐁티의 촉감 철학philosophy of touch은 타인과의 관계에서 여전히 너무 인식론적으로 머물러 있기 때문이다.(레비나스, 1990을 보라) 인식론이 입에 담을 수 없는 말이 되게 된 이런 태도는, 20세기 대륙 철학에서 특히 상호 주관성에 대한 반성과 관련하여 공통적인 것이다. 그러나 이런 관점에서 이 인식론적인 초점이 가진 잘못은 무엇인가?

한 문제는, 그것이 어떤 철학적 전제에 기초해서 작용하고 있다는 점일 것이다. 가장 주목할 만한 것으로서는, 인식 주체의 존재가 그들 자신의 사고/감정과 관련하여 특권적인 인식론적 접근권을 가지고, 타인의 경우와 관련해서는 좀 더 사변적이거나 이론적인 관계를 가진다는 것이다. 그러면 우리가 어떻게 해서 타인 마음(그리고 좀 더 일반적으로 외부 사물)에 대한 정당화된 지식을 가질 수도 있었는지를 설명하는 것은 어려운 과제가 된다. 이것은 물론 대체로 데카르트가 『성찰』에서 마주쳤던 곤경이다. 하지만 많은 대륙 철학자에게 이것은 이미 무언가가 잘못되었다는 것을, 그리고 그런 딜레마로 이끄는 전제 — 실체화된 존재물로서의 타인 마음 — 가 거부되어야 한다는 것을 암시한다. 따라서 문제 현상의 양상 — 타인의 다름을 전제한다고 주장되는 욕망, 수치심 등과 같은 — 들을 설명하기 위해, 그러나 동시에 우리가 그 다름을 일인칭 관점과 이인칭 관점 사이의 인식론적 접근법에 존재하는 것으로서 이해할 경우, 뒤따를 것이라고 생각되는 골치 아픈 결과들을 피하기 위해, 존재론적인 재기술이 이루어진다. 우리와 타인과의 관계가 가진 묘하고도 놀라운 성격은 일반적으로 타인에 대한 우리 지식과 관련한 오해와 실패를 통해 설명되거나 이해되는 것이 아니다.(맥긴, 1998: 50을 보라) 메를로-퐁티, 하이데거와 그 밖의 실존 현상학자에게 이런 차원의 — 아는 의식의of knowing consciousness — 판단은 우리와 세계와의 근본적인 관계가 아니다. 근본적인 관계는 오히려 선-판단적pre-reflective이다. 만일 후자가 전자보다 선행하고 전자의 가능 조건이라는 것이 보여질 수 있다면, 반성적이고 회의론적인 판단들은 손상될 것이다. 그런 이유 때문에 대부분의 대륙 철학자는 우리가 자신에 대해 특권적인 인식론적 접근 권한을 가졌다는 데카르트적 전제를 받아들이지 않을 것이고, 지식(또는 확률)을 통해 우리와 타인과의 관계를 설명하는 것이 적절할 수 있다는 것도 받아들이지 않을 것이다. 왜냐하면 우리와 타인과의 연관은, 우선 (발생적이고도 선험적인 의미에서) 지각, 감정, 긴장 등에 기초해 있어서, 비추론적이기 때문이다. 더구나 헤겔에게 신세 지고 있는 대륙 철학자들에게 자기-의식(자기-지식)은 오로지 타인과의 만남 뒤에서나 가능하다고 생각된다. 요약하자면, 대륙 철학자들은 타인 마음의 문제에 대한 다음과 같은 두 방식 중 적어도 어느 하나에 대답하려고 한다. (i)은 어떤 경우에 표현은 정신성에 대한 구조적인 증거를 (비록 이것이 모호성을 배제하지는 않을지라도) 보여준다고 주장한다. (ii)는 타인의 존재가 그 필요조건일 수밖에 없는 어떤 능력(사고, 수치심, 의미 있는 표현, 자기-인식, 자각 등)들을 우리가 가진다고 주장한다.

심적인 것이 일으키는 말썽involvement with the mental

대륙 철학, 마음-몸 문제와 표현 우선주의

스트로슨에서부터 메를로-퐁티까지 많은 철학자가 언급해왔듯이, 마음-몸 문제mind-body problem와 타인 마음의 문제 간에는 분명한 연관이 있다. 확실히 만일 우리가 마음(또는 심적인 것)은 몸을 능가하는 것이라고 또는 몸과는 전적으로 다른 것이라고 생각할 경우, 우리는 곧바로 다른 사람이 실제로 존재한다는 것을 입증하려 할 때 어려운 입장에 놓일 것이다. 반면에 마음–몸 통일성을 지적함으로써, 아마도 심적인 것이 우리의 몸과 심지어는 우리의 환경에까지 뻗쳐 있어야 한다고 주장함(클라크의 연장된 마음 참조)으로써 문제를 해소하는 전략은 일인칭과 이인칭 간의 관점적 비대칭을 부정해서는 안 되며, 의사소통적 표현력이 정도의 문제라는 사실도 부정해서는 안 된다. 예컨대 분노나 어떤 다른 일반적으로 사실적이라 여겨지는 표현(기쁨, 싫음, 놀람, 슬픔, 공포)들과 같은 감정의 사실적으로 표현적인 성격이, 가령 향수nostalgia와 같은 복잡한 상태의 경우보다, 그리고 우리가 구체적인 어떤 것에 대해 가질 듯한 지식과 관련한 경우보다 더 명백하다는 것을 논박하는 것은 어려운 것처럼 보인다. 이런 면에서 오버가드는 "시작과 끝이 있는 일시적인 심적 현상(예컨대, 감각, 지각 및 감정들)과, 믿음과 지식을 포함해 성격상 성향적인 것처럼 보이는 현상"(2005: 258) 간의 중요한 표현상의 차이를 지적한다. 또 만일 후자, 즉 믿음과 지식의 관계가 기본적이지 않다는 것을 한 철학자가 설득력 있게 보여줄 수 있다면, 상호 주관적 표현주의intersubjective expressionism 를 위한 논증이 시작될 수 있을 것이다. 대략적으로 말해서, 이것은 실존 현상학자들이 체험된 몸lived body을 마음이라기보다는 작용의 중심지locus of agency로서 상세히 논의하면서 추구하는 논증상의 전략이다. '마음'은 행동주의자들이 말하는 면에서 몸으로 환원되지 않지만, 그러나 몸은 확장되고 지성화되며, 반성적 사유의 조건이라고 주장된다.

그런 견해들은 일상적인 상호 주관성에서 매개적 존재물(예컨대, 표상, 판단, 칸트적인 "나는 생각한다." 등)이 필요 없다는 것을 동반하는 경향이 있다. 메를로–퐁티의 예 중 한 예에 따르면, 더 가까이 오라는 요구에 대해서 한 친구가 동의하거나 거부하는 것은, 신체적 소통을 통해 즉시 이해된다. 더구나 이것은 해석이 먼저 있고 난 후 행동으로 반응하는 지각을 포함하지 않는다. 오히려 두 사람은 한 전체로서 변화하는 하나의 체계를 형성한다. 예컨대 만일 내가 복종하지 않을 것임을 자각할 경우, 나는 몸짓을 바꿀 것이다. 우리는 여기서 의식의 두 행위를 가지는 것이 아니다. 일어난 일은, 싫음을 내비치는 동료를 내가 본다는 것이고, 이 상황에서 사고가 개입되지 않은 채 짜증 내는 내 몸짓이 나타난다는 것이다. (2002: 111)

따라서 해석이, 『존재와 시간』에서 '로서-봄seeing-as'에 대한 하이데거의 몇몇 논의와 관계된 면에서, 감각 자료에 대한 조잡한 지각에 첨가되는 이차적인 어떤 것이라기보다는, 지각 자체에 내재되어 있다. 타인을 지각하면서, 어떤 몸짓이 나로 하여금 분노를 생각하게 만들거나 그 표현 이면의 분노를 해석하게 만드는 것이 아니라, 그 몸짓이 분노 자체이다.(ibid.: 184) 마찬가지로 메를로-퐁티는 일관되게 신생아가 타인의 얼굴 표현을 흉내 낼 수 있는 방식에 주의를 쏟는데,(메를로-퐁티, 1964를 보라) 그것은 그 이후 우리와 타인과의 관계에 대한 기초를 제공하는 것이다. 토마스 푹스가 어린이의 모방 능력과 관련하여 언급하는 것처럼, "신체 모방 능력을 가지고, 어린이들은 보았던 동작과 타인에 대한 흉내를 그들 고유의 자기 수용 감각과 운동으로 뒤바꾼다."(2005: 98) 메를로-퐁티에게서 영감을 받은 이 견해에서, 우리의 몸-도식body-schema은 직접 타인의 표현에 반응하며, 모종의 신체-도식corporeal-schema의 이전을 수반하는 소위 '공감적 지각empathic perception'이라고 할 수도 있는 비추론적 과정을 끌어낸다.

몸에로의 이런 전환이 후기 후설 이후로부터 현상학에서 전형적인 것이기는 하지만, 그것이 대륙 철학 전반을 다 규명해주는 것은 아니다. '고유의proper' 몸이라는 개념은 최근의 많은 이론가들(특히 후기 구조주의자들)에 의해 이의가 제기되었다. 몸과 기술(예컨대, 인공 기관과 보철물) 간의 필수 관계가 체험된 몸에 대한 일부 현상학적인 설명을 문제로 만든다는 주장 때문에서일 뿐만 아니라, 때때로 그 용어의 일반적인 배치에서 가려지는 몸들 간의 거대한 차이라는 미명 아래에서 말이다. 그럼에도 불구하고, 사실상 모든 대륙 철학자는 마음을 주로 표상적인 것으로 보는 견해에 이의를 제기하며, 그것을 좀 더 적극적으로 표현하기 위해서 그에 상응하는 여러 형태의 표현 우선주의expressivism를 옹호한다. 표현 우선주의는 표상representation보다 표현의 의미론적 우선성을 옹호하며, 따라서 많은 대륙 철학자들이 주장하는 것으로서, 실천적 경험/지식으로부터 이론적 지식이 발생한다는 주장과 연결된다. 그것을 지지하기 위해 여러 형태의 비합리주의를 수용하기보다는, 그것은 세계와 교섭하는 지배적인 양식으로서의 합리성(또는 명제적인 것)의 훈련을 포함하고, 표현적 행동은 그런 면에서 종종 추론의 필요를 부정하는 것으로서, 의미가-배어들어 있는meaning-saturated 것으로서 보여진다.

사르트르도 원리적으로 무가 감춰져 있다고 언명할 때 타인과 관련한 일종의 표현 우선주의를 수용한다. 불성실bad faith 행위 양태는 그들이 세계 속에서 규정되는 방식, 즉 스타일, 타성 및 처신에서 분리된 무이다. 들뢰즈도 일종의 표현 우선주의를 옹호하며, 이것이 대륙권에서 니체와 스피노자가 점차적으로 인기 있는 이유 중의 하나이다. 『차이와 반복』 마지막 두 장과 『스피노자: 철학에서의 표현주의』에서, 들뢰즈는 표현에는 우리가 표상할 수 있는 것을 넘어서는 힘이, 따라서 우리가 자기-의식적일 수 있는 것을 넘어서기도 하는 힘이 있다고 주장한다. 레비나스의 철학도 마찬가지로 타인의 타자성을 존중하는 것과, 그럼에도 불구하고 신체 표현 우선주의bodily expressivism의 직접적인 의사소통 능력을 주장하는 것 간의 어려운 균형점을 두고 협상하려 한다. 레비나스는 타인과의 만남을 얼굴을 마주함face-to-face이라고 보는 논의로 유명하다. 우리는 타인을, 다른 대상을 우리가 독점하는 관계처럼 움켜잡을 수 있는 전체성이라기보다는 이해할 수 없는 무한성으로서 경험한다. 『전체성과 무한』에서의 레비나스의 견해에서 얼굴이 표현하는 것은 정확히 타인의 초월성transcendence이다.(1969: 198) 그래서 표현은 타인의 내면을 우리에게 보여주지는 않지만, 그렇다고 해서 표현이 이 영역을 숨기지도 않는다.(ibid.: 202) 다른 사람의 정신생활은 대상 같은 식으로 접촉되고 알려지기 위해서 기다리고 있지 않다. 오히려 그것은 그 원천에 나를 가지지 않는, 드러나는 힘unfolding dynamic에서 그 자신을 표현한다.(오버가드, 2005: 262) 따라서 얼굴의 표현력에는 전환transformation과 예측 불가능성이 내재되어 있다. 오버가드가 주장하는 것처럼, "표현이라는 개념에는 몸과 마음 간의 한낱 우연적인 관계보다 더한 그 무언가를 전달하려고 하는 의미도 있고, 타인의 정신생활에 다가갈 수 없음을 나타내려는 의미도 있다."(ibid.: 256) 계속해서 그가 말하는 것처럼, "데카르트주의자는 다른 사람의 심적 상태와 관련해 내게 있을 수 있는 불확실성에 대한 상대물이 그의 확실성이라고 생각한다. 하지만 분명히 이것은 잘못이다."(ibid.: 267) 왜냐하면 내가 타인의 심적 상태를 확신했다 할지라도(그리고 확실히 때때로 우리는 확신한다), 여전히 관점perspective 간의 차이가 있을 것이기 때문이다. 따라서 인식적인 접근에 치중하는 것은 이것을 설명하기에는 오해를 일으키는 방법인 것처럼 보이며, 또 이 모든 철학자의 작업에서 분명해지는 것은, 표현이 내부 영역의 재현이 아니라는 점이다. 표현하는 얼굴 및 다른 표현하는 얼굴에 의한 그것의 이해apprehension에 의해 다르게 표현되는 것은, 우리 사이entre nous, between us이다. 하지만 이런 식의 표현 우선주의는 분석 철학 내에서는 주변적인 견해로 남아 있는 것으로, 테일러, 맥도웰 그리고 정도는 덜하지만 브랜덤 등(예컨대 테일러, 1985를 보라) 소위 '후기-분석' 철학자들과 좀 더 일반적으로 연관되어 있는 입장이다. 테일러도 브랜덤도, 표현 우선주의의 뿌리를 낭만주의까지 거슬러 올라가 찾는다. 낭만주의와, 그보다는 더 이성 지향적인 관점을 지닌 계몽주의 유산 간의 역사적 논전contestation이 분석-대륙 분열의 중요한 선구자임을 암시하면서 말이다.

분석 측 답변
많은 분석 철학자들은 타인과의 관계에서 있다고 여겨지는 직접성immedi-

acy과 관련해서뿐만 아니라, 이런 행동 방식에 허용되는 어떤 우선권과 관련하여, 이에 대해 적어도 두 가지 답변을 할 것이다. 첫째, 그런 입장은 우리와 타인과의 관계에서 벌어지는 기만과 오해를 불가능하게 한다고 생각될지 모른다. 아마도 이것은 (현상학자들이 수정 불가능성 주장들을 수용하지 않는다고 우리가 전에 말했을지라도) 그 정도로 관점의 비대칭이 보여지지 않고 있다고 말하는 다른 방법일 것이다. 둘째, 분석 철학자들은 종종, 재현 또는 흉내가 그런 경험을 뒷받침하는 가능성을 이런 식의 현상학적 기술들이 배제하지 않는다고 생각한다. 현상학은 예컨대 개인 심층적인 과정에 대해 그리고 관련된 뇌 과정에 대해 거의 말하지 않으며, 따라서 어떤 사람은 이런 현상학적인 기술이 (어떤 의미에서) 그냥 잘못일지도 모른다고 주장할 것 같다. 이것의 한 각색 본은, 에이어(1982: 221)가 상호 주관성에 대한 메를로–퐁티와 하이데거의 분석에 반대해서 말하는 것처럼, 우리가 타인을 알고 타인과 교류한다고 우리가 생각한다는 것이 심리적으로 필요하지만, 그러나 이것은 타인의 마음에 접근하는 것을 허용하지 않거나, 그들이 정말 실제로 존재한다고 생각하기 위한 더 일반적인 이유를 제공하지 않는다고 하는 답변일 것이다. 따라서 우리는 정신 및 어떻게 정신이 작동하는가 하는 배경 문제로 되돌려진다. 지향성은 주로, 타인이 믿음과 욕망을 가지는 것으로 우리가 표상하게끔 표상 내용을 포함하는 것으로 이해되어야 하는가? 대부분의 대륙 철학자에게 그 답은 아니라는 것이며, 우리는 이미 이것이 그럴 수도 있을 만한 어떤 배경적 이유를 보아왔다. 그것은 부분적으로, 아무리 암묵적으로라도, (적어도 만일 이런 식의 복잡한 판단들이 우리가 근본적으로 생활 세계Lebenswelt나 사회 환경에 잠겨 있다는 것을 설명하지 못한다면) 그런 복잡한 판단들을 가정함으로써 그런 문제들을 해결하는 것은 일반적으로 거리껴지기 때문이다. 만일 우리가 (발생적으로, 발달적으로) 좀 더 실천적인 것에 의존하고 있는 세계를 조리 정연한 관계reasoned relation로 실체화한다면, 우리는 결코 소위 메를로–퐁티의 '지각적 믿음perceptual faith'을 재구성할 수 없을 것이고,

이것이 필연적으로 우리 자신의 것과는 다른 관점을 여는 방식을 재구성할 수 없을 것이라는 점을 우려하는 것이다.

상호 주관성

대륙 철학에서 상호 주관성과 관련한 선험적 논증들

물론 분석 철학자들은 납득하지 못할 것 같다. 우리와 타인과의 체화되고 체험된 관계라는 단순한 주장은 확실히 독단적으로 회의주의를 몰수하는 것일 수 있다.[4] 대륙적 시각에서 이런 독단적인 대응을 모면하는 길은 다음과 같은 추가적인 비판적 질문이다. 체험된 입장the lived position은 어떻게 가능한가? 아마도 상호 주관성에 대한 다양한 논증이 불가피하게 무수한 가지각색의 선험적 논증에 의해 내내 지지되고 있다는 것은 놀라운 일이 아닐 것이다. 그런 논증들은 지각이 타인의 존재를 전제한다(메를로-퐁티)는 것을 보여주기 위해서, 세계와 관계하는 우리의 도구적인 방식이 다시 대안적인 관점과 타인들을 전제하는 도구 전체성을 수반한다(하이데거)는 것을 보여주기 위해서, 또는 수치심의 경험이 타인에 대한 현상학적 '증명'의 가능성을 제공한다(사르트르)는 것을 보여주기 위해서 사용된다. 우리가 보았듯이 종종 그런 입장은 인식 관계가 타인과 우리와의 만남에 기본적이 아니라고 주장하는 선험적 논증에 의해, 그리고 이런 이차적인 인식 관계를 의심하는 것은 실제로 완전한 채로 있는, 좀 더 기본적인 타인과의 관계를 전제한다고 주장하는 선험적 논증에 의해 보충된다. 예컨대, 타인의 마음과 우리의 관계에 인식론적으로 초점을 맞추는 것은, 바로 '인격person'이나 '자아ego'라는 개념 자체가 대타자the Other에 대한 반응으로서 따라서 대타자에 의존하는 것으로서 이해될 수 있다는 점을

---

4. 아브라미데스(2001: 236)는 어떤 대륙 철학자들이라기보다는 데이비슨과 스트로슨의 선험적 논증과 관련하여 이런 주장을 한다. 그러나 이와 관련해서도 요점은 유지된다.

주목하면서, 일인칭과 이인칭 변별differentiation을 전제한다고도 할 수 있다. 이런 것들은 정확히 여러 대륙 철학자들이 제기하는 부류의 논증들이다. 지식 관계를 넘어서 그 우선성을 지각, 강렬한 감정intensity, 감성, 기분, 정서, 욕망, 무의식 등에 두든 않든 간에 말이다. 만일 선험적인 우선성 주장이 잘 전개될 수 있었다면, 이것은 다음과 같은 점을 설득할 수 있을 것처럼 보인다. 즉, 타인 마음의 문제는 소위 메를로-퐁티의 '고고도 사유high-altitude thinking'의 관점인, 어디에도 없는 곳으로부터의 관점을 취했 던 (또는 취하려고 했던) 반성적인 인간에게만 일어날 뿐이다. 그리고 그런 반성/앎의 가능 조건이 사회 학습, 모방 및 상호 교섭interconnectedness(또 는 다른 궤적을 표시하기 위해서, 욕망과 무의식)이라면, 회의론적인 문제 는 완화될 것처럼 보인다. 하지만 분석 철학자들에게 이렇게 선험적인 것에 호소하는 것은 회의론적인 논증이 제거되지 않고 회피되었다는 하나의 징표이다. 그런 (데넷의 표현을 사용하자면) '고고도 기구skyhook' 방법은 '잭은 단 한 번의 구속으로 자유로워졌다With one bound Jack was free'와 같은 상투적인 통속 소설 문구와 철학적으로 동등한 것이다.

물론, 우리는 그런 논증들이 똑같이 성공적인 것만은 아니라는 것에 공감하기 위해서 선험적 논증을 거부할 필요는 없다. 따라서 선험적 추리의 어떤 힘과 한계를 다시 한번 고찰하기 위해서 사르트르의 유명한 논증을 간략하게 이야기해볼 만한 가치가 있다. 『존재와 무』에서 사르트르는 무슨 일이 일어나고 있든 거기에 사로잡혀서, 닫힌 문 저편에 있는 무언가를 열쇠 구멍을 통해 들여다보고 있는 사람들을 기술한다. 이 모든 것은 선-반성적인 의식의 차원에서 일어난다. 그 사람들은 자기들의 활동에 완전히 사로잡혀, 세계 속에 흡수된 채로 열쇠 구멍을 통해 들여다보고 있다. 갑자기 그들은 복도에서 나는 발소리를 듣고, 지금 누군가가 자기들 을 보고 있다는 것을 알아챈다. 더 이상 문 뒤에서 일어나는 일과는 상관없 이, 그들은 자기들이 통제할 수 없을 정도로 자기들의 정체가 자기들로부터 새어 나가고 있다는 것을 의식하고, 이 사실을 부끄러워한다. 사르트르에 따르면, 수치심의 경험은 우리가 타자the Other가 바라보고 판단하는 그런 대상임을 인정하는 것이면서, 우리가 자신 밖에 우리의 근거를 가진다는 것을 인정하는 것이다. 즉, 타자는 우리가 통제할 수 없는 우리의 한 측면을 보고 또 그것은 그들의 매개를 요구한다는 것이다. 사르트르가 말하는 것처럼, "순수한 수치심은 가책을 느끼는 대상으로 있다는 감정이 아니라 일반적으로 대상으로 있다는 감정이다."(1993: 288) 이런 눈초리the look의 경험에서 우리는 그 주변에 하나의 지각 장perceptual field이 조직화되는 관점으로서의 몸으로 환원될 수 없는 면에서 우리의 몸됨embodiment을 이해하며(왜냐하면 우리의 체화됨being embodied은 그것이 우리의 넋 잃은 대처ab-sorbed coping에 전제되어 있는 방식과는 매우 다른 면에서 우리에게 폭로되기 때문이다), 또한 거친 물리주의적인 몸 이해로 환원될 수 없는 것으로서 우리의 몸됨을 이해한다.(삭스, 2005b) 사르트르에게 있어, 이 예로부터 끌어낼 수 있는 중요한 철학적 요점은, 훔쳐보고 있는 사람을 목격하고 그런 이들에게 수치심을 일으키는 타자는 그냥 다른 대상일 수 없고, 오히려 하나의 주체로 귀납되어야 한다는 것이다. 다시 말해서, 사르트르는 다른 사람이 존재하지 않았다면, 이런 수치심의 경험, 그리고 대상과 같다고 느끼는 경험은 일어나지 않았을 것이라고 주장한다. 그런 존재론적인 결론이 너무 강하다고 느껴질지도 모르겠지만, 그러나 우리의 목적을 위해서 요점은 이런 수치심의 느낌이 견뎌내기가 불가능하다는 점이다. 그것은 우리를 압도하고 또 추론이 끼어들 여지가 전혀 없다. 우리를 지각하는 타인이 반드시 분명하게 우리의 모든 고차적인 심리적 상태들을 감지하지apprehend 못하거나, 또는 적어도 우리가 이것을 선-반성적으로 경험한다는 면에서 감지하지 못할지도 모르지만, 그러나 그럼에도 불구하고 그들은 직접적으로 우리를 감지한다.

이제 열쇠 구멍을 통해 엿보고 있었던 사람이, 이런 위태로운 처지에 놓이게 되었다고 생각할 때 실수하고 있을 수도 있을 것이다(예를 들어, 발소리가 건물 다른 곳에서 울려왔을지도 모른다). 따라서 개인이 눈초리를 경험하기 위해 다른 사람이 실제로 있어야 하는 것이 아니라는 것은 분명하다. 이것은 아마도 사르트르가 유아론과 그것을 낳는 인식론적 회의주의를 논박하지 못했다는 것을 암시하는 것처럼 보인다. 이에 대한 사르트르의 답변은 우리가 수치심을 느끼는 특수한 시간과 장소에 문자 그대로 어떤 사람이 없을지도 모르지만, 도대체 수치심의 경험이 이해될 수 있기 위해서는 적어도 하나의 다른 사람이 있어야— 또는 좀 더 최소한 도로 말해서, 있었어야만 — 한다고 말하는 것이다.(1993: 280) 사르트르도 실제로 우리를 보고 있는 사람이 아무도 없었다는 점에서 우리의 수치심이 애당초 '실수'였다는 것을 깨달은 순간, 타자의 눈초리 앞에서 우리가 상처받기 쉽다는 감정은 실제로 전혀 소멸되지 않는다는 것이 중요하다는 점을 지적한다. 그와는 반대로 우리는 오히려 더 강렬하게 우리 자신을 하나의 대상으로서 경험할 것이다. 삭스가 언급하는 것처럼,

> 내 뒤에 있는 방에 실제 사람이 전혀 없음에도 불구하고 내가 경험하고 있는 것은, 세계가 꽤 그런 사람들을 포함하고 있다는 것이다. (…) 그들의 부재를 경험하는 것은 바로 그들이 어딘가 다른 곳에 존재하고 있다는 사실을 받아들이는 것이다. 이것은 바로 그것이 존재하지 않기보다는 부재하는 그 무엇으로 있다는 것이다. (2005b: 292)

내가 특수한 경우에 실수할 수 있기는 하지만, 그런 경험이 가능하기 위해서는 몇몇 그런 타인이 존재한다(또는 존재했다)는 것이 필요하다. 그것을 다른 식으로 표현하자면, 사르트르는 우리의 현상학적 경험의 한 복판에서 따라서 어떤 의미에서 의심할 여지 없는 타인을 발견함으로써 자아와 세계(나와 타인) 간의 인식론적 간격을 극복하려고 한다.

분석 측 답변
분석 전통 내에서의 선험적 추리에 대한 일반적인 비판을 상기해보라.

한편으로 선험적 논증은 다른 대안적인 설명을 무시하는 한, 요청된 필연성을 입증하지 못한다고들 한다. 따라서 그 논증은 독단론의 한 형태가 되고 만다.(쾨르너, 1966) 다른 한편, 회의론자는, 오직 정신 밖의extra-mental 사실들이 있다고 우리가 믿는다는 것만이 필수적일 뿐이라고 항상 주장할 수 있다.(스트로우드, 1968) 왜냐하면 이것은 해당 심적 경험을 설명하기에 충분하기 때문이다. 따라서 그런 논증은, 있다고 추정되는 정신 밖의 사실들을 입증할 수 없다. 부분적으로 선험적 논증에 대한 반복적으로 표현된 의구심 때문에, 선험적 논증은 타인 마음에 대한 분석적 문헌의 중심 무대에는 없었다.[5] 그러나 데이비슨의 유명한 관용 원리principle of charity의 호소 및 가장 유명한 것으로 『개별자들』에서의 피터 스트로슨의 온건한 선험적 논증을 포함하여, 이런 선험적 추리의 분석적 전통이 있다. 스트로슨은 인격 개념the concept of person이 우리의 '마음' 이해에 기본적이며, 만일 우리가 의미 있게 마음을 (우리가 그럴 수 있다고 그가 말하는) 우리 자신에게 귀속시킬 수 있다면, 우리는 타인의 마음을 확인하는 것을 포함하여, 다른 경우에도 적용될 수 있는 이에 대한 어떤 논리적으로 충분한 기준을 반드시 가질 것이라고 주장한다.(1959: 109~112) 유비 논증에 반대하면서 스트로슨은 그런 논증이 내가 자기 고유의 경험을 확인할 수 있다는 것에 의존한다는 점을 지적한다. 그가 생각하기에 이는 그 자체가 논리적으로 다른 관점이라는 개념에 의존하는 것이다. 심적 상태의 자기 귀속과 타인 귀속 사이에 차이가 있기는 하지만, 그럼에도 불구하고 양자는 '인격'이라는 좀 더 기본적인 개념을 둘러싼 같은 언어 게임에 묶여 있다. 따라서 '인격' 개념이, 그로부터 '마음' 개념이 추출되어 나오는 것보다 좀 더 기본적이라는 것을 보여줌으로써, 스트로슨은 타인 마음의 개념적 문제에 답을 제공할 수 있다. 예컨대 일인칭 개념과 이인칭 개념이라

5. 히스로프의 『타인의 마음』(1995)은 선험적 논증을 전혀 언급하지 않는다. 그리고 아브라미데스의 『타인의 마음』(2001)은 그녀가 적어도 이런 배척을 인정하고 있을지라도, 현상학적이고 대륙적인 전통 전체를 무시한다.

는 두 개의 (또는 그 이상의) 다른 개념을 포함한다기보다는, 이런 두 개의 다른 개념 사용 내내 존속하는 하나의 단일한 마음 개념이 있다는 것을 우리는 어떻게 아는가? 스트로슨의 입장에서, 일단 '인격'과 '마음' 간의 연결과 관련한 이런 기술적 작업이 수행되었다면, 타인의 마음을 두고 추론을 요구하는 일관된 문제는 전혀 없을 것이다.

그러나 많은 이들이 지적하였듯이, 스트로슨의 논증은 세계가 실제로 타인으로 이루어져 있어야 한다는 것을 보여주지 않고, 그저 그들이 실제로 존재한다면 우리는 그들을 확인하기 위한 기준을 가져야 한다는 것만을 보여주는 것처럼 보인다.(삭스, 2005b: 295를 보라) 하지만 사르트르의 논증— 만일 우리가 그 핵심 전제로서 작용하는 다른 사람에 의해 객관화된, 존재에 대한 현상학적 기술을 우리가 받아들인다면— 은, 비록 우리가 어떤 더 강한 형이상학적 결론에 관해 불가지론자로 남아 있을지라도, 세계가 타인을 포함한다고 우리가 해석하는 것은 필연적이라는 점에서 스트로슨의 논증보다 더 진척된 것처럼 보인다. 그러나 여기서 우리는 선험적 추리에 대한 또 다른 분석적 비판에 봉착한다. 즉, 선험적 논증이 수용될 수 있는 맥락에서(예컨대 검증주의적인, 관념론적인 또는 좀 더 일반적으로 반실재론적인 입장의 범위 내에서), 선험적 논증은 완전히 불필요해진다는 스트로우드의 유명한 주장이 그것이다. 결국 사르트르는 상당히 같은 책략을 수행했었고, 따라서 문제는 그저 심적인 것과 의식에 관한 사르트르의 비자연주의non-naturalism가 타당한지의 문제로 이전된다. 스트로슨과 사르트르를 비교하는 삭스의 논문이 이 점을 분명히 해준다. "객관 세계의 정적인 질서의 붕괴는 스트로슨에게는 선택 사항이고, 사르트르에게는 필수적이다."(ibid.: 296) 따라서 적어도 이 경우와 관련해서, 스트로우드는 거의 틀림없이 논의에 반실재론이라는 부당 가정의 오류[a] question-begging assumption가 작동하고 있다고 주장하는 데 있어 옳다. 그러나 그 비판이 똑같이 너무 강한 실재론과 주관 독립적인 실재 개념을 전제하고 있다는 답변도 나올 수 있다. 아니타 아브라미데스(2001)가 언급하는 것처럼, 스트로우드의 입장은 나와 만물 간의 논리적이고 형이상학적인 간격을 가정하고, 또 인식이 행동보다 우선이라는 점을 전제하기도 한다. 하지만, 실용주의적이거나 행동-지향적인 그림에서, 사물들을 알려고 하는 분리된 데카르트적 주체라는 이런 생각은, 주체성과 독립적인 객관적 실재라는 상호-연관co-implicated 개념이 그러하듯이, 이상한 것처럼 보인다. 실제로 그런 관점은 그 자체가 위태롭게 거의 회의주의가 될 준비가 다 된 것이라고들 하기도 하고, 또 확실히 그것은 주체가 실재적인 것과 상호-연관되어 있는 대륙 철학의 지배적인 전체론holism과 매우 다르다.

이로써 우리는 종종 중첩되기도 하는 다음과 같은 두 주요 문제를 두고 분석 철학과 대륙 철학 사이에서 냉혹한 양자택일을 해야 할 처지에 있는 것처럼 보인다. (i) (심리적인 것과 대립되는 것으로서의) 철학적으로 중요한 경험적 규범들이 있는지 없는지, 또는 믿음이 그냥 무한정ad infinitum 다른 믿음에 의해 정당화되는지. (ii) 선험적 논증과 그 논증이 실재론-반실재론 논쟁과 맺고 있는 관계와 관련한 문제. 그런데 상호 주관성 및 타인 마음 문제에 대한 그 각각의 논의가 매우 다른 방향을 향하고 있다는 점은 분명하다. 한쪽은 인식론적인 문제에 노력을 쏟고, 인지 과학과 긴밀한 통합을 유지하려 한다. 다른 쪽은, 순수 인식론이 궁지에 몰려 있고 문제가 많은 원자론적 세계관과 불가분적으로 결부되어 있다는 중대한 평가에 기초하여, 순수 인식론을 불신하는 것처럼 보인다. 타인 마음을 두고 분석 철학에서 보이는 여러 다양한 문제와 분명한 허점들을 고려해볼 때, 이것은 (로티, 테일러 및 그 밖의 사람들이 주장하는 것처럼) 명시적으로 비귀납적인 선험적 논증 작업뿐만 아니라 철학자의 좀 더 구성주의적인 소관remit을 귀납적으로 후원하는 것(또는 적어도 최선 설명 추론을 통한 후원)이라고 주장될 수도 있을 것이다. 이런 관점에서 타인의 존재를 인식론적으로 입증하려는 시도는, 사회생활에서 핵심적인 것을 너무 많이 괄호 쳐버리면서, 또 타인의 마음 상태를 가정된 존재물로 만들어 타인과 관계하는 어려움을 과장하면서, 그 자체로는 불충분한 것처럼 보인다. 이에 맞서, 선험적 논증은 잘해봤자 모험적risky이며, 우리가 타인 마음 분석 철학과 관련하여 전혀 막다른 길에 이르지 않았다는 항변이 제기될 수도 있을 것이다. 즉, 니콜스와 스티치(2003)가 주장하는 것처럼, 우리가 보았던 것은, 흉내 이론과 '이론' 이론의 최선의 특징들을 통합시키는, 그리고 추가적인 자원들을 효율적으로 사용하는 좀 더 혼합적이고 다원주의적인 설명이 필요하다는 것뿐이다. 만일 여기서 제시된 지형학이 대체로 정확하다면, 우리는 각 전통의 방법과 배경적 규범이 상호 주관성과 관련한 그 각각의 입장에 대해서 중요한 결과를 일으키는 모습을 꽤 상세하게 보았을 것이다. 이로써 우리는 분석-대륙 '분열' 관례institution에 방법론적인 요소들이 중요하다는 것을 보아왔다. 화해의 기획은 이런 엄연한 몇몇 메타-철학적인 차이를 붙잡고 싸워야 할 것이다.

결론

글랜디닝은 철학자들을 다음과 같은 부류의 실존적 난국에 빠뜨린 채『대류 철학이라는 개념』을 끝맺는다. 우리는 분석 철학과 대류 철학 사이에서 감지된 분열과 관련해서 '분열 폐지자enders'이어야 하거나 '분열 동조자benders'이어야 하거나이다.

폐지자는 "대류 전통이라는 바로 그 생각이 (어떤 경우에는 명백한 것) 이 논쟁을 초래하거나 심지어는 별나다는 것을 알아서, 분석/대류 구별이라는 생각을 확보하거나 유지하는 데 어떤 관심을 두지 않고 작업하려고 할 사람"이다. 반면에 동조자는,

사실상the de facto, 현실 세계의 격차 또는 적어도 현실 세계의 격차–결과gulf-effect를 인정할 것을 요구한다. (특히 그중에서도) 유력 인물과 많은 분석 철학자의 진지한 관심에 따라 그 저작이 평가되는 많은 사람을 분리시키면서 말이다. 그리고 동조자는 (적어도 가끔) 그렇게 하기 위해서 '대류 철학'이라는 칭호를 기꺼이 전용하려고 한다. (2007: 119~120)

영미권 국가에 기반을 둔 일부 소위 '대륙 철학자들'은 수축적deflationary
이다. 즉, 그들은 '폐지자들'이다. 그들은 각 전통의 저작을 진지하게
읽고, 각각에 대한 어떤 좀 더 일반적인 탐구를 권하는 것을 매우 꺼린다.
이것은 글랜디닝이 자기 책에서 좀 더 일반적으로 추천한 프로그램이지만,
그러나 우리는 그것이 전체로서의 철학이 가야 할 길인지를 확신하지
못한다. 솔직히 말해서 우리는 여전히 분열을 전략적으로 귀속자 미정
상태에 있는 것으로 표현할 만큼, 마치 그것이 철학적으로 존재하지 않았던
것처럼 작업할 만큼, 분열에 관해 충분히 이해하지 못하고 있다. 우리는
분열이 매우 다른 패턴의 관심과 인용, 매우 다르게 유통되고 있는 참과
전거를 그 특징으로 하고 있고, 이런 것들이 그저 사회적인 사실만이
아니라는 것을 잘 안다. 그것들은 분열을 가로지르기 어렵게 하는 각
편의 방법론적인 규범들을 반영하고 있다. 이런 상황에서 우리는, 각
전통에서 예시된 철학의 가치 이해와 방법론을 살펴보면서, 그리고 어떻게
그것들이 여러 다른 철학적 주제에서 작동하는지를 살펴보면서, 일어나고
있는 일의 지도를 비본질주의적인 동조자의 정신에서 그려보는 것이
최선이라고 느낀다.

그런 일의 결과들은 단편적일 수 있다. 그러나 우리는 그 조각들이
결국 무언가 좀 일관된 그림을 그려낼 수 있다고 생각한다.

첫째, 이 책의 결과들은 우리가 제언했던 각 전통의 폭넓은 가족 유사적
설명을 인준해준다. 대륙 전통은 꽤 큰 산만함을 보여주고 있지만, 그러나
그것은 철학에서 선험적 추리의 반복적인 수용, 우리의 역사성을 긍정할
뿐만 아니라 그것의 철학적 우선성을 주장하는 '시간적 전환', 상식의
철학적 가치를 두고 보이는 경계심, (예컨대, 과학 및 정신 철학과 관련하여)
기계론적이거나 아주 보잘 것 없는homuncular 설명에 대한 저항, 그리고
윤리-정치적인 문제에 대한 반이론적 접근법 등을 중심으로 조직되어
있는 것처럼 보인다. 이 각각의 특수한 지표들은 (정확히 그것들을 해석하

는 방법에 관한 불일치가 무엇이든 간에) 분명한 방법론적인 영향을 미친다.

더구나, 실제로 존재하는 것은 두 전통뿐만 아니라 두 전통 간의 분열이다. 일련의 지형학적인 교착 상태를 바라보면서, 직관 기반 방법과 상식에 대한 분석적 수용이 대륙의 역사성과 계보학과 자주 충돌하고, 선험적인 것에 대한 대륙의 시간 투자가 자주 분석적인 논리 기반 의심logic-based scruple 및 경험주의적 성향과 충돌하는 면을 보고 큰 인상을 받지 않기란 매우 어렵다. 종교 철학에서 '약한 불가지론자weak agnostic'는, 증거의 사정을 고려했을 때 무신론자는 유신론자가 되고, 유신론자는 무신론자가 될 좋은 이유가 전혀 없다고 주장하는 사람이다. 결국 우리는 방법론적인 수용이 분석-대륙 가로지르기 작업 활동을 배제하기도 하고 다른 전통에서 제기된 비판을 진지하게 고려하는 것을 배제하는 경우, 그곳이 어디든 간에, 분열에 관한 약한 불가지론자이다. 즉, 우리는 분석적 작업과 방법론에 관한 대륙적 우려가 (분석적 기준에서 볼 때) 결정적인 것이라고 간주하기 어렵고, 대륙적 작업과 방법론에 관한 분석적 우려가 (대륙적 기준에서 볼 때) 똑같이 임시적인 것이라고 주장한다. 이것은 우리가 논의해왔던 대부분의 주제와 관련하여 폭넓게 성립하는 사태인 것처럼 보인다. 주요한 예외가 있다면, 아마도 그것은 인지 과학 내에서 (현상학적인 결과들이 관련 인지 과학 안에 흡수되고, 분석 철학의 과학 존중 태도는 적어도 어떤 대화가 필요하다는 것을 의미한다는 점에서) 있을 수 있는 화해와, 실천(가장 분명한 것으로는 덕 윤리)에 초점을 둔 윤리적 문헌 쪽에서의 부분적인 일치일 것이다. 그렇다 하더라도, 그런 화해는 (지금까지는) 대체로 각 영역의 주변부에서 일어나거나 극도로 제한되어 있다.

하지만 분열은 필연적으로 극복할 수 없는 것이 아니다. 우리의 (1부에서의) 역사적 조망으로부터 아주 분명히 드러나는 한 가지 점은 유명한 만남이 분열 양측에서 논쟁적으로 사용되는 범위이다. 즉, 역사적으로 토론에 있어서 종종 인정되고 있는 것보다 훨씬 더 가능성이 있었던 범위이다. 사실, 일부 대화는 아무 소득이 없었다(루아요몽, 포퍼와 하버마스). 그러나 다른 경우에 이해할 수 없는 것으로서 생각되는comes across 것은 원래의 만남이라기보다는 그것을 나중에 불러내는 것invocation이다. 게다가, 전통 간의 잠재적으로 풍부한 일치를 이룰 기회를 여러 번 놓쳤었다. 즉, 화행 이론에 대한 라이나흐의 명백한 예상을, 또는 프레게-후설 논쟁에 대한 최근의 독해를 생각해보라. 놓쳤지만 가능했을 다른 기회들도 이야기되었다. 예컨대 프리드먼(2000)은, 카시러를 우리가 놓쳐버린 중요한 '중도적' 인물을 대표한다고 말하고, 오버가드(2010)도 루아요몽에 참석했던 일상 언어 철학자들이, 당시 자기들이 생각했던 것보다도 훨씬 더 많이 현상학자들과 공통점이 많았다고 말한다.

우리의 기획은 규범적이라기보다는 (용어들 자체가 메타 철학적인 사용역register을 가지고 있고 따라서 20세기 상당 기간 내내 관례적인 사용역을 가진다는 것을 인정하면서) 주로 기술적이었다. 즉, 철학의 미래(들)를 위한 긍정적인 설명으로 제공된 것이 많지 않았다. 그러나 약한 메타 철학적인 불가지론weak meta-philosophical agnosticism은 적어도 어떤 정기적인 대화에서 그리고/또는 논쟁에서 가치를 발견하는 것과 양립될 수 있다. 우선, 그런 분열을 넘어서 일종의 신뢰가 생길 수 있다. 다른 전통을 포용하는 것은 적어도 그 전통이 수행하는 작업의 일부 국면을 존중하는 마음을 갖게 할 수 있다. 그 작업을 우리 자신의 전통과 어떻게 관계시킬 것인지가 분명하지 않을지라도 말이다. 그리고 종종 그것은 정말 가능한 것처럼 보인다. 예컨대 분석 전통 내의 맥도웰(분명히, 1995 이전)과, 브랜덤과 같은 '피츠버그 헤겔주의자들'을 생각해보라. 다시 한번 대화는 각 전통의 기본적인 방법론적 수용commitment이 담당했던 역할을 계속 크게 부각하는 유용한 효과를 가진다. 이런 수용을 정기적으로 재검토하지 않으면, 양 진영의 철학은 편협해지고 자만에 빠질 수 있으며, 또 각 전통이 확실히 내부로부터 자신의 방법을 조사할 수 있을지라도, 완전히 납득하지 못하는 사람들의, 우리를 당황케 하는 또는 도발적인 목소리는 분명히 소크라테스와 같은 등에의 역할을 할 것이다. 끝으로 약한 메타철학적인 불가지론의 수용 자체가 한 전통을 위해 가치를 지닐 수 있다. 어떤 사람의 기존 철학적 믿음과 수용이, 그들로 하여금 우리 자신과 같은 식으로 철학을 보는 것을 온당하게 막을 수도 있다고 믿는 것은 과도하게 상대주의적이지 않으며, 또 가류주의^{fallibilist} 정신에서 같은 것이 역방향에서 성립한다는 것을 인정하는 것도 과도하게 상대주의적이지 않다. 소크라테스가 말했던 것처럼, 우리가 알지 못한다는 것을 알기로 하자. 이는 이 책의 맥락에서 볼 때 더 많은 철학자가, 그들이 (그리고 그들 선조가) 신뢰했고 또 의지하고 있는 선택^{bets}을 확인할 수 있기를 우리가 희망하기로 하자고 말하는 것과 마찬가지일 것이다.

참고문헌

Adorno, T. 2000. *The Adorno Reader*, B. O'Connor(ed.). London: Blackwell.

———, *et al.* (eds.) 1976. *The Positivist Dispute in German Sociology*. London: Heinemann.

Akehurst, T. 2008. "The Nazi Tradition: The Analytic Critique of Continental Philosophy in Mid-century Britain". *History of European Ideas* 34: 548~557.

Alcoff, L. 2008. *Real Knowing*. Ithaca, NY: Cornell University Press.

Alliez, É. 1995. *Capital Times*. Minneapolis, MN: University of Minnesota Press.

———, 1997. "Questionnaire on Deleuze", P. Goodchild & N. Millett(trans.). *Theory, Culture & Society* 14(2): 81~87.

Allison, H. 1986. *Kant's Transcendental Idealism*. New Haven, CT: Yale University Press.

Ameriks, K. 2006. *Kant and the Historical Turn*. New York, Oxford University Press.

Anscombe, G. E. 1958. "Modern Moral Philosophy", *Philosophy* 33(124): 1~19.

Ansel-Pearson, K. 2002. *Philosophy and the Adventure of the Virtual*. London: Routledge.

Antiseri, D. 1996. *The Weak Thought and its Strength*. Aldershot: Ashgate.

Apel, K. 1987. "The Problem of Philosophical Foundations in Light of a Transcendental

Pragmatics of Language". in *After Philosophy: End or Transformation?*, K. Baynes, J. Bohman & T. McCarthy (eds), 250~290, Cambridge, MA: MIT Press.

Arent, H. 1978. *The Life of Mind*. New York: Harcourt.

Aristotle 1980. *The Nicomachean Ethics*, D. Ross(trans.). New York: Oxford University Press.

——, 1993. *Posterior Analytics*. J. Barnes (trans.). New York: Oxford University Press.

Armstrong, D. M. 1978. *Universals and Scientific Realism, Volum 2: A Theory of Universals*, Cambridge: Cambridge University Press.

Austin, J. L. 1961. *Philosophical Papers*, J. O. Urmson & G. J. Warnock (eds). Oxford: Oxford University Press.

——, 1962. *Sense and Sensibilia*. Oxford: Clarendon Press.

——, 1979. "Truth", In *Philosophical Papers*, 2nd edn, J. O. Urmson & G. J. Warnock (eds). Oxford: Oxford University Press.

Avramides, A. 2001. *Other Minds*. London: Routledge.

Ayer, A. J. 1952. *Language, Truth and Logic*. London: Dover.

——, 1954. "One's Knowledge of Other Minds". In *Philosophical Essays*, 191~214. London: Macmillan.

——, 1982. *Philosophy in the Twentieth Century*. London: Random House.

——, 1986. *More of my Life*. Oxford: Oxford University Press.

Badiou, A. 1999. *Manifesto for Philosophy*, N. Madarasz (trans.). Albany, NY: SUNY Press.

——, 2001. *Ethics*, P. Hallward (trans.). London: Verso.

——, 2005. "The Adventure of French Philosophy". *New Left Review* 35:67~77.

——, 2007. *Being and Event*, O. Feltham (trans.). London: Continuum.

Baggini, J. & J. Stangroom 2002. *New British Philosophy: the Interviews*. London: Routledge.

Barbaras, R. 2003. *The Being of the Phenomenon*, T. Toadvine & L. Lawlor (trans.).

Indianapolis, IN: Indiana University Press.

Barrett, W. 1979. *The Illusion of Technique*. New York: Anchor.

Bataille, G. 2004. *The Unfinished System of Non–Knowledge*, S. Kendall (trans.). Minneapolos, MN: University of Minnesota Press.

Beaney, M. (ed.) 2007. *The Analytic Turn*. London: Routledge.

———, 2009. "Conceptions of Analysis in Analytic Philosophy". *Stanford Encyclopaedia of Philosophy*. http://stanford.library.usyd.edu.au/entries/analysis/s6html#9 「accessed September 2010」

Beauvoir, S. de 1976. *The Ethics of Ambiguity*, B. Frechtman (trans.). New York: Kensington Publishing.

Bergson, H. 1944. *Creative Evolution*, A. Mitchell (trans.). New York: Modern Library.

———, 1968. *The Creative Mind*, M. Andison (trans.). Westport, CN: Greenwood Press.

———, 2008. *Matter and Memory*, N. M. Paul & W. S. Palmer (trans.). New York: Zone Books.

Bermudez, J. 1995. "Transcendental Arguments and Psychology". *Metaphilosophy* 26(4): 379~401.

———, 2006. "The Phenomenology of Bodily Awareness". In *Phenomenology and Philosophy of Mind*, D. Smith & A. Thomasson (eds.), 295~316. Oxford: Oxford University Press.

Blackburn, S. 1984. *Spreading the Word*. Oxford: Clarendon Press.

Blanshard, B. 2002. *The Nature of Thought, Volume 2*. London: Routledge

Bonjour, L. 1985. *The Structure of Empirical Knowledge*. Cambridge, MA: Harvard University Press.

———, 1998. *In Defense of Pure Reason*. Cambridge: Cambridge University Press.

Bordwell, D. & N. Carroll 1996. *Post–Theory: Reconstructing Film Studies*. Madison, WI: University of Wisconsin Press.

Bradley, F. H. 1922. *Principles of Logic Vol. I*. Oxford: Oxford University Press.

Bradley, J. 2003. "Trandformations in Spectulative Philosophy". In *The Cambridge History of Philosophy 1870~1945, Vol. I*, T. Baldwin (ed.), 436~446. Cambridge: Cambridge University Press.

Brandom, R. 2002. *Tales of the Mighty Dead*. Cambridge, MA: Harvard University Press.

Braver, L. 2007. *A Thing of This World: A History of Continental Anti-Realism*. Evanston, IL: Northwestern University Press.

Broome, J. 1991. *Weighing Goods*. Oxford: Blackwell.

Brown, J. R. 1991. *The Laboratory of the Mind*. London: Routledge.

Byrne, A. 1994. "Behaviourism" In *A Companion to the Philosophy of Mind*, S. Guttenplan (ed.), 132~140. Oxford: Blackwell.

Campbell, R. 2001. "The Covert Metaphysics of the Clash Between 'Analytic' and 'Continental' Philosophy". *British Journal for the History of Philosophy* 9(2): 341~359.

Canguilhem, G. 1988. *Ideology and Rationality in the History of the Life Sciences*, A. Goldhammer (trans.). Cambridge, MA: MIT Press.

Carman, T. 2002. *Heidegger's Analytic*. Cambridge: Cambridge University Press.

――――, 2005. "On the INescapability of Phenomenology". In *Phenomenology and Philosophy of Mind*, D. W. Smith & A. L. Thomasson (eds.), 67~91. Oxford: Oxford University Press.

――――, 2008. "Between Intellectualism and Empiricism". In *Merleau-Ponty: Key Concepts*, R. Diprose & J. Reynolds (eds.), 44~56. Stocksfield: Acumen.

Carnap, R. 1934. *Logical Syntal of Language*, A. Smeaton (trans.). London: Kegan Paul.

――――, 『1947』 1988. "Empiricism, Semantics, and Ontology". In *Meaning and Necessity*, 205~221. Chicago, IL: University of Chicago Press.

――――, 1996. "The Elimination of Metaphysics Through Logical Analysis of Language".

In *Logical Empiricism at its Peak: Schlick, Carnap and Neurath*, S. Sarkar (ed), 10~31. New York: Garland.

Cassam, Q. 2009. *The Possibikity of Knowledge*. New York: Oxford University Press.

Catalano, J. 1985. *A Commentary on Jean—Paul Sartre's Being and Nothingness*. Chicago, IL: University of Chicago Press.

Chalmers, D. 1996. *The Conscious Mind: In Search of a Fundamental Theory*. Oxford: Oxford University Press.

────, 2010. "Does Conceivability Entail Possibility?" In *Conceivability and Possibility*, T. S. Gendler & J. Hawthorn (eds), 145~200. New York: Oxford University Press.

Chase, J. 2010. "Analytic Philosophy and Dialogic Conservatism". In *Reynolds et al.* (2010), 85~104.

Chisholm, R. 1982. "The Problem of the Criterion". *The Foundations of Knowing*. 61~75. Brighton: Harvester.

────, 1989. "States and Events". In *On Metaphysics*, R. Chisholm (ed), 150~155. Minneapolis, MN: University of Minnesota Press.

Churchland, P. 1981. "Eliminative Materialism and the Propositional Attitudes". *Journal of Philosophy* 79: 67~90.

────, 1988. *Matter and Consciousness*. Cambridge, MA: MIT Press.

Clark, A. 1997. *Being There: Putting Brain, Body, and World Together Again*. Cambridge, MA: MIT Press.

Cobb—Stevens, R. 1990. *Husserl and Analytic Philosophy*. Dordrecht: Kluwer.

Cohen, J. 1986. *The Dialogue of Reason*. New York: Oxford University Press.

Cooke, M. 2002. "Meaning and Truth in Harbermas's Pragmatics". *Eurpoean Journal of Philosophy* 9(1): 1~23.

Cooper, D. 2003. "Nietzsche and the Analytic Ambition". *Journal of Nietzsche Studies* 26(1): 1~11.

Critchley, S. 2001. *Continental Philosophy: A Very Short Introduction*. Oxford: Oxford

University Press.

Cutrofello, A. 2000. *Continental Philosophy*. London: Routledge.

Daniels, N. 1979. "Wide Reflective Equilibrium and Theory Acceptance in Ethics". *Journal of Philosophy* 76: 256~282.

Davey, N. 1995. "Beyond the Mannered: The Question of Style in Philosophy or Questionable Styles of Philosophy". In *The Question of Style in Philosophy ane the Arts*, C. Van Eck, J. McAllister & R. Van de Vall (eds), 177~200. Cambridge: Cambridge University Press.

Davidson, D. 2001a. *Essays on Actions and Events*. Oxford: Clarendon Press.

——, 2001b. "Actions, Reasons and Causes". In Davidson, D. (2001a), 3~20.

——, 2001c. "The INdividuation of Events". In Davidson, D. (2001a), 163~180.

——, 2001d. "Mental Event". In Davidson, D. (2001a), 207~224.

——, 2001e. *Inquiries into Truth and Interpretation*. Oxford: Clarendon Press.

——, 2001f. "Truth and Meaning". In Davidson, D. (2001e), 17~42.

——, 2001g. "On the Very Idea of a Conceptual Scheme". In Davidson, D. (2001e), 183~198.

Dedekind, R. 1963. *Essays on the Theory of Numbers*, W. W. Berman (trans.). New York: Dover.

Deleuze, G. 1990a. *The Logic of Sense*, M. Lester & C. Stivale (trans.) London: Athlone.

——, "Michel Tournier and the World Without Others". In *The Logic of Sense*, M. Lester & C. Stivale (trans.), 301~321. London: Athlone.

——, 1992. *Spinoza: Expressionism in Philosophy*, M. Joughin (trans.). New York: Zone Books.

——, 1994. *Difference and Repetition*, P. Patton (trans.). New York: Columbia University Press.

——, 2003. *Francis Bacon: The Logic of Sensation*. D. W. Smith (trans.). London: Continuum.

Deleuze, G. & F. Guattari 1977. *Anti-Oedipus*, R. Hurley, M, Seem & H. Lane (trans.). New York: Viking.

————, 1987. *A Thousand Plateaus: Capitalism and Schizophrenia*. B. Massumi (trans.). Minneapolis, MN: University of Minnesota Press.

————, 1994. *What is Philosophy?*, H. Tomlinson & G. Burchell (trans.). New York: Columbia University Press.

Dennett, D. 1981. "Reflections". In *The Mind's I: Fantasies and Reflections on Self and Soul*, 457~460. Harmondsworth: Penguin.

————, 1987. *The Intentional Stance*. Cambridge, MA: MIT Press.

————, 1988. "Quining Qualia". In *Consciousness in Contemporary Science*, A Marcel & E. Bisiach (eds), 42~77. Oxford: Oxford University Press.

————, 1992. *Consciousness Explained*. New York: Bay Back Books.

————, 2001. "The Fantasy of First-Person Science". http://ase.tufts.edu/cogstud /papers/chalmersdeb3dft.htm(accessed September 2010)

————, 2007. "Heterophenomenology Reconsidered". *Phenomenology and the Cognitive Sciences* 6(1-2): 247~270.

————, 2008. "Autobiography (Part 2)". *Philosophy Now* 69: 21~25.

DePaul, M. 2006. "Intuitions in Moral Inquiry". In *The Oxford Handbook of Ethical Theory*, D. Copp (ed.), 595~623. Oxford: Oxford University Press.

DePaul, M. and W. Ramsey (eds). 2002. *Rething Intuition*. Lanham, MD: Rowman & Littlefield.

Derrida, J. 1978a. "Cogito and the History of Madness". In *Writing and Difference*, A. Bass (trans.) 36~76. London: Routledge.

————, 1978b. *Edmund Husserl's Origin of Geometry: An Introduction*, J. P. Leavey (trans.) New York: Harvester.

————, 1979. *Speech and Phenomena: and Other Essays on Husserl's Theory of Signs*, D. Allison (trans.) Evanston, IL: Northwestern University Press.

————, 1982a. "Signature Event Context". In *Margins of Philosophy*, Alan Bass (trans.), 307~330. Chicago, IL: University of Chicago Press.

————, 1982b. "White Mythology: Metaphor in the Text of Philosophy" In *Margins of Philosophy*, Alan Bass (trans.), 207~272. Chicago, IL: University Of Chicago Press.

————, 1983. *Dissemination*, B. Johnson (trans.). Chicago, IL: University Of Chicago Press.

————, 1988. *Limited Inc*, G. Graff (ed.). Evanston, IL: Northwestern University Press.

————, 1990. *Glas*, J. P. Leavey Jr & R. Rand (trans.). Lincoln, NE: University of Nebraska Press.

————, 1993a. *Aporias*, T. Dutoit (trans.). Stanford, CA: Stanford University Press.

————, 1993b. *Memoirs of the Blind: the Self-Potrait anf Other Ruins*, P. Brault & M. Naas (trans.). Chicago, IL: University Of Chicago Press.

————, 1995a. *The Gift of Death*, D. Wills (trans.) Chicago, IL: University of Chicago Press.

————, 1995b. *Points ··· Interviews 1974~94*, E. Weber (ed & trans.). Stanford, CA: Stanford University Press.

————, 2001. *A Taste for the Secret*, G. Donis (trans.). Cambridge: Polity.

————, 2005. *On Touching–Jean Luc Nancy*, C. Irizarry (trans.). Stanford, CA: Stanford University Press.

————, 2007. "Envoi" In *Psyche: Inventions of the Other, Vol. 1*, P. Kamuf & E. Rottenberg (eds), 94~128. Stanford, CA: Stanford University Press.

Descartes, R. 1984. *Meditations on First Philosophy*. In *Philosophical Writings of Descartes, Vol. 2*, J. Cottingham, R. Stoothoff & D. Murdoch (trans.), 1~61. Cambridge: Cambridge University Press.

Descombes, V. 1982. *Objects of All Sorts: A Philosophical Grammar*, Baltimore, MD: Johns Hopkins University Press.

Deutscher, M. 2009. "Being Paul Edwards". *Crossroads* 4(1): 33~42.

Devit, M. 1997. *Realism and Truth*. Princeton, NJ.: Princeton University Press.

Devitt, M. & K. Sterelny 1987. *Language and Reality*, Oxford: Blackwell.

Diamond, C. 1996. *The Realistic Spirit*, Cambridge, MA: MIT Press.

Dillon, M. 1988. *Merleau–Ponty's Ontology*. Evanston, IL: Northwestern University Press.

Dolev, Y. 2007. *Time and Realism*, Cambridge, MA: MIT Press.

Dombrowski, D. 2006. *Rethinking the Ontological Argument*, Cambridge: Cambridge University Press.

Donellan, K. 1962. "Necessity and Criteria". *Journal of Philosophy* 59:647~658.

Dowden, B. 2010. "Time". *Internet Encyclopedia of Philosophy*. www.iep.utm.edu/time/(accessed September 2010)

Dretske, F. 1981. *Knowledge and the Flow of Information*. Oxford: Blackwell.

Dreyfus, H. 1990. "What is Moral Maturity? A Phenomenological Account of the Development of Ethical Expertise". http://socrates.berkeley.edu/∽hdreyfus/rft /Moral_Maturity_8_90.rft(accessed September 2010)

————, 1992. *What Computers Still Can't Do*. Cambridge, MA: MIT Press.

Dreyfus, H. & S. Dreyfus 1988. *Mind Over Machine*. New York: Free Press.

————, 2004. "The Ethical Implications of the Five–Stage Skill–Acquisition Model". *Bulletin of Science, Technology, and Society* 24:251~274.

Dreyfus, H & S. Kelly 2007. "Heterphenomenology". *Phenomenology and Cognitive Sciences* 6(1): 45~55.

Duke, G, E. Walsh, J. Chase & J. Reynolds 2010. "Postanalytic Philosophy: Overcoming the Divide?" In Reynolds *et al.* (2010), 7~24.

Dummett, M. 1978. *Truth and Other Enigmas*, London: Duckworth.

————, 1991. *The Logical Basis of Metaphysics*. Cambridge, MA: Harvard University Press.

————, 1993. *Origins of Analytic Philosophy*. London: Duckworth.

————, 1996. "Frega and the Paradox of Analysis" In *Frege and Other Philosophers*, 24~48. New York: Oxford University Press.

————, 2010. *The Nature and Future of Philosophy*. New York: Columbia University Press.

Duncan–Jones, A. E. 1933. "Statement of Policy", *Analysis* 1: 1.

Edwards, P. 2004. *Heidegger's Confusions*. Amherst, NY. Prometheus.

Egginton, W. & M. Sandbothe (eds) 2004. *The Pragmatic Turn in Philosophy: Contemporary Engagements Between Analytic and Continental Thought*. Albany, NY: SUNY Press.

Engel, P. 1989. "Continental Insularity: Contemporary French Analytic Philosophy". In *Contemporary French Philosophy*, A. Griffiths (ed.), 1~20. Cambridge: Cambridge University Press.

————, 1991. "Interpretation Without Hermeneutics: A Plea Against Ecumenism". *Topoi* 10: 137~146.

————, 1999. "Analytic Philosophy and Cognitive Norms". *Monist* 82(2): 218~232.

Everitt, N. 2004. *The Non–Existence of God*. Oxford: Blackwell.

Ewing, A. C. 1935. "Two Kinds of Analysis". *Analysis* 2: 60~64.

Farber, M. 1940. "Edmund Husserl and the Background of his Philosophy". *Philosophy and Phenomenological Research* 1: 1~20.

Feigl, H & W. Sellars (eds) 1949. *Readings in Philosophical Analysis*. New York: Appleton–Century–Crofts.

Ferrell, R. 1993. "Why Bother? Defending Derrida and the Significance of Writing". *Australasian Journal of Philosophy* 71(2): 121~131.

Fodor, J. 1975. *The Language of Thought*. Cambridge, MA: Harvard University Press.

————, 1981. "Methodological Solipsism Considered as a Research Strategy in Cognitive Psychology". In *Representations*, 225~253. Cambridge, MA: MIT Press.

————, 1990. "A Theory of Content II: the Theory" In *A Theory of Content and Other*

Essays, 89~136. Cambridge, MA: MIT Press.

Foley, R. 1983. "Epistmic Conservation". *Philosophical Studies* 43: 165~182.

Føllesdal, D. 1958. *Husserl und Frege*. Oslo: Ashehoug.

———, 1996. "Analytic Philosophy: What is it and Why Should One Engage In It?" *Ratio* 9(3): 193~208.

Foot, P. 1978. *Virtues and Vices and Other Essays in Moral Philosophy*. Oxford: Oxford University Press.

Foucault, M. 1972. *The Archeology of Knowledge and The Discourse on Language*, A. M. Sheridan (trans.). New York: Harper Colophon.

———, 1977. *Discipline and Punish*, A. Sheridan (trans.). Harmondsworth: Penguin.

———, 1984. "Nietzsche, Genealogy, History". In *The Foucault Reader*, P. Rabinow (ed.), 76~100. New York: Pantheon.

———, 1990a. *The History of Sexuality*, R. Hurley (trans.). Harmondsworth: Penguin.

———, 1990b. *The Use of Pleasure*, R. Hurley (trans.). New York: Vintage.

———, 1994. "The Art of Telling the Truth", A. Sheridan (trans.). In *Critique and Power*, M. Kelly (ed.), 139~156. Cambridge, MA: MIT Press.

———, 1996. *Foucault Live*, S. Lotringer (ed.), L. Hochroth & J. Johnson (trans.). New York: Semiotext(e).

———, 2001a. *Fearless Speech*, J. Pearson (trans.). New York: Semiotext(e).

———, 2001b. *The Order of Things: An Archeology of the Human Sciences*, A. M. Sheridan (trans.). New York: Routledge.

———, 2005. *The Hermeneutics of the Subject*, F. Gros (ed.), G. Burchell (trans.). New York: Palgrave Macmillan.

———, 2006. *The History of Madness*, J. Murphy & J. Khalfa (trans.). London: Routledge.

Frege, G. 1948. "Sense and Reference", H. Feigl (trans.). *Philosophical Review* 57:207~230.

———, 1949. "On Sense and Nominatunm", H. Feigl (trans.). In *Readings in Philosophical Analysis*, H. Feigl & W. Sellars (eds), 85~102. New York: Appleton–Century–Crofts.

————, 1953. *The Foundations of Arithmetic*, 2nd edn, J. L. Austin (trans.). Oxford: Blackwell.

————, 1972. "Review od Dr E. Husserl's Philosophy of Arithmetic", E. W. Kluge (trans.) *Mind* 81: 321~337.

Fricker, M. 2003. "Epstemic Injustice and a Role for Virtue in the Politics of Knowing", *Metaphilosophy* 34(1–2): 154~173.

Fridman, M. 2000. *A Parting of the Ways: Carnap, Cassirer and Heidegger*. La Salle, IL: Open Court.

Fuchs, T. 2005. "Corporealized and Disembodied Minds". *Philosophy, Psychiatry, Psychology* 12(2): 95~107.

Fuller, S. 2006. "Karl Popper and the Reconstitution of the Rationalist Left". In *Karl Popper: A Centenary Assessment, Vol. 3, Science*, I. Jarvie, D. Miller & K. Milford (eds), 181~196. London: Ashgate.

Gadamer, H. 1984. "The Hermeneutics of Suspiction", In *Hermeneutics: Questions and Prospects*, G. Shapiro & A. Sica (eds), 73~84. Amherst, MA: University of Massachusetts Press.

————, 2005. *Truth and Method*, J. Weinsheimer & D. G. Marshall (trans.). London: Continuum.

Gaita, R. 1999. *A Common Humanity*. Melbourne: Text Publishing.

Gallager, S. 2006. *How The Body Shapes the Mind*. Oxford: Oxford University Press.

————, 2008. "Cognitive Science". In *Merleau–Ponty: Key Concepts*, R. Diprose & J. Reynolds (eds), 207~217. Stocksfield: Acumen.

Gallagher, S. & A. Meltzoff 1996. "The Earliest Sense of Self and Others". *Philosophical Psychology* 9: 213~236.

Gallager, S. & D. Zahavi 2008a. *The Phenomenological Mind*. Nwe York: Routledge.

————, 2008b. "Reply: A Phenonenology with Legs and Brains". *Abstracta*, Special Issue 2: 86~107.

Gaut, B. 2003. "Justifying Moral Pluralism". In *Ethical Intuitionism*, P. Stratton–Lake (ed.), 137~160. Oxford: Oxford University Press.

Gendler, T. S. 1998. "Galileo and the Indispensability of Scientific Thought Experiments". *British Journal for the Philosophy of Science* 49: 397~424.

――――, 2000. *Thought Experiment: On the Powers and Limits of Imaginary Cases*. New York: Garland.

George, A. & D. J. Velleman 2002. *Philosophies of Mathematics*. Oxford: Blackwell.

Glendinning, S. (ed.) 2001. *Arguing With Derrida*. Oxford: Blackwell.

――――, 2007. *The Idea of Continental Philosophy*. Edinburgh: Edinburgh University Press.

――――, 2010. "Argument All the Way Down: The Demanding Discipline of Non–Argumentocentric Modes of Philosophy". In Reynolds *et al.* (2010), 71~84.

Glock, H. 2008. *What is Analytic Philosophy?* Cambridge: Cambridge University Press.

Glymour, C. 1980. *Theory and Evidence*. Princeton, NJ: Princeton University Press.

Goldman, A. I. 1986. *Epistemology and Cognition*. Cambridge, MA: Harvard University Press.

――――, 1989. "Interpretation Psychologized". *Mind and Language* 4: 161~185.

――――, 1992. "Epistemic Folksways and Scientific Epistemology". In *Liaisons: Philosophy Meets the Cognitive and Social Science*, 155~175. Cambridge, MA: MIT Press.

――――, 1993. "The Psychology of Folk Psychology". *Behavioural and Brain Sciences* 16: 15~28.

Goodman, N. 1978. *Ways of Worldmaking*. New York: Hackett.

――――, 1983. *Fact, Fiction, and Forecast*. Cambridge, MA: Harvard University Press.

Gopnik, A. & A. Meltzoff 1997. *Words, Thoughts and Theories*. Cambridge, MA: MIT Press.

Gordon, R. 2009. "Folk Psychology as Mental Simulation". *Stanford Encyclopedia of Philosophy*. http://stanford.library.usyd.edu.au/entries/folkpsych–simulation/(acce–

ssed September 2010).

Habermas, J. 1986. "Taking Aim at the Heart of the Present". In *Foucault: A Critical Reader*, D. Hoy (ed.), 103~108. Oxford: Blackwell.

――, 1990. *The Philosophical Diccourse of Modernity*, F. Lawrence (trans.). Cambridge, MA: MIT Press.

Hacker, P. M. S. 1998. "Analytic Philosophy: What, Whence and Whither?" In *The Story of Analytic Philosophy*, A. Biletzki & A. Matar (eds), 3~36. London: Routledge.

Hanna, R. 2001. *Kant and the Foundations of Analytic Philosophy*. New York: Oxford University Press.

Hare, R. M. 1960. "A School for Philosophers". *Ratio* 2(2): 107~120.

――, 1979. "What is Wrong with Slavery?" *Policy and Public Affairs* 8(2): 103~121.

――, 1981. *Moral Thinking*. Oxford: Oxford University Press.

Harman, G. 1965. "The Inference to the Best Explanation". *Philosophical Review* 74:88~95.

――, 1968. "Knowledge, Inference, and Explanation". *American Philosophical Quarterly* 5: 164~173.

Harris, J. 1975. "The Survival Lottery". *Philosophy* 50: 81~87

Harsanyi, J. 1978. "Bayesian Decision Theory and Utilitarian Ethics". *American Economic Review* 68: 223~228.

Haugeland, J. 2000. *Having Thought*. Cambridge, MA: Harvard University Press.

Hegel. G. W. F. 1979. *Phenomenonogy of Spirit*, A. V. Miller (trans.). New York: Oxford University Press.

Heidegger, M. 1962. *Being and Time*, J. Macquarrie & E. Robison (trans.). Oxford: Blackwell.

――, 1996a. "What is Metaphysics?" In *Basic Writing*, D. Krell (ed.), 89~110. London: Routledge.

――, 1996b. "The Origin of the Work of Art". In *Basic Writing*, D. Krell (e.), 139~212. London: Routledge.

————, 1998a. *Parmenides*, A. Schuwer (trans.). Indianapolis, IN: Indiana University Press.

————, 1998b. *Pathmarks*, W. McNeill (ed.). Cambridge: Cambridge University Press.

Heinemann, F. H. 1953. *Existentialism and the Modern Predicament*. New York: Harper.

Hempel, C. 1965. "Aspects of Scientific Explanation". In *Aspects of Scientific Explanation and other Essays*, 331~498. New York: Free Press.

Hill, C. O. & G. E. R. Haddock 2000. *Husserl or Frege? Meaning, Objectivity, and Mathematics*, La Salle, IL: Open Court.

Honig, B. 1993. *Political Theory and the Displacement of Politics*. Ithaca, NY: Cornell University Press.

Hooker, B. 1998. "Rule–Consequentialism and Obligations Toward the Needy". *Pacific Philosophical Quarterly* 79: 19~33.

————, 2003a. *Ideal Code, Real World*. Oxford: Oxford University Press.

————, 2003b. "Intuitions and Moral Theorising". In *Ethical Intuitionism*, P. Stratton–Lake (ed.), 161~183. Oxford: Oxford University Press.

Hooker, B., E. Mason & D. Miller (eds) 2000. *Morality, Rules and Consequences: A Critical Reader*. Lanham, MD: ROwman & Littlefield.

Horkheimer, M. 1975. *Critical Theory*, M. J. O'Connell (trans.). London: Continuum.

Hoy, D. 2009. *The Time of Our Lives*. Cambridge, MA: MIT Press.

Hume, D. 2000. *A Treatise of Human Nature*, Oxford: Oxford University Press.

Hurka, T. 2004. "Normative Ethics: Back to the Future". In *The Future for Philosophy*. B. Leiter (ed.), 246~264. Oxford: Oxford University Press.

Husserl, E. 1950. *Cartesian Meditations: An Introduction to Phenomenology*. D. Cairns (trans.). Dordrecht: Martinus Nijhoff.

————, 2001. *Logical Investigations*, 2 vols, D. Moran (ed.), J. Findlay (trans.). London: Routledge.

————, 2003. *Philosophy of Arithmetic*, D. Willard (trans.). New York: Springer.

———, 2004. *Ideas*, U. Melle & S. Spileers (trans.). New York: Routledge.

Hutto, D. & M. Ratcliffe (eds) 2007. *Folk Psychology Reassessed*. New York: Springer.

Hyslop, A. 1995. *Other Minds*. Dordrecht: Kluwer.

Jackson, F. 2003. *From Metaphysics to Ethics: A Defence of Conceptual Analysis*. Oxford: Oxford University Press.

———, 2008. "Consciousness". In *Oxford Handbook of Contemporary Philosophy*, 310~333. Oxford: Oxford University Press.

Jackson, F. & D. Braddon–Mitchell 1996. *The Philosophy of Mind and Cognition*. Oxford: Blackwell.

James, W. 1956. *The Will to Believe and Other Essays in Popular Philosophy*. New York: Dover.

Kant, I. 1929. *Critique of Pure Reason*, N. Kemp Smith (trans.). London: Macmillan.

Kelly, S. 2005. "Seeing Things in Merleau–Ponty". In *Cambridge Companion to Merleau–Ponty*, T. Carman & M. Hansen (eds), 74~110. Cambridge: Cambridge University Press.

———, 2008. "Husserl's Phenomenology", *Times Literary Supplement* 5482(25 April): 8~9.

Kenaan, H. 2002. "Language, Philosophy and the Risk of Failure: Rereading the Debate between Searle and Derrida". *Continental Philosophy Review* 35(2): 117~133.

Kierkegaard. S. 2009. *Concluding Unscientific Postscript to the Philosophical Crumbs*, A. Hannay (trans.). Cambridge: Cambridge University Press.

Knight, C. 2006. "The Method of Reflective Equilibrium: Wide, Radical, Fallible, Plausible". *Philosophical Papers* 35(2): 205~229.

Kornblith, H. 2002. *Knowledge and its Place in Nature*. Oxford: Clarendon Press.

Körner, S. 1966. "Transcendental Tendencies in Recent Philosophy". *Journal of Philosophy* 63: 551~561.

———, 1967. "The Impossibility of Transcendental Deductions". *Monist* 51(3): 317~331.

Korsgaard, C. 1996. "Reflective Endorsement". In *The Sources of Normativity*, O. O'Neill (ed.), 49~89. Cambridge: Cambridge University Press.

Kripke, S. 1981. *Naming and Necessity*. Oxford: Blackwell.

Kuhn, T. 1977. "A Function for Thought Experiments" In *The Essential Tension*, 240~265. Chicago, IL: University of Chicago Press.

Lakoff, G. & M. Johnson 1999. *Philosophy in the Flesh*. New York: Basic Books.

Lecercle, J. 1987. "The Misprision of Pragamtics: Conceptions of Language in Contemporary French Philosophy". In *Contemporary French Philosophy*, A. P. Griffiths (ed.), 21~41. Cambridge: Cambridge University Press.

――, 2002. *Deleuze and Language*. New York: Palgrave Macmillan.

Leiter, B. 2002. *Routledge Philosophical Guidebook to Nietzsche on Morality*. London: Routledge.

Le Poidevin, R. & M. Macbeath 1993. "Introduction". In *The Philosophy of Time*, R. Le Poidevin & M. Macbeath (eds), 1~20. Oxford: Oxford University Press.

Levinas, E. 1969. *Totality and Infinity*, A. Lingis (trans.) Pittsburgh, PA: Duquesne University Press.

――, 1987. *Time and the Other*, R. Cohen (trans.). Pittsburgh, PA: Duquesne University Press.

――, 1990. "Intersubjectivity: Notes on Merleau–Ponty" In *Ontology and Alterity in Merleau–Ponty*, G. Johnson & M. Smith (eds), 55~60. Evanston, IL: Northwestern University Press.

――, 1998. *Otherwise than Being or Beyond Essence*, A. Lingis (trans.). Pittsburgh, PA: Duquesne University Press.

Levy, N. 2003. "Analytic and Continental: Explaining the Differences". *Metaphilosophy* 34(3): 284~304.

Lewis, C. I. & H. Langford 1932. *Symbolic Logic*. New York: Appleton–Century.

Lewis, D. 1970. "How to Define Theoretical Terms". *Journal of Philosophy* 67: 17~25.

———, 1973. *Counterfactuals*. Cambridge, MA: Harvard University Press.

———, 1986. *On the Plurality of Worlds*. Oxford: Blackwell.

———, 1999. "Reduction of Mind". In *Papers in Metaphysics and Episemology*, 291~324. Cambridge: Cambridge University Press.

Libet, B. 1999. "Do We Have Free Will?" In *The Volitional Brain: Towards a Neuroscience of Free Will*, B. Libet, A. Freeman & K. Sunderland (eds), 45~55. Thorverton: Imprint Academic.

Louden, R. 1998. "On Some Vices of Virtue Ethics". In *Virtue Ethics*, R. Crisp & M. Slote (eds), 201~216. New York: Oxford University Press.

Loux, M. J. & D. W. Zimmerman 2003. "Introduction". In *The Oxford Handbook of Metaphysics*, M. J. Loux & D. W. Zimmerman (eds), 1~9. Oxford: Oxford University Press.

Lowe, V. 1985. *Alfred North Whitehead: The Man and His Work, Volume 1, 1861~1910*. Baltimore, MD: Johns Hopkins University Press.

Luchte, J. 2007. "Martin Heidegger and Rudolph Carnap: Radical Phenomenology, Logical Positivism, and the Roots of the Continental/Analytic Divide". *Philosophy Today* 51(3): 241~260.

Lycan, W. 2001. "Moore against the New Skeptics". *Philosophical Studies* 103: 35~53.

Lyotard, J.–F. 1984. *The Postmodern Condition*, G. Bennington & B. Massumi (trans.). Minneapolis, MN: University of Minnesota Press.

———, 1989. *The Differend: Phrases in Dispute*, G. Van Den Abbeele (trans.). Minneapolis, MN: University of Minnesota Press.

———, 1991. *The Inhuman: Reflections on Time*. Stanford, CA: Stanford University Press.

Mach, E. 1976. "On Thought Experiments". In *Knowledge and Error: Sketches on the Philosophy of Enquiry*, J. McCormack (trans.), 134~147. Dordrect: D. Reidel.

MacIntyre, A. 1981. *After Virtue*. Notre Dame, IN: University of Notre Dame Press.

Mackie, J. 1983. *The Miracle of Theism. New York*: Oxford University Press.

Malpas, J. 1997. "The Transcendental Circle". *Australasian Journal of Philosophy* 75(1): 1~20.

————, 2003. *From Kant to Davidson: Philosophy and the Idea of the Transcendental.* Cambridge: Cambridge University Press.

Mandelbaum, M. 1962. "Philosophy, Science, and Sense Perception". *Proceedings and Addresses of the American Philosophical Association* 36: 5~20.

Marbach, E. 1993. *Mental Representation and Consciousness*. Dordrecht: Kluwer.

Marcel. G. 1973. *Tragic Wisdom and Beyond*, S. Jolin & P. McCormick (trans.). Evanston, IL: Northwestern University Press.

Marcuse, H. 1991. *One Dimensional Man*. Boston, MA: Beacon Press.

Marx, K. & F. Engels 1999. *The Communist Manifesto*, J. E. Toews (ed.). Boston, MA: St Martin's Press.

McCormick, P. (ed.) 1996. *Star—Making: Realism, Anti—relism, and Irrealism*, Cambridge, MA: MIT Press.

McCumber, J. 2001. *Time in the Ditch*. Evanston, IL: Northwestern University Press.

————, 2007. *Reshaping Reason*. Indianapolis, IN: Indiana University Press.

————, 1996. *Mind and World*. Cambridge, MA: Harvard University Press.

————, 2002. "Responses" In *Reading McDowell: On Mind and World*, N. Smith (ed.), 269~305. London: Routkedge.

McGinn, M. 1998. "The Real Problem of Others". *European Journal of Philosophy* 6(1): 45~58.

McTaggart, J. 1896. *Studies in the Hegalian Dialectic*. Cambridge: Cambridge University Press.

————, 『1908』 1993. "The Unreality of Time". In *The Philosophy of Time*, R. Le Poidevin & M. MacBeach (eds), 23~34. Oxford: Oxford University Press.

Meillassoux, Q. 2008. *After Finitude*, R. Brassier (trans.). London: Continuum.

Mellor, D. H. 1982. "Theoretically Structured Time". *Philosophicl Books* 23: 65~69.

Meltzoff, A. & M. Moore 1994. "Imitation, Memory, and the Representation of Persons". *Infant Behaviour and Development* 17: 83~99.

Merleau–Ponty, M. 1964. "The Child's Relations with Others", W. Cobb (trans.). In *The Primacy of Perception and Other Essays*, J. Edie (ed.), 96~158. Evanston, IL: Northwestern University Press.

————, 1969a. *Humanism and Terror*, J. O'Neill (trans.). Boston, MA: Beacon Press.

————, 1969b. *The Visible and the Invisible*, A. Lingis (trans.). Evanston, IL: Northwestern University Press.

————, 1983. *The Structure of Behaviour*, A. Fisher (trans.). Pittsburgh, PA: Duquesne University Press.

————, 2002. *The Phenomenology of Perception*, C. Smith (trans.). New York: Routledge.

Mill. J. S. 1843. *System of Logic*. London: longmans.

————, 1962. *Collected Works of John Stuart Mill, Vol, ix*, M. Robson (ed.). London: Routledge.

Millikan, R. 1984. *Language, Thought, and Other Biological Categories*. Cambridge, MA: MIT Press.

————, 1989. "Biosemantics". *Journal of Philosophy* 86: 281~297.

Minkowski, H. 1952. "Space and Time". In H. A. Lorentz, A. Einstein, H. Minkowski & H. Weyl, *The Principle of Relativity*, 73~91. New York: Dover.

Mohanty, J. N. 1977. "Husserl and Frege: A New Look at Their Relationship". In *Readings on Edmund Husserl's Logical Investigations*, J. Mohanty (ed.), 22~42. Dordrect: Springer.

————, 1982. *Husserl and Frege*. Bloomingtion, IN: Indiana University Press.

————, 1991. "Method of Imaginative Variation in Phenomenology" In *Thought Experiments in Science and Philosophy*, T. Horowitz & G. Massey (eds), 261~272. Lanham, MD: Rowman & Littlefield.

Monk, R. 1996. *Bertrand Russell*. London: Jonathan Cape.

Moore, G. E. 1989. *Principia Ethica*. Cambridge: Cambridge University Press.

Morris, D. 2007. "Continental Philosophy of Mind". In *Columbia Companion to Twentieth Century Philosophies*, C. Boundas (ed.), 531~544. New York: Columbia University Press.

Mullarkey, J. 2006. *Postcontinental Philosophy*. London: Continuum.

Murray, A. 2002. "Philosophy and the Anteriority Complex". *Phenomenology and the Cognitive Sciences* 1: 27~47.

Nancy, J.–L. 1991. *Inoperative Community*, P. Connor (ed.), P. Connor, L. Garbus, M. Holland & S. Sawhney (trans.). Minneapolis, MN: University of Minnesota Press.

——, 2000. *Being Singular Plural*, R. Richardson & A. O'Byrne (trans.). Stanford, CA: Stanford University Press.

Negri, A. 2005. *Time for Revolution*, M. Mandarini (trans.). London: Continuum.

Newton–Smith, W. 1980. *The Structure of Time*, London: Routledge.

Nichols, S. & S. Stich. 2003. *Mindreading*. Oxford: Oxford University Press.

Nietzsche, F. 1968. *The Will to Power*, W. Kaufmann (ed. & trans.). New York: Vingate.

——, 1989. *On the Genealogy of Morals and Ecce Homo*, W. Kaufman (ed. & trans.). New York: Vingate.

——, 1999. *The Birth of Tragedy*, R. Spears (trans.). Cambridge: Cambridge University Press.

——, 2001. *The Gay Science*, B. Williams (ed.), J. Nauckhoff (trans.). Cambridge: Cambridge University Press.

Norris, C. 2000. *Minding the Gap: Epistemology and Philosophy of Science in the Two Traditions*, Amherst, MA: University of Massachusetts Press.

Norton, J. 1996. "Are Thought Experiments Just What You Thought?" *Canadian Jouenal of Philosophy* 26: 333~366.

Nozick, R. 1974. *Anarchy, State, and Utopia.* New York: Basic Books.

Nussbaum, M. 1988. "Non–Relative Virtues: An Aristotelian Approach" In *Midwest Studies in Philosophy Vol. XIII Ethical Theory: Character and Virtue,* P. Uehling & H. Wettstein (eds), 32~35. Notre Dame, IN: University of Notre Dame Press.

Olkowski, D. & L. Haas 1995. *Rereading Merleau–Ponty,* New York: Humanity Press.

Ophir, A. 2001. "How to Take Aim at the Heart of the Present and Remain Analytic". *International Journal of Philosophical Studies* 9(3): 401~415.

Oppy, G. 1995. *Ontological Arguments and Belief in God.* Cambridge: Cambridge University Press.

Overgaard, S. 2005. "Rethinking Other Minds: Wittgenstein and Levinas on Expression". *Inquiry* 48(3): 249~274.

———, 2007. *Wittgenstein and Other Minds.* London: Routledge.

———, 2010. "Royaumont Revisited". *British Journal for the History of Philosophy* 18(5): 899~924.

Pap, A. 1949. *Elements of Analytic Philosophy.* London: Macmillan.

Passmore, J. 1978. *A Hundred Years of Philosophy.* New york: Penguin.

Patton, P. 1989. "Tayler and Foucault on Power and Freedom", *Political Studies* 37: 260~276.

Petitot, J., F. J. Varela, B. Pachoud & j.–M. Roy (eds) 2000. *Naturalizing Phenomenology: Issues in Contemporary Phenomenology and Cognitive Science.* Stanfore, CA: Stanford University Press.

Pihlstrom, S. 2003. *Naturalising the Transcentental.* Amherst, NY: Prometheus.

Pinkard, T. 1999. "Analytics, Continentals, and Modern Skepticism". *Monist* 82(2): 189~217.

Pinker, S. 1994. *The Language Instinct.* Harmondsworth: Penguin.

Pippin, R. 1991. *Modernism as a Philosophical Problem.* Oxford: Blackwell.

Plantinga, A. 1992. "Justification in the 20th Century". In *Philosophical Issues 2, Rationality in Epistemology,* E. Villanueva (ed.), 43~77. Atascadero, CA: Ridgeview.

Popper, K. 1959. "On the Use and Misuse of Imaginary Experiments". In *The Logic of Scientific Discovery*, 464~480. New York: Routledge.

――, 『1945』 2002a. *The Open Society and its Enemies*. New York: Routledge.

――, 2002b. *Conjectures and Refutations*. New York: Routledge.

Prado, C. G. 2003. *A House Divided*. Amherst, NY: Humanity Books.

――, 2005. *Searle and Foucault on Truth*. Cambridge: Cambridge University Press.

Price, H. 1996. *Time's Arrow and Archimedes' Point*. Oxford: Oxford University Press.

Prichard, H. A. 1968. "Does Moral Philosophy Rest on a Mistake?" In *Moral Obligation and Duty & Interst*, 1~17. Oxford: Oxford University Press.

Priest, G. 2003a. *Beyond the Limits of Thought*. Oxford: Oxford University Press.

――, 2003b. "Where is Philosophy at the Start of the Twenty–First Century?" *Proceedings of the Aristotelean Society* 103: 85~99.

Putnam, H. 1962. "It Ain't Necessarily So". *Journal of Philosophy* 59: 658~671.

――, 1974. "The 'Corroboration' of Theories". In *The Philosophy of Karl R. Popper*, P. A. Schilpp (ed.), 221~240. LaSalle, IL: Open Court.

――, 1975. "The Meaning of 'Meaning'". In *Mind, Language and Reality: Philosophical Papers Volume 2*, 215~271. Cambridge: Cambridge University Press.

――, 1981. *Reason, Truth, and History*. Cambridge: Cambridge University Press.

――, 1992. *Renewing Philosophy*, Cambridge, MA: Harvard University Press.

――, 1997. "A Half Century of Philosophy". *Daedalus* 12: 175~208.

――, 2005. *Ethics Without Ontology*. Cambridge, MA: Harvard University Press.

Quine, W. V. 1953a. "On What There Is". In *From a Logical Point of View*, 1~19. New York: Harper.

――, 1953b. "Two Dogmas of Empiricism". In *From a Logical Point of View*, 20~46. New York: Harper.

――, 『1936』 1966. "Truth by Convention". In *The Ways of Paradox*, 77~106. New York: Random House.

————, 1977. "Epistemology Naturalized" In *Ontological Relativity*, 69~90. New York: Colombia University Press.

Quine, W. V. & J. Ullian 1978. *The Web of Belief*. New York: Random House.

Rachjman, J. and C. West (eds) 1985. *Postanalytic Philosophy*. New York: Colombia University Press.

Ramberg, B. & K. Gjesdal 2005. "Hermeneutics". *Stanfore Encyclopedia of Philosophy*, http://plato.stanford.edu/entries/hermeneutics/(accessed September 2010)

Ramsey, F. 1990. "General Propositions and Causality". In *Philosophical papers*, D. H. Mellor (ed.), 145~163. Cambridge: Cambridge University Press.

Ramsey, W., S. Stich & J. Garon 1990. "Connectionism, Eliminativism, and the Future of Folk Psychology". *Philosophical Perspectives* 4: 499~533.

Rancière, J. 2006. *The Politics of Aesthetics*, G. Rockhill (trans.) London: Continuum.

Rawls, J. 2005. *A Theory of Justice*. Cambridge, MA: Harvard University Press.

Redding. P. 2007. *Analytic Philosophy and the Return of Hegalian Thought*. Cambridge: Cambridge University Press.

Reynolds, J. 2006a. "Sadism and Masochism — A Symptomatology of Analytic and Continental Philosophy". *Parrhesia* 1(1): 88~111.

————, 2006b. "Negotiating the Non-negotiable: Rawls, Derrida, and the Interwining of Political Calculation and 'Ultra-Politics'". *Theory and Event* 9(3).

————, 2009a. "Chickening Out and the Idea of Continental Philosophy", *International Journal of Philosophical Studies* 17(2): 255~272.

————, 2009b. "Reply to Glendinning". *International Journal of Philosophical Studies* 17(2): 281~287.

————, 2010a. "The Analytic/Continental Divide: A Contretemps?" In *The Antipodean Philosopher, Vol. 2: Public Lectures in Australia and New Zealand*, G. Oppy & N. Trakakis (eds). Lanham, MD: Lexington Books.

————, 2010b. "Common-sense and Philosophical Methodology: Some Metaphilosophical

Reflections on Analytic Philosophy and Deleuze". *Philosophical Forum* 41(3): 231~258.

————, 2010c. "Problem(s) of Other Minds: Solutions and Dissolutions in Analytic and Continental Philosophy". *Philosophy Compass* 4(1): 1~10.

Reynolds, J., J. Chase, J. Williams & Mares (eds) 2010. *Postanalytic and Metacontinental: Crossing Philosophical Divides.* London: Continuum.

Ricoeur, P. 1981. *The Rule of Metaphor*, R. Czerny (trans.). Toronto: University of Toronto Press.

————, 1992. *Oneself as Another*, K. Blamey (trans.). Chicago, IL: University of Chicago Press.

————, 2004. *The Conflict of Interpretations: Essays in Hermeneutics*, B. Dauenhauer (trans.). London: Continuum.

Rifkin, J. 1987. *Time Wars.* New York: Touchstone.

Rorty, R. 1981. *Philosophy and the Mirror of Nature.* Princeton, NJ: Princeton University Press.

————, 1988. "Repersentation, Social Practice, and Truth". *Philosophical Studies* 54: 215~228.

————, 1999. "A Pragmatist View of Contemporary Analytic Philosophy". http:// evans-experientialism.freewebspace.com/rorty04.htm(accessed September 2010)

Rosch, E. 1973. "On the Internal Structure of Perceptual and Semantic Categories". In *Cognitive Development and the Acquisition of Language*, T. Moore (ed.), 111~144. New York: Academic Press.

————, 1999. "Principles of Categorization" In *Concepts: Core Readings*, S. Laurence & E. Margolis (trans.), 189~206. Cambridge, MA: MIT Press.

Ross. W. D. 1930. *The Right and the Good.* Oxford: Clarendon Press.

Roy, J. M. 2007. "Hetero–Phenomenology and Phenomenological Skepticism". *Phenomenology and the Cognitive Sciences* 6(1): 1~20.

Russell, B. 1905. "On Denoting" *Mind* 24(4): 479~493.

――――, 1912a. "The Philosophy of Bergson". *Monist* 22: 321~347.

――――, B. 1912b. *The Problems of Philosophy*. Oxford: Oxford University Press.

――――, 1914. *Our Knowledge of the External World*. London: Allen & Unwin.

――――, 1917a. "Mysticism and Logic". In *Mysticism and Logic*, B. Russell (ed.), 1~32. London: Allen & Unwin.

――――, 1917b. "On Scientific Method in Philosophy" In *Mysticism and Logic*, B. Russell (ed.), 97~124. London: Allen & Unwin.

――――, 1948. *Human Knowledge: Its Scope and Limits*. London: Allen & Unwin.

――――, 1953. "The Cult of 'Common Usage'". *British Journal for the Philosophy of Science* 3: 303~307.

――――, 1956. "The Philosophy of Logical Atomism" In *Logic and Knowledge*, R. C. Marsh (ed.), 177~282. London: Allen & Unwin.

――――, 1984. *Theory of Knowledge: the 1913 Manuscript, volume 7 of the Collected Papers of Bertrand Russell*, E. R. Eames (ed.). London: Allen & Unwin.

――――, 『1903』 2005. *The Principles of Mathematics*. Ann Arbor, MI: University of Michigan Press.

――――, 2007. *History of Western Philosophy*. New York: Touchstone.

Ryle, G. 1949. *The Concept of Mind*. London: Hutchinson.

――――, 1952. "Systematically Misleading Expressions". In *Essays on Logic and Language*, A. Flew (ed.), 11~36. Oxford: Blackwell.

――――, 1971. *Collected Papers*. London: Hutchinson.

Sacks, M. 2005a. "The Nature of Transcendental Arguments". *International Journal of Philosophical Studies* 13(4): 439~460.

――――, 2005b. "Satre, Strawson and Others". *Inquiry* 48(3): 275~299.

――――, 2006. "Naturalism and the Transcendental Turn". *Ratio* 19: 92~106.

Sandel, M. 1982. *Liberalism and the Limits of Justice*. Cambridge: Cambridge University

Press.

——, 1996. *Democracy's Discontents*. Cambridge, MA: Harvard University Press.

Sartre, J.–P. 1991. *The Transcendence of the Ego: An Existentialist Theory of Consciousness*, B. Frechtman (trans.). New York: Hill & Wang.

——, 1993. *Being and Nothingness: An Essay in Phenomenological Ontology*, H. Barnes (trans.). London: Routledge.

Scarre, G. 2007. *Death*. Stocksfield: Acumen.

Schildknecht, C. 1990. *Philosophische Masken: Literarische Formen der Philosophie bei Platon, Descartes, Wolff und Lichtenbeg*. Stuttgart: Metzler.

Schiller, F. C. S. 1921. "Novelty: The Presidential Address". *Preceedings of the Aristotelian Society* 22: 1~22.

Scholl, B. & P. Tremoulet 2000. "Perceptual Causality and Animacy". *Trends in Cognitive Sciences* 4(8): 299~309.

Schumann, K. & B. Smith 1987. "Adolf Reinach: An Intellectual Biography". In *Speech Act and Sachverhalt: Reinach and the Foundations of Realist Phenomenology*, K. Mulligan (ed.), 1~27. Dordrecht: Nijhoff.

Searle, J. 1970. *Speech Acts*. Cambridge: Cambridge University Press.

——, 1999. "Neither Phenomenological Description Nor Rational Reconstruction: Reply to Dreyfue". http://socrates.berkeley.edu/∽jsearle/articles.html (accessed September 2010)

——, 2008. *Expression and Meaning*, Cambridge: Cambridge University Press.

Sellars, W. 1978. "Some Reflections on Perceptual Consciousness" In *Crosscurrents in Phenomenology*, R. Bruzina & B. Wilshire (eds), 169~185. The Hague: Martinus Nijhoff.

Shapiro, G. 1990. "Translating, Repeating, Naming: Foucault, Derrida, and the *Genealogy of Morals*." In *Nietzsche as Postmodernist*, C. Koelb (ed.), 39~56. Albany, NY: SUNY Press.

Shoemaker, S. 1969. "Time Without Change". *Journal of Philosophy* 66(12): 363~381.

Sider, T. 2001. *Four Dimensionalism*. Oxford: Clarendon Press.

Singer, T. 2009. *Animal Liberation*. London: Harper.

Sinnerbrink, R. 2010. "Disenfranching Film? On the Analytic–Cognitivist Turn in Film Theory". In Reynolds *et al.* (2010), 173~190.

Smith, B. *et al.* 1992. "Open Letter Against Derrida Receiving an Honorary Doctorate from Cambridge University". *The Times*, Saturday 9 May.

Soames, S. 2003a. *Philosophical Analysis in the Twentieth Century, Volume I: The Dawn of Analysis.* Princeton, NJ: Princeton University Press.

———, 2003b. *Philosophical Analysis in the Twentieth Century, Volume II: The Age of Meaning.* Princeton, NJ: Princeton University Press.

Sobel, J. 2004. *Logic and Theism*. New York: Cambridge University Press.

Sokal, A. & J. Bricmont 1999. *Fashionable Nonsense*. New York: Picador.

Sorensen, R. 1992. *Thought Experiments*. Oxford: Oxford University Press.

Sosa, E. 1983. "Consciousness of the Self and of the Present" In *Agent, Language and the Structure of the World*, J. Tomberlin (ed.), 131~143. Indianapolis, IN: Hackett.

Stanley, J. & T. Williamson 2001. "Knowing How". *Journal of Philosophy* 98: 441~444.

Stawarska, B. 2008. "Psychoanalysis". In *Merleau–Ponty: Key Concepts*, R. Diprose & J. Reynolds (eds), 57~69. Stocksfield: Acumen.

Sterelny, K. 1990. *The Representational Theory of Mind*. Oxford: Blackwell.

Stern, R. 2004. *Transcendental Arguments and Scepticism*. Oxford: Clarendon Press.

Stich, S. 1978. "Autonomous Psychology and the Belief–Desire Thesis". *Monist* 61: 573~591.

———, 1993. *The Fragmentation of Reason*. Cambridge, MA: MIT Press.

Stiegler, B. 1998. *Technics and Time, I*, R. Beardsworth & G. Collins (trans.). Stanford, CA: Stanford University Press.

———, 2007. "Technics, Media, Teleology: An Interview with Bernard Stiegler". *Theory,*

Culture and Society 24(7–8): 334~341.

Stocker, M. 1998. "The Schizophrenia of Modern Ethical Theories". In *Virtue Ethics*, R. Crisp & M. Slote (eds), 66~78. New York: Oxford University Press.

Stoljar, D. and Y. Nagasawa 2004. "Introduction". In *There's Something About Mary*, P. Ludlow, Y. Nagasawa & D. Stoljar (eds), 1~36. Cambridge, MA: MIT Press.

Strawson, P. F. 1952. *Introduction to Logical Theory*. London: Methuen.

———, 1959. *Individuals*. London: Methuen.

———, 1966. *The Bounds of Sense*. London: Methuen.

———, 1985. *Skepticism and Naturalism*. New York: Columbia University Press.

Stroll, A. 2001. *Twentieth–Century Analytic Philosophy*. New York: Columbia University Press.

Stroud, B. 1968. "Transcendental Arguments". *Journal of Philosophy* 65: 241~256.

Sunstein, C. 2005. "Moral Heuristics", *Behavioral and Brain Sciences* 28: 531~573.

Swinburne, R. 1990. "Tensed Facts", *American Philosophical Quarterly* 27: 117~130.

Tarski, A. 1956. "The Concept of Truth in Formalized Languages". In *Logic, Semantics, MetaMathematics*, 152~278. Oxford: Clarendon Press.

Tayler, C. 1984a. "Foucault on Freedom and Truth". *Political Theory* 12(2): 152~183.

———, 1984b. "Philosophy and its History". In *Philosophy in History*, R. Rorty, J. B. Schneewind & Q. Skinner (eds), 17~30. Cambridge: Cambridge University Press.

———, 1985. *Philosophical Papers I*. Cambridge: Cambridge University Press.

———, 1995a. "Overcoming Epistemology" In *Philosophical Arguments*, 1~19. Cambridge, MA: Harvard University Press.

———, 1995b. "The Validity of Transcendental Arguments". In *Philosophical Arguments*, 20~33. Cambridge, MA: Harvard University Press.

Thompson, E. 2007. *Mind in Life*. Cambridge, MA: Harvard University Press.

Thomson, J. J. 1971. "A Defense of Abortion". *Philosophy and Public Affairs* 1(1):

47~66.

Toadvine, T. 2008. "Phenomenology and Hyper-reflection". In *Merleau-Ponty: Key Concepts*, R. Diprose & J. Reynolds (eds), 17~29. Stocksfield: Acumen.

Tugendhat, E. 1976. *Traditional and Analytic Philosophy*. Cambridge: Cambridge University Press.

Tversky, A. & D. Kaheneman 1982. "Judgment Under Uncertainty: Heuristics and Biases". In *Judgment under Uncertainty: Heuristics and Biases*, D. Kahneman, P. Slovic & A. Tversky (eds), 3~20. Cambridge: Cambridge University Press.

Unger, P. 1996. *Living High and Letting Die*. New York: Oxford University Press.

Van Cleve, J. 1979. "Foundationalism, Epistemic Principles and the Cartesian Circle". *Philosophical Review* 88: 55~91.

Van Hooft, S. 2005. *Understanding Virtue Ethics*. Chesham: Acumen.

Van Inwagen, P. 2009. "Being, Existence and Ontological Commitment" In *Metametaphysics*, D. Chalmers, G. Manley & L. Wasserman (eds), 472~506. Oxford: Oxford University Press.

Varela, F., E. Thompson & E. Rosch 1992. *The Embodied Mind*. Cambridge, MA: MIT Press.

Waismann, F. 1979. *Ludwig Wittgenstein and the Vienna Circle*. Oxford: Blackwell.

Walzer, M. 1984. *Spheres of Justice*. New York: Basic Books.

Warnock, G. J. 1956. "Analysis and Imagination". In *The Revolution in Philosophy*, A. J. Ayer (ed.), 111~126. London: Macmillan.

Warnock, M. 1960. *Ethics Since 1900*. Oxford: Oxford University Press.

Weinberg, J. 2007. "How to Challenge Intuitions Empirically Without Risking Skepticism". *Midwest Studies in Philosophy* 31: 318~343.

Weinberg, J., S. Stich & S. Nichols 2001. "Normativity and Epistemic Intuitions". *Philosophical Topics* 29: 429~460.

Weitz, M. 1950. "Analysis and Real Definition". *Philosophical Studies* 1: 1~8.

Wheeler, S. 2000. *Deconstruction as Analytic Philosophy.* Stanford, CA: Stanford University Press.

Wheeler, M. 2001. "Two Threats to Representationalism", *Synthese* 129(2): 211~231.

――――, 2005. *Reconstructing the Cognitive World.* Cambridge, MA: MIT Press.

Wheeler, M. & M. Cappucco 2010. "Can the Philosophy of Mind be a Meeting of Minds?" In Reynolds *et al.* (2010), 25~44.

Whewell, W. 1840. *The Philosophy of the Inductive Sciences.* London: John Parker.

Whitehead, A. N. 2009. *Treatise on Universal Algebra.* Cambridge: Cambridge University Press.

Williams, B. 1973. "The Self and the Future". In *Problems of the Self,* 46~63. Cambridge: Cambridge University Press.

――――, 1976. *Utilitarianism: For and Against.* Cambridge: Cambridge University Press.

――――, 1996. "Contemporary Philosophy: A Second Look". In *The Blackwell Companion to Philosophy,* N. Bunnin and E. P. Tsui–James (eds), 23~33. Oxford: Blackwell.

――――, 2002. *Truth and Truthfulness: An Essay in Genealogy.* Princeton, NJ: Princeton University press.

Williams, J. 2005. *The Transversal Thought of Gilles Deleuze.* Manchester: Clinamen Press.

Williamson, T. 2005. "Past The Linguistic Turn?" In *The Future For Philosophy,* B. Leiter (ed.), 106~128. Oxford: Oxford University Press.

――――, 2008. *The Philosophy of Philosophy.* London: Wiley–Blackwell.

Winograd, T. 2000. "Foreword". In *Heidegger, Coping and Cognitive Science,* M. Wrathall & J. Malpas (eds), vii–x. Cambridge, MA: MIT Press.

Wisdom, J. 1934. *Problems of Mind and Matter.* Cambridge: Cambridge University Press.

Witt–Hansen, J. 2003. "H. C. Ørsted: Immanuel Kant and the Thought Experiment". In *Kierkegaard and his Contemporaries: the Culture of Golden Age Denmark,*

J. Stewart (ed.), 62~77. Berlin: de Gruyter.

Wittgenstein, L. 1984. *Culture and Value*, G. E. M. Anscombe (ed.), L. McAlister (trans.). Chicago, IL: University of Chicago Press.

———, 1997. *Philosophical Investigations*, G. E. M. Anscombe (ed.), New York: Blackwell.

———, 2003. *Tractatus Logico-Philosophicus*, D. F. Pears & B. F. McGuinness (trans.). New York: Routledge.

———, 2007. *Zettel*, G. E. M. Anscombe (trans.). Oxford: Blackwell.

Woodward, A. 2008. "The Status of Transcendental Arguments". Paper presented at Analytic-Continental conference, Melbourne, July.

Wrathall, M. 1999. "The Conditions of Truth in Heidegger and Davidson". *Monist* 82: 304~323.

Wrathall, M. & J. Malpas (eds) 2000. *Heidegger, Coping and Cognitive Science.* Cambridge, MA: MIT Press.

Wright, C. 1992. *Truth and Objectivity*. Cambridge, MA: Harvard University Press.

Young, I. M. 1990. *Justice and the Politics of Difference*. Princeton, NJ: Princeton University Press.

Zahavi, D. 2007. "Killing the Straw Man: Dennett and Phenpmenology". *Phenomenology and Cognitive Sciences* 6(1): 21~43.

옮긴이 후기

이 책은 제임스 체이스James Chase와 잭 레이놀즈Jack Reynolds가 공저한
『*Analytic verus Continental*』(Acumen, 2011)을 옮긴 것이다. '철학의 방법과
가치에 관한 논변들'이라는 부제를 달고 있다. 우리말로는 『분석 철학
대 대륙 철학』으로 번역하였다. 저자인 제임스 체이스는 현재 오스트레일
리아 태즈매니아대학교에서 철학 교수로 봉직하고 있고, 잭 레이놀즈는
책을 쓸 당시에는 오스트레일리아 라토르베대학교에서 철학을 가르쳤으
나, 현재는 디킨대학교 철학 교수로 봉직하고 있다. 두 분 다 아직은
널리 알려지지 않은 소장 학자이다.

프랑스의 유신론적 실존철학자인 가브리엘 마르셀과 암으로 죽어가고
있는 영국 일상 언어학파의 철학자 J. L. 오스틴이 이야기를 나누던 중,
마르셀이 죽음에 관한 이야기를 꺼냈다. 그러자 오스틴은 "우리는 모두
죽어야 한다는 것을 알고 있습니다. 하지만 왜 그걸 가지고 노래를 불러야
한단 말입니까?"라고 반문했다고 한다. 옮긴이에게는 아마도 이 사건처럼
영미 분석 철학과 유럽 대륙 철학 사이에 놓인 큰 간극을 잘 설명해주는

극적인 일화는 없는 것처럼 보인다. 서양 현대 철학을 전공하시는 분들은 잘 알고 계시듯이 영미 분석 철학과 유럽 대륙 철학은 오랫동안 서로 상대방 철학에 대해서 무심한 눈길을 보냈거나, 심지어 때로는 심각하게 적대적인 관계를 맺어왔다. 예컨대 대륙 철학자의 눈에서 볼 때 분석 철학은 대단히 딱딱하고 무미건조한 철학이다. 논리적 엄밀성과 확실성을 강조하다 보면, 인간의 따뜻한 감정과 풍부한 정서가 개입될 여지가 별로 없어지기 때문이다. 그 대신 분석 철학자의 글은 논리적으로 대단히 명쾌하고, 요점을 분명히 집어내 표현하는 장점이 깃들어 있다. 길게 책을 쓰지 않고 단 한 편의 논문에서 할 말을 다 한다. 그래서 분석 철학자들은 대륙 철학을 논리적 엄밀성을 결여한 아마추어 철학에 지나지 않는 것으로 여긴다. 분석 철학자들에게 대륙 철학자는 쓸데없이 철학사에 집착하고 (콰인은 철학사에 주의를 기울이지 않겠다고 공언했고, 길버트 하만은 하버드대학의 자기 연구실 문에 "철학사는 사절"이라는 문구를 붙여놓았다. 반면에 대륙 철학자 니체가 "역사를 가지지 않는 것만이 정의될 수 있다"고 말하는 것을 보라. 또는 가다머가 "역사는 우리에게 속하지 않는다. 우리가 역사에 속한다"고 말하는 것을 보라.), 이상한 은유로 장황하게 알쏭달쏭한 말을 길게 늘어놓거나, 심지어 기본적인 논리적 규칙조차 지키지 못하는 사람들로 보이기 십상이다. 한편, 대륙 철학자들은 분석 철학을, 인간의 생생한 삶과 현실을 도외시하고, 윤리적 열정이나 실존적 열정이라고는 눈곱만큼도 찾아볼 수 없으며, 정치적으로는 부당한 현실을 고착화하고 불의에 눈감는 보수주의 철학으로 생각했다. 요즘은 어떤지 모르지만 옮긴이의 기억으로는 이렇게 서로를 경원시하는 경향이 꽤 오랫동안 우리나라에서도 지속되었던 걸로 알고 있다.

실제로 우리는 분석 철학과 대륙 철학의 이런 대립 구도를 현대 서양 철학사 안에서 얼마든지 찾아볼 수 있다. 아마도 그 대표적인 사례가 특히 유럽에서는 자크 데리다, 미국에서는 리처드 로티와 관련된 일화들일 것이다. 잠깐 이들의 일화와 그 밖의 에피소드를 좀 보도록 하자.

1. 1993년에 케임브리지대학교가 데리다에게 명예박사 학위를 수여하려고 했을 때, 배리 스미스와 루드 발칸 마커스를 위시한 많은 분석 철학자들이 항변과 조롱을 쏟아냈다. 몇몇 분석 철학자들은 다음과 같이 쓰여진 문서에 서명하였다. "우리에게는 이성과 진리 그리고 학문의 가치를 지적으로 어설프게 공격하는 것에 불과한 듯 보이는 짓에 기초한 학적 지위는, 저명한 대학에서 명예박사 학위를 수여하기 위한 충분한 근거가 되지 못한다고 생각되므로, 이에 우리의 의견을 밝힌다." 이 문제는 케임브리지 교수단의 표결에 붙여졌고, 데리다는 결국 학위를 받았지만, 양편의 반감은 매우 깊었다. (이 책 본문에서 각색 인용)

2. 사뮈엘 휠러 3세가 데리다에게 솔 크립키의 책 『이름과 필연성』을 한 권 주면서 그 책이 아주 분명하고 알기 쉬운 텍스트라고 소개했다. 그러자 데리다는 전에 그 책을 읽어보려고 했지만 무슨 얘기를 하는지 도무지 이해할 수 없었다고 말했다. 그러면서 실은 그 유명한 후기 비트겐슈타인의 철학도 결코 읽고 다룰 수 없었다고 고백했다. 그에 반해 데리다는 하이데거의 책이 아주 명쾌했다고 말했다. (사뮈엘 휠러 3세, 『분석 철학과 같은 해체』, 2000, 2쪽 각색 인용)

3. 로티는 분석 철학의 철옹성인 프린스턴대학에서 교수로 봉직하고 있었지만, 영미권 지배적 담론인 분석 철학에서 벗어나 대륙 철학식 글을 쓴다는 이유로, 동료 교수들에게 따돌림을 당했다. 결국 로티는 이를 견디지 못하고 스탠퍼드대학 인문학 교수로 이직하였다(주의: 물론 옮겨간 학과는 철학과가 아니었다). (존 카푸토, 『포스트모던 해석학』, 이윤일 옮김, 도서출판 b, 2020, 180쪽 각색 인용)

4. 옥스퍼드대학에서 후설 현상학을 비롯해 대륙 철학을 강의하기도

했던 라일은 하이데거의 대작 『존재와 시간』을 이렇게 논평하였다. "내 개인적인 의견에서 볼 때 (⋯) 현상학은 지금 재앙을 향해 가고 있고, 자기 파멸적인 주관주의나 공허한 신비주의로 끝날 것이다"(패스모어, 『철학 100년』, 1978, p. 497). 에이어는 대륙 철학을, "'있다는 것to be'이라는 동사를 오용하는 기술이 아주 크게 발휘된 것"이라고 생각했다. 에이어에게 하이데거와 사르트르의 존재와 무 이야기는 그저, 존재를 속성이라고 생각하는 칸트 이전의 실수로 다시 돌아가는 것처럼 생각되었다. (이 책 본문 내용을 각색 인용)

이 책은 이처럼 영미 분석 철학과 유럽 대륙 철학이 20세기 초부터 지금까지 서로 대립하고 소통하지 못했던 저간의 사정을 여러 측면에서 탐구해나간다. 저자들은 1부(1~6장)에서 대륙 철학과 분석 철학의 분열이 20세기 초 후설과 프레게에서부터 시작되었다고 보고 있다. 그 분열은 시간이 지날수록 심화되는데, 이후 러셀 대 베르그손, 카르납 대 하이데거, 프랑크푸르트학파 대 논리 실증주의 및 포퍼, 그리고 라일, 에이어, 스트로슨 등과 메를로-퐁티, 장 발 등 프랑스 및 독일 철학자들 간의 루아요몽 회합, 데리다 대 썰 간의 대결을 통해 양 전통 간 고착되어 가는 분열의 역사적 전개 과정을 그려낸다. 2부(7~14장)에서는 분석 철학과 대륙 철학의 핵심적인 방법론상의 차이를 다룬다. 저자들은 이미 분석 철학이 언어적 전환, 개념 분석, 형이상학에 대한 회의, 철학과 과학의 연속성 주장, 환원적 분석 방법, 형식 논리학의 사용, 논증 중심, 명료성에 대한 관심, 상식의 구출 등을 그 특징으로 하고 있다는 사실을 명시한다. 그러면서 특히 분석 철학은 사고 실험 및 반성적 평형 방법, 자연화하기 책략naturalizing device, 최선 설명 추론 등을 주요 방법론으로 사용하고 있음을 밝힌다. 이에 반해 대륙 철학은 역사성의 긍정과 그것의 철학적 우선성을 주장하는 '시간적 전환', 선험적 추리(논증)의 수용, 상호 주관성 중시, 정신에 관한 반표상주의, 상식과 철학적 방법을 제휴시키려는 데에 대한 경계심, 과학에 대한 비판적 태도, 철학과 예술과의 친연성, 윤리-정치적 문제에 대한 '반이론적' 태도 등을 그 특징으로 하고 있다는 점을 밝혀준다. 3부(15~20장)에서 저자들은 두 전통의 이런 방법론적인 차이가 존재론, 시간론, 정신 철학, 윤리학, 언어 철학 등 세부 주제에 적용되었을 때, 어떤 결과가 나타나는지를 보여주는 데 주력한다. 15장에서는 하이데거, 사르트르의 현상학적 존재론과 콰인, 데이비슨의 분석적 형이상학 간의 비교가 이루어진다. 16장에서는 분석 진영인 데이비슨의 의미론적 진리론 및 마이클 더밋의 반실재론과, 하이데거, 메를로-퐁티, 푸코를 중심으로 한 대륙적 반실재론이 비교된다. 17장에서는 대륙의 '시간적 전환' 맥락에서 반현재주의적인 데리다와 들뢰즈의 시간관과 분석 철학의 소위 4차원주의 시간관이 대비되고 있다. 18장에서는 심신론과 관련하여 분석적 표상주의와 대륙적 반표상주의가 비교되고 있다. 19장에서는 윤리학을 주제로, 공리주의와 자유주의로 대표되는 분석 철학의 이론적 접근법과 덕 윤리학과 비슷한 유형으로 진단되는 대륙 철학의 반이론적 접근법이 논의된다. 끝으로 20장에서는 타자의 마음 존재 확인 문제를 놓고 전개된 양 전통의 여러 가지 이론들을 비교한다. 이 문제의 해결은 분석 철학 쪽에서는 일종의 회의론을 극복하는 기획의 일환으로 보여지면서 소위 '이론' 이론이나 흉내 이론이 소개되며, 대륙 철학 쪽에서는 존재론적 차원의 문제로 설정되면서 상호 주관성에 대한 선험적 논증 및 소위 표현 우선주의expressivism를 통해 정당화되는 것으로 설명된다. 결론부에서 저자들은 불행히도 분석 철학-대륙 철학의 분열이 여전히 고착되어 있고 아직도 진행 중이라는 점을 확인한다. 또 그동안 서로 화해할 수 있는 기회가 종종 있었으면서도 그것을 살리지 못한 것에 대해 아쉬움을 토로하기도 하고, 프리드맨의 의견을 좇아 양측의 화해를 성사시킬 수 있었을 중요한 중도적 철학자로 에른스트 카시러를 거론하기도 한다. 그럼에도 불구하고 저자들은 자기들의 작업에 어느 정도 수긍할 만한 의의가 있을 것으로 평가한다. 그것은 소위 종교 철학의 '약한 불가지론'(증거의 사정을 고려했을 때 무신론자가 유신론자로 되고, 유신론자가 무신론자로 될 좋은 이유가 전혀 없다는 주장)의 입장을 원용해 메타-철학적인 불가지론을 견지하는 것이다. 이것은 분석 철학이나 대륙 철학이 각자의 '타자'를 가지지 않고서는, 어느 한쪽의 철학을 이해할 수 없다고까지 주장하지는 않지만, 대신 자기 고유의 철학적 전통을 이해하는 데 메타-철학적인 관심을 가지는 사람들에게 '타자'의 눈은 주의를 기울일 만한 가치가 있다고 보는 것이다. 그리하여 양 전통은 상대방의 회의론적인 눈을 통해 자기 자신의 전제들을 보게 됨으로써 온건한 다원론적인 이득을 얻을 수 있다는 것이다. 저자들은 이런 생각을 다음과 같이 압축적으로 요약하면서 결론을 마무리한다. "끝으로 약한 메타 철학적인 불가지론의 수용 자체가 한 전통을 위해 가치를 지닐 수 있다. 어떤 사람의 기존 철학적 믿음과 수용이, 그들로 하여금 우리 자신과 같은 식으로 철학을 보는 것을 온당하게 막을 수도 있다고 믿는 것은 과도하게 상대주의적이지 않으며, 또 가류주의fallibilist 정신에서 같은 것이 역방향에서 성립한다는 것을 인정하는 것도 과도하게 상대주의적이지 않다. 소크라테스가 말했던 것처럼, 우리가 알지 못한다는 것을 알기로 하자. 이는 이 책의 맥락에서 볼 때 더 많은 철학자가, 그들이(그리고 그들 선조가) 신뢰했고 또 의지하고 있는 선택bets을 확인할 수 있기를 우리가 희망하기로 하자고 말하는 것과 마찬가지일 것이다."

끝으로 이 책 뒷부분에 실린 꽤 긴 참고문헌 목록은 최근 서양 현대 철학의 연구 동향을 살피는 데 큰 도움이 될 것으로 보이므로, 눈여겨 보시기 바란다.

***

돌이켜 보니, 우리나라도 영미 분석 철학과 유럽 대륙 철학에 다 관심을 가지고 철학을 하시는 분은 매우 드문 것 같다. 내 기억으로는 연세대 철학과의 이승종 교수님이 양쪽을 다 아우르는 글을 쓰시는 대표적인

학자이신 걸로 보인다. 오래전에 연세대에서 옮긴이에게 이승종 교수님의 『크로스 오버 하이데거』를 연세 학술상 후보 저서로 심사를 의뢰하였는데, 아마도 이 책이 우리나라에서는 양 전통의 철학을 다 충실하게 다루고 있는 가장 모범적인 사례일 것이다. 당시 쓴 심사평이 남아 있지는 않지만, 칸트의 절창을 흉내 내서 "대륙 철학 없는 분석 철학은 공허하고, 분석 철학 없는 대륙 철학은 맹목이다."라는 글귀를 집어넣었던 기억은 난다.

책을 번역하면서 문득 안타까운 생각이 하나 들었다. 그것은 우리나라 철학계에서 영미 분석 철학과 유럽 대륙 철학 간 대화 단절보다는 동아시아 철학과 서양 철학 간 대화의 단절이 훨씬 더 심한 것처럼 보인다는 점이다. 옮긴이에게 이는 우리 철학의 정체성 확보 차원에서도 어떤 식으로든 우리 철학계가 시급히 극복해야 할 하나의 현안으로 보인다. 후배 제현께서 이를 극복할 수 있는 좋은 대안과 제도적인 기구를 마련해주실 것을 희망해본다. 14년 전, 상하이 푸단대학에서 안식 연구년을 보내면서 중국의 무지막지하게 많은 철학 연구 인력을 보고 크게 놀란 적이 있다. 이들은 동서양 철학 간 소통에도 적극적인 것 같은 인상을 받았다. 자기네들 전통 철학을 가지고 있어서일 것이다. 쇠락해 가는 우리 철학계의 모습을 보고 안타까워하면서, 사상적으로 심원하고 새로운 것을 만들어 가는데, 어쩌면 앞으로 이들을 쳐다보고 있어야만 하는 것은 아닌지 하는 생각에 심란하기도 했다.

이번에도 도서출판 b에서 책을 낸다. 도서출판 b 조기조 대표님께 또 한 번 깊은 감사를 드린다.

2023년 7월 1일
강릉 우거 서재에서
이윤일

찾아보기

진리 28, 34, 36, 37, 39, 46, 48, 55, 56, 58, 59, 68, 69, 84, 85, 87, 88, 90, 104, 109, 121, 122, 139, 143, 144, 155, 159, 174, 187, 212, 217, 218, 219, 223, 224, 225, 226, 235, 242, 250, 254, 256, 257, 262, 264, 268, 277, 278, 279, 280, 281, 282, 283, 284, 285, 287, 288, 289, 292, 293, 294, 295, 304, 315, 321, 339, 343, 362, 400, 439, 441

진정성 365

진화론 29, 44, 255

ㅊ

차등 원리 358

차머스Chalmers, David 121, 207, 327, 328

차이 51, 77, 120, 122, 153, 156, 157, 166, 183, 184, 185, 186, 187, 192, 214, 238, 243, 253, 258, 261, 264, 315, 389

처칠랜드Churchland, Paul 90, 328

처칠랜드Churchland, Patricia 328

체화 154, 175, 179, 190, 191, 207, 321, 326, 340, 341, 346, 347, 381, 391

촘스키Chomsky, Noam 324, 348

최선 설명 추론 91, 144, 145, 173, 180, 190, 377, 397, 440

추론적 연결성 95

치좀Chisholm, Roderick 27, 142, 143, 200, 252, 270, 273

ㅋ

카르납Carnap, Rudolph 10, 19, 25, 27, 35, 43, 44, 49, 50, 51, 52, 53, 85, 160, 203, 240, 252, 274, 302, 306, 307, 308, 440

카르맨Carman, Taylor 178, 181, 290, 291, 326

카시러Cassirer, Ernst 53, 54, 172, 402, 441

카플란Kaplan, David 200

칸트Kant, Immanuel 20, 27, 29, 36, 53, 96, 97, 106, 110, 139, 153, 156, 157, 158, 159, 162, 163, 164, 169, 172, 173, 180, 182, 197, 217, 218, 220, 255, 262, 274, 286, 287, 316, 351, 365, 369, 383, 440, 443

캐럴Carroll, Noël 252

케이블Cavell, Stanley 64, 202, 252

켈리Kelly, Sean 177, 325, 326, 344

코스가드Korsgaard, Christine 138

코헨Cohen, L. Jonathan 15, 53, 57, 86, 124, 152, 220

콰인Quine, W. V. 19, 25, 27, 57, 63, 70, 71, 89, 95, 105, 115, 142, 143, 144, 147, 168, 235, 254, 269,

바리에테신서 36

분석 철학 대 대륙 철학

초판 1쇄 발행 | 2023년 9월 25일

지은이 제임스 체이스·잭 레이놀즈
옮긴이 이윤일
펴낸이 조기조
펴낸곳 도서출판 b | 등록 2003년 2월 24일 제2006-000054호
주 소 08772 서울특별시 관악구 난곡로 288 남진빌딩 302호
전 화 02-6293-7070(대) | 팩시밀리 02-6293-8080
이메일 bbooks@naver.com | 홈페이지 b-book.co.kr

ISBN 979-11-92986-12-8 93160
값 28,000원